法治建设与法学理论研究部级科研项目

课题组负责人　于海涌

民商法论丛
Civil and Commercial Law Series

新闻媒体侵权问题研究
——新闻媒体侵权的判定、抗辩与救济

Research on Torts in Media Law: Ascertainment, Defence and Remedy

于海涌 等著

北京大学出版社
PEKING UNIVERSITY PRESS

图书在版编目(CIP)数据

新闻媒体侵权问题研究/于海涌等著. —北京:北京大学出版社,2013.6
(民商法论丛)
ISBN 978-7-301-22633-9

Ⅰ.①新… Ⅱ.①于… Ⅲ.①传播媒介-侵权行为-研究-中国 Ⅳ.①D923.494

中国版本图书馆CIP数据核字(2013)第124477号

书　　名：新闻媒体侵权问题研究——新闻媒体侵权的判定、抗辩与救济
著作责任者：于海涌　等著
策划编辑：周菲
责任编辑：周菲
标准书号：ISBN 978-7-301-22633-9/D·3351
出版发行：北京大学出版社
地　　址：北京市海淀区成府路205号　100871
网　　址：http://www.pup.cn
电　　话：邮购部 62752015　发行部 62750672　编辑部 62752027
　　　　　出版部 62754962
电子信箱：law@pup.pku.edu.cn
印刷者：三河市北燕印装有限公司
经销者：新华书店
　　　　965毫米×1300毫米　16开本　22印张　350千字
　　　　2013年6月第1版　2013年6月第1次印刷
定　　价：42.00元

未经许可,不得以任何方式复制或抄袭本书之部分或全部内容。
版权所有,侵权必究
举报电话:010-62752024　电子信箱:fd@pup.pku.edu.cn

献给恩师梁慧星教授七十华诞

序:法治和中国传媒的出路

江 平

法治对于中国传媒发展的影响,几乎是老生常谈了,归根到底,传媒领域也应当逐渐摆脱人治,实现法治。传媒和法治的关系,主要在两个方面,一是传媒对于中国法治发展的作用,二是法律的完善对于中国传媒发展的影响。今天我们继续探讨传媒和法治的关系问题,希望能将这些问题引向深入。

对于第一个方面的问题,首先我想应当审视一下中国现在法律发展的状况和规律,媒体只有真正了解了这些状况和规律,才能起到应有的、更好的作用。建立一个法治国家是我们国家的目标,但是中国离这个目标还很远,我想这一点大家都承认,也就是说中国的法治状况还不那么乐观,还远远不能认为已经到了完善的地步。在这个过程中,我认为中国的法治发展有三个规律。

第一个规律,中国的法治成长不仅要靠自上而下的宣示,而更多的要靠自下而上的推动,中国的法治必须上下结合。中国改革开放的经验表明,法律发展的过程既要有自上而下,又要有自下而上,而且自下而上现在看起来是绝对不可缺少的,而且也是主要的方面。我们把依法治国写进宪法,也是自下而上的推动,并不是上面的恩赐,当然最后还要得到上面的认可。但是自下而上的推动,包括通过具体事件的推动以及有些专家教授持续不断通过媒体或者其他途径的"呐喊",是极其重要的。比如"非典"事件,涉及政府信息公开的义务和公民的知情权问题,就在吴邦国委员长召集我们八个教授的座谈会上,我们很多人提到了公民的知情权问题,这促进了《政府信息公开条例》的出台。第二个是孙志刚案件,促进了我们对违宪审查和人权保障的反思,使得人权条款写进了宪法修正案,包括孙大午案件、拆迁自焚案件等,到现在要制定农民权益保障法,这些都是事件性的推动。每一次事件都表明了社会中的一些观念经历了一个量变到质变的过程。媒体暴露了这许多问题,不仅引起了很大的震动,并且不断地使人们在这些事件中受到了法治教育,提高了法治观念。

第二个规律,中国法治建设有进有退,是曲折中发展。中国的法治发展绝不是一个坦途,绝不是笔直的前进,如果认为我们的法治建设一直是笔直地前进,那就太天真了。中国的法治建设是有进有退的,也许总的说来是进三步退一步,次点儿的话是进两步退一步,或者个别时候个别地方可能是进一步退两步,我们要历史地来分析,否认了这一条,就不是一个现实主义者。但现在关键的问题是,什么是进,什么是退?这个问题应该允许人们来探讨,无论学者还是媒体,都可以有自己理性的分析,但是绝不能违背自己的良心。有一次会上我说了不久前有些地方在竭力宣传浙江绍兴的"枫桥经验",可能也引起了一些人的不快。"文化大革命"期间,毛泽东对浙江绍兴枫桥镇作过一个批示:"要把'枫桥经验'向全国推广。"这个经验是什么呢?是"矛盾不能够离村,矛盾就地解决"。什么叫"矛盾不离村"啊?就是任何争议纠纷就在村里解决,不许到上面去告,不许到上面上访!如果村里是土霸王怎么办?这个人上访了回来还要受各方面的打压,那他的宪法权利到哪里呢?就是这样一个精神,现在还要"大力宣传,大力贯彻"!?对于哪个是退步,哪个是进步,我们要有自己的理性分析。对于那些明显是不对的东西,至少也可以不去过分渲染。法治是建立在理性的基础之上的,对于这个发展中的进退我们也应当更多地运用理性去分析。

第三个规律,在中国目前的政治体制下,任何社会生活的领域都有国家管制的一面,又有开放自由的一面。这跟过去纯粹的计划经济完全的国家管制相比已经是很大的进步,但是我们仍然在一定范围内脱离不了管制。问题是我们如何在管制和自由的矛盾中有所作为,推动社会的进步。当初我们提市场经济的时候,讲市场经济是计划宏观调控下的,当时陈云同志对这种市场经济有一个比喻叫"鸟笼经济"。市场是有自由,鸟也可以自由飞,但是你不要飞出这个鸟笼,因为国家还有个管制在那里。今天我们讲法治的话,用个可能不太恰当的比喻,某种意义上也可说是"鸟笼法治","鸟笼"就是管制。如果过去市场经济说如何把蛋糕做大一点,经济学家的任务是把蛋糕做大一点,在这个意义上,我可以说,从改革开放一直到现在,我们所搞的法治无非就是把"鸟笼"做大了。但是和发展市场经济一样,国家的管制会越来越少,市场经济里面国家力量在逐渐退出,在政治领域里面、国家管制里面是不是也要逐渐退出啊?也是逐渐退出!关键是退出的幅度多大,时间如何。这也是很难解决的一个问题,在这个问题上,我们如何能够更多地去呐喊?有些事情或许现在是做不到的,但是我们呐喊了可能就前进了一步;有些可能现在做不到的,如果我们努力了,奋斗了,也许我们能够做得比原来更好一点。我们要知道在什么范围之内我们可以有所作为,来促进它更多一点。

媒体要考虑到我们法治进程的这三个规律,在这里面,我认为媒体能起到三个方面的作用。首要的当然是提供信息。其次,过去叫宣传作用,今天用客观的话来说应该是"新闻媒介的舆论导向作用"。导向作用也有好有坏,比较主观一些,但是导向必须有社会良心,如果一个导向没有社会良心,那你这个导向可能就走向歧路了。第三就是监督作用,法治建设里面的监督。监督是需要勇气和胆识的,有时候我就觉得作为一个新闻媒体比我们教授要难得多,有时候得罪人不说,有的新闻工作者弄不好还会有杀身之祸。但是在这个过程中,中国的媒体正在建立起自己的相对独立的标准,包括真实和理性的标准,这体现了一种历史责任感,对于中国的法治发展会是一个重要的推动力。

第二个方面的问题,法治对于中国传媒发展的影响,几乎也是老生常谈了,归根到底,传媒领域也应当逐渐摆脱人治,实现法治。

就司法领域和行政领域相比较,行政领域的人治要更多一点,这大家可能会同意。遵行正当的程序是实现法治的一个前提条件,目前行政上还没有很严格的程序法,而司法的领域在这些年毕竟建立了一整套程序法。就行政的权力和党的权力比较起来,我可以说党的权力的人治成分更多。因为行政权力现在已经有了一些制约了,行政复议、行政诉讼、行政处罚、行政许可,都有了或者至少正在努力制定相应的规范,而党的机关手中的权力,没有相应的制约。现在我们在制定公务员法,马上要决定,公务员的机制里面,党委的机关成员叫不叫公务员。有的说不叫公务员,叫什么"公务人员",改个词儿吧,那他承担不承担责任啊?权责要相当,党委机关的成员,他权力、责任如何界定呢?就宣传工作来讲,什么消息让登,什么不让登,有判断的法律程序没有?对于"决定",允许不允许人家申辩?允许不允许人家复议？我们可不可以诉讼？我们在宣传、新闻媒体领域，离法治还太远。

在保障宪法权利的立法方面我们有三大难：一个新闻法，一个出版法，一个结社法。新闻法或者出版法，现在看起来似乎遥遥无期！在七届人大的时候，我在七届人大当法律委员会副主任期间，当时七届人大已经在起草新闻法啦，新闻法已经差不多啦，那是什么时候？那还是1987年，到现在过了这么多年了，一点声音都没有了。难道是中国倒退了，已经不具备制定新闻法、出版法的任何条件了吗？总而言之，应当逐步放开民意的空间，如果上访不让去，网上不让说，如果政府把公民表达意见的渠道都堵塞住了，社会就会看似安定，而实际上十分危险；民众的不满一旦迸发出来，如同决了堤的水，所以"民意不可堵"，只可"疏"，这是从社会稳定的角度来讲的。

此外，现在市场经济正在要求事业单位进行一系列的改革。出版社、电视台、广播电台，都逐步走向企业化经营，组成集团、有限公司、股份公司。所以我们一方面把原来的这种事业单位像这些媒体企业化了，但是另一方面呢，我们又不把它看做企业，还完全按照意识形态来控制，这就形成了一个很大的矛盾。再者，市场经济已经承认了民营和国营的同样作用。民营的作用与地位都提高了，已经得到了宪法宪法的肯定，但是我们仍然在对民办的报纸、民办的研究所等机构进行过分的控制。在这些领域里面都要真正按照法治的精神，按照平等的精神来办，不能容许任何人和组织高于宪法和法律，这个宪法的精神应当得到贯彻和执行。因此，无论是出于社会功能还是媒体市场化的需要，对于媒体的管理应当尽早摆脱人治，保障其宪法权利，并依法管理。

最后祝贺海涌的新书出版，祝贺海涌在学术上取得更大成就！

2012年12月北京

（江平：第七届全国人大代表，第七届全国人大常委会委员，第七届全国人大法律委员会副主任委员，著名法学家，著名法学教育家，曾任中国政法大学校长，现为中国政法大学终身教授，博士生导师）

目　录

导论 …………………………………………………………………… (1)

第一编　新闻媒体的表达自由及其限制

第一章　新闻媒体的表达自由 …………………………………… (7)
　　第一节　媒体与表达自由 ………………………………………… (8)
　　第二节　平面媒体的表达自由 …………………………………… (11)
　　第三节　电子媒体的表达自由 …………………………………… (14)
　　第四节　网络空间的表达自由 …………………………………… (20)
　　第五节　表达自由的保护级别 …………………………………… (22)

第二章　新闻媒体表达自由的限制 ……………………………… (24)
　　第一节　限制表达自由的依据 …………………………………… (24)
　　第二节　限制表达自由的目的 …………………………………… (29)
　　第三节　限制表达自由的原则 …………………………………… (35)
　　第四节　限制表达自由的方法 …………………………………… (40)

第二编　新闻媒体侵权的判定：原则与问题

第三章　判定新闻媒体侵权的归责原则 ………………………… (49)
　　第一节　推定过错责任的归责原则 ……………………………… (49)
　　第二节　推定过错责任之例外：实际恶意 ……………………… (54)

第四章　新闻暗访的合法性问题 ………………………………… (57)
　　第一节　新闻暗访的困境 ………………………………………… (57)
　　第二节　新闻暗访困境的法律突破 ……………………………… (61)

第五章　政府机关名誉权的废除问题 ……………………（88）
　第一节　政府机关名誉权诉讼的浪潮及成因 ……………（88）
　第二节　为什么必须废除政府机关的名誉权？ …………（91）
　第三节　剥夺政府机关"名誉权"的后续解决机制 ………（102）
　小结：政府机关的名誉权必须彻底废除 …………………（112）

第六章　新闻机构的商业诽谤问题…………………………（114）
　第一节　新闻机构商业诽谤的特殊性和类型化…………（115）
　第二节　名誉诽谤与商业诽谤 ……………………………（118）
　第三节　单一传播规则和再次传播规则 …………………（123）

第七章　群体组织的名誉权问题……………………………（133）
　第一节　非经济性质的群体组织原则上不得享有名誉权…（134）
　第二节　群体组织的个人成员原则上不得提起诉讼……（136）
　第三节　群体组织的规模较小：个人成员不得提起
　　　　　诉讼之例外（一）………………………………（146）
　第四节　陈述涉及群体组织的个人成员：个人成员不得
　　　　　提起诉讼之例外（二）…………………………（155）
　第五节　多因素考量理论：个人成员不得提起
　　　　　诉讼之例外（三）………………………………（164）
　第六节　我国群体组织名誉侵权规则的具体构建………（172）

第八章　网络空间的隐私权问题……………………………（182）
　第一节　个人隐私与个人数据 ……………………………（182）
　第二节　对个人数据的保护模式 …………………………（186）

第三编　新闻媒体侵权的抗辩

第九章　真实性之抗辩………………………………………（193）
　第一节　真实性抗辩的利益考量 …………………………（194）
　第二节　真实性抗辩的适用规则 …………………………（195）

第十章　公正评论之抗辩……………………………………（222）
　第一节　公正评论抗辩的适用规则 ………………………（222）

第二节　公正评论抗辩之分析检讨……………………………（231）

第十一章　公众人物之抗辩……………………………………（238）
第一节　公众人物抗辩制度的发展………………………………（238）
第二节　公众人物抗辩中的利益考量……………………………（242）
第三节　公众人物与私性人物的划分……………………………（245）
第四节　实际恶意与一般疏忽……………………………………（248）

第十二章　特许权之抗辩………………………………………（254）
第一节　特许权抗辩的基本理念…………………………………（254）
第二节　特许权抗辩在美国的适用………………………………（255）
第三节　特许权抗辩在我国的适用………………………………（262）

第四编　新闻媒体侵权的非物质救济

第十三章　连续报道……………………………………………（269）
第一节　连续报道之恢复名誉、消除影响的救济功能…………（269）
第二节　连续报道的应用…………………………………………（270）

第十四章　更正报道……………………………………………（272）
第一节　更正报道的必要性………………………………………（272）
第二节　更正报道的制度构建……………………………………（274）

第十五章　申辩报道……………………………………………（278）
第一节　申辩报道的合理性………………………………………（279）
第二节　申辩报道的制度构建……………………………………（281）

第十六章　行为保全：暂时停止侵害…………………………（287）
第一节　行为保全的特征…………………………………………（288）
第二节　行为保全的合理性………………………………………（289）
第三节　实质要件：最小限制原则………………………………（295）

第十七章　道歉广告……………………………………………（300）
第一节　赔礼道歉的现状困惑……………………………………（301）
第二节　区分道德上的赔礼道歉和法律上的赔礼道歉…………（302）
第三节　道歉广告的适用…………………………………………（306）

结语……………………………………………………………（309）

第十八章　新闻记者的特权——拒绝作证……………………（310）
　　第一节　司法利益与新闻自由的冲突…………………………（310）
　　第二节　记者在没有拒证特权情况下的利益状态分析………（312）
　　第三节　记者在享有拒证特权情况下的利益状态分析………（315）
　　第四节　我国新闻立法应确定新闻记者的拒证特权…………（317）

第十九章　新闻媒体侵权的责任分配…………………………（318）
　　第一节　新闻机构………………………………………………（319）
　　第二节　重复传播者……………………………………………（322）
　　第三节　信息提供者……………………………………………（326）

第二十章　新闻媒体侵权的立法思考…………………………（328）
　　第一节　"新闻媒体侵权"肯定说……………………………（328）
　　第二节　《侵权责任法》中没有"新闻媒体侵权"是一种遗憾…（329）

参考文献……………………………………………………………（332）

后记…………………………………………………………………（339）

导　论

在英美和西方发达国家,大众传播始终是一个庞大的行业,它不仅在经济领域起着举足轻重的作用,而且它对国家的政治、文化和社会生活同样发挥着巨大的影响。互相制约的权力分配体制和第四权力部门的角色无疑会为新闻媒体提供广阔的发展空间。我国早在1986年就开始研究和酝酿起草《新闻法》,但至今未见踪影;1987年实施的《民法通则》虽然是我国的民事基本法,但它只有简单的156条,本来就挂一漏万,更不可能对新闻侵权进行针对性的规定;2010年实施的《侵权责任法》同样没有关注新闻侵权的特殊性。由于立法机关对新闻侵权问题的立法相对滞后,大量的灰色区域只能留给司法机关、新闻媒体和法学界去摸索。长期以来国内一直没有关注新闻侵权的特殊性,司法机关只是将新闻侵权案件作为一般侵权案件来审理,理论界也没有专门针对新闻侵权展开类型化的研究。用一般侵权理论来解决特殊侵权的问题,这是目前我国新闻侵权研究领域存在的重要缺陷。大众传媒造成的新闻侵权必须与一般侵权行为区分开来,作为特殊类型的侵权进行特殊处理。由于国内新闻立法严重滞后,致使司法机关在审理新闻侵权案件时举步维艰,甚至出现一些严重的错误。本课题的下述核心观点或许会对我国已经制定的《侵权责任法》、正在酝酿的《人格权法》和未来的《新闻法》具有一定的参考价值。

一、新闻媒体侵权的归责原则:过错推定

在新闻媒体侵权的归责原则中,如果适用过错责任,那么按照《民事诉讼法》中"谁主张,谁举证"的举证规则,原告应当证明媒体存在过错;相反,如果适用过错推定责任,那么原告无须举证,直接推定媒体存在过错,而媒体要举证证明自己没有过错,否则就要承担败诉的后果。究竟应当适用过

错责任还是过错推定责任,这对新媒体侵权案件的审判结果至关重要,应当谨慎选择。事实上,在媒体侵犯名誉权和隐私权的案件中,受害人很难弄清侵害行为是如何完成的,而保证新闻作品的真实性、准确性、合法性是对新闻从业人员的基本要求。因而在确定新闻侵权行为人过错时应当采用过错推定原则,惟有这样才能使受害人的合法权利得到有效保护,避免因难以举证而蒙受不正当的侵害。

二、公众人物的弱度保护

在新闻侵权中,要根据原告是否属于公众人物而给予不同的保护。一个人通过接受政府职务、在公开场合频繁露面成为公众人物后,也就意味着接受一种将曝光更多的生活方式,应该预料到他们的工作和职业会受到其服务对象的细致审查,甚至会遭到批评。这种公众的关注给予他社会的普遍尊重、实现抱负、成就感、物质待遇等,在享受公众关注带来的好处的同时,公众人物必须忍受社会大众对他的批评、监督以及对其名誉、隐私的差别保护,这是理所当然的。简言之,在新闻侵权诉讼中,如果原告是普通民众,首先推断新闻媒体存在过错,然后由媒体来证明自己没有过错;如果媒体不能推翻这个推定,则新闻媒体必须承担侵权责任;相反,当原告是公众人物时,必须由原告举证证明媒体存在实际恶意。原告只有举证证明媒体存在实际恶意,才能获得损害赔偿,否则新闻媒体就无需承担侵权责任。

三、新闻暗访的合法性界限

随着媒体对社会渗透力度的扩张,新闻暗访逐渐从一种专用于揭露隐蔽性事件的特殊采访方式转变为广用于各类社会事件甚至挖掘公民隐私的"法宝"。暗访报道的日益增多引起了新闻伦理界的警惕,新闻界开始反思暗访中包含的欺骗性和非道德性。由于"暗访热"的兴起,以及公众权利意识的日益增强,暗访已不仅仅是新闻界关注的课题,其合法性问题及对公民权利的漠视开始进入法学家的视野,于是新闻暗访就成为一种"广受欢迎却备受争议"的采访方式。学术界对新闻暗访的态度从刚开始的积极赞成,到中期的冷静处理,到现在的批判质疑,对新闻暗访的采访手段越来越谨慎。新闻暗访是把"双刃剑",原则上应当禁止采用,因为暗访本身就意味着对公民隐私权保护的限制。但在特定应用领域、严格的审批程序、妥善实施的严格制约下,新闻暗访的存在还是有必要的,在这种情形下新闻暗访能够扬长避短,发挥其不可替代的优势。

四、政府名誉权的废除:允许民众对政府进行无限制的批评

在政府提起的名誉权诉讼中,政府一般都诉称被告的诽谤性言论导致政府的形象和威信大受减损,并进而导致政府职能的开展遭到严重的障碍。政府在诉讼请求中一般都要求当事人赔礼道歉,消除影响,以弥补政府名誉权中精神利益的损失。的确,新闻媒体的报道(尤其是新闻批评)会对政府机关的威信造成一定的影响。但是,对于政府机关的所作所为,社会公众对其评头论足是理所当然的。不论这些评论是否公正,政府都不能够禁止民众的评论。这些评价本来就不应当受政府意志的支配。政府不应当鼓励、引导民众对自己歌功颂德,更不能够对批评性言论进行打击和压制。政府的威信是靠政府机关在合法、合理行使权利的过程中积累的。政府机构最高的威信莫过于它们获得了在言论的自由空间里抒发的民意的真正认可和褒扬。对于政府威信的民主界定就是政府必须开放给公众的自由批评,政府不能通过强制手段来获得公民对它的尊敬和服从。

五、新闻媒体侵权的抗辩:真实报道、公正评论和特许权

新闻媒体作为舆论监督的"公众代言人",在国家与市民社会的良性互动中发挥着重要的作用。对于舆论监督,公众的讨论和批评应当在消息真实的前提之下展开。对一个虚假的事件发表评论,对于舆论监督并无益处,甚至可能造成损害,与国家保护公民表达自由的初衷相悖。因此,新闻工作者的一个核心任务就是将事情的真相完整地透露给公众,使之接受舆论监督。一般认为,真实性抗辩是一个完全性的抗辩理由。公正评论抗辩原则,即"以意见形式表达的对公益事务的批评,如建立在真实或者可免责的事实陈述基础上,且评论者确信事实真实,在主观上没有恶意",则评论内容即使侵害了被评论者的相关权利,评论人也得以免责。在舆论监督和公民人格权之间,应对与社会公益有关的评论予以优先保护。换句话说,"与社会公益有关"构成了评论人排除其行为违法性的正当理由。许权抗辩是指"即使原告主张的表面证据成立,假如被告证明其行为由于表述的环境而享有特权,法院也不会给予救济"。我国学者一般称之为"权威的消息来源"。特

许权抗辩在本质上接近一种责任分担原则,是新闻机构基于其承担的公法义务而享有的特权。

六、新闻媒体侵权的非物质救济

新闻侵权行为造成的损害后果有非财产的人格损害和财产损失两种表现形式,新闻侵权民事救济方式可相应地分为非财产性的责任方式和损害赔偿两种。在侵害人格权的民事救济方式中,停止侵害、恢复名誉、消除影响和赔礼道歉为非财产性方式。结合我国的实际,应当分别构建连续报道、更正报道、申辩报道、暂时停止侵害保全四个制度对当事人的名誉进行非物质的救济。

七、新闻记者的特权——拒绝作证

如果在新闻侵权诉讼中,强迫新闻记者披露信息提供者的身份,就个别案件而言,确实有利于案件事实的查明,但从整体而言,这势必会破坏媒体和被采访者之间的信赖关系,限制今后媒体采访的信息来源,导致新闻采访的基础丧失,最终威胁到新闻自由和市民社会的知情权。与此相反,如果赋予新闻记者以拒证特权,一方面维护了新闻记者和信息提供者之间的信赖关系,另一方面也没有对受害人造成实质性不可弥补的损害,同时对恶意的信息提供者也并非没有制约功能。因此,面对司法利益和新闻自由之间的冲突,两害相权取其轻,应当赋予新闻记者隐匿信息提供者身份的拒证特权。

八、新闻机构、重复传播者和信息提供者之间的责任分配

在"新闻机构"、"重复传播者"和"信息提供者"之间,比较合理的制度安排是:(1)当新闻作品构成新闻侵权,且新闻作品是新闻机构的职务作品时,由新闻机构向受害人承担民事责任;(2)转载或转播其他正规新闻机构公开发表的侵权新闻作品,重复传播者在原则上不承担侵权责任,但是,如果重复传播者明知该新闻为侵权新闻作品而仍予以转载或转播的,或者通过对新闻的内容进行表面审查就明显可以获悉其失实或构成侵权行为而仍予以转载或转播的,或者新闻作品侵害他人人格权而重复传播者拒不进行连续报道或采取补救措施的,重复传播者应当承担民事责任。(3)故意或过失主动向新闻媒体提供虚假或诽谤性新闻材料的信息提供者,应向受害人承担侵权的民事责任。

第一编

新闻媒体的表达自由及其限制

第一章　新闻媒体的表达自由

　　表达自由的行使需要通过一定的媒介。报刊、广播电视和互联网等都是最常用的媒介。不同的媒介会产生不同的言论问题,彼此相异的介质不仅影响到表达自由的实现方式和实现程度,也影响到政府规范媒介的依据和有效性。美国《宪法第一修正案》规定,国会不得制定剥夺人们言论和出版自由的法律。这意味着人们有权使用各种媒介或方式接受信息,并将自己的思想、观点、主张、看法、信仰、信念、见解等传播给他人或社会,而且不应因此而受到无端、非法的干涉、约束或惩罚。

　　作为自由,它体现为政府不得随意干预民众合法的表达,比如:不得对媒体刊登什么或不刊登什么施加事先约束和审查;当民众的表达自由受到侵犯的时候,权利受到侵犯的一方可以请求司法机关予以救济。在内容上,表达自由包括人们在任何问题上均有形成和持有信仰、意见的自由,以及通过任何媒体交流思想、观念、意见、信息的自由;交流的形式不仅包括纯粹的言论(pure speech),还包括绘画、歌舞和人类能够理解和接受的任何其他交流方式。此外,所有形式的交流,除了可以面对面或小范围地交流外,还可以跨越地区、国界的限制。按照美国著名的宪法学者爱默森的观点,表达自由既是个体自我实现的基本手段,也是民主政体得以正常运行的前提。表达自由还具有安全阀的功能,通畅的言路和良性的言论生态环境,有助于实现社会的长治久安。本章将以媒体与表达自由的关系为出发点,探讨不同媒体享有的表达自由。

第一节 媒体与表达自由

一、媒体的形式与表达的效果

作为公民的一项基本权利,表达自由的行使需要借助一定的方式或通过一定的媒介。媒介,简单来讲就是表达所借助的手段或工具。报刊、广播电视和互联网等是最有影响力的几种大众传播媒体,但民众行使宪法保护的表达自由所借助的媒体并不局限于此。在美国的司法实践中,人们行使表达自由权时除了涉及使用这几类媒体的自由外,还涉及使用某些公共场所的自由,例如公园、街道、监狱、机场等各类能够容纳大量民众的场所。如果政府对民众使用这些场所进行表达的权利施加限制,那么必须满足一定的条件,例如:政府限制表达的做法是为了实现紧迫而重大的社会利益;采取的措施必须是针对本次表达而量身定做的;政府限制表达所产生的利益大于其对表达所带来的伤害;政府应当为暂时受到压制的表达留下充分的供选平台和通道等。①

媒体决定着我们可以知道什么和不能够知道什么,而知道或不知道这些信息直接决定着我们能够表达什么和不能够表达什么。媒体的形式决定、限制着我们进行表达的形式。不同的传播媒体,由于其传播特性不同,相应地也会不同程度地影响表达的效果和我们表达的能力。比如,手势或肢体语言,只能使我们面对面地传播简单的信息,活着的人和死去的人不可能借此进行交流,人类所积累的有益的经验也无法有效地实现人际和代际之间的分享。书面语言的产生和运用改变了这种情况,因为书面语言不仅可以将人类的思想、经验记录下来供后人学习和参考,还可以将人们带入线性的、逻辑的、归类的知觉方式,从而使原来只有很小机会接受知识的人可以大量接受他人的思想,并提升知识的普及程度和人们的逻辑思维能力。电子媒体的出现更是打破了信息传递过程中的地理障碍,让表达者自由地进行跨国、跨地区和跨意识形态的交流。

---

① *United States v. O'Brien*, 391 U.S. 367 (1968).

表达是一种生理和心理需要,是人的一种本性。表达者在许多情况下都希望自己所表达的东西和意见能够让更多的人知道。要实现这个目标,就必须在条件许可的情况下,尽可能选择对受众能够产生较大影响的媒体和自己所擅长的表达方式。经济条件较好的人,他们可以通过办报和开办出版社来实现自己的目标;具有较强理论思维能力和长期从事研究的学者,他们可以通过自己的著述向社会表达自己的观点和思想。至于那些因为经济、政治或其他原因而无法使用大众传播媒体的人,社会和法律则应当向他们提供更加充裕的公共表达空间,让他们通过象征性的言论(除了纯粹的言论外,再加上行动或其他能够传情达意的符号)来表达他们的政治主张和观点。

二、表达自由与利用媒体的自由

借助于一定的媒体,我们的声音会传得更远更广,而如果不借助于特定的媒体,我们很可能会成为默默无闻、不能放歌的弥尔顿,所以表达自由的一个重要内涵就是利用媒体的自由。在这方面,国际人权条约和许多国家的宪法或其他法律都有相应的规定,例如《公民权利与政治权利国际公约》第19条就规定:人人都有不论国界,也不论口头的、书写的、印刷的、采取艺术形式的,或通过他所选择的任何其他媒体发表意见的权利。我国《宪法》第35条也像许多国家的宪法那样,不仅规定了公民享有言论自由,而且还规定了公民享有出版自由,国家还"发展为人民服务、为社会主义服务的文学艺术事业、新闻广播电视事业、出版发行事业、图书馆博物馆文化馆和其他文化事业,开展群众性的文化活动"①。

大众传播与表达自由有关密不可分的关系。一方面,大众传播活动的产生和发展,推动了现代表达自由观念的产生,丰富了现代表达自由制度的内涵。另一方面,表达自由制度又为大众传播活动提供了法律上的关怀和保护。现代人权法和许多国家的宪法性法律都承认并将表达自由作为基本人权加以保护。

从与表达自由相关的一系列具体人权(言论、出版自由、知情权、新闻自由等)产生和发展的历史来看,它们与15世纪德国、英国和法国的印刷业所推动

---

① 《中华人民共和国宪法》第22条。

的大众传播业的发展有直接的关系。大众传播业的发展,使民众能够接受到更多的新思想、新观念。传播业的发展,也对当时社会格局、权力格局和占主导地位的意识形态提出了挑战。现代西方表达自由思想和表达自由制度的建立,便是在这种情况下被思想家们提出来并在实践中不断趋于完善的。

早期思想家们的论述(如英国的弥尔顿、荷兰的斯宾诺莎等)和早期确认表达自由的人权宣言(如法国1789年《人权和公民权利宣言》),主要反对的是国家对言论出版业的事先约束(prior restraint)、事先审查(prior censorship)。要求国家权力不要随意干预言论出版自由,特别是出版物出版之前不要对其施加严格的审查而致使大量的出版物胎死腹中。为政者要尊重人们通过口头、书面形式传播思想、观念、信息的权利。当然,这并不是说任何内容的出版物都可以出版,如果有人不负责任地出版了法律禁止的内容,司法机关可以对其实施惩罚。也就是说,当时表达自由的主要含义,是反对政府对出版物进行事先审查,但并不反对政府对出版物进行事后惩罚。

从20世纪初到现在,继原来的报纸、书籍等平面媒体之后,发展出了广播、电视等电子媒体,后来又进一步发展出几乎集所有传统媒体之传播功能于一身的互联网。这些新媒体在极大地丰富表达手段并提升表达能力的同时,也提出了全新的表达自由问题,如表达自由权如何与隐私权(right to privacy)取得平衡①,保障媒体新闻自由的同时如何兼顾个体获得公平审判(right to fair trial)的权利。②

大众传播媒体受商业利益驱动,难免会以侵犯隐私、名誉等方式来获取巨额的商业利润,这便提出了国家权力在保护表达自由等基本人权的重新定位问题。人们认识到:国家除了应当尊重人们的权利外,还应当通过积极的作为来确保更多的人享有更多的自由,比如:通过发展大众传播事业保证低收入和边远地区的人能够接受到他们行使民主权利时必不可少的信息。

---

① 一般认为,美国最高法院法官沃伦和布兰戴斯(Warren & Brandies)在1890年12月15日《哈佛法律评论》上发表的《隐私权》一文,是美国首次承认隐私权法律地位的宣言。而两位法官发表隐私权文章的时间,正是美国报纸对个人隐私进行肆无忌惮的侵犯的时候。

② 英美国家实行陪审制度,许多案件的审理结果由不具备专业法律知识的一般民众组成的陪审团裁定。如果允许媒体在案件审理之前不受限制的报道,陪审团成员极有可能受媒介报道的影响,导致其在裁决案件时带入某些偏见,从而影响到当事人,特别是刑事案件被告人获得公平审判的权利。

国家还应当通过立法、司法来保护大众传播媒体自身的权益,同时避免大众传播媒体对普通民众的权利造成伤害。

第二节　平面媒体的表达自由

一、西欧:免于政府对出版物进行事先审查的自由

自15世纪开始出版业在西欧发展起来,它便成为一个重要的信息平台,而这个信息平台传播了大量统治者并不喜欢的思想。报刊也成为新兴资产阶级进行政治斗争的重要工具。为了扼制新闻传播活动,统治者在加强书报检查、加重惩罚思想犯的同时,还相继建立了出版许可证制度(办报、印书需要事先获得官方许可,英国的出版许可证制度还要求出版之前接受皇室指定官员逐字逐句的审查)、保证金制度(为了约束出版活动,要求出版商在出版之前向政府交纳一定数量的保证金)、印花税制度(向所出版的书刊征税,加重出版负担)以及报告制度(出版前向官方汇报出版内容,出版后向官方备案)。"这些钳制新闻自由的做法,客观上对正在高涨的争取自由运动起到了火上浇油的作用。"①废除这些制度的约束,成为当时表达自由的重要内容。一直到马克思恩格斯所处的时代,西方的言论出版自由主要是免于政府对出版物进行事先审查的自由,即出版物在出版之前,无须受到任何官方阻挠的自由。"每个人都可以不经国家事先许可自由无阻地发表自己的意见,这也就是出版自由。"②只要政府不在表达者通过各种方式将自己的想法表达出来之前进行事先约束,就可以视为基本上实现了表达自由。③

---

① 夏勇:《新闻法制》,载夏勇:《宪政建设——政权与人民》,社会科学文献出版社2004年版。
② 《马克思恩格斯全集》第1卷,人民出版社1956年版,第695页。
③ 英国著名的普通法专家布莱克斯通,在其论述英国法的著作中,曾经评述过当时人们心目中的言论出版自由,他的那一段被学者们时常引用的话是这样说的:"就一个自由国家的本性而言,出版自由的确是绝对必要的;但是,这种自由是不为出版设置事先约束,而不是在其出版后免于刑事审查的自由。每一个自由人,都毋庸置疑地享有在公众面前表露他所喜欢的情感的自由,禁止人们这样做,就是破坏出版自由。但是,如果谁出版了不当的、有害的、或非法的东西,他就必须对自己的鲁莽行为的后果负责。" W. Blackstone, *Commentaries on the Laws of England*, T. Cooley 2d rev. ed. 1872, pp.151—52。

二、美国：国会不得制定剥夺人民言论和出版自由的法律

以报纸为代表的媒体在美国独立战争和美国建立民主宪政中曾经发挥过巨大作用，这种认识导致了美国《宪法第一修正案》的诞生。它用非常肯定和坚决的口气宣布国会不得制定剥夺人民言论和出版自由的法律，从而在建国之初就确立了新闻出版业的宪法地位，使得出版业成为唯一受宪法保护的私营经济形式。当时，许多美国的宪法制定者们认为：合格的共和国公民应当是见多识广的公民，而见多识广的公民，不仅需要新闻出版业对民众进行教育和启发，而且还需要新闻出版业在进行教育启发民众时不存偏见、不受控制，尤其不受容易犯错误、容易集权和容易对民众自由造成巨大灾难的政府权力之控制。① 一句话，新闻出版必须是自由的。

美国最高法院许多涉及报纸的判例中都延续了这种思路，都对政府规范媒体的做法提出了质疑，并在质疑的过程中归纳出了保护平面媒体表达自由的法理。在尼尔诉明尼苏达案②中，法院宣布政府不能对报纸实行事先审查；在纽约时报诉沙利文案③中，不允许公共官员通过诽谤起诉的方式压缩媒体的生存空间；在"五角大楼文件案"中④，为了保障媒体的新闻自由和民众的知情权，不允许政府借国家安全的名义限制报社公布政府的机密文件；在迈阿密先驱论坛出版公司诉托尼罗案⑤中，最高法院否决了《佛罗里达州选举法》的一项规定，该规定要求报社为在其报纸上受到攻击的政治候选人提供答辩版面，也就是说，在报纸上受到攻击的政治候选人享有通过该报予以回击的答辩权（right of reply），但最高法院认为，州政府的法律导致政府有权干预报纸的具体内容，从而影响了报纸编辑确定报纸版面大小和

---

① 对政府的不信任，是西方政治法律思想的一根主线。他们认为，政府和政府官员的权力必须有明确的界限，政府的行为必须置于宪法和法律的统治之下。只有这样才能防止政府权力的扩张，才能保障民众的自由。这种思想在亚里士多德的著作里就已初露端倪，后经过基督教人性恶教义的烘托和孟德斯鸠、霍布斯、洛克等启蒙思想家论证，成为一种系统的政治理论。西方近现代的许多制度，都建立在这种理论的基础之上。政府的三个组成部分相互制衡、相互监督的三权分立便是这种理论的产物。

② *Near v. Minnesota*, 283 U.S. 697 (1931).
③ *New York Times Co. v. Sullivan*, 376 U.S. 254 (1964).
④ *New York Times Co. v. United States*, 403 U.S. 713 (1971).
⑤ *Miami Herald Publishing Co. v. Tornillo*, 418 U.S. 241(1974).

内容的自主权,这与《宪法第一修正案》的规定相抵触,因此这个规定是无效的。

在这些案件当中,法院之所以对政府干预报纸等平面媒体的做法始终保持着高度的警惕,除了考虑美国的报纸在历史和现实生活中对美国民主政治中所起的巨大作用外,法官还将判决的法理建立在对平面媒体的特点的认识上。按照法官的理解,报纸并不具有稀缺性,理论上任何人都可以办报,政府权力无须介入这一领域,除非报社的做法严重违犯了法律。后来的发展表明,法院对报业的这种看法有点过分乐观,因为在19世纪末20世纪初,报业在许多国家都出现了不同程度的集中和垄断。在这种情况下,政府实际上需要通过行政权力和立法干预限制媒体的集中和垄断。

《宪法第一修正案》保障报纸在出版之前不受政府事先审查的另外一个理由,也与平面媒体的特点有关,即平面媒体并不像电子媒体那样,具有主动侵入性和无所不在性。载于报纸等平面媒体上的内容具有一定的物理属性,它必须借助于纸张。人们若想获取其中的内容,必须采取有意识、有目的的行为,必须经过精心的选择过程。如果平面媒体载有非法或儿童不宜的内容,除了政府比较容易对其进行控制外,负有监护责任的家长或其他人也容易对其进行控制。在政府可以对违法出版物实施事后惩罚的情况下,如果再允许政府享有决定平面媒体登载什么和不登载什么的权力,这是非常危险的,因为政府很容易限制人们享有《宪法第一修正案》的权利。

后来的历史证明,如果仅仅将表达自由看做是免于政府事先审查的自由,其局限性是非常明显的。这种自由产生于只有报刊等平面媒体的时代——这个时间段从15世纪德国谷腾堡发明活字技术直至19世纪末20世纪初广播媒体出现。[①] 当时,观念市场理论支持出版物一律应当免于政府的事先审查。根据该理论,在判断"什么是正确的"这个问题上,国家、教会或任何其他的组织和个人并不必然比别人更具有权威和智慧。每一个平等的、智力正常的人都有权将自己的思想、观点和意见(哪怕是非常令人厌恶的、不合时宜的思想、观点和意见)通过观念市场展示给众人。当然这并不

---

① 早期的书写、纸张和印出业发源于中国。公元105年,中国人就开始从破布中制造出用于书写的纸张。雕版印刷文字早在中国的唐代(618—907)就已经被采用。接着是1000年左右的粘土活字印刷技术的发展和1234年朝鲜的金属活字技术的发展。但令人遗憾的是,由于种种原因,这些都没有使中国先于西方而发展出大规模的印刷业。

妨碍国家在有害于他人或社会的言论发表出来之后对其实施惩罚。

三、平面媒体时代的表达自由：首先将其表达出来的权利

在平面媒体时代，表达自由也可以说是一种首先将其表达出来的权利。表达的方式可以是书刊这样的出版物，也可以是散发印有政治主张的小册子。当时也不存在必须由国家权力介入才能解决的媒体组织的集中和垄断，色情作品也还没有泛滥到必须通过严厉的法律来控制的地步。为了保障思想观念市场(marketplace of idea)这种自生秩序的正常发育和成长，国家权力不应当过分干预、影响思想观念市场，而只应当为信息的传播者创造更加自由通畅的传播环境，并通过法律来保障传播者的权利，制裁破坏观念市场正常运转的各种行径。至于媒体市场的消费者（我们今天所说的受众）的权利，特别是具有某些特征的受众的权利，比如儿童的权利，只要他们没有被迫去倾听或购买某个媒体组织的产品，其权利没有被媒体以公然违法的方式侵犯，在立法时几乎是可以不予考虑的。①

第三节　电子媒体的表达自由

继平面媒体之后，又出现了与平面媒体在资源分布、信息传播等方面完全不同的电子媒体。由于出现了足以导致公共意见被扭曲和民意被少数媒体寡头操纵的现象，在这种情况下，要维持观念市场的正常运转，不仅需要重新考虑确立政府权力介入的方式和程度，而且还需要进一步考虑新的媒体环境下不同受众群体的利益。此外，电子媒体在信息传播方面所具有的不同于平面媒体的特点，也需要重新厘定政府在该领域的权力边界。在解决这些问题的过程中，美国最高法院根据不同媒体的特质，针对不同电子媒体的表达自由，分别确立了不同的保护模式和保护级别。

---

① 从公布时间较早且承认并保护表达自由的一些国家的宪法文本来看，无论是美国的《宪法第一修正案》，还是法国的人权宣言，法律保护的侧重点都集中于对传播者的权利的保护。

一、广播

广播媒体与报刊媒体的媒体介质有很大的不同,这成为美国最高法院在处理相关案件时首先考虑的环节。由于广播媒体的频道资源具有稀缺性,它不可能像纸张那样满足每个人的需要,这就需要政府(比如美国的联邦通讯委员会,FCC)通过法律设定的程序将有限的资源分配给最能满足公众利益(public interest)、便利(convenience)和需要(necessity)的申请者。[①]对于申请者而言,如果他们想长时间使用这些频道的话,在经营的过程中就必须牢记并尽力满足这些要求,否则联邦通讯委员会就可以应受众的请求,将频道的经营权收回或在更新的时候不予更新。不是任何人都可以像经营报纸那样拥有电台和电视台,因此电台、电视台的所有者和经营者应当遵行人身攻击原则和公平原则。所谓人身攻击原则(personal attack rule)的主要内容是:在与公共事务有重要关系的、有争议话题方面发表看法时,如果发表看法的人对特定个人或团体的诚信、人格、尊严和个人品质形成了攻击,广播经营者应当在人身攻击发生后的一段合理时间内(不超过一周),向受攻击的个人或团体送交:(1)日期、时间的通知,广播的标志;(2)攻击内容的原稿或录音带;如果没有原稿和录音带,则应当提供一份精确的概要说明;(3)为受到攻击者提供使用其设备予以还击的合理说明。[②] 所谓公正原则(fairness doctrine),它包括两个方面:(1)广播公司必须为讨论重要的和有争议性的公共事务提供充足时间;(2)广播公司必须确保所有的重要观点都以某种形式在报道中得以表达。公正原则是美国管制政策中最富有争议的内容,联邦通讯委员会在 1987 年放弃了这一原则,委员会的做法受到了两个上诉法院的支持。[③] 简言之,人身攻击原则和公平原则给那些受到电台、电视台攻击的受害人提供回应该攻击的节目时段,为政治候选人平等地

---

① 47 U.S.C. s 309(a) (1988)。联邦通讯委员会在颁发、更新营业执照时,需要考虑申请者是否能够或更好地服务于公众利益、便利和需要。这实际上是政府对广播进行管理时采用的标准。但这种标准受到了批判,主要原因是它既不具体,也不明确,并且联邦通讯委员会在适用该标准对广播进行管理的过程中,从来也没有将其具体化,参见 R. H. Coase, the Federal Communications Commission, 2 *J. L. & Econ.* 1, 7 (1959)。

② 47 C. F. R. § 73.123 (1973)。

③ 参见 *Syracuse Peace Council v. FCC*, 867 F.2d 654(1989), *Arkansas AFL-CIO v. FCC*, 11 F.3d 1430(1993)。

提供使用电台频道的时间。

印刷业产生和发展初期所没有或者并不严重的一些社会问题,随着大众传媒在19世纪末20世纪初的发展逐渐发生了变化,比如:色情作品的泛滥[①];媒体对个人隐私、名誉权的侵犯;获得公平审判的权利和媒体新闻自由之间的冲突等。这就要求在某些情况下必须对表达自由的利益和其他社会利益进行平衡。在探究法律怎样为表达自由拓展更大空间的同时,必须设计出更巧妙的原则,以便既能够保护表达自由,同时又能够照顾到其他权益。考虑到电磁波本身所具有的侵入性(invasiveness)和无所不在性(pervasiveness)[②],为了保护特殊受众(主要是未成年人)的利益,就需要对广播和电视节目适用更加严格的标准,需要对影视业适用更加严格的自律措施,比如在电视机中加上过滤色情暴力内容的软件等。美国最高法院1978年判决的联邦通讯委员会诉大西洋基金会案,便属于这类案件。[③] 在该案中,最高法院维持了联邦通讯委员会的一项规定,禁止通过广播电台传送淫秽、下流和亵渎神灵的内容。在诉讼中,联邦通讯委员会提出,由于广播本身在传播信息过程中所具有的不同于平面媒体的侵入性和无所不在性,为了保护未成年人,为未成年人创造一个有益于其成长的环境,需要对广播节目提出更高的要求,有些能够通过平面媒体传播的内容,比如下流和对神灵不敬的内容,却不能在广播节目中播出。

在本案中,法院的判决肯定了政府在规范广播媒体时所拥有的权力,承认政府可以根据媒体介质对社会生活的影响而进行针对性的规范。法院之所以这样做,有以下几个理由:第一,政府的行为可以实现某项更重要的政府利益或社会利益,即保护未成年人健康成长。第二,政府在实现这种利益

---

① 色情作品在西方国家(主要是英国和美国)的泛滥始于19世纪中期。城市人口的集中和报刊价格的降低,使得普通民众也能够消费,这为色情作品的泛滥提供了条件。为了控制色情作品对某些特殊受众造成不良影响,英国和美国也开始通过法律控制色情作品的传播。后来广播和电视的发展,又使色情问题变得更加突出。

② 在美国《宪法第一修正案》理论中,有一观点认为,越是容易对公众产生影响的媒体,越应当允许政府对这类媒体进行调控。与之相对的观点是,只有对公众没有任何影响的媒体,才不应当受到政府的规范。也就是说,政府规范媒体权力的大小,与媒体对公众影响的程度有关。参见:Adrian Cronauer, the Fairness Doctrine: A Solution in Search for a Problem, *FCLJ*, Vol. 47, No. 1。

③ *FCC v. Pacifica Foundation*, 438 U.S. 726 (1978).

时所牺牲掉的表达自由的利益,要远远小于政府所实现的社会利益。① 第三,广播媒体的特点迫使政府必须认真对待,一旦管理不力,极易造成不可挽回的影响。②

如果影视节目中充斥暴力、色情等内容,也许不会对成年人造成很大的伤害,但其危害却不能说没有。联邦通讯委员会很早就注意到影视节目中色情内容对未成年人的危害,并从立法上限制此类内容影响到未成年人,但在《宪法第一修正案》的庇护下,商家和部分成年人却以政府限制他们的表达自由为理由,对联邦通讯委员会的措施提出挑战。怎样平衡保护未成年人的利益和表达自由的利益呢？在本案中,最高法院批准了政府的另外一项规定:包含色情、暴力内容的节目应当在大多数儿童入睡的时段内播出。在大多数未成年人可以看到电视节目的时段内,播出有益其健康的内容,以便为未成年人创造一个收看电视节目的"安全港"。联邦通讯委员会的做法不仅得到了美国国会的支持,而且还受到了法院的支持。含有下流内容的节目只能在政府管理机构划定的时段播出,这就成为美国政府规范广播电视节目的重要标准之一。③

二、电话

电话也是一种对民众生活影响巨大的电子媒体,政府究竟应当如何规范电话传送的下流言论？法院对此采用了不同的标准。对于通过广播电视传送的下流节目,法院不愿意提供充足的宪法保护,但对于通过电话传播的

---

① 本案中,政府实现的利益是否大于受到压制的表达自由利益,有多种衡量标准。这里我们只用最高法院曾经在判决中确立的一个标准,即根据言论对公共讨论贡献的大小来衡量。根据最高法院的判决,对公共讨论贡献大的言论,比如政治言论,政府不能随意对其进行规范或限制。而本案涉及的淫秽和下流言论,对公共讨论的贡献微乎其微。因此政府限制该类言论通过广播进行传送,虽然限制了广播媒体的表达自由权,但不会对本来就非常微不足道的表达自由利益造成损害。

② 美国著名歌星珍妮·杰克逊露乳事件便是这方面的例证。北京时间2004年2月2日,第38届美式足球超级杯冠军赛在得克萨斯州休斯敦举行。中场休息时,助兴的压场节目是超级女星珍妮·杰克逊与歌手贾斯汀(Justine Timberlake)联手演唱 Rock Your Body。当唱到最后一句"当这歌结束,我将让你赤身裸体"时,贾斯汀猛然伸手,一把扯下珍妮右胸胸罩似的演出服,珍妮的右乳一览无遗地袒露在观众面前。这件事在美国引起了巨大的反响,来自民间和政府的声音都要求加强对广播节目的管制。

③ *Action for Children's Television v. FCC*, 58 F.3d 654 (D.C. Cir. 1995).

下流言论,法院却不同意政府全面予以禁止。

在加利福尼亚沙布尔通讯有限公司诉联邦通讯委员会案①中,联邦通讯委员会曾经命令全面禁止通过电话传送下流的商业信息,法院就否决了联邦通讯委员会的这项命令。法院认为,如果政府要禁止通过电话传送下流言论,必须采用对这类言论造成最小限制的措施,而不是简单地全面禁止。在作出判决时,法院同样考虑了电话作为传播媒体所具有的特点。法院认为,电话在三个方面不同于广播电视:

首先,电话不像广播电视那样几乎每个人都无法回避,无论你在什么地方、什么时间段都会听到。电话是非常私人化的物品,它在传播信息时基本上是点对点的传播,即一个受众对另一个受众。从电话传播的信息内容来看,一般上都具有私密性的特点,只在特定的人之间进行传播和分享,大多数内容不宜也不应当进入公共领域。广播电视所传播的内容则具有公共性,可以允许二人以上的受众共同观看或收听。

其次,电话对特殊受众的影响(特别是电话中的下流内容对未成年人的影响)远远不可能达到广播电视那样的程度。并不是每个未成年人都大量使用电话,或将其作为他们接收信息的工具。只是在非常少的情况下,他们才用电话与他人进行联络。

最后,广播电视媒体在传播内容时,采用的是对大量潜在受众进行轰炸的方式,无论受众喜欢与否,都必须忍受这种轰炸。在多数情况下,只要受众进行正在播出的广播节目的范围之内,你就无法回避电磁波对你的影响。

基于以上原因,在规范广播时政府应当享有较多的权力,通过广播而传送的节目也应满足更高的质量标准,但对电话这种非常私密的、点对点的传播工具,法律没有必要授予政府那么大的权力,换句话说,对通过电话传播的内容,政府不能进行严格的限制,因此法院认为,联邦通讯委员会全面禁止通过电话传送下流内容的禁令,只考虑了通过电话传送的内容的性质和极少数受众的利益,而没有考虑电话这种媒体的性质和大量成年受众的利益。由于法律并不禁止成年人通过电话或其他媒体购买或消费含有下流内容的节目,也不禁止成年人之间通过电话交流这类信息,因此,联邦通过委员会无权仅仅以保护极少数受众的利益为由,限制成年人所享有的表达

---

① *Sable Communications of California*, *Inc. v. FCC*, 492 U.S. 115 (1989).

自由。

三、有线电视

媒体的特质会影响表达自由的实现,并由此产生相应的表达自由问题。在确定不同的媒体享受《宪法第一修正案》的保护级别时,美国最高法院已经确定报刊是应当受到最高级别保护的媒体,而广播是受到最低级别保护的媒体。这为确定有线电视如何享受《宪法第一修正案》的保护级别已经准备了条件。有线电视应当参照其中的哪一种标准呢?

在其涉及有线电视的判决中,尽管法院没有就有线电视享有的《宪法第一修正案》的保护级别作出明确的认定,但许多判决中还是比较一致地认为,有线电视享有的《宪法第一修正案》保护级别应当高于广播媒体。因为有线电视在频道资源的稀缺性、对受众的影响、节目播出的方式等方面,都与广播媒体存在较大的区别。政府不应当像规范广播媒体那样对有线电视行使过多的管理权。①

哥伦比亚地区上诉法院在分析有线电视的特质时,认为有线电视这种媒体不存在普遍深入性,有线电视的节目不易被未成年人接触。从媒体介质上来看,有线电视更像平面媒体而不是广播媒体。② 与这种看法相同的观点,也出现在特纳广播系统有限公司诉联邦通讯委员会案③中。在本案中,最高法院也认为,给予有线电视的《宪法第一修正案》保护,应当多于给予广播的保护。

---

① 参见 *Turner Broad. Sys. , Inc. v. FCC*, 512 U.S. 622, 637 (1994)(认为对广播适用低级别宪法保护的情况在有线电视媒介并不存在);*Quincy Cable TV, Inc.*, 768 F.2d at 1450 (认为有线电视在频道资源上并不像广播媒介那些具有稀缺性);*Cruz v. Ferre*, 755 F.2d 1415, 1419-22 (11th Cir. 1985)(认定:有线电视不像广播那样具有主动侵入性,收看有线电视节目需要用户采取一列有意识、有目的的活动。并且在有争议的内容出现之前,通常伴随有警告性的内容,这都有助于将未成年受众排除在有害的节目之外)。此外,下列案件也都与有线电视享有的表达自由有关:*Home Box Office, Inc. v. FCC*, 567 F.2d 9, 45—46 (D. C. Cir. 1977);*Community Television of Utah, Inc. v. Wilkinson*, 611 F. Supp. 1099, 1115 (D. Utah 1985);*Jones v. Wilkinson*, 800 F.2d 989 (10th Cir. 1986), *aff'd*, 480 U.S. 926 (1987)。
② *Quincy Cable TV, Inc. v. FCC*, 768 F.2d 1434, 1463 (D. C. Cir. 1985)。
③ *Turner Broadcasting Systems, Inc. v. FCC*, 512 U.S. 622, 637 (1994)。

第四节 网络空间的表达自由

一、最为理想的"观念市场"

进入 20 世纪 90 年代以来通讯技术（特别是计算机网络技术）有了突飞猛进的发展。今天几乎在地球上的任何一个地方，只要你有一台电话机，一条电话线，就可以通过互联网进行阅读、聊天、发送电子邮件，可以在自己或他人的私人空间——博客——进行创作、评论或欣赏美文。互联网上的每一个用户都可以通过网络上的论坛，如电子布告栏系统（BBS）、新闻组（Newsgroup）和博客，以公开的或匿名的方式发表自己的观点、意见和看法。互联网还以极其低廉的消耗、快捷的速度、几乎无限的容量和随时更新的方式，向人们提供行使表达自由的素材——各种各样的商业、政治、文化等信息。更为重要的是，所有的网上表达活动几乎都可以在空间、身份和社会地位限制较小的情况下"无国界"地进行。这不仅使网络空间成为有史以来最为理想的"观念市场"（marketplace of idea），而且使《世界人权宣言》和《公民权利与政治权利国际公约》规定的表达自由这一普遍人权获得了前所未有的技术支持，因此，与报纸、广播电台、电话、电视等传统媒体相比，互联网具有的无国界、去中心的特点，这无疑有助于表达自由的行使，并使其在全球范围内得以实现。

二、政府在推动和限制网络表达自由中的双重角色

从历史发展的角度来看，每一种新技术的产生都在促进和提升了人们表达能力的同时产生相应的问题。例如，广播电视成为人们接受信息和进行表达的工具时，就产生了保护表达自由和使青少年免受不良影响之间的冲突，也产生了如何利用有限的频道资源为民众提供全面、客观、公正信息的需要问题。为此，美国最高法院在给予出版媒体最高级别的宪法保护并排除政府对其进行事先限制的同时，又允许联邦通讯委员会对广播媒体实施积极的管制，这样联邦通讯委员会就可以根据当事人的申请，将广播频道的经营权颁发给最能满足公众利益、便利和需要的经营者，同时联邦通讯委

员会又可以对播出的内容、时段等问题提出具体、详尽的要求。

在互联网的产生和发展过程中,我们同样看到了国家、政府在推动互联网时所扮演的双重角色。一方面,美国政府投入大量资金、人力、物力促进了互联网的蓬勃发展,可以说,政府在将人类带入网络时代的过程中起到了举足轻重的作用。另一方面,当互联网产生之后,美国国会又数次通过立法来限定通过网络进行的表达。仅仅为了保护青少年免受互联网上不良内容的影响,美国国会就制定了《通讯端庄法》(Communication Decency Act)、《儿童在线保护法》(Child Online Protection Act)①、《未成年人互联网保护法》(Children's Internet Protection Act)②、《儿童隐私保护与父母授权法》(Children's Privacy Protection and Parental Empowerment Act)。③ 此外,国会还通过立法成立了网上未成年人保护法委员会(Children Online Protection Act Commission)。④

美国政府从立法上对互联网进行规范,其做法遭到了许多互联网运营商和民权组织的反对。它们认为政府随意介入互联网这一全新的表达空间,违背了《宪法第一修正案》"国会不得制定剥夺人们言论和出版(新闻自由)的法律",侵犯了他们的表达自由。

美国政府规范互联网的做法还引出了一起旷日持久的诉讼。1997年,美国最高法院在著名的 ACLU(美国公民自由联盟)诉 Reno(当时美国的司法部长)案的判决中,否决了政府为规范互联网上不良信息(特别是色情淫秽内容)而制定的《通讯端庄法》。⑤ 法院的理由主要有以下几个方面:

首先,互联网并不像广播电视那样受到资源稀缺的限制。通常来说,政府只能对资源稀缺的媒体进行规范,而互联网并不像广播电视那样受到资源稀缺的限制,因此在这种情况下,政府随意对互联网上自由流动的信息进行限制,其做法没有事实依据。

其次,政府制定的法律存在打击面过大和条文不够清晰的缺陷。打击

---

① 47 U.S.C.A. §231(Supp. 1999).
② S. 97,106th Cong. §2(a)(1)(1999).
③ H.R. 369,106th Cong. 2(1999).
④ 网上未成年人保护法委员会的情况及其活动,可以参见其网站:www.copacommission.org.
⑤ 117 S.Ct. 2329 (1997).

面过大，容易导致在网络上交流合法信息的成年人也成为法律打击的对象；条文不够清晰，则容易给执法机关留下较大的自主裁量权。执法机关的权力如果行使不当，极易对民众的表达造成伤害。

再次，从互联网媒体在传播信息和能够提供的服务来看，有害内容（特别是对青少年健康成长有害的色情内容）的传播并不像广播电视节目中此类内容那样具有主动侵入性和无所不在性。多数经营色情内容的网站都在其主页采用了事先警告措施，青少年如果想读取这类内容，除了会事先受到警告外，还需要采用积极的肯定性行为。此外，案件审判时大量的证据证明，青少年偶然遇到这样的内容的几率是很少的。因此，法院不同意以建立在假想基础之上的危害为由，来限制成年人享有的表达自由。

最后，即便要防止未成年人免受互联网上不良信息的影响，该责任也不应当首先由政府来行使，而应当交由家长来监督。只有家长才更了解孩子需要什么和不需要什么，早已投放市场的许多类型的过滤软件，可以帮助家长更好地完成这个任务。

由于以上原因，美国最高法院在判决中认为，从各方面的情况来看，互联网更像平面媒体，而不是广播媒体，应当享有最高级别的《宪法第一修正案》保护。最高法院最后否决了《通讯端庄法》。

第五节　表达自由的保护级别

一、确立表达自由规则所考量的因素

美国为了使1791年制定的《宪法第一修正案》能够适用于不断出现的传播媒体，最高法院依据其保护平面媒体之标准，结合每种新媒体不同于平面媒体的特征，作出了许多可以作为先例的判决，确立了一系列保护或限制媒体表达自由的规则。① 美国最高法院在进行判决时，首先要考虑每一种大众传播媒体所具有的不同的媒体特征（medium-specific）；其次，法院通常还

---

① 参见 City of Los Angeles v. Preferred Communications Inc., 476 U.S. 488, 496 (1986); FCC v. Pacifica Found., 438 U.S. 726, 748 (1978); Kovacs v. Cooper, 336 U.S. 77, 97 (1949).

要考虑政府在规范每一种媒体时所要实现的社会利益,并用这种利益与可能受到限制的表达自由的利益进行平衡。此外,法院还会考虑对特殊受众(比如未成年人)的保护。

二、平面媒体、广播媒体、有线电视和互联网在表达自由上的差别

由于每一种媒体都具有不同的特性,其所带来的表达自由问题也会存在一定的差异,这理所当然应成为政府规范不同媒体时需要考虑的因素。同时,它也是法院衡量政府的规范措施是否符合宪法的依据。如果政府在规定媒体的表达自由时,存在明显和紧迫的社会利益(如国家安全),并且这种社会利益大于媒体受到损害的表达自由利益,法院通常会倾向于支持政府的做法。

根据平面媒体、广播媒体、有线电视、和互联网的特点,它们在享受表达自由的情况大致可以归纳如下:(1)平面媒体发表的言论一向享受最高级别的《宪法第一修正案》保护;(2)广播媒体受到最低级别的《宪法第一修正案》保护;(3)有线电视所享有的宪法保护级别介于平面媒体和广播媒体之间;(4)互联网的出现带来了新的言论问题,美国最高法院在1997年所作的判决中认定:互联网更像平面媒体,应当享有最高级别的宪法保护。

第二章　新闻媒体表达自由的限制

表达自由并不是绝对的,政府负有保护人们享有表达自由权的义务,同时也有限制滥用表达自由的权力。政府在规范大众传媒和各种信息内容时,还会涉及相互冲突的利益,比如:青少年健康成长的社会利益和表达自由的利益;隐私权的利益和表达自由的利益;名誉权优先还是言论自由优先等。政府可以考虑对某种特殊权利进行保护,或考虑保护某种比表达自由更重要的利益,从而依照法律对表达自由进行限制,那么政府限制表达自由的法理、理由、原则和方法是什么呢?

第一节　限制表达自由的依据

法律可以成为促进和保护表达自由的工具,法律也可以成为限制表达自由的工具。无论在基督教一统天下的中世纪,还是在印刷业刚刚开始发展的欧洲大陆,教会和封建君主都曾经制定过大量限制表达自由的法律,言论自由、出版自由的思想和一系列保护表达自由的制度,也正是在反对统治者对印刷业进行控制的过程中逐步得到完善和发展的。在现代民主社会,法律不再是封建君主推行专制统治和资本家攫取垄断利润的工具,而是更加注重保护普通人的权利并为整个社会创造健康有序的生存环境。法律和法治氛围,既是表达自由赖以产生和存在的土壤,也是一系列与表达自由相关的制度得以正常运转的保障。我们也正是在这种前提下讨论表达自由的限制问题。

一、表达自由的相对性

法国启蒙思想家孟德斯鸠说过,自由是做法律所许可的一切事情的权利;如果一个公民能够做法律所禁止的事情,他就不再有自由了,因为其他的人同样也会有这样的权利。① 在表达自由的相关问题上也同样如此。表达自由并不是想说什么就说什么,想出版什么就出版什么,想报道什么就报道什么;也不是想播出、展示什么就可以随意播出、展示什么的自由。

在现代法治社会,无论什么类型的表达,无论何种情况下的表达,只要这种表达以某种形式见诸于众,或进入公共领域,那么这种表达就会对他人或社会产生一定的影响,因此这种表达就应当受到法律的调控。这既是法治社会的普遍要求,也是表达自由的内在要求。对表达自由通过什么途径进行限制?一方面,法律为表达者的表达行为划定了相应的界限;另一方面,司法机关又对违法的表达行为进行惩罚,对符合宪法和法律精神的表达行为进行保护,从而维护正常的表达秩序。表达自由除了会受到法律的制约,还会受到法律之外的其他有形或无形因素的制约,比如:社会的经济发展水平、一定社会的历史文化等。表达自由总是在一定具体的历史条件和文化环境中行使,因此绝对的表达自由既没有法律上的依据,也不可能是现实生活中的常态。

表达自由的相对性还表现在某种表达活动可能会因为时间、地点、场合和对象等原因而受到保护或限制。某些内容的表达,在 A 场合可能受到保护,在其他场合就有可能受到限制。表达的对象(即表达活动所传达的信息的受众)也会成为影响某种表达是否应当受到限制的因素。从这些方面来讲,时间、地点、场合和对象,即与表达活动相关的一系列因素,都会成为影响表达自由的因素。由于制约表达自由的因素不是统一的,也不是一成不变的,这就可能在某些场合、某些条件下或以某些理由而对表达自由施加相应的限制,因此不可能存在绝对的表达自由。

二、限制表达自由的法律

许多国家的宪法、国际性的人权公约、地区性的人权条约都在承认表达

---

① 〔法〕孟德斯鸠:《论法的精神》(上册),张雁深译,商务印书馆1982年版,第154页。

自由的同时，以各种形式规定了对表达自由的限制。① 例如，最早以法律形式承认并保护著述和出版自由的1789年法国《人权和公民权宣言》，就在承认"每个公民都有言论著述和出版自由"之后，接着就规定享有此项自由的人"应对滥用此项自由负担责任"。一系列规定表达自由的国际性和地区性人权条约，都规定表达自由是一种可以在特定时间、特定场合下予以克减的权利，是政府可以基于正当理由、用正当方式进行限制的自由。② 在这些人权条约所确立的人权标准中，《欧洲人权公约》对表达自由的限制性规定尤为详细，在实践中也更具有可操作性。《欧洲人权公约》第10条首先承认人人都有表达自由的权利，接着规定该项权利受到如下情形的约束：

> 法律所规定的程式、条件、限制或惩罚的约束；并受在民主社会中为了国家安全、领土完整或公共安全的利益，为了防止混乱或犯罪，保护健康或道德，为了保护他人的名誉或权利，为了防止秘密收到的情报的泄露，或者为了维护司法官的权威与公正性所需要的约束。

从上述规定来看，表达自由受到的限制既有法律规定的程式、条件等方面的限制，也受与表达利益同样重要甚至比表达自由更重要的其他利益的限制，比如国家安全、领土完整或公共安全。同时，政府为了防止混乱或犯罪、保护健康和道德、为保护他人的名誉和权利，也可以限制表达自由。也就是说，如果表达自由的利益与上述利益发生冲突，在需要让位于上述利益的时候，表达自由就应当让位，在需要限制的时候，表达自由就应当受到限制。

中国《宪法》一方面在第35条承认并保护人们享有言论、出版、集会、结社、游行、示威等表达自由，另一方面又通过《宪法》和法律规定对表达自由予以不同程度的限制。中国《宪法》第51条规定："中华人民共和国公民在

---

① 在宪法性文件当中，也有只承认并保护表达自由而没有在宪法性文件对该类权利予以明确限制的，比如美国。1791年，即在通过联邦宪法之后公布的《宪法第一修正案》，就以非常断然的口气宣布：国会不得制定剥夺人们言论和出版等自由的法律。但这并不是说，美国法律就不限制表达自由，也不意味着美国没有限制表达自由的法律。相反，美国不仅有独立战争刚刚胜利不久就制定的专门限制表达自由的《外侨和煽动法》，第二次世界大战期间，还出台了臭名昭著的《史密斯法案》。此外，美国最高法院大量与表达自由有关的判例，也确立了许多限制表达自由的原则，认可了政府基于各种理由而对表达自由实施的限制。

② 与这种可以克减的权利或自由相对应的是绝对的、不可克减的权利或自由，比如生命权和免于遭受酷刑或其他残酷的、不人道的待遇，它们就属于在任何条件、任何情况下都不能克减的权利或自由。

行使自由和权利的时候,不得损害国家的、社会的、集体的利益和其他公民的合法的自由和权利。"为了落实这种规定,中国的法律、行政法规、规章中都对不同主体的表达活动设定了相应的限制。有些限制是程序法上的要求,比如媒体是否可以进入案件审判现场对案件的整个审判过程进行报道,特别是对涉及个人隐私和国家机密的案件进行报道,这就要求媒体必须向审理案件的法院提出申请。如果法律基于正当和合法的理由不允许媒体对案件进行采访报道,媒体就不得进入案件的审判现场。有些限制是实体法上的要求,很多实体法规定了媒体和一般的民众能够传播什么或不能传播什么,如果传播了法律明确禁止的内容(比如现行《刑法》第365条所定义的淫秽物品)则应当承担法律责任。大量的法律、行政法规还规定,无论是个人还是大众传媒,都不得散布虚假的、有损他人声誉的信息,不得随便以谋取商业利益为目的而随意使用他人享有知识产权的作品。

在现代社会,法律成为对表达自由进行限制的主要依据,这是社会进步和发展的结果。在古代和中世纪,无论是东方专制主义国家还是基督教国家,都曾经出现过不依据具有普遍约束力的法律而对表达自由进行限制的例证,这无疑赋予了统治者不受限制的自由裁量权,这曾经给民众的表达自由带来巨大的灾难。随着社会的进步和法治观念的普及,特别是二次世界大战之后,人权事业的发展和人权观念逐步深入人心,这种状况得到了较大程度的改善。

三、因传播媒体自身的特点而产生的限制

不同的大众传播媒体会因为媒体介质本身的特点而受到不同的保护或限制。根据国际上通行的惯例和国际性、地区性人权条约的规定,与平面媒体受到的限制相比,某些媒体(比如电影、电视)可能受到更多的限制。这方面的例证明显见之于《欧洲人权公约》第10条和《美洲人权公约》第13条。《欧洲人权公约》第10条规定,表达自由并不阻止各国对广播、电视、电影等企业规定许可证制度;《美洲人权公约》第13条则规定,尽管有上述思想和发表意见的自由,但依照法律仍可事先审查公开的文娱节目,其唯一的目的是为了对儿童和未成年人进行道德上的保护而控制观看这些节目。

为什么会出现上述情况?这与不同媒体的介质及其在信息传播方面所具有的特点有关。平面媒体不具有稀缺性,理论上任何人都可以办报或从事印刷产业,同时,平面媒体具有个体化、分散性的特点,平面媒体的用户需要主动采取措施才能够读取,因此政府在该领域没有过多地行使权力的依据。相反,电子媒体就完全不同,电子媒体在其产生之初就具有稀缺性,为了有效利用极为有限的频道资源,迫切需要政府代表人民来分配这些资源,政府不仅要通过一定的程序将资源分配给那些最能满足人民需要、便利和利益的运营商,同时还要对其传播的信息进行监管。由于电子媒体可以同时吸引成千上万的人共同分享其所传递的信息,其信息传播方式也更具有主动侵入性和无所不在性。电磁波会不经过邀请就进入人们听力所及的范围,因此为了防止这种对社会极易产生较大影响的媒体对特定的受众(比如青少年受众)产生意想不到的负面影响,不仅需要政府权力的主动介入,还需要政府对信息传播过程的各个环节都进行主动的监督和审查。政府在规范这些媒体的时候,应当针对不同传播媒体的特点,有针对性地制定相应的法律,有针对性地出台相关的政策。根据西方国家的经验,有些媒体允许政府予以较多的干预,比如广播媒体,而某些媒体不需要政府过多地插足,比如平面媒体。例如,根据美国的《宪法第一修正案》或者《美洲人权公约》第13条,有政府不得对平面媒体施加许可证之类的事先限制,但对于广播媒体,法院则许可政府对其进行较为严厉的限制。

四、因权利冲突而产生的限制

国际条约、宪法和法律除了保护言论、出版、结社、游行示威等表达自由外,还保护名誉权、隐私权和公平审判权等。这些权利在国际人权公约和国家的法律体系中,并无先后轻重之分,都具有同等重要的法律地位。当媒体和个人在行使表达自由时,却不可避免地会与这些权利和自由发生冲突。当言论、出版自由与这些权利发生冲突时,既需要考虑表达自由的利益,也需要照顾与之冲突的其他利益。在这些需要考虑的利益当中,有些利益具有不容置疑的优先性,绝对不允许以言论和出版等表达自由来侵害之;有些则必须让位于言论或出版等表达自由[①];在有些案件中,究竟是应当保护表

---

① 比如,绝对不允许以牺牲普通人的隐私权的方式,来满足媒体报道的需要,在中国,也绝对不允许以无限制地满足知情权为由,泄露国家机密。《刑事诉讼法》(第152条)和《民事诉讼法》(第134条)的规定,对言论和出版自由,也是一种限制。这类限制除了当事人的隐私外,还考虑到商业秘密和法律对未成年人的特殊保护。

达自由,还是应当保护与表达自由相互冲突的其他权利,则需要根据具体情况或案件的具体细节予以确定。当法律最终确定的保护对象不是表达自由的时候,表达自由就应当受到不同程度、不同方式的限制。

虽然表达自由不欢迎任何形式的国家干预或限制,但在很多情况下都需要基于不同的理由而对表达自由进行限制。同时,我们还应当看到,政府通过法律对表达自由施加的限制,并不是在任何情况和条件下都是有害于表达自由的行使或实现。相反,在许多情况下,通过对特定言论的限制,反而有助于促进该项权利和自由的实现,比如:对散布虚假广告、诽谤性言论的限制,这会有利于创造一个更加文明的言论生态环境;法庭或议会中限制人们发言的时间,可以让更多的人获得发言和参与的机会,从而提升工作效率。表达自由的行使还会存在时间、场合、方式或对象方面的限制。例如,法律有可能许可成年人之间对有关性的问题进行自由交流,但却禁止将同样的色情表达传递给未成年人;法律会对面向成人出版的读物中包含色情、暴力内容持较为宽容的态度,但却会严厉限制同样的内容出现在面向青少年的读物当中。同样,警察在周末不批准人们集会、游行和示威,如果其目的不是为了使自己能够度过一个美好的星期天,而是为了保障大型国际会议的正常举行,那么警察的做法也不会被认为对表达自由进行了不适当的限制。

对表达自由的限制还涉及价值层面上的冲突。事实证明,表达自由所带来的好处有时难以抵消或远远小于它对社会或他人所带来的负面影响。在这种情况下,如果确实能够证明政府是为了实现紧迫而重大的社会利益,并且政府限制表达自由的做法是深思熟虑后而采取的措施,那么政府的行为就容易通过宪法审查,就不太容易被法院认为是侵害表达自由的行为,也容易被普通民众接受。

第二节 限制表达自由的目的

表达自由并不是绝对的权利,政府可以基于一定的理由对其进行限制,但这又产生了另外的问题:政府对表达自由进行限制的目的是什么?或者说,基于什么目的政府才可以干预表达自由?根据国际人权法和中国法律的相关规定,限制表达自由的目的可以概括为尊重他人权利、国家安全、公共秩序、公共卫生和公共道德、保护未成年人等。

一、尊重他人权利

隐私权、名誉权是两项与表达自由平行的宪法性权利。政府有义务承认和保护表达自由,同样有义务承认和保护隐私权和名誉权。尊重他人的隐私权和名誉权有三个方面的含义:其一,公民和媒体在行使表达自由的时候,应当尊重他人的隐私权和名誉权,不应为了图一己之私利或追求商业利益而置他人的隐私和名誉于不顾。这既是法律对普通公民和新闻从业者提出的要求,也是新闻伦理和职业道德对媒体提出的要求。其二,政府有义务通过法律的实施来制裁损害他人隐私和名誉的行为,政府还应当鼓励媒体通过自律方式或者允许行业组织以适当的方式对违犯职业伦理的从业人员进行培训、教育和处罚。其三,当表达自由与隐私、名誉的权益发生冲突的时候,法院应当根据公平正义和案件的实际需要,平衡这两种彼此冲突的利益,法院不得以损害隐私权和名誉权为代价来满足表达自由,也不能以牺牲表达自由为代价来满足隐私权和名誉权。

西方国家(特别是美国)采取了区别对待的原则。一方面,法律严格保护普通人的隐私权和名誉权;另一方面,在公共官员和社会名人因这两项权利受到侵害的时候,法院要求他们承担比普通人更加严格的证明责任。除非他们能够证明媒体在报道时心怀恶意并且不计后果,否则要赢得诉讼就会非常艰难。法院这样判决的理由,主要有三个:其一,官员和名人比普通人更需要媒体的监督。官员需要媒体监督是因为他们是民众选举出来的,是民众的公仆,媒体随时对他们进行监督可以有效地防止他们滥用自己的权力;名人需要接受更多的媒体监督,是因为他们比普通人拥有更多的表达机会,特别是接近和使用各种大众传播媒体的机会。其二,媒体在进行报道时,对涉及的任何事情都进行一一核准是不可能的,否则就会损害媒体报道的及时性,因此犯点小错是正常的,法律应当给媒体留下一定的"呼吸空间",这更有助于媒体将更多公众关心的话题带到公共领域,从而丰富公共讨论的内容,提高公共讨论的质量。其三,公共生活(特别是与政治事务有关的公共讨论)的健康有序,需要"开放"、"不受限制"和"充满活力"的公共讨论。如果对媒体限制过多,就会损害公共讨论的生机,降低公共讨论的质量。①

中国的《宪法》规定了公民的言论、出版等表达自由,但这种规定比较抽象,可操作性不强。相反,中国的民事法律对名誉权、隐私权提供了相对完备的法律救济机制。这种情况非常不利于对表达自由的保护,尤其是当表达自由与这两种权利发生冲突的时候,法官往往选择保护名誉权和隐私权,因为名誉权、隐私权有相对更加明确法律依据,也更容易操作。至于表达自由则往往被搁置在一边。在当下的中国,迫切需要出台《新闻法》、《出版法》等法律,通过这些法律将宪法中的表达自由问题明确化、具体化,并进一步明确在表达自由与隐私权、名誉权发生冲突的时候,究竟是保护表达自由还是保护名誉权和隐私权,否则将很难解决表达自由在实践中有名无实的尴尬局面。

二、国家安全

在国家遭到严重的政治和军事威胁时,政府可以限制表达自由。具体而言,政府可以禁止获得或散布本国的军事机密;政府可以在政治动荡的情况下限制、制裁直接号召暴力推翻政府的公开演讲;政府可以制裁那些醉心于鼓吹战争的人;对泄露国家政治、军事和经济等机密的个人或媒体组织予以制裁等。

为维护国家安全,中国法律一方面禁止个人或媒体发布煽动危害国家的言论,另一方面明确规定,任何公民都有保守国家秘密的义务。例如,中国《刑法》第102条到112条就详细规定了危害国家安全罪的类型和罪名,实施该类行为的个人或组织,都可能受到刑法的处罚。在这些犯罪行为当中,煽动分裂国家罪,煽动颠覆国家政权罪,为境外窃取、刺探、收买、非法提供国家秘密、情报罪,都可能会涉及表达自由问题。这意味着,表达自由的行使不能损害国家利益,也不能将国家秘密随便向公众披露,以免对中国的领土完整、主权独立、社会制度造成伤害。

比较有争议的问题是:国家是否可以以安全为名,有选择地干扰人们通过广播、互联网等媒体收听、收看和阅读来自境外的反动或反政府信息?不

---

① 参见本书后面相关章节中专门论述公众人物的相关内容。

能简单地说政府无权这样做,但政府至少应当考虑以下几点:首先,不分国界地寻求和接受信息、传播思想是国际人权条约中的基本人权之一。只要是公约的成员国,就应当认真履行公约所施加的义务。其次,当险情还没有发展到一触即发的程度时,政府应当把判断、分析和选择的权利交与成年的民众,而不是简单地代替民众作出选择。这既是对民众享有的基本人权的尊重,也有利于国民素质的提高。因为"人类的官能如觉知力、判断力、辨别感、智力活动、甚至道德取舍等,只有在进行选择中才会得到运用"①。

另外一个在实践中非常普遍的问题是:如何限制政府动辄以国家安全的名义,随意限制媒体的自由报道和公众的知情权?比如:限制记者进入交战的现场,随意提高国家文件机密的等级,随意划定军事禁区,通过秘密的军事法庭来处罚违规的记者等。如何解决这一问题,虽然不可能找到非常明确的答案,但确立以下几个出发点应当是有意义的:首先,要破除国家安全利益绝对至上的观念。在许多情况下媒体的自由报道与公众的知情权,或许比抽象的、假定的国家安全更为重要。其次,维护国家安全的利益,与满足媒体自由报道和公众知情权,从本质上来讲是不冲突的,因为见多识广的民众和用知识武装起来的民众,才是国家长治久安的基础。最后,司法应当成为解决这类问题的权威。国家安全和表达自由的冲突双方都会从各自不同的角度来伸张自己主张的重要性,在这种情况下,试图要解决好双方的冲突,必须避免过于强大的一方(通常是政府)滥用自己的权力或权利,就需要法院作为中立的第三方从中作出客观、理性的判决。

三、公共秩序

密尔在《论自由》中曾经区分了应当受到保护的言论和不应当受到保护的言论之间的界限。他认为,撰文在报纸上分析饥荒产生的原因,并对囤积居奇的粮商提出严厉批评,这应当是一种受到保护的表达。因为这种方式是在理性思考的基础上提出的,体现了对公共讨论的一种负责的态度。但是,如果面对一群饥民时,用充满激情或煽动性的语言,说饥荒产生的原因是因为他们旁边的粮仓囤积了大量的粮食,这种表达可能是不受保护的表达,因为这种言论极有可能导致饥民哄抢粮仓,导致公共秩序的混乱。美国

---

① 〔英〕约翰·密尔:《论自由》,程崇华译,商务印书馆1982年版,第62页。

最高法院法官霍姆斯也在其判决中指出,在剧院高呼起火而引起恐慌和混乱的言论,会引发"清楚而即刻的危险",不是《宪法第一修正案》保护的言论。①

在现代社会中,会导致公共秩序受到损害的表达很多,例如:煽动人们拒不执行生效的法律判决;散布足以导致社会产生混乱的谣言;聚众播放充斥着淫秽和暴力内容的影视作品;煽动监狱中的犯人集体越狱等,这些表达都可能对公共秩序造成混乱。鼓吹战争,煽动民族仇恨,破坏民族团结,这些内容也会因为可能会对公共秩序产生不利影响而受到法律的限制。

和谐的生产、生活、工作、交通等秩序是我们开展各项活动的前提,我们没有任何理由不珍惜和平、和谐的社会局面,任何个体和组织化的媒体,都应当在行使宪法赐予的表达自由权利的时候,考虑到公共秩序的需要,不要散布破坏社会稳定的言论。同时,我们还应当消除理论认识上的一个误区,不要以为安定团结、社会稳定必须建立在同声、同调、绝对服从宣传纪律的基础之上。事实上,媒体有不同的声音,人们有不同的意见和表达,对同一事件持不同的看法,不仅本身是一件非常正常的事情,是符合事物本质和规律的现象,而且也是人们能够和平相处,社会能够长治久安的基本前提。企图以压制不同声音、窒息不同观点的方式来实现社会稳定的做法,在实践中是极其有害的。

在社会实践中,有些领导人错误地认为,为了维护社会秩序,避免产生不必要的混乱,在遇到突发性事件,比如面对突如其来的自然灾害和人为灾难时,应当人为地对事故的原因、细节等进行控制,媒体应当有选择地进行报道。为了更好地做到这一点,还对媒体的报道提出严格的审查、审批程序,有的甚至只允许媒体报道正面的情况,不允许报道负面的情况。这样做的直接效果,就是使人民不能在第一时间及时、全面地了解事情的进展情况,不仅不利于稳定群众的情绪,反而容易贻误时机,使有效的应对灾难的机制不能及时发挥作用,从而引起更大的惊恐和不安。因此在这类事件的报道上,我们应当坚持让人们知道并让人们尽量早点知道的原则,给媒体以更大的报道自由。

---

① 249 U.S. 47,52(1919).

四、公共卫生和公共道德

新华社 2006 年 7 月 31 日报道,国家广播电影电视总局发出通知,要求各地电视台在 8 月 1 日叫停电视上风行的"甩脂机"广告。在此之前,国家广播电影电视总局还在其通知中要求丰胸广告要避开未成年人。国家广播电影电视总局还曾经先后限制过主持人的"港台腔"和"服装",要求主持人避免使用"港台腔",服装也不可过于暴露。这些都可以看做政府因公共卫生和公共道德的原因,而对表达自由予以限制的例证。

出于公共卫生方面的要求,政府还还可以要求食品、药品等商品的包装上必须载明该产品的生产日期、成分、有效期等;政府还要求生产香烟的企业,在其生产的香烟上注明焦油含量和"吸烟有害健康"的警示;政府还可以要求药品生产企业在其生产的药品上标明药品可能产生的副作用;政府还可以明令禁止电台、电视台等大众传播媒体播放或刊登烟草产品的广告。

为保护公共道德而限制表达自由的典型例证,还包括禁止或限制色情或淫秽的出版物;将色情产品的经营集中到未成年人不容易受到影响的区域;迫使影视节目制作商对其制作的含有色情、暴力内容的影视节目进行分级等。这样做既是为了公共道德,也是为了给青少年创造一个健康的成长环境。

以公共道德干预表达自由时,需要注意三个方面的问题:第一,公共道德的内容和标准往往相差极大,不存在普遍适用的共同标准,国家权威机构应当享有一定自由裁量的余地,可以根据时间、地点、场合等和当下人们在相关问题上趋同的价值观,灵活地采取措施。第二,公共道德的概念是相对的,对表达自由的限制不应该使偏见永久化或促进不宽容,保护少数者的观点(包括那些冒犯、震惊或扰动多数人的观点)是特别重要的。① 第三,注意保护未成年人的利益和成年人表达自由之间的平衡。既不能不顾未成年人的健康成长而滥用表达自由,也不能把所有的读物、影视作品、节目都降低到儿童阅读的水平。

---

① 〔奥〕诺瓦克:《民权公约评注——联合国〈公民权利和政治权利国际公约〉》,毕小青等译,生活·读书·新知三联书店 2003 年版,第 354 页。

五、保护未成年人

青少年的身体和心智处于发展时期,其判断是非以及抵抗非法、不健康的读物、影视节目的能力相对较弱。未成年人一般都会受到法律的特殊保护。监护制度要求未成年人的父母和其他成年家长对未成年人予以看管、照顾,便是出于这种考虑,但仅有家长的照顾是远远不够的,还需要通过政府和社会各方面的努力,为未成年人的成长营造良好的气氛。为了实现这一目标,政府需要通过法律对大众传媒可能影响未成年人健康成长的内容进行规制。对于面向未成年人发行的平面媒体、电子读物、影视节目,应当满足未成年人健康成长的需要。对于完全面向成人的读物和节目,则应当采取有效的措施防止未成年人获取这些信息。

西方国家和我国港台地区对影视节目普遍实行了分级制度,这种制度的可取之处在于,它除了考虑到未成年人的健康成长外,还考虑到了成年人表达自由的利益,是保护未成年人和表达自由而采取的一种平衡。当表达自由的利益与保护未成年人的利益发生冲突的时候,这种分级制度可以为我们解决这类冲突提供有益的参考模式。

第三节 限制表达自由的原则

在现代民主社会,表达自由既是个体自我实现的前提,也是社会不断进步的基础。承认和保护表达自由是现代社会的一项重要原则,也是当今世界的潮流。法律制度和具体行政行为都应当考虑对表达自由的保护和尊重。政府在对表达自由进行限制的时候应当格外小心,避免伤及表达自由和信息的自由流动。如果确实需要对表达自由进行必要的限制,政府也应当遵循一定的原则。

一、合法性原则

所谓合法性原则,就是对表达自由的限制必须由法律作出明确的规定,换言之,政府必须依照已经公布的法律才可以对滥用表达自由的行为进行处罚。这里的"法律",指的是立法机关制定的抽象的具有普遍约束力的基本法律。它既可以指大陆法系国家的议会制定的法律,也可以指英美法国家的国会、议院制定的成文法及法院在司法实践过程中发展起来的判例法。依据中国《立法法》第 8 条第 5 款的规定,只能通过制定法律才能够对表达自由予以剥夺,也就是说,只有全国人大及其常委会才有权制定剥夺表达自由的法律,只有全国人大及其常委会制定的法律才能成为剥夺表达自由的依据。

根据欧洲人权法院的判例,合法性原则还要求限制表达自由的法律必须"可以获知"和"可以预见",法律还应当"为防止政府对表达自由的任意干涉提供有效保障"。"可以获知",其基本要求是法律必须已经正式公布,一般人可以获知;"可以预见",其要求法律用语在表达上具有准确性,普通人或通过律师等专业人士能够理解法律的具体含义。另外,如果纯粹以行政规定或含混的法定授权为依据对表达自由进行限制,这很容易导致对表达自由的任意干涉和侵害,也容易构成对人权标准的违犯。"法律为防止任意干涉提供有效保障"就是指法律授予政府机关的自由裁量权不能以不受约束的方式行使,它应当充分明确地指明裁量权的范围及其行使方式,并顾及相关的合法目的,以及给个人足够的保障,以防止来自政府的任意干涉。①

二、合目的性原则

首先,政府限制表达自由的行为满足上述合法性的要求,并不一定意味着这种限制同样具有正当性,因为法律往往会跟不上形势变化而变得僵化。其次,国内法还存在如何与国际人权条约确立的人权标准协调的问题。第三,适用法律的时间、地点、方式和对象的不同,也会对法律本身提出具有挑战性的要求。因此,仅仅从合法性来衡量限制的正当性是远远不够的,我们还应当从合目的性上来进一步进行考察。

合目的性的"目的"大致可以分为三类:公共利益、私人利益、维护司法公正和权威的利益。公共利益,包括国家安全、公共安全、公共卫生和公共道德等;私人利益,主要指自然人和法人的利益,包括维护他人的荣誉和利益、防止涉及个人隐私和商业秘密的信息披露等;维护司法的公正和权威,包括法院可以不公开审理并禁止媒体接触、报道涉及个人隐私、商业秘密和

---

① 张志铭:《欧洲人权法院判例法中的表达自由》,载《外国法译评》2000 年第 4 期。

国家机密的案件,同时允许媒体和一般民众旁听依法应当公开审理的案件等。

公共、私人利益既可能单独存在,也可能"共存"或"兼有"。隐私和商业秘密是个人或公司不愿意让他人知道的信息,可以将这类表达自由的限制看做为了私人利益的目的而进行的限制。为维护军纪而禁止散发鼓动士兵开小差的小册子,这可能完全出于公共利益之目的。维护司法的公正与权威,既是为了公共利益的目的(例如保证司法健康有序地运转),也可能是为了维护私人利益之目的(例如个人获得公正审判)。

三、比例原则

要证明政府对表达自由限制的正当性,除了上面提及的合法性和合目的性之外,这种限制还必须是基于案件的实际情况而必须作出的限制。如果案件的实际情况显示,政府无须作出反应,或政府无须作出剧烈的反应,则政府的限制就有可能是不必要的或不合比例的。

为了说明比例原则,我们可以用密尔在《论自由》中讲的一个例子。当一个人要走过一条极度危险的小桥时,局外人可以采用两种方式避免危险的发生。一种方法是劝说他,告诉他小桥已经非常危险,让他在知道了小桥存在的危险后,自己放弃过桥。另一种方法是采用武力或强迫的方式,将执意过桥的人拉回来。在这种两种方式当中,密尔认为,只要有时间、有条件劝说,就应当采用劝说的方式。后一种情况只适用于已经没有时间或没有条件让这个人避开危险的情况。换句话说,对这个人的自由的限制,只能在万不得已的情况下才能采用。同时还应当予以关注的是,在这个例子中,限制他人自由的目的之所以具有正当性,是因为只有限制他的自由,才能避免比其自由更加重要的生命安全受到损害。对表达自由的限制也是如此,如果不是非限制不可,就尽量不要予以限制。

为了满足合比例原则的要求,政府对表达自由的限制必须是为了实现紧迫或重大的社会利益。如果政府不对表达自由予以限制,就会使社会利益受到不可挽回的损害。为了避免政府以假想或虚构的利益作为限制自由的借口,这种社会利益应当是实在的、看得见的,一般人凭借其认识能力能够判断出来。

合比例原则是对政府限制表达自由的手段或方法提出的要求,即政府不能无所顾忌地采取限制表达自由的方法。政府必须合理、谨慎、诚信地行使其限制表达自由的权力,不应因微不足道的社会利益为借口对表达自由进行限制。我们继续以过桥的例子来进行分析,如果我们对那个试图过桥的人不是劝说或者将其强行拉回来,而是将其致残,通过破坏他过桥的能力来避免他掉入河中淹死,这种方法明显不符合比例原则。

需要注意的是,是否符合比例原则通常是一个难以在瞬间作出正确估计的事情,政府采取的方法是否为实现目标而精心裁剪,短时间内可能也判断不出来,因此在遇到紧急情况时,政府应当享有适当的自由裁量权。即:首先由政府决定是否采取限制表达自由的措施,但政府的做法应当在事后接受法院的严格审查,由法院而不是政府自己来确定其限制是否是需要的和符合比例的。

除了司法对政府限制表达的行为进行审查之外,在事情发生之后,政府还应当接受人们通过言论、出版物和其他形式提出的质疑、批评甚至是善意的攻击,并从这些批评当中吸取改进限制方式的营养,不断完善对表达的限制措施。

四、中立原则

中立原则要求政府不能因为担心民众会对某个观点、信息、意见产生不良反应就对其进行限制,政府也不能因为某种观点或理论特别适合自己的政策就利用自己所掌握的各种资源对其进行资助。中立原则还要求,当政府不得不对表达进行限制时,应当尽量从时间、地点和方式等方面对表达进行限制,而不应当对表达的内容进行直接干预。按照这种理论,政府应当对观念市场上的各种观点、想法、意见保持中立。政府在制定与言论有关的法律时,应当尽量避开对言论内容的限制。如果政府的法律或行政措施涉及言论的内容,就应当接受更为严格的司法审查。

在美国,如果政府制定的法律或采取的行政措施所针对的是表达的内容,那么其对象必须限定在低价值(Low Value)言论的范围,且必须接受严格的宪法审查。政府可以通过立法或行政措施来限制或制裁的言论范围通常包括:诽谤性言论(defamation),淫秽(obscenity)内容,有儿童参与或与儿童有关的色情内容(child pornography),争斗性言论(fighting speech),仇恨性言论(hate speech),军事技术情报(technical military information),商业言论(commercial speech),没有新闻价值的隐私(no newsworthy privacy information)。对于政治言论(political speech)或关于公共利益(public interests)的言论,政府无权通过法律或具体行政措施而进行限制。不仅如此,为了防止公共官员和公众人物借诽谤诉讼打压媒体的自由报道,对于可能与政治有关或沾边的言论(如公共官员或公共人物的隐私信息),法院对原告设置了诉讼的障碍,使原告很难在此类诉讼中胜诉。法院的理由是,为了保障公共讨论是"不受限制的"、"公开的"和"充满活力的",媒体应当有较大的呼吸空间(breathing space)。①

从逻辑上讲,中立原则要求我们不应只关注政府所制定的法律本身,而应当更多地审视政府制定法律的原因和意图。如果政府制定某项法律的目的是为了限制人们获取特定种类的观念,政府的做法就可能会因为违犯宪法而被否决。基于噪音和交通考虑,政府通过法律或者行政措施禁止民众在特定场所行使表达自由,例如在上课期间禁止在学校周围游行示威。② 这些法律或行政措施一般不会涉及表达自由问题,因为这类限制在内容上是中立的,完全与表达的内容无关。如果政府因担心激起众的好战欲望,禁止销售带有轰炸场面的玩具,政府的这种做法就有可能侵犯人们的表达自由。

政府针对表达内容而制定的法律或采取的行政措施,通常会对表达自由造成更大的伤害。政府依据自己的好恶,随意介入观念市场,更容易破坏观念市场的言论生态环境。政府可以借助制定的法律或采取的行政措施,打压政府不喜欢的观点,因此那些有轰动效应或对政府管理可能产生负面影响的言论,很可能成为法律或行政措施的牺牲品。③

中立原则的实质,就是希望把政府最大限度地排除在观念市场之外,如果不能将政府赶出观念市场,也要最大限度地限制政府对观念市场的干预。中立原则相信民众有判断能力和分析能力,能够选择适合自己的观点,真理也能够在相互竞争中显现自己。反对政府随意介入观念市场,反对政府忽视民众正常的智力,代替民众进行选择。当然,政府不可能完全退出观念市场,在某些特定情况下政府仍然需要发挥主导性的作用。

---

① *New York Times Co. v. Sullivan*, 376 U.S. 254, 270 (1964).
② *Grayned v. Rockford*, 408 U.S. 104 (1972).
③ Richard A. Epstein, E. Allan Farnsworth, Ronald J. Gilson, etc, *Constitutional Law*, third edition, Aspen Law & Business, Aspen Publishers, Inc. 1996, pp. 1329—1330.

第四节 限制表达自由的方法

依据不同的标准可以对限制表达自由的方法进行分类。依据限制是施加在传播发生和传播发生之后,可以将限制分为事先约束和事后惩罚;依据限制是否直接针对传播的内容,可以将限制分为内容限制和不以传播内容为目标的时间、地点和方式限制;法律中的某些规定尽管不直接限制表达自由,但也会对表达自由产生限制性的效果,我们将这类限制称作对表达自由的附带限制。下面我们将讨论限制表达自由的具体方法。

一、事先约束和事后惩罚

事先约束是指交流发生之前或交流尚未结束之前,对出版活动、影视节目制作和播放活动、公共聚会、演讲等施加的限制。警察逮捕准备前去会场发表演讲的人、影视节目播出之前接受政府专门设立的委员会的审查、游行示威之前获得当地政府的批准等,这些都是比较常见的事先约束。事后惩罚(subsequent punishment)是交流发生之后,对违犯相关规定的自然人或法人施加的法律限制,包括刑事惩罚、追究民事责任和行政责任。

自德国的古腾堡于15世纪在欧洲发明了印刷术之后,对出版的事先约束曾经被欧洲的封建君主们广泛运用于对新思想的控制。如今,在承认和确立了表达自由的国家,政府不能再像过去那样肆无忌惮地通过事先约束来限制特定的出版物,许多西方国家也都基本上废除了对报纸、书籍等平面媒体的事先审查制度,而广泛代之以事后惩罚制度。事实上,事后惩罚的力度也因受到司法权的制约而日益减弱。

当然,这并不是意味着现代大众传媒想登载什么就登载什么,想传播什么就传播什么。从西方国家的实践来看,政府仍然对媒体(特别是像电影、电视这样对青少年身心健康具有重大影响的媒体)所传播的内容施加着名目繁多的限制,以便使媒体在总体上能够满足公众的利益、便利和需要。政府往往只将经营电台、电视台的特许经营权授予那些更能够满足上述目标的申请者。西方国家对大众传播媒体的控制采用区别对待的政策。对平面媒体一般不实行事先审查,但对电子媒体则实行许可证之类的事先审查制度。

中国政府历来重视报纸、电影、电视、互联网等大众传播媒体在宣传党的政策、引导人民与政府保持一致等方面发挥的作用。大众传媒作为执政党的喉舌或宣传工具,其登载什么和不登载什么,宣传什么和不宣传什么,在很长的历史时期内都服从于执政党治理国家的需要。新中国成立后很长的一段历史时期,事先约束式的行政手段一直是对媒体进行控制和管制的主要手段。随着法律制度的建设和中国法治进程的步步推进,通过法律对大众传媒进行管制将逐渐取代原来的行政手段。

从中国目前对各类出版物的限制来看,报纸、书刊等大众传播媒体在成立、运营的各个环节都需要向主管机关申请,而且只有在取得了合法的手续后才能够从事出版活动。例如,《出版管理条例》第9条规定,报纸、期刊、图书、音像制品和电子出版物等应当由出版单位出版。换句话说,公民个人是无法直接以个人名义从事出版活动的,但公民可以通过符合法定条件的出版单位从事出版活动。再比如,《出版管理条例》第32条规定:从事出版物印刷或者复制业务的单位,应当向所在地省、自治区、直辖市人民政府出版行政部门提出申请,经审核许可,并依照国家有关规定到公安机关和工商行政管理部门办理相关手续后,方可从事出版物的印刷或者复制;未经许可并办理相关手续的,不得印刷报纸、期刊、图书,不得复制音像制品、电子出版物。

中国的法律还规定了违法从事出版活动应当承担的各种法律责任。例如,《出版管理条例》第55条便规定:未经批准,擅自设立出版物的出版、印刷或者复制、进口、发行单位,或者擅自从事出版物的出版、印刷或者复制、进口、发行业务,假冒出版单位名称或者伪造、假冒报纸、期刊名称出版物的,由出版行政部门、工商行政管理部门依照法定职权予以取缔;依照刑法关于非法经营罪的规定,依法追究刑事责任;尚不够刑事处罚的,没收出版物、违法所得和从事违法活动的专用工具、设备,违法经营额1万元以上的,并处违法经营额5倍以上10倍以下的罚款,违法经营额不足1万元的,并处1万元以上5万元以下的罚款;侵犯他人合法权益的,依法承担民事责任。由此观察,中国法律对各类出版物的限制,既采用带有事先约束性质的许可证制度,又针对具体的违法情形对单位和个人进行事后惩罚制度。当然,这些事先审查和事后惩罚制度主要是为了"加强对出版活动的管理,发展和繁荣有中国特色社会主义出版事业,保障公民依法行使出版自由的权利,促进社会主义精神文明和物质文明建设"。

对行使集会游行示威权利的个人和组织,中国的《集会游行示威法》也规定了比较详细的事先审查和事后惩罚措施。按照该法第2条的规定:游行示威的负责人必须在举行日期的五日前向主管机关递交书面申请;申请书中应当载明集会、游行、示威的目的、方式、标语、口号、人数、车辆数、使用音响设备的种类与数量、起止时间、地点(包括集合地和解散地)、路线和负责人的姓名、职业、住址。这种要求可以被看做对表达自由的事先约束。同时,该法第28、29条规定,集会、游行、示威有违犯治安管理处罚行为和犯罪行为的,分别依照治安管理处罚法和刑法的规定追究法律责任。这可以看做是对表达自由的事后惩罚。

二、内容的限制

内容限制主要是针对言论或出版物登载的内容、发表的观点而施加的限制。中国一向重视国家安全、社会正常生活、生产秩序和其他公共利益的维护,任何有害于这些利益或价值之实现的言论,在中国现有的法律体系中,都受到不同程度的限制。

从新中国成立初期到现在,中国有许多法律、行政法规和部门规章都规定过大众传播媒体禁止传播的内容。相比较而言,中国现行的《出版管理条例》中规定的禁载内容,是中国法律规定的禁载内容比较典型的一种。按照条例第26条的规定,任何出版物都不得含有下列内容:(1)反对宪法确定的基本原则的;(2)危害国家统一、主权和领土完整的;(3)泄露国家秘密、危害国家安全或者损害国家荣誉和利益的;(4)煽动民族仇恨、民族歧视,破坏民族团结,或者侵害民族风俗、习惯的;(5)宣扬邪教、迷信的;(6)扰乱社会秩序、破坏社会稳定的;(7)宣扬淫秽、赌博、暴力或者教唆犯罪的;(8)侮辱或者诽谤他人、侵害他人合法权益的;(9)危害社会公德或者民族优秀文化传统的;(10)有法律、行政法规和国家规定禁止的其他内容的。

除了《出版管理条例》外,《电影管理条例》、《音像制品管理条例》、《互联网电子公告服务管理规定》等法律法规也都有与上述规定基本相同的限制性规定,这些都是针对表达内容所进行的限制。此外,对于色情、暴力、淫秽等内容,中国也像许多国家一样,对容易因限制不当而产生表达自由问题的内容制定了更加严格的标准,例如新闻出版署制定的《关于认定淫秽及色情出版物的暂行规定》、《关于认定淫秽与色情声讯的暂行规定》都专门针对出版物中色情和淫秽内容作出了相应的规定,这些规定是政府打击非法出版物、净化社会环境的依据。

从新中国成立初期《中共中央关于处理反动的、淫秽的、荒诞的书刊图画问题和关于加强对私营文化事业和企业的管理和改造的指示》到现在,中国出台了大量旨在控制色情、暴力、淫秽和其他非常内容的法律、法规、规章和指示,初步建立了禁止传播非法内容的制度体系,但这些限制表达内容的规定并不是不存在问题,从表达自由的理论来讲,许多要求都存在标准不清、设计模糊和限制面过宽的问题,容易成为政府打压表达自由的借口。

三、地点、时间、方式和对象的限制

对表达自由的时间、地点和场所限制,并不直接涉及言论或出版的内容,这种限制不是对言论或出版等表达自由的直接限制,而只是一种间接的限制,但这种限制同样会影响表达自由的行使。在集会、游行和示威这类表达行为中,对其进行时间、地点、方式和对象的限制,很容易对表达自由产生致命的影响。

2002年国务院颁布的《互联网上网服务营业场所管理条例》,不仅对从事互联网上网服务的营业场所应当具备的条件作出了非常详细的规定,而且还限定了这类场所的经营时间,其第9条规定:中学、小学校周围200米范围内和居民住宅楼(院)内不得设立互联网上网服务营业场所;第21条和第22条规定:互联网上网服务营业场所经营单位不得接纳未成年人进入营业场所,并且互联网上网服务营业场所每日营业时间限于8时至24时,24时到早上8时之间,互联网上网服务营业场所不得营业。像网吧这样的互联网营业场所,是民众获取信息、传播思想、从事简单互联网出版活动的地方。文化行政部门、公安机关、工商行政管理部门、电信管理无论对其营业场所的限制,还是经营时间的限制,都可能间接影响到人们使用这些场所和设施。如果政府的要求过高,就会提高互联网营业场所的准入标准,不仅会使许多网吧无法生存,给大量无法通过其他途径上网的用户带来困难,而且也会增加他们接受、传播信息或进行互联网出版活动的成本,有可能将大量用户挡在信息高速公路之外。

对象限制主要是传播媒体面对特殊受众时应当满足特殊的要求。许多国家的法律都要求大众媒体的内容应当照顾到青少年的利益,应当有利于青少年的健康成长。1999年颁布施行的《预防未成年人犯罪法》就规定,以未成年人为对象的出版物,不得含有诱发未成年人违法犯罪的内容,不得含有渲染暴力、色情、赌博、恐怖活动等危害未成年人身心健康的内容;任何单位和个人不得向未成年人出售、出租含有诱发未成年人违法犯罪以及渲染暴力、色情、赌博、恐怖活动等危害未成年人身心健康内容的读物、音像制品或者电子出版物;任何单位和个人不得利用通讯、计算机网络等方式提供前款规定的危害未成年人身心健康的内容及其信息;广播、电影、电视、戏剧节目,不得有渲染暴力、色情、赌博、恐怖活动等危害未成年人身心健康的内容。

四、对特定信息传播的限制

各种各样的信息并非都处于人人皆可享用、人人皆可传播的状态。法律中往往都有限制某些信息传播的规定,比如商业秘密或个人隐私就不能随便地由A不受任何限制地传播给B;涉及军事机密、国家安全的信息也不能随便向外界披露。在知识产权法中,法律在禁止非法传播他人享有著作权的作品的情况下,并不反对合理、合法地使用他人享有著作权的作品。在这类案件中,对传播他人享有著作权的作品,设定了一定的条件。只有在满足了这些条件后,才能从事传播活动。

国家还通过程序法来限制某些特定信息的传播。例如,按照我国《刑事诉讼法》、《民事诉讼法》和《行政诉讼法》的规定,所有的刑事、民事和行政案件都应当公开审理,公民可以旁听案件的审判过程,新闻记者也可以对案件的审判过程、审判情况进行公开的报道,但是对于涉及个人隐私、商业秘密、青少年犯罪或国家机密的案件,则可以不公开审理。

法律对特定信息之传播的限制还通过对不同主体的权利义务来实现。比如,按照中国《刑事诉讼法》第48条的规定,凡是知道案件情况的人都有作证的义务,但这显然不适用在刑事案件中为犯罪嫌疑人提供法律帮助的律师。按照中国《律师法》第28条的规定,刑事案件中的律师应当根据事实和法律,提出证明犯罪嫌疑人、被告人无罪、罪轻、免除刑事责任的材料和意见,维护犯罪嫌疑人的、被告人的合法权益。据此,如果律师接受了被告人的委托,即便他掌握了被告人犯罪的事实和证据,也不能随便向司法机关披露这方面的信息。

五、对表达自由的附带限制

与表达自由有关的法律还应当包括合同法、侵权法、财产法、税法、刑法、行政法等法律法规。事实上,所有的法律法规都会在不同程度上影响到表达内容、受众和效果,都会影响表达自由的实现程度。例如,媒体的财产所有权归属、国家对媒体征收的税率,这些法律都会在一定程度上影响到哪些人能够利用报纸进行表达、受众的范围以及表达的社会效果。也就是说,所有的法律法规都可能对人们进行表达的素材产生影响。

影响表达自由的还不仅仅是法律法规,人们的社会地位、经济收入方面的差异也会对人们接受信息和进行表达活动产生影响,因此表达自由除了要求政府尽量减少直接针对言论内容而制定法律规范或采取限制措施外,国家还应当积极为民众创造良好的表达环境、表达气氛。比如政务公开、信息公开,让民众知道并参与更多的政府决策过程;通过发展经济,最大限度地减少公众进行表达时所可能受到的经济制约;大力发展科学教育和文化事业,提高人们的表达能力和质量等。国际人权公约的成员国还在保护弱势群体、边远地区居民的表达自由方面承担特定的义务。通过提供无偿或低价的通讯设施让他们能够接受到必不可少的公共信息,或者在他们接受信息受到干扰、破坏的情况下帮助他们排除妨害和干扰等。

中国宪法不仅规定了公民享有政治方面的权利、言论自由、出版自由等,而且还规定了公民所享有的社会、经济、教育和文化方面的权利。这些权利包括劳动权、休息权、物质帮助权、受教育权以及科学文化方面的权利和自由。这些权利和自由,是公民参与国家政治生活的物质保障和文化条件保证。公民享有的这些权利和自由越充分,获得享有表达自由的前提条件和可能性就越大。

六、对表达自由的其他限制

如果我们扩大视野,从历史的角度来考察,我们还可以找到更多限制表达自由的方法和事例。中国古代的帝王和欧洲中世纪的教会,都有过焚烧书籍、处死书生或异端分子的做法;英国资产阶级革命初期,也有许多作者、书商甚至销售商因涉嫌写作、出版、销售某些读物而被无端搜查、剥夺财产甚至被割掉耳朵、被车裂或直接处死。但所幸的是,这些都已经成为历史。在当代,以互联网为标志的传播技术的不断发展和人们表达手段的不断丰富以及表达自由理念的日益深入人心,这种残酷而野蛮的控制手法已经难以被文明世界所接受,相反,自由、宽松和遵循法治理念的控制,正在成为文明世界所普遍接受的规则。

第二编

新闻媒体侵权的判定:原则与问题

第三章　判定新闻媒体侵权的归责原则

我国至今还没有专门的《新闻法》，我国新闻侵权的规范主要散见于《宪法》、《民法通则》、《侵权责任法》以及司法解释和行政规章之中，总体来看，这些规范比较抽象、零散，没有能够针对新闻行业的特殊性。在立法相对滞后的状况下，新闻媒体虽然可以声称依据宪法享有新闻自由，但是在具体的新闻侵权案件中，却没有具有可操作性的行为规范。法官在审理新闻侵权案件时只能按照一般侵权案件进行审理。在实践上法官往往倾向于侧重保护人格权，实证统计表明，我国法院给予媒体言论自由的权重为37%，给名誉权的权重为63%，而美国法院给予媒体言论自由的权重是91%，给名誉权的权重为9%；在我国，当原告是公众人物时，媒体的败诉率为65.07%，而在美国媒体的败诉率为4%。[①] 笔者认为，在新闻侵权中，归责原则涉及侵权行为的构成要件、举证负担、风险负担等方面，因此归责原则是个核心问题。

第一节　推定过错责任的归责原则

我国《民法通则》第106条第2、3款规定："公民、法人由于过错侵害国家的、集体的财产，侵害他人财产、人身的，应当承担民事责任。没有过错，但法律规定应当承担民事责任的，应当承担民事责任。"因此可以肯定地说，根据《民法通则》的规定，新闻侵权案件应适用过错责任原则。[②] 2009年

[①] 陈志武：《诉讼案例看媒体言论的法律困境》，载《中国法律人》2004年第2期。
[②] 参见曹瑞林：《新闻媒介侵权损害赔偿》，人民法院出版社2000年版，第31页。魏永征：《中国新闻传播法纲要》，上海社会科学院出版社1999年版，第200页。

我国颁布了《侵权责任法》,根据该法第6条,"行为人因过错侵害他人民事权益,应当承担侵权责任。根据法律规定推定行为人有过错,行为人不能证明自己没有过错的,应当承担侵权责任"。由于《侵权责任法》和其他法律并没有关于新闻侵权适用推定过错责任的特别规定,因此对于新闻侵权,可以说《侵权责任法》继续延续了《民法通则》的过错责任原则。

有争议的事实经过证明活动后会出现三种情况:

1. 事实被证明为成立;
2. 事实被证明为不成立;
3. 事实成立与否未获得足够的证据加以证明。

在前两种情况下,法院可以依据已查明的事实作出判断,但在第三种情况,尽管法院无法查明事实,法院仍然必须作出判决。由于法院在认定事实时往往要求"事实清楚,证据确凿",因真伪不明而导致的不利结果就必然由负有举证义务的当事人来承担,所以谁承担举证义务,就意味着谁要承担败诉的风险。法谚有云:"举证之所在,败诉之所在。"由于《侵权责任法》把新闻侵权作为一般侵权来处理,当然适用过错责任原则,那么在诉讼中按照我国《民事诉讼法》中"谁主张,谁举证"的举证规则,在新闻侵权案件中原告应当证明媒体存在过失,这种举证责任分配方式对受害人不利。随着现代侵权行为法对过失推定越来越广泛的运用,它对于民事权利的得丧变更所产生的影响也越来越大,所以理论界已经有不少人认为过失推定成为了一项实体法规则。① 笔者认为,将新闻侵权等同于一般侵权案件,没有考虑到由于新闻侵权的特点,在新闻侵权案件中应当采用推定过错的归责原则。

一、侵权材料完全在新闻媒体的控制之下

在新闻侵权案件中,受害人既无法了解也无法证明具有侵权性质的新闻作品是如何被构思的,如何通过收集材料形成文字稿件的,以及如何通过审查出版刊印的。侵权材料从无到有的过程完全在新闻媒体的控制之下。新闻媒体负责收集信息、编辑、审阅、印刷和发行,它可以排除任何来自受害

---

① 邱聪智:《从侵权行为归责原理之变动论危险责任之构成》,1982年台湾大学法律学研究所博士学位论文,第81页。转引自程啸、张发靖:《现代侵权行为法中过错责任原则的发展》,载《当代法学》2006年第1期。

人或第三人的干涉,而保证新闻报道的真实性和合法性是新闻媒体本来的义务。对稿件内容的合法性与真实性进行审核也是各个国家的新闻业行业的首要规范。① 没有调查审核或调查审核不严本身即是过错,根据侵权作品本身推论出被告存在过失,因此这种推论的基础是客观存在的。

二、过错推定原则的经济学分析

权利的界定和责任的分配取决于双方各自预防损害所发生的成本,只有将预防的责任交由在边际上预防成本相对较小的一方时,责任分配从社会整体而言才是有效率的。② 在新闻侵权中究竟应该由谁来承担举证责任？这其实是一个要求谁来承担举证风险的问题。我们知道,新闻产生和发布的全过程由媒体所控制,如果由原告负责举证,这就要求原告必须对新闻的内部运作过程有一个较为准确的把握,由于新闻机构的内部运作非常复杂,而且信息严重不对称,即使原告付出高昂的成本,实际上仍然很难准确掌握这些内部信息。那么一个人想避免自己的声誉和隐私遭到损失,主要的办法就是减少自己在公共领域露面和活动的机会,这将对公民参加公共活动造成很大的不便。相反,如果由被告承担举证责任并承担举证不能的败诉风险,一方面,专业化的媒体机构能够以较低的成本来控制错误报道的几率;另一方面,法院可以完全忽略对新闻机构内部运作的审查过程,由媒体自身决定是否公布由自己掌握的新闻采集和编辑流程中的相关证据,这样就可以大大降低因查证而产生的诉讼成本。

三、新闻媒体的编辑特权

编辑特权是指新闻界编辑新闻的过程(包括选择材料的构思过程、编辑的主观思想、意见和结论,以及编辑室中的自由交流)不受限制和阻碍,新闻

---

① 比如挪威和英国的新闻业务道德准则都规定了媒体在内容和表达上需要谨慎并应重视公正性;尊重采访者的人格、身份、隐私、种族、国籍和信念。从不因为一些私人或者个人不相关的原因而另加关注。See the Norwegian Press Association, Code of Ethics of the Norwegian Press and the Press Complaints Commission in the U.K., the Editors' Code of Practice.

② 当预防成本(C) < 损害发生概率(P) * 损害数额(L) = 期望损害值时,侵害方就须承担责任,当预防成本大于期望损害值时,则不成立侵权责任。这一学说在 United States v. Carroll Towing Co. 案中首先提出。See United States v. Carroll Towing Co., 159 F. 2d. 169 (2nd Cir. 1947)。

媒体有权予以保密。编辑特权被认为是保证新闻自由的关键,如果媒体发表新闻的自主性不被尊重,甚至编辑过程都受到外界的监督和审查,那么媒体必将附属于外界的意志,新闻界独立、中立的地位将无法得到保障。

编辑特权一直受到司法界的关注。1979 年美国联邦最高法院试图在 Herbert v. Lando 案通过牺牲部分的编辑特权来对当事人之间的利益进行平衡。Herbert 案中原告是一名退役中校,他曾经因为指控其上司掩盖美军在越南战争中的暴行而受到新闻界的关注。1973 年哥伦比亚广播公司和《亚特兰大月刊》先后制作节目和发表文章指出 Herbert 的许多说法不实,Herbert 指控这两家媒体诽谤他是骗子以及他想将战争罪推到别人头上。在举证的过程中原告对哥伦比亚广播公司的节目制作人做了详细查证,虽然被告回答了绝大部分的问题,但是拒绝回答受调查人的诚信程度以及媒体内部的讨论过程。联邦最高法院怀特法官撰写的裁定认为,因为编辑特权会极大地加重原告证明的举证责任,严重干扰原告的证明能力,因此最高法院并未考虑给予新闻界的编辑过程以某种特权,第一修正案也从未限制原告取得必要证据的来源以证明其诉求的关键部分;先例表明,虽然可以从最终的事实中推出客观情况,必需的心态证据也可以客观情况的形式表现出来,但原告仍有权直接向被告查证。① Herbert v. Lando 案最终确立了原告有权查证新闻编辑过程,以便了解媒体在主观上是否知道可能存在的不实。根据 Herbert 案确立的规则,原告至少可以在以下五个方面查证:

第一,新闻从业人员在调查事实过程中作出的结论性意见,其中包括继续调查和终止的意见;

第二,新闻从业人员对于被采访对象提供的事实作出的推论性意见,以及对于被采访对象是否诚实的内心确信;

第三,新闻从业人员看待新闻内容是否可靠的依据;

第四,新闻从业人员与同行或者其他人就如何处理新闻内容的讨论,特别是关于材料取舍的讨论;

第五,新闻从业人员决定具体新闻材料取舍时的内心动机及其目的。②

Herbert 案使诉讼双方耗费了大量的时间和物力,本案从一审到最高法

---

① See Herbert v. Lando, 441 U.S. 153 (1979).
② Ibid.

院花了近六年的时间,最高法院裁定后查证时间又长达两年,诉讼费用接近400多万美元,调阅了数万件的文字和视听资料,最后被告要求由法官直接结案,法官最终还是判定原告败诉,但是允许查证编辑过程还是让媒体焦头烂额。可以说,被告的过失完全体现在采集和编辑的过程中,如果要求原告承担举证责任,而又为了保证这种证明责任可以完成,那么允许原告对媒体编辑过程的查证几乎无法避免。然而,这种破坏编辑特权的做法一直富有争议,即使是在美国最高法院内部也并未达成一致。美国学者斯莫勒指出,Herbert v. Lando案是对新闻界的一个重大挫折,新闻界不得不把自己的内部编辑过程呈供司法审查,无疑冷却和阻吓了新闻界对公共事务的自由讨论。① 默奇森等学者发表的研究也认为,Herbert案对新闻自由产生了一种悖论性的影响,为法院强行介入新闻作业大开方便之门,从而对新闻独立和新闻自由投下了巨大的阴影。②

考虑到编辑特权对一个媒体有效运行以及新闻自由得到切实保障的意义,本书认为平衡原被告之间力量的目标应该通过转移举证责任来完成。我们必须注意到新闻界的特殊身份以及在信息交流中发挥的举足轻重的作用。新闻界常常是公共利益的代表以及公共问题讨论的论坛,编辑过程也便是选择和决定发表有关材料的过程。编辑过程包括两个方面,一个是新闻界选择材料的构思过程,其中包括编辑的主观思想、意见和结论,另一个方面是编辑过程中思想的自由交流。保护编辑特权不是仅仅在保护某一个人,而是保护整个新闻界的独立和自由。

在我们的社会,新闻界在采集、刊登消息时被认为扮演的是一个中立的角色,当政府或者其他任何人闯入新闻编辑室或强行查阅记者的采访本的时候,就破坏了这种中立性。当媒体意识到这种内部作业、编辑和记者的心理状态过程有可能在某一天被公开出来接受审查的时候,他们在决定和选择材料的时候就会实行事先审查,这将降低了信息流通的自由程度,也将降

---

① Rodney Smolla, *Suin the Press*, Oxford University Press, New York, 1986, pp. 69—71. 转引自邱小平:《表达自由——美国宪法第一修正案研究》,北京大学出版社2005年版,第186页。

② Brian Murchison et al., Sullivan's Paradox: The Emergence of Judicial Standards of Journalism, *North Carolina Law Review*, 1994, Vol. 73, pp. 14—15. 转引自邱小平:《表达自由——美国宪法第一修正案研究》,北京大学出版社2005年版,第186页。

低报道的深刻和透彻。即使不考虑这种对新闻自由和独立的损害,迫使新闻界在诉讼中披露其内部作业也足以让其应付得焦头烂额。新闻界在制作新闻时所获得信息中只有一部分经过挑选的信息是被公开出来的,允许任何其他人搜查编辑过程,这将导致那些原本可以保密的材料被强制公开。无论是哪个方面,这都会最终损害公众从新闻媒体获得不受阻碍的信息的权利。正如布伦南大法官在 Herbert 案的反对意见中所言,这种价值和意义足以合理解释为什么要存在编辑特权。①

将举证的责任转移给媒体,可以保护媒体的编辑特权不遭受强制介入。即使是在媒体不得不披露编辑过程的情况下,也避免了将媒体的编辑过程全面公开在原告面前由其选择有利证据的境况,至少可以保证媒体拥有选择披露到何种程度的主动权。这样可以保护新闻采集和编辑的自主权,保证编辑特权的绝对权威以保证其媒体的有效地运行。

第二节 推定过错责任之例外:实际恶意

一个人在成为公共官员或者社会名人之时,也意味着他要接受一种频繁曝光的生活方式,他应该预料到他的工作和职业会受到其服务对象的细致审查,甚至会遭到批评。公众的关注给予了他社会的普遍尊重、成就感、物质待遇等,在享受公众关注带来的好处的同时,公众人物必须忍受社会大众对他的批评、监督以及对其名誉、隐私的差别保护,这是理所当然的。正如布伦南法官在 Sullivan 案中所指出的,"立法和行政的官员在履行职责时的言论享有绝对的豁免,以鼓励其大胆、有效地执行各种政策,但是,如果公众对政府公务行为进行批评,而公众无法获得相对于政府官员而言公平对等的豁免权,那么公仆们就获得了超过公众的不合理的优先权"。②

一、实际恶意规则的确立

对"实际恶意"的讨论必须从具有里程碑意义的 New York Times Co.

---

① See Herber v. Lando, 441 U.S. 153 (1979).
② New York Times v. Sullivan, 33 U.S. 254 (1964).

v. Sullivan(1964)案开始。20世纪60年代初美国南部很多地方兴起了争取民权的运动,作为自由派报纸的纽约时报(New York Times Co.)在1960年刊登了一整版社论性广告,标题是"关注他们日渐高涨的呼声"。广告正文批评了南部的公共官员,并认为他们是用暴力手段和非法途径试图压制和平的民权运动。在这则广告中,指责的基本要点都是真实的,但是文中有一些事实性的小错误,比如马丁·路德·金被捕4次而不是7次;警察只是在大学附近集结而非包围大学。Sullivan作为被指责的亚拉巴马州蒙哥马利县警察,他提出诉讼并索赔50万美元。初审法院和亚拉巴马州最高法院都支持了原告Sullivan。最高法院推翻了下级法院的判决。判决书指出,公共官员不能从对其官方行为的诽谤性叙述中获得损害赔偿,除非能举证证明被告所做的陈述出于实际恶意(actual malice)。①

"实际恶意"原本是普通法中一个传统的规则,但是Sullivan案之后,"实际恶意"的含义被改变了。普通法上的"恶意"所一直强调的是被告对原告的态度,例如:被告对原告是否有恶劣的情感,或者是否有加害原告的意图。但Sullivan案之后,"实际恶意"规则更强调的则是被告对其发表材料的态度,即被告明知材料不实,或者全然不顾是否不实。至于被告是否憎恨原告,甚至是否认识原告,这些都不是决定的因素。② 简而言之,"实际恶意"是指被告发表材料时的心理状态。

二、实际恶意的举证责任

(一)公众人物的举证责任

当原告作为公众人物时,作为被告的媒体只有达到实际恶意的程度才须承担责任。此时应该由公众人物来举证证明媒体存在实际恶意。原因有二:(1)实际恶意不能通过推定证明,应该举证加以证明;(2)公众人物的制度设计在于保护媒体所发挥的公共舆论的功能,如果没有倾斜性保护规则,媒体可能会遭到公众人物大量的诉讼干扰,将耗费很高的人力物力成本。在公众人物的个人权利和媒体的表达自由之间,应当更倾向于保护媒

---

① See New York Times v. Sullivan, 33 U.S.254(1964).
② 参见〔美〕Don R. Pember:《大众传播法》(第13版),张金玺等译,中国人民大学出版社2005年版,第196页。

体的表达自由。

（二）敌意或怨恨是否构成实际恶意

被告发表材料时对原告的恶意、敌意或怨恨是否构成实际恶意的必要或充分因素？美国最高法院在很多案例中，区分了恶意和实际恶意的区别。一般而言，实际恶意关注的是被告对所发表的材料的态度，而恶意关注的是被告对原告本人的态度。理论上来说，被告对原告所抱有的恶意、敌意和怨恨，跟被告是否在发表材料时即明知虚假或者不顾后果没有必然联系。

2001年美国第二巡回上诉法院也在 Church of Scientology International v. Behar 一案中表明，尽管实际恶意和恶意在名称上有所相似，但两者关注的是不同的对象。记者对一个组织的偏见不能作为判断其是否存在实际恶意的根据，除非同时有其他的证据表明记者极度背离了调查技巧的标准，才能表明记者是在故意回避事实。① 但是，传统意义上的恶意在诉讼中并非毫无用处。尽管恶意不直接等同于故意，但是法院有些时候会将动机作为故意的环境证据。比如在华盛顿最高法院所判决的 Herron v. King Broad. Co.(1987)一案中，法院在判决中就表明，实际恶意可以通过一些环境证据推断出来，包括被告对原告的恶意和敌意。尽管它并不能单独构成实际恶意，但是它为被告诽谤某人提供了动机，当它与明知消息的可疑、毁损采访记录等因素一并结合起来的时候，仍然可为实际恶意的存在提供部分支持。②

综上所述，我们可以对新闻侵权诉讼案件的归责原则进行一个简单的总结。在新闻侵权诉讼中，如果原告是普通民众，则采用过错推定原则，具体而言，在损害和因果关系得到证明的前提下，首先推断新闻媒体存在过错，然后由媒体来证明自己没有过错；如果媒体不能推翻这个推定，则新闻媒体必须承担侵权责任；相反，当原告是公众人物时，必须由原告举证证明媒体存在实际恶意。原告只有举证证明媒体存在实际恶意，才能获得损害赔偿，否则新闻媒体就无须承担侵权责任。

---

① Church of Scientology International v. Behar, 238 F.3d 168(2001).
② Herron v. King Broad. Co., 746 P.2d 295(1987).

第四章　新闻暗访的合法性问题

1977年,《芝加哥太阳时报》两位记者假扮夫妻开设了一家小旅店,用暗访方式证实政府巡检员勒索小旅店的传闻,并对此做了连续四周的报道。虽然它被誉为该报四十余年来最成功的暗访调查,但最终无缘普利策奖。评委指出,"作为讲真话的新闻单位不应该利用这种欺骗手段获取信息。……既然新闻界的功能是寻访和揭露不当行为,为了避免被指伪善,最好不要同样犯上它们所揭露的别人所犯的过错。因此,新闻工作者和新闻媒体在要求别人遵守或努力遵从某些道德规范的同时,他们自己也必须贯彻始终地尊重这些道德规范"[①]。新闻伦理学界认为,即使暗访不必然违背某条具体的隐私法,它也会面临伦理意义上对隐私的侵犯,因为人们以为自己只是在和同事或新知私谈,却不知他们所说的话可能会向成千上万名读者或观众公开。[②] 记者们自诩为"无冕之王",用镜头监督着社会的不法行为,而自己也往往陷进侵权的泥沼,新闻暗访便是其中一种极易导致侵权的采访行为。

第一节　新闻暗访的困境

一、新闻暗访的形态

新闻暗访,就是记者在采访中不公开自己的真实身份,或隐藏采访设备,或者隐瞒采访意图,在被采访人不知情的情况下通过偷拍、偷录或亲身

---

① M. Kieran, *Media Ethics: A Philosophical Approach*, London: Praeger, 1997, 2.
② 〔美〕罗恩·史密斯:《新闻道德评价》,李青藜译,新华出版社2001年版,第307页。

体验等方式获取新闻素材的采访方式。按照美国《第二次侵权法重述》652B 节注释 b 的相关解释,"对个人空间的侵入分为有形的侵入,例如强行进入原告所在的旅馆房间,或者在原告反对的情况下坚持进入他的住宅;以及无形的侵入,指无论是否借助于仪器设备,通过被告的感知,监视监听原告的私人事务,比如用望远镜向原告的室内窥探或者对他的电话进行监听"①。

(一)有形侵入

所谓有形侵入的空间,首先是指物理上的私人空间,例如个人住宅、办公室等场所。在这类场所中,公民享有合理的隐私权期待,有权排除他人的随意进入。我国《宪法》保护公民的住宅不受侵犯,禁止非法搜查或侵入公民住宅。新闻记者当然不得强制闯入,或以虚假身份取得同意而侵入。至于办公室,同样也可以认为是受法律有限保护的私人领域。②

有形侵入的空间也可以是生理上、心理上的私人空间,又称"个人领域",指个人的隐秘范围,如身体的隐私部位、旅客行李、通信日记等。③ 公民有权禁止他人非法收集隐秘范围的信息或破坏私有领域的隐秘性。例如,我国《宪法》第四十条规定:"……公民的通信自由和通信秘密受法律的保护,除因国家安全或者追查刑事犯罪的需要,由公安机关或者检察机关依照法律规定的程序对通信进行检查外,任何组织或者个人不得以任何理由侵犯公民的通信自由和通信秘密。"新闻媒体在新闻采集活动中必须尊重公民的身体、个人物品以及通信秘密等私人空间。

(二)无形侵入

英国报业投诉委员会在《从业守则》第三款(隐私权)中规定:"任何人的隐私、家庭生活、家居场所、健康和通信都应得到尊重。未经同意,对他人私生活进行侵犯的行为都将受到正义的审判。未经同意,通过长镜头摄影方式对处于私人场所中的人进行拍照,这是不可接受的。"④在英国,窥视窃

---

① 〔美〕唐纳德·M.吉尔摩等:《美国大众传播法:判例评析》(第六版)(上册),梁宁等译,清华大学出版社 2002 年版,第 262 页。
② Sanders v. American Broadcasting Companies. 978 P. 2d 67 (1999).
③ 王利明主持:《中国民法典学者建议稿及立法理由(人格权编、婚姻家庭法编、继承编)》,法律出版社 2005 年版,第 153 页。
④ 〔英〕萨莉·斯皮尔伯利:《媒体法》,周文译,武汉大学出版社 2004 年版,第 298 页。

听、偷拍偷录同样被视为隐私权侵权行为。1997年英国戴安娜王妃为摆脱偷拍记者的跟踪而车祸身亡,这个事件引发了新闻界对跟踪监视的新闻采集方式的反思和排斥。

美国法院在 Gallela v. Onassis 一案中,也对记者尾随、追逐、埋伏、"像影子一样"无所不在地跟踪原告的行为表现出极大的反感,并明确将跟踪监视行为视为侵害隐私权的行为。① 公民有权自由安排自己的人身活动,不受他人干涉。记者不可以采取尾随、守候、监视等手段获取各种新闻信息。

二、新闻暗访广受欢迎但备受争议

（一）暗访是不可缺少的精彩片断

对新闻暗访的合法性持肯定态度的主要是新闻实体工作者,他们大都曾亲历"公开采访难"的困境,体会到新闻暗访的优越性。他们认为新闻暗访的法律依据来自新闻自由、公民的知情权和舆论监督权。我国《宪法》规定公民享有言论自由、知情权和对国家机关及其工作人员进行批评、建议的权利。这些规定为记者的采访权提供了法律依据,而暗访正是记者实现采访权的方式,是新闻媒体满足人民的知情权和代表人民更好地行使舆论监督权所必须采用的、获取信息和材料的一种手段。② 此外,新闻暗访通常针对的是违法犯罪行为,对其可以运用偷拍偷录等方式实施舆论监督,这不仅不会产生法律纠纷,而且还会成为这一报道中不可缺少的精彩片断。③ 新闻暗访的兴起,曾因其具有公开采访所无法比拟的信息获取优势而受到新闻界的追捧。许多优秀的新闻作品和新闻报道以此方式产生,如我国的《焦点访谈》、《新闻调查》、《每周质量报告》等节目,通过暗访揭露社会黑暗面的报道,不仅被视为新闻界的典范作品,而且赢得了群众的好评与支持。在国际上,被誉为新闻界最高荣誉的"普利策奖"也曾多次将目光投向借暗访方式制作的新闻报道。

---

① Galella v. Onassis. 353 F. Supp. 196 (S. D. N. Y. 1972).
② 王军:《新闻暗访的法律问题》,载《电视研究》2000年第3期。
③ 余剑锋:《让新闻暗访立足更稳》,载《中国记者》1998年第6期。

(二) 暗访的欺骗性和非道德性

随着媒体对社会渗透力度的扩张,新闻暗访逐渐从一种专用于揭露隐蔽性事件的特殊采访方式转变为广泛用于各类社会事件甚至挖掘公民隐私的"法宝"。暗访报道的日益增多引起了新闻伦理界的警惕,新闻界开始反思暗访中包含的欺骗性和非道德性。由于"暗访热"的兴起,以及公众权利意识的日益增强,暗访已不仅仅是新闻界关注的课题,其合法性问题及对公民权利的漠视开始进入法学家的视野。新闻暗访便成为一种"广受欢迎却备受争议"的采访方式。① 对于新闻暗访的态度,起初是积极赞成,后来是冷静处理,现在则是批判质疑。可以说,新闻界和法学界对这种采访手段的使用越来越谨慎。

三、新闻暗访的立法现状

(一) 新闻立法缺乏可操作性

新闻自由虽然作为一项基本权利规定在我国的宪法之中,但至今我国仍然没有专门的新闻法,缺乏对新闻自由的具体调整,对新闻自由的理解和把握始终没有清晰的规范可循。调整新闻侵权案件的法律依据散见于《民法通则》、《侵权责任法》以及相关的司法解释、行政规章之中。对于新闻侵权的构成要件、归责原则、责任承担等都缺乏专门的规定。这种状况既让新闻媒体在规范自己的采访行为时颇感迷茫,也给司法实践造成了诸多不便,正如有学者指出,"缺乏一部专门的新闻法,似乎是所有问题的症结所在"。② 由于新闻工作者在具体的采访中无具体明确的法律规范指引,只能凭借自己的工作经验和主观判断行事,部分记者甚至故意利用法律漏洞,冒险采访,导致暗访的滥用和失范。

(二) 规范性文件层级较低

虽然我国尚未在法律层面对新闻暗访进行足够的规制,但新闻出版主管部门已经出台了相关的规章制度。例如新闻出版署和广播电影电视部制定的《新闻出版保密规定》,对禁止记者秘密进入的领域、不得使用的秘密录制器械、不得秘密采集的信息等作了相应规定。此外中央宣传部《加强和改

---

① 顾理平:《新闻法学》(修订版),中国广播电视出版社 2005 年版,第 200 页。
② 罗静:《我国新闻领域法律体系的构成与缺陷》,载《新闻记者》2006 年第 2 期。

进舆论监督工作的实施办法》也规定:"通过合法和正当的途径获取新闻素材,不得采取非法和不道德的手段进行采访报道。不搞隐蔽拍摄、录音。"这些规范性文件对调整新闻暗访发挥了一定的积极作用,但是这些规范性文件的层级较低,而且"往往用政治话语替代职业话语,条文缺乏职业针对性,现实可操作性差,不能切实地指导和约束新闻媒体及其从业者的职业行为,并由于其低效而导致条文规范的虚置"①。

（三）自律性规范不完善

在媒体法制发达的国家,媒体自律性机制也相应完善,媒体协会除了制定传媒的自律规范,还会处理针对媒体的公众投诉,公众通过这些行业组织便可对自己所受到的媒体侵害进行救济。例如,英国的报业投诉委员会(Press Complaint Commission)、英国的独立电视委员会(Independent Television Commission)、美国的职业新闻记者协会(Society of Professional Journalists)和美国的调查性新闻记者和编辑协会(Investigative Reporters and Editors)等。它们都是传媒的自律性组织,具有相当完备的运行机制,制定媒体自律准则,处理媒体投诉事务,对协会成员予以规诫。特别是英国报业投诉委员会,通常以调解方式处理投诉,如果不成功,便会对投诉作出调查和裁决,是全国性的新闻仲裁机构,也是国际上最具代表性的新闻自律组织之一。但我国缺乏成熟的传媒行业协会,无法对新闻机构形成直接有效的自律机制;诸如《新闻工作者职业道德准则》之类内部规范的效力、遵守和执行都存在很大的问题,这些规范的原则性太强,可操作性太弱,难以对新闻暗访发挥良好的规范作用。

第二节　新闻暗访困境的法律突破

一、新闻暗访在原则上应当被禁止

早在1954年,国际新闻记者联合会通过的《记者行为原则宣言》便明确规定:"只用公开的方法获得新闻、照片和资料。"我国《新闻工作者职业

---

① 周俊:《试析我国现行新闻职业道德规范》,载《国际新闻界》2008年第8期。

道德准则》也规定:"要通过合法的、正当的手段获取新闻,尊重被采访者的声明和正当要求。"暗访这种非公开采访方式,剥夺了被采访者对采访状态的知情权,违背了新闻媒体的职业道德。新闻暗访在原则上应当被禁止。

(一)正义的普洛透斯之脸

1. 正义与非正义的慎重考量

在新闻暗访中,记者通常以主观正义为驱动,突破常规的采访方式,以伪装身份、偷拍偷录等非常规方式去伸张记者主观理解的正义。"媒体'偷拍'的目的很明确,针砭时弊,曝光丑陋,更多的是出于为国为民的社会责任和职业道德。"①这更增添了暗访的正义性,使得记者在"为正义而不得已为之"的主观优越感下铤而走险。但是,暗访不得不接受新闻法学界这样的追问,即记者个人的主观正义能否代表实质正义?暗访在多大程度上是出于实质正义,抑或只是记者主观正义掩盖下的个人私利或媒体利益?博登海默曾经对正义做过生动的比喻:"正义有着一张普洛透斯的脸,变幻无常,随时可呈现不同形态,并且具有极不相同的面貌。当我们仔细看这张脸并试图解开隐藏其表面之后的秘密时,我们往往会深感迷惑。"②这里对实质正义理解上的困惑源于人的价值体系、意识形态、文化传统、学术派别等主观因素的区别,因此对正义的理解也常常呈现出民族性、地域性、阶级性和历史阶段性的色彩,在很大程度上,个人对正义的理解甚至是一种道德观的体现。在新闻暗访中,如果正义的边界线完全由记者来决定,那不仅是不公平的,而且是相当危险的。

2. 毒树之果

相对于记者个人主观上的正义性,新闻暗访面临的更为严厉的抨击在于其手段的非正义性。新闻伦理学界认为,任何采访手段都应以遵守伦理道德的根本原则为基本前提,放弃基本原则而一味地追求新闻报道的真实,无疑会对整体的新闻真实构成重大威胁。③ 美国大众传媒法教材中直接将

---

① 楚洪:《偷拍让你无处藏身》,载《焦点》2002 年第 3 期。
② 〔美〕E.博登海默:《法理学——法哲学及其方法》,邓正来译,中国政法大学出版社 2004 年版,第 238 页。
③ 蒋海斐:《隐性采访散论》,中华传媒学术网,http://academic.mediachina.net/article.php? id = 1103. 2009 年 10 月 20 日访问。

秘密进行的新闻采访行为概括为"欺骗"。① 有学者为暗访的合法性进行了辩解:"新闻暗访通常针对的是违法犯罪行为,对其可以运用偷拍偷录等方式实施舆论监督。"②据此,似乎只要出于目的的正义,暗访就能获得其合法的依据。但是,任何一个国家的法律都不可能不加限制地明确赋予记者假冒身份、偷拍偷录的权利。行为的合法性不仅包括实体上的合法性,也包括程序上的合法性。"重实体,轻程序"观念是片面的,目的的"正当性"不能掩盖手段的非正当性,程序正义也不应当让位于实体正义。③ 如果暗访可以基于目的正当性而开脱其手段的非正当性,由于媒体对社会的"示范性"和"合法性暗示"作用,效仿者必然增多,那么公民的隐私将无处遁藏,侵权纠纷也将随之增多。有学者将新闻暗访类比为"毒树之果",如果不加限制,越来越多地去吃这个"毒树之果",那么整个媒体、整个新闻职业都会中毒。新闻界这种"鸡鸣狗盗"的行为简直是饮鸩止渴,它会导致对新闻媒体整体的不信任。④

(二)新闻自由并不意味着无限制的信息采集权

新闻自由是公民表达自由的衍生之一,是通过传播媒体表现出来的言论、出版自由,是公民和新闻传播媒体在法律规定或认可的情况下,搜集、采访、写作、传递、发表、印制、发行、获知新闻或其他作品的自主性状态。⑤ 美国《宪法第一修正案》的颁布赋予了新闻自由宪法上的最高保护,并在联邦法院和各州法院的判例中得到坚决的贯彻与维护。新闻采集作为新闻活动的重要环节,也必然受新闻自由法案的保护。怀特大法官指出,新闻采集同样有资格享受《宪法第一修正案》的保护,不保护新闻采集,新闻自由可能形同虚设。⑥

随着新闻自由的渐行渐远,公众知情权范围的日益扩张,甚至给人们带

---

① John D. Zelezny. *Communications Law: Liberties, Restraints and the Modern Media* (Fourth Edition), Original Language Published by Thomson Learning: 202 (2004).
② 余剑锋:《让新闻暗访立足更稳》,载《中国记者》1998年第6期。
③ 刘作翔:《信息公开、知情权与公民隐私权的保护——以新闻采访中的"暗拍"为案例而展开分析》,载《学习与探索》2004年第4期。
④ 贺卫方:《新闻暗访:"毒树之果"》,载郭镇之、展江:《守望社会——电视暗访的边界线》,中国广播电视出版社2006年版,第209页。
⑤ 甄树清:《论表达自由》,社会科学文献出版社2000年版,第56页。
⑥ Branzburg v. Hayes. 408 U.S. 655 (1972).

来严重的冒犯与心理痛苦,人们开始反思新闻自由的界限及自身生活的安宁、不受打扰的权利。由于不满自己女儿的婚宴被媒体大肆报道,塞缪尔·D.沃伦与好友路易斯·D.布兰代斯共同合作撰写了《隐私权》(The Right to Privacy)一文,开启了公民隐私权的保护历程。"众多商业机构威胁着要实践'密室中的交谈将在屋顶被宣扬'的预言。"①公众对新闻机构侵扰性的新闻采集活动,特别是伪装身份、采用窥视镜头、跟踪拍摄等秘密数据收集方式表现得越来越反感。当一项行为已经越来越遭受公众的反感与质疑时,即使它尚未被法律完全禁止,我们也很难在法律上承认其存在的合理性与合法性。在美国,暗访对隐私权的侵扰之诉越来越多得到法院的支持,法院在"友好地倾听公众的这种反感",并对暗访表现出不断增强的敏感性。②

隐私权的诞生,直接彰显了其与新闻自由的对抗性。新闻自由要求揭露事件真相、满足公众知情权;而隐私权要求保护公民的私人信息,以及私生活不被他人知悉或打扰,两者具有天然的冲突。在新闻暗访中,这种冲突尤为明显,因为它在被采访对象不知情的情况下进行,甚至是记者伪装身份、采用先进微型电子摄影技术进行,更大程度地侵入了被采访者不为人知的信息,加剧了新闻自由与隐私权之间的对抗性。"两者所要保护的利益无疑都植根于我们的传统中,并为我们这个社会所深切关注"③,任何非此即彼的选择都有失公允。

通常认为,对于新闻自由与隐私权之间的冲突问题,应当区分被公开事件的不同性质而予以不同的倾向性保护。在私人事件上,"法律止于门外",法律基于对个人权利的尊重,保护其免受其他主体或行为的介入,侧重对公民隐私权的保护;但当个案事件脱离单纯的私人性,演化为对公众产生一定影响的公共事件时,法律侧重于对新闻自由的保护,以保障公众对涉及自身利益的事件的知情权和言论自由。因此,通过这种区分,以期对公民隐私权和媒体新闻自由之间进行合理的倾斜保护。美国最高法院认为,即使在最

---

① Warren and Brandeis. The Right to Privacy. 220. From Don R. Pember. *Mass Media Law* (2003—2004 Edition). Published by McGraw-Hill: 260.
② 〔美〕唐·R.彭伯:《大众传媒法》(第13版),张金玺、赵刚译,中国人民大学出版社2005年版,第259页。
③ 〔美〕唐纳德·M.吉尔摩等:《美国大众传播法:判例评析》(第六版)(上册),梁宁等译,清华大学出版社2002年版,第240页。

崇尚新闻自由的国度,表达与出版的宪法权利也并不同时意味着无限制的信息采集权。① 宾夕法尼亚州法院在 Wolfson v. Lewis 一案中指出:"《宪法第一修正案》所保护的自由有时会与民主社会的另一块重要基石——隐私权发生冲突。电视新闻记者所使用的成熟的录音录像技术越来越增加了人们对隐私权所受到的威胁,而电视市场中对丑闻与耸人听闻节目的偏好也越发鼓励记者们在新闻采集过程中使用那些可能导致隐私权与新闻自由相冲突的方法。鉴于《宪法第一修正案》所保护的新闻自由与隐私权之间的这种潜在矛盾,在考虑隐私权是否受到了侵犯时应当特别谨慎。"②

我国《侵权责任法》第2条中将"隐私权"纳入"民事权益"的列举之中。学术研究比立法走得更远,"隐私权为绝对权,任何人对他人的隐私都负有不得侵害的消极义务。未经本人同意,禁止非法窥视、窃听、刺探、窃取、偷录、偷拍、披露他人的私人信息,侵入他人私人空间,跟踪、骚扰他人私人活动。否则,即构成对权利人隐私权的侵犯,应当承担侵权责任"。③ 其中列举的诸多隐私权侵权行为都是新闻暗访的常用行为方式,甚至可以说新闻暗访不可避免地会涉及上述行为。在我国的法治建设中,对新闻媒体的规范必须考虑到隐私权保护的重要性及紧迫性,对有侵权风险的暗访行为进行严格限制。

(三)新闻媒体与被采访人在表达自由上的平等保护

基于记者与被采访人的平等地位,双方的表达自由都应当受到平等的保护。表达自由就意味着表达者能够正确感知自己的表达环境,知道自己正处于何种表达状态、所发表的言论会引发怎样的后果,从而正确决定自己是否表达、表达何种内容的权利。具体到新闻采访中,被采访者应当知道自己是处于随意交流还是被采访的状态,知道自己的言论是否会被录音或录像,事后是否会被公开。为了保证被采访者是在不受他人欺骗、诱惑、强迫、干预的状态下自由地表达自己的思想和意见,这就要求记者在采访中应当表明记者身份、采访意图和采访器械,而在新闻暗访中,被采访者对采访状态一无所知,记者与被采访者信息不对称,行使表达自由的前提条件不对

---

① Zemel v. Rusk. 381 U.S. 1 (1964).
② Wolfson v. Lewis. 24 Med. L. Rptr. 1609, 924 F. Supp. 1413 (E. D. Pa. 1996).
③ 王利明:《中国民法典学者建议稿及立法理由》,法律出版社2005年版,第147页。

等,在这种情况下就很难认为被采访人的表达自由获得了平等保护。

此外,表达自由意味着公民有"说"的自由,也有"不说"的自由,即沉默的自由。① 被采访者有拒绝采访的权利,这是公民表达自由的自然延伸。但是在暗访的情形下,被采访者根本不知道自己正在被采访,其拒绝采访的权利完全被剥夺。"采访是记者的权利,但不能以此作为敲开他人牙关的法杖。"②记者如何正当地从被采访者口中收集新闻信息,正是记者专业素养和职业能力的体现。新闻机构的采访不同于司法机关、行政机关的调查,公民享有拒绝采访的权利,新闻媒体没有强制公民接受采访的权力。即使采访是出于社会公众利益和正义的立场,也不意味着记者可以充当行政者或司法者的角色,居高临下地要求被采访人接受询问。

(四)破坏了合理的隐私权期待

美国广播公司的一个记者到某电话推销公司担任电话心理咨询员,在工作期间秘密拍下、录下他与几位同事的谈话,后来这位记者被起诉"侵扰"。加州最高法院认为:在办公室和其他工作场所,普通公众不可能随意进出,在这里,职员们可以享有有限但合理的隐私权预期,即他们的谈话和其他交流将不被秘密电视记者偷拍偷录,即使他们的对话不一定完全是私人性质的。③

在私人场合,暗访并不具有像在公开场合的使用一样正当合法的理由。公民在私人场合中享有合理的隐私权期待,有权排除一切外来干预而根据自己的意愿自由地活动。在美国,对发生在私人场合的言行进行暗访,会被视为"对个人空间的侵扰",承担侵犯隐私权的民事责任。④ 在著名的Dietemann v. Time, Inc.一案中,时代公司下属《生活》杂志的两名记者假扮成夫妻,到无照行医的退伍军人Dietemann家中就诊,就诊过程和谈话被记者秘密摄录并公开报道,Dietemann以侵犯隐私权为由将时代公司告上法庭。法庭作出了有利于原告的判决:原告自己的家属于私人领地,他没有以发布广告、公开电话号码、开通面向公众的入口等方式使其成为向公众开放的场

---

① 赵中颉主编:《法制新闻与新闻法制》,法律出版社2004年版,第86页。
② 魏永征:《新闻法新论》,中国海关出版社2002年版,第432页。
③ Sanders v. American Broadcasting Companies. 978 P. 2d 67 (1999).
④ 〔美〕唐纳德·M.吉尔摩等:《美国大众传播法:判例评析》(第六版)(上册),梁宁等译,清华大学出版社2002年版,第259页。

所,原告可以合理地认为在家中自己有权排除新闻记者的骚扰,其"不应当承担在其家中所能看到的和听到的,被通过拍照和录音传播出去的风险",被告的行为已属"闯入侵扰"的侵权行为。法庭进一步指出:"美国第一修正案(保护新闻自由的条款)从未被理解为给予新闻记者在其新闻采集过程中的侵权或刑事犯罪行为以免责的保障。"①

在英国,负责处理公众投诉媒体纠纷的英国报业投诉委员会,在处理暗访侵入私人场合的投诉时,都作出有利于原告的裁决(除非存在公共利益的抗辩)。Begum Aga Khan and his Highness the Aga Khan v. Daily Mail 一案涉及原告在自己游艇的甲板上被偷拍的事件,被告《每日邮报》辩称,游艇的甲板处在众目睽睽下,原告在那儿不能指望享有隐私权,因为如果他们想要隐私则应该待在甲板下面。投诉委员会对此并不赞成,裁决指出:照片被拍摄时,原告处在私人游艇上,且该游艇停在私人小岛附近,该岛不允许其他人进入,这是一个原告能够享有隐私权合理期待的地方,被告的行为违反了《从业守则》的规定。②

在华盛顿州,记者在记录谈话内容前必须征得各方同意,不允许使用秘密录音工具。联邦和大约半数的州制定了禁止偷听的法律,一些州还禁止秘密摄影或摄像。即使在某些领域允许使用暗访这一特殊采访方式,如果其直接违反了联邦窃听偷录法等法律,《宪法第一修正案》也未能为暗访记者提供盾牌。③ 哈夫斯德勒法官在 Dietemann v. Time, Inc. 一案中说道:"我们承认新闻采集是新闻传播整体中的一部分,但是,我们绝对无法认同隐藏的器械设备是新闻采集不可缺少的工具。调查报道是一门古老的技巧,远在微型摄像机和其他电子设备发明之前,记者们就已经可以成功地对新闻事件进行调查报道了。第一修正案不是那些以电子设备侵入、侵扰别

---

① Dietemann v. Time, Inc. 499 F. 2d 245 (1971). Also see: Lori Keeton. What is Really Rotten The Food Lion Case: Chilling the Media's Unethical Newsgathering Techniques. January 1997. 49 *Fla. L. Rev.* 111.

② Begum Aga Khan and his Highness the Aga Khan v. Daily Mail. PCC Adjudication, 3 May. (1998).

③ Don R. Pember, *Mass Media Law* (2003—2004 Edition), Published by McGraw-Hill. 307.

人领地,或者从别人领地中进行窃取的人的通行证。"①

对于同样是侵入他人办公室进行偷拍偷录的行为,肯塔基州的一家巡回法院在 McCall v. Courier-Journal 一案中作出了不同的认定。McCall 是两宗刑事案件的辩护人,他曾对当事人 Frazier 表示可以通过花钱使她免于入狱。《路易斯维尔时报》的两位记者得知这一消息后,让 Frazier 带上录音机回到 McCall 的办公室并向她询问一些问题。Frazier 按照计划询问了这些问题,并偷录下 McCall 的回答。McCall 表示,如果他能让 Frazier 不入狱,将收取 1 万美元的律师费;但如果不能,他将退还其中的 9000 美元。报纸随后发表了这一谈话记录。McCall 为此提出隐私权侵权之诉。Howerton 法官在该案判决中指出,将隐私权的侵权扩展至包括使用窃听装置或麦克风偷听他人私人谈话的情形,要使这种侵权成立,必要的因素是带有窥探性质的侵扰行为,而这种行为对于一个理性的人来说是会感到不快或厌恶的,且被侵扰的事务本身必须是私人性质的。但在本案中,人们并没有听到任何关于 McCall 个人或私人的事情,他们的谈话讨论的是法律问题以及处理意见,McCall 自愿向 Frazier 谈论这些问题,而 Frazier 也有向其他人透露谈话内容的自由。一名律师、一位法院工作人员与一个潜在的委托人讨论公开审理的案件,根据法律的规定,这不属于私密领域,并没有造成对原告合理隐私权期待的损害。原告的主张不能成立。由此可见,合理的隐私权期待是隐私权侵权之诉的关键。在美国大众传媒法中,当新闻工作者采取有形或无形的侵扰式新闻活动时,法院会考虑原告合理的隐私权期待是否在此过程中遭到破坏。②

(五)对理性人的严重冒犯

法律必须正视暗访给公众所带来的担忧与不满,对他人严重冒犯的暗访行为加以规制,可以使受害人的隐私权确实得到法律的保护。究竟什么样的行为会构成对心智正常的人的严重冒犯,在很大程度上是一个关于社会习俗与预期的问题。法院在此考察过程中通常会关注下列因素:

(1) 侵扰的程度;

---

① Lori Keeton, What is Really Rotten The Food Lion Case: Chilling the Media's Unethical Newsgathering Techniques, January 1997, 49 *Fla. L. Rev.* 111.

② McCall v. Courier-Journal. 4 M. L. R. 2337 (1979).

（2）行为的场合；

（3）行为的方式；

（4）周围的环境；

（5）行为人的动机与目的；

（6）所侵入的地方的情况；

（7）受害人对隐私权的期望。①

1996年湖北楚天广播电台音乐节目主持人张弛，冒充词曲作者，在未告知对方正在电话采访的情形下，用电话直播形式采访著名歌手高枫。毫不知情的高枫讲了一些不宜公开的内容，也讲出了一些粗话，形象大为受损。② 2002年某电视娱乐节目中，电视台偷拍几位年轻女孩面对陌生男性时的微妙心理表现，并将录像给她们的男朋友观看，以考验爱情的忠诚度。③此类暗访很难说具有正义良好的动机，更多的是对公民人性道德的偷窥，满足受众的好奇心理，任何正常理性的公民在遭遇此类暗访时都会觉得自身权益被践踏以及隐私无处藏身的恐惧与愤慨。

在暗访中，记者使用的往往是隐蔽性的摄录设备，甚至可以"无孔不入"地观察周围的一切事务，这就不免引发隐私权的侵害问题，以及公众由此而产生"被窥视"的恐慌心理。这一问题在新闻法治发展成熟的英美国家受到了广泛的关注。英国报业投诉委员会的《从业守则》第10条"秘密装置和诡计"中特别规定："报刊不应该寻求获取或者发表通过隐藏摄影机、窃听器，或截取私人电话、移动电话、短信、电邮获得的材料，或未经授权窃取的文件、图片。"④

综上所述，新闻自由不能成为侵害他人合法权利的手段，而是受到其他权利的制约。禁止暗访并不是禁止新闻自由，更不是禁止舆论监督，而是更好地规范新闻行为。我们认为，"以禁止新闻暗访为原则，以许可特定条件

---

① 〔美〕唐纳德·M.吉尔摩等：《美国大众传播法：判例评析》（第六版）（上册），梁宁等译，清华大学出版社2002年版，第256页。

② 董滨：《从"高枫事件"谈隐身采访及个人隐私权问题》，载《新闻记者》1997年第5期。

③ 徐迅：《电视偷拍采访方式的法律环境——2002年几起代表性事件的启示》，载《中国记者》2003年第2期。

④ PCC：Editor's Code of Practice，http://www.pcc.org.uk/cop/practice.html，2010年1月28日访问。

下的新闻暗访为例外"来规制新闻暗访行为是一种比较可行的制度设计。

二、新闻暗访在特殊情况下可以被采用

新闻暗访在原则上应当禁止,但是如果全面禁止暗访也会对公众的知情权和媒体的新闻自由带来不利。如果因为滥用暗访会引发负面效应,就因此而否定暗访存在的合理空间,这也是有失公允的。事实上,诸多操作规范的新闻暗访,能够很好地揭露真相、针砭时弊,赢得了社会的认可和支持。在特定条件下许可新闻暗访,有其必要性和可行性。

（一）暗访在获取信息方面的优越性

新闻暗访的情况复杂多样,其中既有挖人隐私的鬼祟行为,也有揭露黑幕的正义之举;既有铤而走险的体验参与,也有客观敏锐的观察记录;既有贪求效果轰动的恣意妄为,也有深思熟虑后的无奈选择……其亦正亦邪,是新闻暗访本身的复杂性使然,也是法律难以对暗访一概而论的重要原因之一。其中不乏符合法律也符合道德的良性暗访。有些暗访往往比公开采访能够更大程度地实现"挖掘新闻事实,维护新闻真实性"的目的。① 对此,法律没有必要、也不应当将暗访全然禁止,而是可以通过规定"特定条件"将良好的新闻暗访肯定下来。这样既能发挥暗访获取信息的优越性,又能为记者慎用暗访提供明确的法律指引。暗访的侵权风险,在于记者受获取信息便捷性的吸引而不加选择地滥用。在暗访的实例中,诸如中央电视台《焦点访谈》、《每周质量报告》、《经济半小时》等节目中谨慎并规范使用暗访的报道,不但没有遭遇隐私权侵权之诉和社会质疑,而且正是因为其大胆披露、针砭时弊,树立了良好的新闻媒体形象,维护了社会公共利益,赢得社会的支持。

（二）公开采访的现实困难

目前我国舆论监督的环境不容乐观,新闻媒体的舆论监督功能大打折扣。在复杂的社会环境下,特别是我国正处于社会转型期,社会问题日益凸显,新闻媒体的自由在一定程度上受到各种形式的阻挠,部分社会问题隐藏至深,公开采访方式往往显得无能为力。在这种情形下,有些重要信息通过

---

① 蒋海斐:《隐性采访散论》,中华传媒网 http://academic.mediachina.net/article.php?id=1103,2009年10月20日访问。

公开采访根本无法获取,如果断然否定暗访,许多新闻监督工作将无法展开,公众知情权会面临更大的损害。记者在公开采访中,轻则遭到对方的抵制,重则遭受殴打关押。在这样的舆论监督环境下,暗访作为公开采访的重要补充方式,可以揭开部分重要社会信息或社会问题的掩盖面纱,直击事件最真实的层面,曝光事件真相,更好地确保公众知情权和舆论监督权的实现。

(三)公民隐私权的合理隐退

新闻媒体不应当也没必要去获悉和传播个人隐私,但当个人隐私与社会公共利益发生冲突,保护个人隐私会危及社会公共利益的情况下,公众知情权会上升到优先保护的地位,公民的个人权利(特别是隐私权)则会发生相应的隐退,这在一定程度上排除了新闻活动的侵权性,也是保障新闻自由、发挥舆论监督的利益选择。"涉及公共利益的事件和现象,是舆论监督的重要领域,也是其最后底线。"[1]Stephenson法官认为,对于这些(涉及公共利益的)秘密信息,公众有权知悉它们,其他人特别是新闻界包括媒体也有权甚至有责任公布相关信息,即使这些信息是违反保密责任或者是非法得到的。[2]

"对公民隐私权的保护,并非绝对,为防止妨碍他人自由,避免紧急危难,维持社会秩序或增进公共利益之必要,得以法律限制之。"[3]新闻自由、舆论监督与人格权的保护都是现代社会的产物,也是社会文明的标志。法律若特别强调对公民人格权的保护,则必须适当限制新闻工作者从事新闻活动方面的某些自由。反过来说,如果法律对舆论监督活动予以充分保护,则必须对新闻侵害人格权的行为特别是轻微的侵害人格权的行为予以容忍。[4] 在社会公众有权知悉的公共事件领域,公众的知情权以及满足公众知情权的新闻自由会相应地处于优先地位,公民的个人隐私权则合理地位居

---

[1] 魏永征:《网络事件与舆论监督》,魏永征专业博客 http://yzwei.blogbus.com/logs/13713585.html, 2009年12月28日访问。

[2] 〔英〕萨莉·斯皮尔伯利:《媒体法》,周文译,武汉大学出版社2004年版,第190页。

[3] 王泽鉴:《债法原理(三)——侵权行为法(第一册)》,中国政法大学出版社2001年版,第132页。

[4] 王利明:《中国民法典学者建议稿及立法理由(人格权编·婚姻家庭编·继承编)》,法律出版社2005年版,第46—47页。

其次。对于公共利益事件的信息采集,可以赋予新闻暗访以合理的使用空间。

围绕着"以禁止新闻暗访为原则,以特定条件下许可新闻暗访为例外"的理念,至少可以从应用领域、实施程序、实施手段等三个方面的限制综合考虑新闻暗访的制度构建,下面我们将逐一进行探讨。

三、新闻暗访之应用领域上的限制

对于新闻暗访应用领域的限制,主要是指:第一,新闻暗访的目的是为了维护公共利益;第二,新闻事件发生在公开场合。

(一)公共利益

保护公共利益作为新闻活动限制隐私权的事由,已被世界上多数国家的新闻法制和司法实践所认可。然而,对"公共利益"这一概念,很难在法律上给予明确的解释,实践中也难以给出具体的判断标准。"它是一个与诚实信用、公序良俗等相类似的框架性概念,具有高度的抽象性和概括性。"[①]在新闻活动中,如何把握公共利益的内涵和外延是一个困难的问题。

1. 公共利益的界定

虽然公共利益具有难以界定的特点,无法通过有限的法律条文得到完整的表述,但在尚不能对"公共利益"的具体表述达成一致意见的情况下,法律可以通过列举典型的、明确的、学界已普遍认可的部分公共利益事例的方式,将已有的研究成果固定下来。这"既可以对列举的公共利益事例进行明确化,同时也间接地设定了一个可以类比的价值参照,对于法律未曾明确提及的事项可以通过与列举事项的比较衡量判定其公共利益价值"[②]。由于公共利益的模糊性,由谁来认定公共利益的内容成为至关重要的问题,直接关系到案件的公平与公正。法院司法中立的地位使它具备公正裁判者的形象,它以独立的第三人的地位,针对个案中的具体事实和情状,在法律既定的价值范畴之内,对公共利益进行具体化的认定阐释,并作出最终的判断。由法院决定是否存在公共利益的事由是合理的。

---

① 王利明:《公共利益是否就等于"大家的利益"》,载《解放日报》2006年9月4日。
② 胡鸿高、王东光:《论公共利益的法律界定》,载《政府法制研究》2007年第11期,第20页。

具体到新闻活动中媒体关注的公共利益事件,英国报业投诉委员会制定了一个《从业守则》,其中列明的"公共利益"事项颇具代表性,其包括(但不限于):

(1)查明或者揭露犯罪或严重不端的行为;
(2)保护公共健康和安全;
(3)防止公众被某一个人或组织的言行所误导;
(4)揭露滥用公款或公共机构的其他贪污行为;
(5)解释当权者存在的利益冲突;
(6)揭露小集团的贪欲;
(7)揭露位居高位之人的伪善。①

为避免对"公共利益"的滥用,《从业守则》进一步规定:"无论何时涉及公共利益,英国报业投诉委员会都要求编辑对其如何为公共利益服务作出全面详尽的论证,必须考虑新闻事件在多大程度上已经或将要涉及公共利益,并且在面对未满16岁的未成年人案件涉及公共利益时要格外谨慎。"②这表明,每一次暗访要寻求在公共利益领域里的应用,都必须结合具体的情形考察事件的重要性,每次暗访的应用都必须对"公共利益"进行认真且细致的甄别。也有学者主张通过对公共利益事件的分类来明晰这一概念,建议将新闻活动中涉及的公共利益事件分为四类:公共安全事件、公共政治事件、公共卫生事件、公共消费事件。③

2. 公共利益的实证分析

虽然公共利益的内涵难以界定,但现实的司法判例和新闻实践也能够为揭示公共利益的内涵提供一些帮助。

(1)公共健康和公共卫生事件

在我国的新闻实务中,对制造假冒伪劣产品、有毒食品和药品等危害公共健康安全的不法行为进行暗访的例子并不少见。《每周质量报告》是其中的典范,在公开采访难以见效的情况下,记者以暗访方式揭露了"黑心棉做防寒衣"、"黑心商炮制黑木耳"、"医疗垃圾变食用器皿"等一个个触目惊心

---

① PCC: Editor's Code of Practice. From http://www.pcc.org.uk/cop/practice.html.
② PCC: Editor's Code of Practice. From http://www.pcc.org.uk/cop/practice.html. Visited at Dec 26, 2009.
③ 慕明春:《新闻侵害隐私权的抗辩事由》,载《当代传媒》2004年第3期。

的造假黑幕。除此之外，中央电视台记者对河北无极假药市场的暗访、中央电视台记者对南京冠生园陈馅月饼事件的暗访、新华社《新经济报》记者对毒油黑幕的暗访……这些成功的暗访实例揭露了危害公共安全的重大药材、食品卫生事件，引发了相关行业的反思和有关部门的清查整顿，保障了公众健康和安全。这类暗访赢得了观众的认可与支持，为备受争议的暗访行为寻求了一个合理的使用空间。

美国的 Food Lion v. ABC 一案更为暗访用于保护公共健康和安全提供了直接的判例支持。1992年，美国广播公司 ABC 派出两名记者假扮成雇员进入 Food Lion 公司，用暗访方式揭露了该公司存在的食品安全问题，被 Food Lion 告上法庭。虽然地区法院判决原告胜诉，但美国调查性新闻记者和编辑协会（IRE）提出的复审意见指出：宪法修正案第一条保护的新闻自由，保证大众媒体不受阻碍地从事新闻采集的宪法权利，特别在如本案涉及的、事关公众健康和安全的情况下，不允许通过追究调查性新闻记者的民事责任来限制公众的知情权。① 最后，美国上诉法院第四巡回法庭推翻了原判高额赔偿，只象征性地要求被告赔偿2美元。法院认为，原告以不卫生的方式处理食品，欺骗顾客，是其自身这种不顾及公众健康、安全的行为造成了自己的经济损失，被告不应对原告的经济损失承担损害赔偿责任。②

英国学者 David E. Morrison 针对公众对"公共利益事件的认识"的调查报告指出：在诸如英国国家医疗系统 NHS(National Health System)不能很好地为公民提供医疗保健、超市所卖食品含有病菌、家用电器存在安全隐患、社区附近潜伏着危险性人物等直接涉及公众健康、安全的事件上，媒体将其披露具有明显且意义深远的公共利益。即使它采取了不那么光明的方式获取信息，也能得到社会和法律的宽容。③

---

① Food Lion, Inc. v. Capital Cities/ABC, Inc., 984 F. Supp. 923 (M.D.N.C. 1997), rev'd in part and aff'd in part, 194 F.3d 505 (4th Cir. 1999).

② John D. Zelezny: *Communications Law: Liberties, Restraints and the Modern Media* (Fourth Edition), Original Language published by Thomson Learning. 203.

③ David E. Morrison and Michael Svennevig: The Public Interest, the Media and Privacy. From http://www.bbc.co.uk/guidelines/editorialguidelines/assets/research/pubint.pdf. Visited at Dec. 16, 2009.

（2）违背教育公平的现象

2000年《新快报》报道了广东电白县高考作弊事件，记者通过暗访BP机（用于传送答案）出租市场，并在高考考场对面大楼用晾晒的棉被遮挡普通摄像机拍摄了考场作弊现况，揭露了这起震惊全国的作弊事件。在这一案例中，暗访是用于揭露违背教育公平、违背诚实信用的违规现象，保障广大考生平等地享有高等教育资源的权利，带动教育部门对教育公平问题的重视和整顿。而且这类事件无法通过公开采访的方式予以采集和报道，新闻媒体在这过程中没有将暗访镜头指向个人隐私，而是重在公共利益的维护，是规范化的暗访实例。

（3）公务人员的公务活动

对公务人员的公务活动进行新闻暗访，是基于其接受监督的法定义务。我国《宪法》第41条规定："中华人民共和国公民对任何国家机关和国家工作人员，有提出批评和建议的权利……"批评、建议的前提，是公民对国家机关和工作人员的工作情况有全面的知悉和把握，要求国家机关和工作人员必须接受公民的监督。[①] 公务人员属于"权力资源型"的公众人物，拥有对社会各种资源的调度分配能力，在社会事务上往往享有"话语权"，参与社会公共事务的程度较深，其公务领域甚至部分私人领域已经同公共利益发生了紧密的联系，隐私权范围相应缩小。[②] 在西方国家，甚至有"高官无隐私"的说法。对公务人员的财产状况、工作素质、生活作风、才能品质、违法犯罪记录等私人信息予以公开，是学界的共识，因为这些信息直接关系到他在公务活动中的廉洁自律程度、工作胜任程度、依法行政能力等。公民作为个人仅有限的时间与精力去直接监督政府的运作，而新闻媒体具有监督政府及其工作人员的公务活动的功能与优势，其采取隐瞒身份和采访工具的方

---

① 本书不主张把新闻暗访的对象扩展到公务人员以外的其他公众人物。文艺明星等公众人物的隐私权虽然有所限缩，但他们没有接受监督的法定义务，新闻暗访对他们的关注，并不涉及大多数人的利益，而只是窥视其私人生活，以此满足观众的好奇心理和偷窥欲望。如果为满足这种不合理的公众兴趣而允许新闻暗访，必然会带来大量侵犯公众人物隐私权的纠纷。美国联邦法院禁止"狗仔"记者无休止的暗访侵扰行为。美国加州甚至通过了一项"反狗仔队"的严格立法，以阻止摄影记者用暗访镜头骚扰社会名人，保护当地公众人物的隐私权利。该法律规定，当某人在从事"个人或家庭活动"时，记者不能对他进行摄影、录像或录音，否则便要承担侵犯隐私权的民事侵权责任。California Civil Code. Section 1708.8.

② 慕明春：《新闻侵害隐私权的抗辩事由》，载《当代传媒》2004年第3期。

法，以普通公民的角色对公务人员进行明察暗访，是行使舆论监督的职责所在，应该得到法律的保护。对公务人员舆论监督的重点在于其公务活动，这可视为"公共利益"的一项重要领域。英国独立电视委员会制定的《节目准则》中对"公共利益"的说明中有一点"揭露公务中显而易见的低效率"①；英国广播公司 BBC 的《编辑指南》中进一步扩展为"揭露腐败和不公"以及"曝光严重的无能和失职"。② 这些针对的都是公务人员的公务活动。

英国《每日快报》的记者违背与被采访人"不得录音、不得署名"的约定，在采访中通过隐藏的磁带录音机记录警察局前任探长透露的有关警察局内部的腐败信息，被对方指控违反保密责任，原告同时向法院申请临时禁止令来阻止秘密录制的信息的公开。法院驳回了原告的诉求并拒绝签发禁止令。法官指出：报纸获取和披露的信息正是与警察局内部不公正的职务行为有关，法院将不会对腐败和不公正的秘密信息进行保护，相关职务信息的披露是为了公共利益。③

2007 年，《法制与社会》杂志社记者暗访河北省南皮县交警乱设卡、乱收费、乱罚款的"三乱"现象，披露出部分公务人员滥用职权，以侵害公民利益为"生财之道"的事件。这则报道引起了当地交通部门的重视，加大了对交通执法人员的监督检查力度，大力查处了此类违规执法问题。这一暗访便是新闻媒体代表公民行使舆论监督权，对公务人员的公务活动行使批评、建议权的职责体现。

美国法院在 Cassidy v. ABC 一案中表现出对新闻暗访用于公务人员的公务活动的支持。1975 年，几名芝加哥警察秘密调查城内的按摩院。其中一位按摩院老板先前受到过警察的骚扰，按摩院老板便邀请一个电视台新闻小组隐藏在按摩院内，秘密拍下了一名便衣警察不正当执法的过程。事后，警察局以"非法闯入"为由起诉电视台。法庭认为，被告是受按摩院老板邀请，在公共商业场合对警察这一公务人员执行公务的情况进行秘密拍摄，

---

① ITC Programme Code (Summer 1995), section 2.4. 转引自香港法律改革委员会、私隐问题委员会：《香港报业准则》，传播媒介的侵犯私隐行为咨询文件，1999 年，第 68 页。

② BBC: Editorial Guidelines. From http://www.bbc.co.uk/guidelines/editorialguidelines/edguide/privacy/. Visited at Dec 25, 2009.

③ Cork v. McVicar. The Times, 1984,31 October. 转引自〔英〕萨莉·斯皮尔伯利：《媒体法》，周文译，武汉大学出版社 2004 年版，第 193 页。

并不构成非法闯入。法庭特别强调:"当新闻工作者在收集并传播有关政府及其公务人员的公务行为时,不存在什么侵犯隐私权的问题。"①

当然,对于公务人员私人方面的家庭生活、情感处理、子女教育、个人事务等问题,大多并不涉及公共利益,也与其承担的公务职责无关,即使在一定程度上会影响公众的评价和支持,也不应当作为允许暗访的特殊事项。对公务人员私人信息的监督是要谨慎的,记者当然可以通过公开采访的方式,在公务人员自愿的情况下采集这些信息,但暗访是不被允许的。因为它相当于认同记者"无孔不入"地侵入公务人员的私人生活。此外,这类报道往往满足的只是部分受众猎奇、窥探他人私生活的低俗趣味,于公众利益无关。

3. 比例原则的运用

公共利益能否作为对隐私权的限制,需要遵循比例原则来进行利益衡量,以确保公共利益与保障人格权的价值都能够得到合理的实现。具体而言,这要求做到以下几点:

第一,采取的方法应有助于目的达成,即"合目的性";

第二,有多种方法能达成目的时,应选择对公民权利损害最少的方法;

第三,采取的方法所造成的损害不得与想要达成目的所获得的利益显失均衡,应符合一定的比例。②

《香港报业准则》对此阐述为:"我们认为在罕有的情况下,如新闻工作者有理由相信他们所需要取得的资料对公众利益而言至为重要,而有关资料不能以没有欺骗成分的手段取得,则使用并非不合法的欺骗手段是可以接受的,惟使用的欺骗手段的性质和当事人受欺骗的程度必须与拟揭露的恶行的严重性相称。"③

(二) 公开场合

许多学者都主张通过区分事件是否发生在公开场合,来为暗访寻找合

---

① Cassidy v. ABC. 377 N.E. 2d 126 (1978).
② 张付标:《隐性采访的法理论析与制度建构》,2007 年中国政法大学硕士学位论文,第 40 页。
③ 香港法律改革委员会、私隐问题委员会:《香港报业准则》,传播媒介的侵犯私隐行为咨询文件,1999 年,第 61 页。

理的空间。① 因为"公开场合的行为是一种主动昭示于人的行为;即使不是主动昭示,在法律上也被认为是可以通过新闻进行报道而不必事先征得被采访者的许可"。② 被采访人选择在公开场合言行,应当知道他的言行可能被任何人听到、看到并拍摄、录制,但他仍选择了行为的公开性而放弃其隐匿性,表明他本人对别人了解他的行为举止持默许态度,无论记者的采访方式是公开还是秘密,都不过是像普通观众一样听到和看到。

比如,记者以普通市民身份采访窗口行业的对外服务态度,就是在公开场合对暗访的合理运用。中央人民广播电台的记者曾以普通顾客的身份,暗访了某电讯服务企业对顾客投诉态度差的情况。随后,中央电台收到了该企业对暗访表示不满的律师函,中央电台作出了如下回函:"邮电通讯部门是公共机构,本台记者是在贵企业公开营业的场所录下的谈话声音,这个场所没有禁止任何人包括本台记者进入。这些谈话是贵企业工作人员在服务过程中自己主动发表的,是真实的,本台记者只是客观记录了贵单位工作人员的真实表现。这种采访不侵犯任何人包括贵企业及其工作人员的任何合法权益。让公众了解各企业真实的服务水平是新闻媒体的责任,《新闻纵横》的这次节目是在正确履行自己的义务,报道无可指责。"这一回函很好地说明了公开场合中的暗访问题,也未引发该企业进一步的法律诉讼。③

英国媒体在采访实践中肯定了暗访在公开场合的使用。BBC 的《编辑指南》规定:"人们在公开场所,例如飞机场、火车站、购物中心等地,不能期待获得和在私人住所同等程度的隐私权。……在公众一般可以进入的公开场合,未经事先许可的录制可以获得正当性。"④

---

① 有许多学者在论述暗访可应用领域时对此采用"公共场所"的概念,笔者认为"公开场合"的说法更为恰当。根据张新宝教授的观点,公共场所的判断标准在于其用途是用于公共事务,如用作公园、商店;如果用作非公共事务,如个人住宅、非开放办公场所等时,则不是公共场所(具体参见张新宝:《隐私权的法律保护》,北京群众出版社 1997 年版,第 196 页)。而公开场合则更注重他人是否能自由进入,注重于场合内发生事件的公开性。即使是在公共场所,仍然存在非公开场合,如饭店内的客房、公园内情侣间的私语等。从保护公民隐私的角度出发,应当将暗访的适用领域限定为"公开场合"。

② 顾理平:《论隐性采访的场合合法性》,载《江海学刊》2007 年第 6 期。

③ 徐迅:《暗访与偷拍——记者就在你身边》,中国广播电视出版社 2003 年版,第 54 页。

④ BBC:Editorial Guidelines. From http://www.bbc.co.uk/guidelines/editorialguidelines/edguide/privacy/. Visited at Dec. 15, 2009.

美国法院在 Marks v. KING Broadcasting 判例中也为允许公开场合的暗访说明了理由。判词指出，KING 电视台的记者通过药房前窗秘密拍摄原告在公开营业的药房内打电话的镜头，该药房是一个对公众开放的地方，任何路过此地的人都可能看到 KING 电视台记者所拍下的画面，记者只是像普通公众一样自由观看到公开场合发生的事情，该行为不构成侵扰。①

Berosini 是美国的一位驯兽师，他在酒店后台殴打驯化猩猩的情形被酒店的一位舞蹈员偷拍，后该录像被激进的动物权利保护组织广为公开，原告因此提起了侵扰之诉。法院认为，秘密拍摄发生在酒店后台，当时人们反映他们可以听到 Berosini 训练动物的情况，可以瞥见他与动物进行的准备活动，该场所很难被认定为"私人场所"，拍摄者完全有权利去那里，而他所拍摄的内容是可以被许多人看到或听到的；此外，拍摄者的动机不在于侵入原告所称的个人居所，并不试图进行窥探，也不是要把某些隐藏的事件揭露出来，他只是用摄像机记录下他和其他人很容易就能看到的情景，这并不是那种会令一个理性的人感到被严重冒犯的动机。即使原告不希望受到任何的窥探和窃听，考虑到拍摄者的行为并未造成实际的干扰、拍摄场所的非私人性以及拍摄的正常动机，该秘密拍摄行为不构成"对心智正常的人的严重冒犯"。②

四、新闻暗访之实施程序上的限制

新闻暗访一直处在法律的"高压线"上，除了对其应用领域加以限制外，为了避免暗访被滥用，还需要对其从实施程序上进行限制。

（一）穷尽常规的公开采访方式

即使暗访行为的目的合法，如果可以采用规范、合法的方法达成目的，就不宜采用暗访的方式。新闻暗访不是进行舆论监督的唯一方式，相反，它是一种最后的且不是最好的选择。英美国家的媒体法学界普遍认为，"穷尽其他公开采访方式"是使用暗访的前提，也是其能获得正当性的必要依据。英国 PCC 的《从业守则》规定："采用谎言或诡计，通常只能出于公共利益，

---

① Marks v. KING Broadcasting, 618 P. 2d 572 (1980).
② People for the Ethical Treatment of Animals v. Berosini. 23 Med L. Rptr. 1961, 895 P. 2d 1269 (NEV. 1995).

并且通过其他方法不能取得材料的时候,才能认为是正当的。"①英国广播公司的《编辑指南》对此作出了解释:秘密录制一般应该是最后采取的手段——因为误用和滥用都可能使新闻报道失去信任,减少记录证据的冲击力。②

在美国普利策新闻奖的评选中,对未穷尽其他手段而贸然使用暗访的新闻报道予以否定性评价。暗访报道被评委斥为"即使记者不以暗访做掩护,勤劳的工作和结实的皮鞋本来也能发掘消息来源,也可以揭露腐败现象。作为讲真话的新闻单位,不应该利用这种欺骗手段获取信息"。③ 美国职业新闻记者协会(SPJ)的《道德守则》为此特别规定:"除非以常规的公开采访方式无法获得对公众至关重要的信息,否则避免使用隐性的或其他秘密的方式收集信息。不可避免要使用这种方式时,必须在该新闻事件中解释缘由。"④

美国法院在新闻暗访的司法实践中,确定了这样一条原则:"在决定采用欺骗和诡计的方法前,穷尽所有常规的公开采访方式是一种责任,记者要慎重考虑的不仅仅是事件的重要性,还包括欺骗和诡计可能造成的损害,以及在新闻采集过程中征得他人同意的义务。"⑤比如,在对城市房屋租赁中存在种族歧视问题的调查中,《先驱报》的记者通过假扮身份进行暗访快速报道了此事,而《每日新闻》的编辑则否定了暗访的使用,他们用一年的时间采访了黑人社区的非裔美国人、经纪人、代理商,写出了很有影响的系列报道,以"令人感动的个人叙述和令人震惊的统计数字使读者面对面地看到了种族隔离现象",最终获得了普利策奖的提名。⑥ 同样,在前文的 Food Lion

---

① PCC: Editor's Code of Practice. From http://www.pcc.org.uk/cop/practice.html. Visited at Dec. 26, 2009.

② BBC: Editorial Guidelines. From http://www.bbc.co.uk/guidelines/editorialguidelines/edguide/privacy/. Visited at Dec. 15, 2009.

③ David A. Logan. Stunt Journalism, Professional Norms and Public Mistrust of Media. 1998, 9 U. Fla. J. L. &Pub. Pol'y 151.

④ Society of Professional Journalists: Code of Ethics. From http://www.spj.org/ethicscode.asp. Visited at Dec. 26, 2009.

⑤ David A. Logan. Stunt Journalism, Professional Norms and Public Mistrust of Media. 1998, 9 U. Fla. J. L. &Pub. Pol'y 151.

⑥ 〔美〕罗恩·史密斯:《新闻道德评价》,李青藜译,新华出版社2001年版,第314页。

v. ABC 一案中,就有评论家注意到,有另一家同样关注食品安全问题的电视台,其记者用消费者的身份,在全国不同地区、不同规模的食品连锁店里选购同样的产品,送监测机构检验,对食品新鲜度、是否货真价实、分量是否足够等一一调查,并将统计数据予以报道。虽然这种采访方式没有 ABC 假扮雇员直击 Food Lion 食品黑幕那样轰动的效果,但其无疑是一种更为合法和对公众负责的采访方式。①

·我国中央电视台《新闻调查》栏目的职业标准中对新闻暗访也有这样的限制:"无论如何,秘密调查都是一种欺骗。新闻不是欺骗的通行证,我们不能以目的正当为由而不择手段。秘密调查不能用作一种常规的做法,也不能仅是为了增添报道的戏剧性而使用。对此我们慎之又慎,除非调查危害公共利益的重大隐情而又别无他法,且经制片人同意,否则我们决不采取任何涉嫌欺骗、侵权的拍摄方式。"②

无论暗访在获取信息方面具有多么强大的优势,但道德上的欺骗性和"灰色"的合法性都是其致命的劣势,在这种情形下,暗访只能屈居为公开采访的补充手段。

(二) 履行新闻暗访的审批程序

对新闻活动的规制一直存在"自律"和"他律"两种方式。"自律"是指通过职业道德、媒体自律性组织的规章制度等对新闻活动进行内部约束;"他律"是指以法律对新闻活动进行外部强制性的规定。"他律"与"自律"相互补充、相辅相成,共同规制新闻活动的方式,也正成为国际新闻立法上的一大趋势。③ 在新闻媒体行业,内部的自律规制往往比刚性的法律规制更为直接有效,因为它具有更强的专业性和针对性。比如英国的报业投诉委员会,用一系列规范性文件明确了媒体的职责和行为方式,为英国各大报业集团所遵守。在规范新闻暗访方面,我们同样可以建立专门的自律体系,为暗访提供最直接具体和操作性强的使用指引,在新闻采访活动的"最前线"

---

① 徐迅:《获取新闻素材的手段同样需要真实》,载于郭镇之、展江:《守望社会——电视暗访的边界线》,中国广播电视出版社 2006 年版,第 218 页。

② 中央电视台新闻中心新闻评论部各栏目组:《工作手册之——新闻调查》,载于郭镇之、展江:《守望社会——电视暗访的边界线》,中国广播电视出版社 2006 年版,第 18 页。

③ 张西明:《张力与限制——新闻法治与自律的比较研究》,重庆出版社 2002 年版,第 47 页。

保证暗访的规范化操作。审批程序要求对暗访申请进行全面的审查,并作出批准或不批准使用暗访的决定。作出决定的主体一般应当是能够代表新闻媒体进行意思表示的机构,从而通过这种审批程序对暗访进行严格把关。

记者是启动暗访审批程序的人员,在提交暗访申请后,他有权利并且应当参与审批中的讨论。英国独立电视委员会(ITC)是政府授权对英国所有商业电视台(除英国广播公司BBC外)进行管理的机构,它制定的《节目准则》在"使用隐蔽麦克风和隐蔽摄像机"条款中对新闻暗访作出了如下规定:

> 只有当隐蔽采访能够确立内容的可信度和权威性,只有当内容本身重要而且有利于公众利益时,才被允许使用隐蔽的麦克风和隐蔽的摄像机去获取未被告知人的声音和图像;当制片人认为有必要这样做时,必须获得持牌人的最高节目负责人等的明确同意,才可以录制这些内容(无论是否准备播出);在这些秘密录制的内容播出之前,必须再次获得持牌人的最高节目负责人等的明确同意才可以播出;无论该素材是持牌人自己录制的,委托制作的,还是从外部得到的,本规定都适用;持牌人必须对每一次向最高节目负责人等咨询的过程以及对录制和播出的此类任何内容进行详细记录;独立电视委员会将定期查看该种记录。如果持牌人没有能够随时进行记载,独立电视委员会可以因此进行处罚。①

从上述条款中,我们可以发现《节目准则》对新闻暗访设置了非常严格的审批程序,它不是纯粹原则性地要求必须慎重考虑新闻暗访的使用条件,而是更进一步地从程序上保证了这种"慎重"的实现。它要求暗访必须经过使用人、制片人、最高节目负责人等至少三个不同层面的新闻工作者的权衡、考虑以及至少三方的明确同意,且审批程序的每一个阶段都应当有详细的记录,并接受独立电视委员会的定期查看。

---

① 《英国独立电视委员会节目准则》,广播电视信息主页http://www.rti.cn/info.asp?id=20010802a00040004。相关介绍可参见徐迅:《暗访与偷拍——记者就在你身边》,中国广播电视出版社2003年版,第265—267页。

我国对新闻暗访审批程序的探索才刚刚起步,但也摸索出一些行之有效的设置方案。比如中央电视台《新闻调查》栏目规定:"只有同时符合下列条件时,才能使用暗访:第一,有明显的证据表明,正在调查的是严重侵犯公众利益的行为;第二,没有其他途径收集材料;第三,暴露身份就难以了解到真实的情况;第四,经制片人同意。"①

对于新闻暗访这一颇受争议的新闻采访方式,在其审批过程中,专业的法律意见不容忽视。BBC的《编辑指南》中特别注重这一点,明确规定:"主管编辑政策的官员必须对涉及隐私的采访行为进行强制性管理,内容制作者遇到秘密录制的情况时必须递交申请。……任何申请必须征得政策咨询主编和节目法律顾问部门的批准。BBC记者要对侵犯法律的行为有所意识。不经同意闯入私人领地可以构成民法侵权。如果不知道该遵循怎样的程序,请寻求节目法律咨询部门的建议。"②

在新闻暗访审批制度的设置中,我们还必须考虑到新闻的时效性,对审批时间进行明确的限制,规定在一定时间内完成全部审查、核实、咨询、批准程序,促使各部门高效运行。对于一些突发性事件,应当允许记者经慎重考虑后临时采取新闻暗访,但必须同时或事后向相关负责人或审批部门说明情况,完成事后的审批程序。这时,相关负责人和审批部门必须对事件的突发性、重要性和记者的审慎态度进行全面的审核,并在该暗访节目是否播出的问题上作出慎重的考虑。

五、新闻暗访之实施手段上的限制

新闻暗访在公共利益或者公开场合中允许适当使用,而且需要履行一定的审批程序。即使这样,暗访在具体操作中的实施手段问题同样存在诸多违法风险。在新闻暗访中,怎样的实施手段才是合法和正当的?笔者将从记者介入新闻暗访事件的程度、用以掩饰的身份和使用的采访器械三个方面进行具体分析。

---

① 中央电视台新闻中心新闻评论部各栏目组:《工作手册——新闻调查》,载于郭镇之、展江:《守望社会——电视暗访的边界线》,中国广播电视出版社2006年版,第18页。

② BBC: Editorial Guidelines. From http://www.bbc.co.uk/guidelines/editorialguidelines/edguide/privacy/.

（一）介入的角色——以旁观者的角色观察

根据记者在暗访时介入新闻事件的程度，大体上可以分为观察式暗访和介入式暗访。所谓观察式新闻暗访，是指记者不表明身份，不参与新闻事件的活动过程，仅以观察者的角色拍摄收集新闻事件的发展；所谓介入式新闻暗访，是指记者通过身份的隐瞒或伪装，以体验、诱导等方式直接介入新闻事件，成为当事人之一，并在参与中秘密录制事件的发展进程。①

记者不得已而进行暗访时，应以观察式暗访为主，避免进行介入式暗访。特别是针对违法犯罪活动的暗访，记者应把握自己的角色定位，避免参与违法犯罪活动，更不能为了搜集新闻素材而特意引诱他人违法。"记者的角色区别于警察，采访权更不是记者违法犯罪的豁免权。"②即使是警察以"卧底"身份调查违法犯罪活动，或对特定犯罪行为实施诱导性侦察，尚且受到严格的限制；而记者未经法律授权和审批，就贸然介入违法犯罪活动，一旦在此过程中实施了违法犯罪行为，必将承担相应的法律责任。某著名媒体的两名记者乔装为文物贩子，暗访了盗墓者盗掘西汉古墓的过程，并高价买下了这次盗墓所得的13件西汉文物。虽然记者是为揭露非法倒卖文物的情况而在暗访中参与盗墓过程，且在事后将购买的文物献给了省文物局，但在暗访过程中，记者已切实参与并实施了盗墓行为，在主观方面具有故意，侵害了国家文物管理机关对文物的正常管理秩序，符合盗掘古文化遗址、古墓葬罪的构成要件，不仅遭受新闻法学界的强烈质疑，也受到了法律的相关制裁。同样，如果新闻记者为了监督公安机关110的出警情况而虚假报警，这种谎称紧急状况的暗访行为则令人反感。这种"狼来了"的暗访，不仅有违公民诚实守信的公德要求，而且扰乱了公安机关的正常工作秩序，不能视为合理的新闻暗访方式。

美国新闻界对此类介入式的调查性采访非常谨慎，美国法院在 United States v. Maldonado-Norat 一案中明确表明，为秘密新闻采集而非法进入加西亚海军兵营的记者不能因为宪法保护新闻自由而免于罪名的起诉。《宪法第一修正案》既没有给予非法入侵者以豁免权，也没有给予触犯刑事或民

---

① 张付标：《隐性采访的法理分析与制度建构》，中国政法大学2007年硕士学位论文，第4页。

② 魏永征：《隐性采访——权利的冲突与退缩》，魏永征专业博客 http://yzwei.blogbus.com/logs/4285894.html, 2009年12月15日访问。

事法律的记者以特别地位。① 记者在新闻暗访中应准确把握介入的程度："首先,在你观察的事物中,你不能陷得太深,以致改变了事情本来的进程。你可以登台表演,但绝不要充当主角。第二,不要认为被你观察的人在认识上和你一致。即使你卖力地演配角的时候,你的真正身份仍是局外人、旁观者。"②

介入式新闻暗访还有可能陷入"炮制新闻"的嫌疑中,因为在介入式新闻暗访中,记者脱离了自身"观看者"和"记录者"的角色,转而成为"导演",一步步参与并试图引导事件向着其所期望的方向发展,以图获取记者想要的信息。记者的这种故意编排往往会改变新闻事件本身的发展过程,使得本来可能不会发生的情节得以发生,加剧了原有事件的严重性,脱离新闻媒体追求真实性的职业宗旨。

如果记者仅仅是以普通公民依法可以开展的日常行为进行暗访,去体验正在发生的新闻事件,而不是主动诱导事件的发生,或影响事件的发展动向,这仍不失为良好的新闻暗访方式。如上述中央广播电台记者对电讯窗口行业的暗访,记者只是和普通公民一样向窗口行业咨询、投诉,他并没有采取违法手段,也没有强迫或诱导工作人员。虽然记者体验了事件的过程,但他只限于进行客观的观察和记录,很好地把握了介入的程度,是一种规范化的暗访行为。

(二) 掩饰的身份——以普通公民的身份暗访

记者在新闻暗访中,往往要掩饰自己的身份,通常不表明自己的记者身份,甚至还要伪装成其他身份。"不表明身份"是在被采访人没有问及时,记者不主动表明身份,只像一般路人或目击者一样不动声色地观察或询问新闻事件并进行记录。这种暗访借助于记者良好的新闻敏感度和职业洞察力,实施的只是观察记录行为,不是无良的刺探和恶意的诱导,一般不触犯法律禁止性规定。"伪装身份"面临的法律问题远比"不表明身份"要复杂得多,应当尤为谨慎。

首先,记者不得伪装成具有公权力的社会角色,比如政府官员、司法人

---

① United States v. Maldonado-Norat. 122 F. Supp. 2d 264 (2000). Also see Stahl v. Oklahoma. 665 P. 2d 839 (1983).
② 转引自彭琳:《新闻暗访的法律思考》,载《临沂师范学院学报》2006年第1期。

员等。因为这样的社会角色,其身份和权力是由法律特别授权的,是代表国家管理社会事务,而记者并不具备这种公权力授权。新闻记者借助公务人员的身份确实能便捷地获取一些有价值的信息,但这是一种越权的违法行为,如果把握不当,偏离了正当目的并导致严重的后果,甚至会被追究刑事责任。① 我国《刑法》第279条规定:"冒充国家机关工作人员招摇撞骗,处三年以下有期徒刑、拘役、管制或者剥夺政治权利……"记者假冒国家工作人员进行暗访虽然一般不会严重到构成"招摇撞骗罪",但毫厘间的疏忽仍然有可能触碰法律的禁止性规定。在美国,记者伪装成具有公权力的社会角色在1987年的State v. Cantor一案中被法院所否定。一个记者伪装成管理太平间的官员,从自杀者的母亲口中套出一般人不可能得知的隐私信息。之后这名记者遭到起诉,法院支持了原告的诉求,理由便是该记者伪装身份"以诱使被采访对象屈服于其伪装的官员身份之下"。②

其次,记者不得伪装成具有某种特殊权利或专业知识的权威人士,如保险公司的核保人员、管道或线路修理工、医学专家等。因为这种伪装附加了事实不存在的外在权威力量,"使得记者可以基于某种伪装的身份而获得权威,扭曲了采访者与被采访者之间的平等关系,致使被采访人因为相信记者所造成的假象而接受采访和提供数据"。③

再次,记者不能伪装成基于特殊的信任关系才能具备的身份,比如亲戚朋友、保姆、代理商、委托人等。虽然这些身份本身不受法律特别规定,但它往往是基于双方当事人之间高于一般人的信任关系而形成的,伪装这些身份所获取的并不是涉及公众、不得不"广而告知"的公共利益信息,而是亲密群体之间的私密信息,这会对公民的隐私权造成极大的侵害。

简而言之,记者在新闻暗访中伪装身份时,只能借助于无职无权、无特殊社会背景、不建立在特殊人际关系上形成的社会角色——普通守法市民,如消费者、旁观者、乘客、咨询者等。

(三) 使用的器械——禁止使用专用的间谍器材

在越来越追求"眼见为实"的今天,仅以"笔"为工具记录新闻事件,其

---

① 顾理平:《论隐性采访的法律困惑》,载《南京师大学报》2004年第1期。
② State v. Cantor, 534 A.2d 83, 86 (N.J. Super. Ct. App. Div. 1987).
③ 邓惠:《新闻侵权归责原则研究》,中山大学法学院2009年硕士学位论文,第25页。

真实性的认同程度已大打折扣,而使用电子摄录设备可以把新闻事件完整无误地"拷贝"下来,更能获得观众的信任。记者必须意识到有些电子摄录设备是法律明文禁止持有、使用的。我国《国家安全法》第21条规定:"任何个人和组织都不得非法持有、使用窃听窃照等专用间谍器材。"《刑法》第284条明确规定:"非法使用窃听、窃照专用器材,造成严重后果的,处二年以下有期徒刑、拘役或者管制。"从这些法律规定来看,窃听窃照器材的使用是受法律严格限制的。记者在暗访中使用这类器材未经相关部门的审批和授权,已处于违法状态,如果再造成严重后果,势必要承担相应的法律责任。① 总而言之,记者在暗访中对采访工具的选择必须非常慎重,切忌贪求设备隐蔽性,而无视其违法性。对于受到严格限制的摄录设备,必须向相关部门申请并获得授权后方可使用。

综上所述,新闻暗访是把"双刃剑",对于新闻暗访这一采访方式,原则上应当禁止,但在特定的应用领域,经过严格的审批程序和妥善实施,新闻暗访的存在还是有必要的,在这种情形下新闻暗访能够扬长避短,发挥其不可替代的优势。

---

① 徐迅:《暗访与偷拍——记者就在你身边》,中国广播电视出版社2003年版,第121页。

第五章 政府机关名誉权的废除问题

当立法机关通过法律赋予政府机关这一特殊主体民事权利时，必须警惕政府这一特殊民事主体的特殊法律地位。政府的名誉权就是需要我们谨慎关注的权利，政府就可能以侵害名誉权为由对表达自由和舆论监督进行打击和压制。政府机关名誉权的存废至今没有受到理论界的重视，但这是一个极具价值的现实问题。

第一节 政府机关名誉权诉讼的浪潮及成因

一、我国政府机关提起名誉权诉讼的浪潮

政府机关的行为历来是新闻媒体报道和评论的焦点，新闻媒体被视为第四权力部门，其对政府的监督作用不容忽视。以美国的为例，"大约有一千七百种日报，七千种以上的其他报纸，大约一万九千家广播电台和电视台，九千多种杂志或者定期出版物，四千三百多家电影制片厂和发行公司，一万多家电影院和大约一千三百家图书出版公司。传媒的巨大力量能与政府三大部门分庭抗礼……"。① 在这种庞大力量的支配下，现代社会的新闻媒体代表着公民的言论自由和表达自由，并以提供一个不受限制的舆论空间为终极追求。由于行政权天然具有扩张的冲动，即使政府机关行使的是民事权利，政府作为一种特殊的民事主体，也可能在貌似具有平等地位的情形下威胁和破坏公民的基本权利。

政府机关或者政府官员以其名誉权受到损害为由向法院提起名誉权诉

---

① 袁传旭：《传媒自由与美国宪政制度》，载《书屋》2003年第12期，第22页。

讼的案例在我国并不少见。例如:齐齐哈尔市第二轻工业局诉《南方周末》报社案,北海市交警支队诉《南方周末》报社案,岳阳监狱诉高子川和《黄金时代》案,包头市邮电局诉邓成和案①,兴宁市水口镇人民政府诉吴江(刚)、张进云侵害名誉权纠纷上诉案②;广西壮族自治区资源县政府诉唐自成、韦星侵害名誉权纠纷案③;重庆市万州区公安局诉《宁夏日报》社名誉权纠纷案等④。甚至法院也成为原告提起名誉权诉讼,例如深圳市福田区人民法院诉《民主与法制》杂志社案⑤;更有甚者,还出现政府及其官员以新闻记者构成诽谤罪为由,动用国家公权力对记者进行抓捕的案件。⑥ 政府机关以及政府官员起诉新闻媒体侵犯名誉权的官司已经屡见不鲜。

通过考察这些案件,我们可以发现以下四个特征:第一,被告主要是新闻媒体,尤其是报道政府不良行为的新闻媒体。第二,原告主要为政府机关或政府公务人员。第三,原告大多诉称其名誉权受到新闻媒体的侵犯。第四,政府作为原告获得胜诉的比率很高。

二、废除政府机关名誉权的紧迫性和必要性

政府机构以名誉权受损而提起的诉讼,从将来的趋势看可能会不断地增长。政府机构和新闻媒体都承担着大量的社会公共职能,政府机构负责公共管理事务,而新闻媒体则为监督政府的行为提供舆论平台,由于两者存在诸多交集,新闻媒体在报道和评论当中当然会触及政府机构的行为,政府的行为经常会受到新闻媒体的披露甚至批评,两者之间存在天然的紧张关系。更为重要的是,在已经涉诉的此类名誉权案件中,政府机构在绝大多数

---

① 侯健:《舆论监督与政府机构的名誉权》,载《法律科学》2001年第6期,第52页。
② 中国法院裁判文书库 http://www.fsou.com/html/text/fnl/1174418/117441897.html, 2008年4月3日访问。
③ 经济日报3记者被广西资源县政府状告侵犯名誉权,人民网 http://www.people.com.cn/GB/14677/40698/3025268.htm, 2008年4月3日访问。
④ 徐迅:《中国新闻侵权纠纷的第四次浪潮——官方机构及公务人员诉媒体现象对法治建设的挑战》,中华传媒网 http://academic.mediachina.net/article.php?id=610, 2008年4月8日访问。
⑤ 《抗诉,因新闻而起》,载《人民法院报》2006年7月14日,http://rmfyb.chinacourt.org/public/detail.php?id=98580, 2008年4月3日访问。
⑥ 记者报道辽宁西丰官员负面新闻遭警方拘传,http://news.sina.com.cn/c/l/2008-01-07/022614680201.shtml, 2008年4月3日访问。

情况下都能获得法院的有利判决。这对政府机关是一种鼓励,政府可以动辄拿起"法律武器"起诉新闻媒体。

19世纪20年代左右在英国和美国就已经出现了政府机关诉新闻媒体民事诽谤的案例。在媒体法高度发达的英美,法院已经确立了一项特别的原则,那就是国家机关或地方政府因被诽谤而获得私法上的救济途径是违背公共利益的。① 典型案例如美国的 City of Chicago V. Tribune Co. 案②, City of Albany v. WM. F. Meyer 案③, New York Times Co. v. Sullivan 案④;英国的 Derbyshire County Council Appellant v. Times Newspapers Ltd 案⑤, Manchester Corporation v. Williams⑥ 案。为什么我国的政府机构可以堂而皇之地提起名誉权诉讼呢?根本原因在于我国在立法上对法人不加区分地赋予了名誉权。例如:《民法通则》第101条规定:"公民、法人享有名誉权,公民的人格尊严受法律保护,禁止用侮辱、诽谤等方式损害公民、法人的名誉。"《民法通则》第120条规定,法人的名称权、名誉权、荣誉权受到侵害的,有权要求停止侵害,恢复名誉,消除影响,赔礼道歉,并可以要求损害赔偿。由此可见,政府机关和其他法人在名誉权的保护上是完全一样的,这使得政府机关在寻求名誉权救济时可以找到有力的法律武器。

政府机关作为机关法人,真的可以像其他法人一样平等享有名誉权吗?笔者认为,不能!不同类型的法人由于其设立的标准、存在的目的、承担的职能上存在巨大的差异,在对待名誉权问题上不可能一概而论。政府的名誉权不仅涉及公民的言论自由是否会受到政府打压的问题,而且涉及媒体的舆论监督功能是否能够实现的重大问题,甚至关切到政治国家与市民社会的良好互动关系是否会遭受破坏的宪政问题。⑦ 因此,从我国目前的司法

---

① 〔德〕克雷斯蒂安·冯·巴尔:《欧洲侵权法比较研究》,张新宝译,法律出版社2004年版,第173页。
② City of Chicago v. Tribune Co. (1923) 139 N. E. 86.
③ City of Albany v. WM. F. Meyer 99 Cal. App. 651.
④ New York Times Co. v. Sullivan(1964) 376 U. S. 254.
⑤ Derbyshire County Council Appellant v. Times Newspapers Ltd,[1993] 2 W. L. R. 449.
⑥ 同上引,[1981] 1 Q. B. 94;63 L. T. 805.
⑦ 邓正来:《市民社会理论的研究》,中国政法大学出版社2002年版,第7、15页。邓正来先生在书中主张我国应构造政治国家与市民社会的良好互动。而新闻自由、言论自由以及表达自由是一个成熟的市民社会所不可缺少的。

实践和国外先进判例出发,重新审视政府机关的名誉权问题,进而跳出法律法规的藩篱,去反思政府机构"名誉权"存废的紧迫性和必要性。

第二节 为什么必须废除政府机关的名誉权?

论证政府机关名誉权的存废是一个复杂的过程。笔者希望通过多个视角论证政府不应该享有名誉权。主要围绕以三个理由展开:第一,由于公法人与私法人主体属性的不同,在对待名誉权问题上,也应当采用截然不同的态度;第二,政府没有名誉权所要保护的精神利益和财产利益;第三,如果政府享有名誉权,必然会带来威慑效应,对新闻媒体发挥舆论监督的作用带来消极后果。

一、公法人与私法人的差异

我国《民法通则》关于名誉权的规定并没有对法人加以区分,而只是笼统地规定了法人享有名誉权,而且赋予了相同的救济程序,这明显忽视了不同法人类型之间的差异。① 公法人与私法人之间在名誉权保护上差异,可以通过机关法人和企业法人的比较加以辨明。

(一)设立方式上的差异

政府的成立是民主行使的过程,政府的官员是通过民主选举而产生的。政府代表的应该是人民的利益,行使的是人民赋予的权力。因而,机关法人的成立,实质上是民主权利行使的结果。而企业法人的设立完全是私权运用的结果,是人们意思自治的体现。企业法人设立与否,以何种形式进行设立以及设立的运营范围,都可由设立人自由选择,并无任何政治权利的运用。

---

① 对于法人是否可以成为名誉权的主体,学术界尚存在争议。参见张俊浩:《民法学原理》,中国政法大学出版社1991年版,第187页;梁慧星:《民法总论》,法律出版社2005年版,第117页。尹田:《论人格权的本质——兼评我国民法草案关于人格权的规定》,载《法学研究》2003年第4期,第14页;张新宝:《名誉权的法律保护》,中国政法大学出版社1997年版,第35页。本书对法人的名誉权持肯定观点,但主张废除机关法人的名誉权。

(二) 存在目的和职能上的差异

政府机关的存在目的在于管理社会事务,提供公共服务;而企业运营的根本目的在于追逐利润,追求经济效益。在一个市场经济发达的民主社会中,政府和企业是两个完全相互独立的主体,两者在存在目的和承担职能上有天壤之别。

(三) 财产利益上的差异

企业的商誉是企业的财产的重要组成部分。我国的知识产权法和反不正当竞争法对企业商誉的保护,实质就是对企业这种无形财产的保护。企业的商誉权本质上虽然是一种人格权,但是这种人格权是以财产利益为最重要的保护对象。企业形象、声誉的受损都会影响到企业法人的财产利益,而财产利益是一个企业最关心的。任何一家企业都以追求更多更长远的利润为根本目标,对信用和服务的追求是一个企业得以在激烈的市场竞争中得以长期立足的根本。可以说,企业的名誉关切着企业最根本和长远的利益。但对于政府而言,政府不以追求经济利润为目的,新闻报道不会使政府蒙受经济损失,也不会影响政府机关履行其职能。诚如 Lord Keith of Kinkel 法官在 Derbyshire County Council Appellant v. Times Newspapers Ltd 一案的判决理由中认为的那样:不能认同政府与贸易团体、一般企业和合伙享有同样的名誉权,乃是因为政府机构本身的特征所致。①

二、政府机关缺少名誉权保护的精神利益与财产利益

(一) 精神利益和财产利益:名誉权保护的立法目的

法律之所以赋予民事主体以名誉权,其目的在于保护民事主体在现实社会中所形成或者享有的评价不受歪曲。名誉权保护的立法目的具体来说主要有以下两个方面:保护民事主体的精神利益和财产利益。问题是:政府机关是否具有需要保护的精神利益和财产利益?

1. 保护民事主体的精神利益

名誉权保护的是外界对民事主体的评价,这种评价所指向的是民事主

---

① "It is of the highest public importance that a democratically elected government body, or indeed any governmental body, should be open to uninhibited public critism." See Derbyshire County Council Appellant v. Times Newspapers Ltd, [1993] 2 W. L. R. 449.

体在社会活动过程中,社会对民事主体的评价,它包括了主体的品性、德行、才能、信用等重要内涵。当一个人受到诽谤和侮辱的时候,首先感觉到的是个人尊严受到损害;如果精神利益受到损害,还可以依据法律规定要求精神损害赔偿。因而,在现代发达的民主法治社会,通常都运用多种法律手段对名誉权进行周全的保护。① 法律赋予人以名誉权,并将这种权利视为最基本的民事权利,其根本原因在于维护其内在的精神利益。

2. 保护民事主体的财产利益

依名誉保护的历史看,名誉权最先的保护主体是自然人;最开始着眼的利益是自然人的人格尊严和精神利益。近现代社会,法人逐渐成为市场中最为重要的主体,尤其是企业法人,它们的创立就是以营利为根本目的。财产利益对企业而言,乃是其存身立足之根本。贬损企业的声誉,必将导致企业长期利益和潜在财产利益的难以实现。如果一个企业法人的名誉受损,会严重影响到企业法人的财产利益,甚至关系到一个企业的生死存亡。有学者甚至认为法人的声誉实质上就是法人的一种财产利益。② 由此可见,名誉权在保护民事主体财产利益中发挥着极为重要的作用。

(二)政府机关精神利益和财产利益的缺失

通过对名誉权背后所保护的法律利益进行分解,我们可以明显看到:作

---

① 英美侵权行为法并不宣示性地对一般人格权或某一种人格权加以确认与保护,而是通过具体的诉因(cause of action)进行调整,对公民人格利益的某个方面的侵害,可以请求民事法律救济。基于这样一种法律逻辑思维方式,英美侵权行为法不是一般性地规定侵害名誉或名誉权的法律责任,而是在其侵权行为法中通过判例确立了诽谤(defamation)这一诉因,在这一诉因之下,又根据行为方式之不同,将诽谤细分为口头诽谤(slander)和文字诽谤(libel);在美国,由于美国社会极端重视个人价值和人格尊严,因此名誉在美国是一件非常重要的事情。美国法仍然以诽谤法为诉因,达到对名誉权保护的目的;在德国,名誉权并不是一开始就纳入人格权的体系内。第二次世界大战后,因科技发达,及受到纳粹侵害后,对人格意识的觉醒和基本法之规定等原因,使得学者一致强调应加强人权权的保护,特别是德国法学家会议对此贡献卓著。其最高法院为加强人格权保护,而创立了许多重要的判决,使个人的名誉、隐私的保护得到大幅的提升。具体参见张新宝:《名誉权的法律保护》,中国政法大学出版社1997年版,第58页;John G. Fleming, *The Law of Torts*, 5th Edition, p. 554,转引自王冠玺:《两岸名誉权制度之研究——大陆名誉权判决之评析》,台湾大学,台湾优秀博硕士论文库;王泽鉴:《人格权之保护与非财产损害赔偿》,载《民法学说与判例研究》(第一册),中国政法大学出版社2004年版,第7页。

② 吴汉东:《论商誉权》,载《中国法学》2001年第3期,第91页;商誉是一种非物质形态的特殊财产,由此所生的权利当为财产权。

为机关法人,政府机关根本就没有名誉权保护所必需的精神利益和财产利益。

1. 政府的威信不应当通过名誉权保护

在政府提起的名誉权诉讼中,政府一般都诉称被告的诽谤性言论导致政府的形象和威信大受减损,并进而导致政府职能的开展遭到严重的障碍。政府在诉讼请求中一般都要求当事人赔礼道歉、消除影响,以弥补政府名誉权中精神利益的损失。的确,新闻媒体的报道(尤其是批评性报道)会对政府机关的威信造成一定的影响。但是,对于政府机关的所作所为,社会公众对其评头论足是理所当然的。不论这些评论是否公正,政府都不能够禁止民众的评论。这些评价本来就不应当受政府意志的支配。政府不应当鼓励、引导民众对自己歌功颂德,更不能够对批评性言论进行打击和压制。政府的威信是靠政府机关在合法、合理行使权利的过程中积累的。因此,政府的威信不应认为是政府名誉权所必须保护的精神利益。"政府机构最高的威信莫过于它们获得了在言论的自由空间里抒发的民意的真正认可和褒扬。对于政府威信的民主界定就是政府必须开放给公众的自由批评,政府不能通过强制手段来获得公民对它的尊敬和服从。"①

2. 政府不具备名誉权所保护的财产利益

政府机关不是以营利为目的的法人,营利从来不应是一个政府所追求的终极目标,政府的主要职能在于提供公共服务,但财产利益的损失往往是政府机关提起名誉权诉讼的一个重要理由。

在 City of Chicago v. Tribune Co. 一案中,芝加哥政府在诽谤诉讼中提出了多项"财产性利益"的诉讼请求。② 主要包括:(1)芝加哥政府拥有自身独立的财产,包括公共建筑、公园、公共道路和桥梁、公立医院、水利系统、治安以及消防系统和其他财产共计 3.5 亿美元;(2)每年需要购置新的物资和材料至少 700 万美元;某些物资和原料,需要通过公开竞购,因而需要有良好的信用以便政府赢得这些竞购。(3)基于公共目的,芝加哥政府必须不时地与外界签订合同。这些经济行为都倚赖于政府良好的金融境况。但

---

① 侯健:《舆论监督与政府机构的名誉权》,载《法律科学》2001年第6期,第53页。
② 芝加哥政府在向伊利诺伊最高法院上诉时明确提出了共12项,总赔偿数额10亿美元的诉讼请求,以证明自己享有提起名誉权诉讼并获得胜诉判决的资格。City of Chicago v. Tribune Co. (1923) 139 N.E. 86。

由于被告的文章中诬称政府机关的财政状况陷入危机,濒临破产边缘,致使政府在对外签订合同和获得外界资金赞助的过程中获得巨大困难。① 芝加哥政府提出的上述请求,似乎能够证明,政府在受到新闻媒体诽谤的情况下,的确有可能遭受财产性的损失。

笔者认为,遭受经济损失并不意味着政府机关享有名誉权必须保护的财产性利益。两者看似相似,其实个中蕴含着不同的法律价值取向。我们需要分清政府机关作为市场主体在履行其民事权利时所享有的经济利益,与政府机关的"名誉权"中财产利益的区别。前者来自于民事合同中所承担的权利和义务,即政府作为合同当事人当然享有合同中规定的财产权利和义务;后者指的是主体人格权利中所保护的根本利益,这种利益必须为该主体人格所包含,而区别于主体进行民商事活动时所产生的经济利益。政府的财产利益是否到了必须动用民法加以保护的地步呢?显然不是。即使新闻媒体的诽谤性言论可能影响政府收集财富的能力,但是不会导致政府因此而濒临破产,进而影响其生存和发展。政府的财政来源于稳定的税收,而不是经营所得。只要政权统治存在,政府的财产收入来源就不会消失;换而言之,新闻媒体的诽谤性言论不会影响到政府财产利益的实现。因此,政府明显不具备名誉权所保护的财产利益。

如此看来,政府机关既不享有名誉权所保护的精神利益,又不具备名誉权所保护的财产利益,明显不符合名誉权的立法目的,也不存在名誉权对其进行保护的必要性。德国学者梅克尔认为,权利之本质为法律上之力。依此说,权利总是由"特定利益"和"法律上之力"两个要素构成。② 政府机关"名誉权"这种"特殊"的民事权利找不到任何值得保护的利益,自然也就没有存在的必要。

---

① 笔者在此对案中原告的判决理由有所总结和筛选,详见 City of Chicago v. Tribune Co. (1923) 139 N.E. 86。

② 梁慧星:《民法总论》,法律出版社 2005 年版,第 69 页。

三、威慑效应:赋予政府机关名誉权的必然恶果

威慑效应(chilling effect)来自于英美判例法。① 正如英国法官 Anthony Lester Q. C. 以及 Desmond Browne Q. C. 所说的那样:"如果允许政府机关在名誉权诉讼中获胜,那么其他政府机关或政府部门都可能宣称其'名誉权'受到侵犯,从而运用这些诉讼程序来对付报纸媒体或者任何孤立的市民。如此一来,这些政府机构就像是支配了一把极其尖锐的利剑,去妨碍和压制公众对这些政府机关及所谓人民公仆的批评和信息披露。"② 它形象地表达了为何不能赋予政府以名誉权。避免威慑效应的发生,是废除政府机关名誉权最迫切的理由。

(一)威慑效应的依据:英美经典判例介绍

英美国家由于新闻行业较为发达,新闻侵权以及相关的法律规制也走在我国的前列,所以在对待政府名誉权存与废的问题上比我国有更值得借鉴的先进理念。英美法关于新闻侵权的规则一般体现在其案例当中,笔者将对美国的 City of Chicago v. Tribune Co. 案和 Derbyshire County Council Appellant v. Times Newspapers Ltd 案做重点介绍。

1. Derbyshire County Council Appellant v. Times Newspapers Ltd 案是英国发生的一个案例,也是具有奠基性意义的案件。原告 Derbyshire County Council Appellant 是一个地方的行政机构,被告的人数则较为众多,既包括了新闻机构,也包括在新闻机构工作的记者。案件的缘起是因为被告撰写的两篇文章尖锐地质疑了原告在运用市民的退休金做投资时存在低效和腐败行为。原告认为被告的这两篇文章没有任何依据,遂向法院提起诉讼,认为两篇文章对原告构成诽谤并进而请求法院予以救济。原审法院认为,原告作为政府机构不享有提起名誉权诉讼的权利。原告随后上诉至王座法院,王座法院同样维持了巡回法院的判决。王座法院的大法官 Lord Keith of Kinkel 担任主审法官并撰写了判决。他认为,原告作为一个民选的政府机关,具有最高的公共意义,它必须暴露在不受限制的公共批判中;其次,民事

---

① 原文如下"The development of a tort of government libel, ……, would have a *chilling effect* upon the freedom of expression of newspapers as well as of the individual citizen critic of government." Derbyshire County Council Appellant v. Times Newspapers Ltd,[1993] 2 W. L. R. 449.

② Derbyshire County Council Appellant v. Times Newspapers Ltd,[1993] 2 W. L. R. 449.

诽谤诉讼所产生的威慑效应极有可能给言论自由带来难以估量的束缚;最后,在英国普通法的基础上也不存在任何可供政府机构提起诉讼的权利。基于以上理由,法院最后认定原告不能因诽谤而提起民事诉讼,驳回了原告的上诉。① 本案在英国侵权法上的重要意义在于:它不仅推翻了之前英国判例法在 Bognor Regis Urban District Council v. Campion 案中承认政府机关享有名誉权的先例。② 同时,更是树立了一个重要的规则,即任何政府机关均不得再以名誉受诽谤为诉由向法院提起诉讼。③

2. 美国 City of Chicago v. Tribune Co. 案。被告 Tribune Co. 出版社刊登了若干篇文章批评芝加哥政府的管理现状,被告认为芝加哥政府面临着巨大的财政危机,濒临破产,并且在公共资金的运营中存在在低效和腐败现象。芝加哥政府在向伊利诺伊州最高法院上诉的过程中提出了总共 12 项共计 10 亿美元的诉讼请求。Thompson 法官撰写了判决意见书。他认为,政府因受诽谤而提起的名誉权诉讼不符合美国宪法精神,并且无法在美国的法律体系中找到立足点。允许政府机构提起诽谤性诉讼会导致美国长期以来积累和珍视的言论自由受到严重的威胁,因此法官驳回了芝加哥政府的起诉。本案是美国关于政府名誉权诉讼最重要的案例,它开创了政府机关不能提起名誉权诉讼的先例,随后其他法院也都援引伊利诺伊州这一重要判决。④

通过对以上两个案例的简要介绍,我们不难发现,虽然两个案例发生在不同的国家,发生在不同的时期,但是法院在审理判决的过程中都会不约而同的提到若赋予政府名誉权所可能产生的威慑效应。

(二) 威慑效应的具体表现

威慑效应将对言论自由(freedom of speech)构成难以估计的威胁。人

---

① Derbyshire County Council Appellant v. Times Newspapers Ltd,[1993] 2 W. L. R. 449.
② Bognor Regis Urban District Council v. Campion [1972] 2 Q. B. 169;亦见侯健:《舆论监督与政府机构的名誉权》,载《法律科学》2001 年第 6 期,第 53 页。
③ Evadne Grant & Joan G. Smakll, Derbyshire County Council Appellant v. Times Newspapers in the House of Lord: Molecular rather than Molar Motion. Oxford, *Journal of Leagl Studies* Vol 14 No 2, p. 289.
④ 两年后,City of Albany 也以同样的诉由向加利福尼亚上诉法院提起诉讼,遭到法院的驳回。加州上诉法院在判决时便是主要参考了 City of Chicago v. Tribune Co. 一案。之后便鲜有类似的案件发生。See City of Albany v. WM. F. Meyer 99 Cal. App. 651。

们将会害怕对政府的行为发表言论,无论对政府的评论是否出于善意,都有可能面对政府机关提起的诽谤诉讼。无论是自然人还是新闻机构,相对政府机关而言,都处于绝对的弱势。① 由此可知,威慑效应是以诉讼为中心展开,具体而言体现在以下三个方面:

1. 诉讼行为的巨大威慑力

政府名誉权诉讼所产生的效果,绝不仅仅限于吸引公众眼球。诉讼行为给言论自由带来的巨大威慑才是政府提起名誉权诉讼的可怕之处,其威慑力甚至超过了刑事诉讼。在芝加哥案中,Thompson 法官在其判决理由中特别强调了这点。他认为"有一点是非常清楚的,那就是,采取民事诉讼手段对言论自由所造成的限制,至少不会弱于刑事诉讼手段","比起刑事诉讼而言,一系列的民事诉讼措施更容易被一个专制的或者腐败的政府去运用,进而窒息被告的言论自由"。② 他进而提出了若干意见支持这一观点:(1)民事程序的提起无须经过大陪审团的调查;(2)在民事诉讼程序中,原告在证据的证明程度上只需要达到"优势证据"(preponderance of the evidence)的标准,便可以获得胜诉;而在刑事诉讼案件中,原告的证据效力必须能够达到排除合理怀疑(beyond a reasonable doubt)的程度;(3)被告在民事诉讼将承担比刑事诉讼被告更多的诉讼成本。"因而,每个公民都有权利批评任何一个低效的或者腐败的政府,而不比畏惧受到任何诉讼程序的干涉,包括民事的和刑事的。"③

笔者认为同样的理由在我国的诉讼体制下面亦可成立。从民事诉讼的立案过程来看,政府机关很容易在法院完成立案,而新闻媒体作为被告,无论其报道是否真实,评论是否公正,都必须首先应诉。这样一来,新闻报道的及时性和广泛性会受到严重的影响,舆论监督和言论自由便遭受到民事诉讼程序所带来的各种阻力。而对于政府而言,无论是否能够赢得诉讼的胜利,在一开始已经成功对报道和评论其行为的新闻媒体施予严重的打击。民事诉讼的巨大威慑力不在于惩罚力度上,而是在于其相比刑事诉讼程序

---

① Derbyshire County Council Appellant v. Times Newspapers Ltd,[1993] 2 W. L. R.449.
② City of Chicago v. Tribune Co. (1923) 139 N. E. 86. 原文如下:"A despotic or corrupt government can more easily stifle opposition by a series of civil actions than by criminal prosecutions."
③ City of Chicago v. Tribune Co. (1923) 139 N. E. 86.

而言,有更大的简易性和灵活性。

2. 政府机关在诉讼过程中处于绝对的优势

在诉讼过程中,政府机关背后强大的经济资源和人力资源,是其他的民事主体所不能企及的。即使新闻媒体在与自然人的名誉权诉讼纠纷中处于强势地位,但相对政府机关而言,新闻媒体的"实力"是微不足道的:政府机构不必在意诉讼费用的高低,也无须顾及诉讼时间的长短,而这些对于大部分已经市场化运营的新闻媒体而言则是不堪重负。因此,诉讼的费用越高昂,诉讼的期间越长,投入时间越多,对政府而言会更加有利。而且,从我国已有的实际案例来看,政府机关在绝大多数情况下都能够获得诉讼的胜利。这些现实状况必然会导致新闻媒体在报道政府机关的过程中,畏手畏脚,瞻前顾后,最终将导致新闻报道和言论自由的积极性被严重打压。①

3. 诉讼后的恶劣影响

如果政府机关在此类诉讼中,其他国家机关也会"参考"政府机关的做法,向所有对其进行批评的新闻媒体或者个人提起名誉权诉讼。②尽管我国不是一个判例法国家,个别的判例不会成为日后普遍适用的法律,但是其他国家机构仍然会受到这种胜诉信息的鼓舞,在面对公民及媒体的言论批评和监督时,便堂而皇之地提起诉讼进行打压。另一方面,政府在名誉权诉讼中能够屡屡获得胜利,新闻媒体将畏于繁杂的民事诉讼程序以及有可能受到民事处罚,不再畅通无阻地陈述事实和表达观点。更令人担忧的是,"若这些民事诉讼可以的针对一份报纸,那么也可以转而针对任何对它进行批评的人"。③ 这种无形的压力的影响,不仅仅限于新闻媒体,它会导致整个社会的人再也不敢大胆地公开表达自己的思想,更不用说批评政府的错误行为。任何一位公民在公开他对政府机关的任何言论的时候,都必须时刻惦记着是否有可能遭到政府提起的名誉权诉讼。如此一来,在政府的专

---

① 我们还必须关注我国的特殊情况,政府与法院存在着千丝万缕的关系,法院及其人员的主要开支由政府机构负责,因此不难想象当政府机关出现在原告席上时,法院是否还能保持中立的态度? 如此一来,政府机关在诉讼中的优势就更为突出了。

② 我国深圳福田区人民法院向深圳市中级人民法院提起的名誉权诉讼便是最好的例证。详见:《抗诉,因新闻而起》,载《人民法院报》2006年7月14日,http://rmfyb.chinacourt.org/public/detail.php? id =98580,2008年4月3日访问。

③ City of Chicago v. Tribune Co. (1923)139 N. E. 86.

制和腐败面前任何有理智的人都会选择沉默。不难想象,即使一个民主高效的政府,如果在它犯下任何错误的时候都得不到社会舆论的纠正,那样也必然走向专制和腐败。

(三)威慑效应的实质:言论自由与政府名誉权的利益衡量

威慑效应为我们刻画了赋予政府机关名誉权后的骇人景象。究其实质,乃英美法官运用利益衡量方法在新闻言论自由与政府名誉权庇护作出衡量的结果。所谓利益衡量就是对两种或者两种以上相互矛盾冲突的利益进行分析和比较,找出各自的存在意义与合理性,在此基础上作出孰轻孰重、谁是谁非的价值判断。利益衡量的方法最初运用在司法实践对疑难案件(hard case)的处理当中。① 如亚里士多德认为,法律规则的一般性和刚性可能会使法官无法将该规则适用于解决个别案件,因而需要用平衡的方法解决这种困难。② 美国著名法官本杰明·卡多佐主张,司法过程既包含创造的因素也包含发现的因素。法官必须经常对相互冲突的利益加以权衡,并在两个或者两个以上可供选择、在逻辑上可以接受的判决中作出抉择。③

在英美的判决理由中,我们处处可以看到法官在面对新闻言论自由和政府名誉权两者之间作出平衡的决心。Thompson法官认为:"赋予政府机关以名誉权起诉的权利,就如同承认国王是不会犯错一样。因为国王是神圣的且不需对人民负责的。但是,如今是人民掌握着国家的权力。政府基于人民制定宪法而成立,政府的长官作为人民的公仆而出现。而政府及其官员都有可能犯错误,因此人民享有最为基本的权利,去发现并且不受限制地批评这些错误。""人民对政府的评论,乃至批评,必须认为是享有不可剥夺的特权,不能受任何司法程序的打压和干扰";"尽管这看起来似乎不公平,但是如果不公平一定要发生,那我更宁愿倾向于言论自由";法院在最后的判决意见中引用了《欧洲人权公约》第10条作为判决的理由,第10条规

---

① 苏力:《〈秋菊打官司〉案、邱氏鼠药案和言论自由》,载《法学研究》1996年第3期,第14页。苏力先生在这篇文章中主要运用了利益衡量的方法去解决言论自由和名誉权保护的难题。文中的案例被他称为难办的案件"hard case"。

② 〔美〕E.博登海默:《法理学——法律哲学与法律方法》,邓正来译,中国政法大学出版社2004年版,第13—14页。

③ 同上书,第158页。

定:"每个人都享有表达自由。这种自由包括坚持某种意见的自由、获得和传播信息和思想的自由;这种自由不应该受到任何公共机构(public authority)的干涉和打扰";因而他认为:"通过贯彻平衡《欧洲人权公约》第10条的立法目的,我发现目前没有任何社会需要促使我们赋予政府机关相应的诉权来保护它的名誉"①。同样,我们也可以从英美国家的法律实践中看到他们为此作出的努力。在美国,任何形式的政府机关包括联邦政府、州政府以及其政府机构、任何形式的地方市政机关、地区委员会、政府的派出机关,具有特殊目的准政府机关都不能提起名誉权诉讼;同时几乎任何形式的诽谤都不能成为政府机关提起诉讼的理由,即便它的批评者是它的竞争对手。②

"他山之石,可以攻玉",面对英美法系国家的基本做法,我国在对待政府机关名誉权存废的问题上也应该有所思考和选择。我国《宪法》第41条第1款规定:"中华人民共和国公民对于任何国家机关和国家工作人员,有提出批评和建议的权利;对于任何国家机关和国家工作人员的违法失职行为,有向国家机关提出申诉、控告或者检举的权利,但是不得捏造或者歪曲事实进行诬告陷害。"这使得否认政府机关名誉权、维护言论自由的空间在我国同样可以找到坚实有力的宪政理念支持。

不可否认的是,当自然人名誉权和言论自由冲突的时候,如何公平合理地配置这两种民事权利,的确是一个艰难的选择。皆因自然人名誉权以及公民的言论自由两者都是由宪法明文规定的公民的基本权利,都最终归属于对人的尊严和价值的保护。偏袒任何一种权利都会使得另外一种权利受到损害。③ 然而,在政府机关是否应该享有名誉权这个问题上,我们的立场应该十分的坚定。正如本书在一开头所提到的那样,政府机关"名誉权"的问题,并不像它表面上所显示的那样,是民事上的名誉权与公民言论自由的基本权利之间的冲突。而实质上是政府权力与公民言论自由这一基本权利

---

① Derbyshire County Council Appellant v. Times Newspapers Ltd,[1993] 2 *W. L. R.* 449.

② See David A. Elder. Small town police forces, other governmental entities and the misapplication of the first amendment to the small group defamation theory-a plea for fundamental fairness for mayberry, 6 *U. Pa. J. Const. L.* 881.

③ 关今华:《权利冲突的制约均衡和言论自由优先配置质疑》,载《法学研究》2000年第3期。在这篇文章中,作者质疑了苏力教授在《〈秋菊打官司〉案、邱氏鼠药案和言论自由》一文中的观点。两位学者针锋相对的观点,更加凸显出衡量两种权利的难度。

的抗衡。尤其是当我们通过对理论上的逻辑推理预见,充分了解"威慑效应"有可能对公民的言论自由造成无法弥补的后果之后,我们在理论构建或者未来立法上,在选择政府机关"名誉权"和公民的言论自由两者时,应该毫不犹豫地选择后者。

第三节 剥夺政府机关"名誉权"的后续解决机制

政府机关的名誉权必须废除,在立法上势在必行!然而,一个成功的论证,除了必须在理论上自圆其说,还必须具有实践上的可操作性。认为政府机关没有名誉权,应是一个从破到立的论证过程:我们除了要关心为什么要废除政府的名誉权外,也应该考虑剥夺政府机关名誉权后会产生什么样的一个效果,以及在实践层面上如何面对这些理论上的变化。

一、区分政府官员与政府机关的名誉权诉讼

在对待政府机关"名誉权"以及政府官员的名誉权上,从我国目前的案例来看,其界限十分模糊和混乱。许多本不应该由政府官员提起的名誉权诉讼,由政府官员提起;而本应属政府官员名誉权问题的诉讼,则被演变成政府名誉权诉讼。例如:兴宁市水口镇人民政府诉吴江(刚)、张进云侵害名誉权纠纷上诉案。1999年1月26日《南方农村报》第二版刊登了一篇以"口述吴江、执笔广东省兴宁市统计局农调队张进云"名义发表了题为"施暴三年毁田者淫威耍尽,申诉百次举报人公道难寻"的报道,副标题为:"兴宁市水口镇荷树管理区村民吴刚渴求法律保护严惩凶手"(以下简称《施》文)。在报道中吴刚称,由于其举报违法占地,遭到村长张桂清骇人听闻的打击迫害,被打致残,经济和精神损失无法计算,但由于凶手受到有关人员的纵容和包庇,受害者向有关单位申诉了近百次,毫无结果。从案件性质简单判断,应属对政府官员的批评。但让人匪夷所思的是,该兴宁市水口镇政府认为文章不仅严重损害了张桂清的名声,更损害了水口镇政府的名誉权,进而向人民法院提起诉讼。回到本文的观点,如果我们不承认政府的名誉权,政府名誉权诉讼就不复存在。然而在司法实践中法院则要面对新的问题,那就是判断何种诉讼属于政府名誉权诉讼,何种诉讼属于政府官员名誉

权诉讼？笔者认为,以下三个问题需要明确:一是政府官员是否可以提起名誉权诉讼？二是政府官员在什么情况下有权以个人名义提起名誉权诉讼？三是政府官员的名誉权诉讼适用何种诉讼规则？

（一）政府官员是否可以提起名誉权诉讼？

政府官员的职务身系公共利益,掌握处理公共事务的权力,因此其言行必然要受到舆论的监督。作为政府官员,在面对诽谤性言论的时候应承担一定的容忍义务。政府官员从根本上不同于政府机关,政府官员尽管履行公职,但政府官员本质上仍然是自然人,有自然人的精神利益和财产利益,因此政府官员当然享有名誉权,也可以提起名誉权诉讼。只不过,在对于政府官员的名誉权诉讼中,我们必须保护公众对政府官员的舆论监督不受威胁。

（二）政府官员在什么情况下有权提起名誉权诉讼？

在普通情况下,批评性言论若直接涉及政府官员的名字,或者能使阅读者很轻易地判断出言论中所指的政府官员到底是谁,那么该官员可以以政府官员的名义向法院提起名誉权诉讼。设想这样一个案例,某报纸报道:"某市政府多年来一直滥用土地资源,在土地审批的过程中多次违规操作,该市规划局局长存在贪污腐败行为"。在这种情形下,该市的规划局局长若认为自身一直清廉自洁,报纸的报道实乃歪曲事实,颠倒黑白,严重侵害了他的名誉权,那在本案中他当然可以提起政府官员的名誉权诉讼。因为在文章中阅读该篇文章的读者能够毫不费力地将他辨认出来。

如果官员的名字没有明确地在诽谤性文章中被提及,政府官员是否可以单纯依据他是政府的组成人员而提起名誉权诉讼？在美国 Donald A. Dean, JR. v. M. Lee Dearing 一案中,法官就面临这样的情况。原告在一次警察的抓捕行动中,被当做疑犯错误地逮捕了。警察局在纠正错误释放他之后,他公开发表言论,形容警察局这次错误的抓捕是不诚实的、有罪的而且是腐败的结果。原告 Donald A. Dean, JR. 是该警察局其中的一名职员,他认为被告的言论对他造成了诽谤,以该警察局中一名普通警察的身份向法院提起名誉权诉讼。他认为他的起诉符合小型团体(small group)诉讼中要求的"包括和相关联"(of and concerning)构成要件,应当得到法院的支持。但是法院最终驳回了他的起诉。法官在判决理由中援引了 New York

Times Co. v. Sullivan 案的判决以及 Rosenblatt v. Baer 案①的判决，认为原告在本案中单独运用"小型团体理论"（small group theory）和"包括和相关联"（of and concerning）的构成要件作为起诉条件是不符合宪法的精神。因为本案的批评性言论针对的是警察局这一政府机构，原告作为其中的官员不能依据上述理论提起名誉权诉讼。② 该案确立了一条重要的规则，那就是当新闻报道的对象是政府机关，即便该政府部门是一个小型的团体，政府官员也不能仅仅以他是其中的一员作为理由，向法院提起名誉权诉讼。因此，如果针对政府机关的批评没有直接提及，或者没有能使读者轻易地联想到原告，那么作为政府官员的原告不能就此批评提起名誉权诉讼。按照美国侵权法中关于团体诽谤的相关规则，要在针对政府机构的案件中提起名誉权诉讼，必须证明他在新闻报道中被清晰的提及，而不考虑因为政府机构是小型团体还是大型团体。③

尽管有学者对 Donald A. Dean, JR. v. M. Lee Dearing 一案所奠定的规则提出质疑，认为即便是对政府机构的团体诽谤，也不应该违反 Rosenblatt v. Baer 案中所奠定的 small group theory 规则。④ 然而，笔者认为，Donald A. Dean, JR. v. M. Lee Dearing 一案在坚持政府机构不享有名誉权的精神上与先前的判决所树立的精神是一致的。放松对政府官员提起名誉权的诉讼的准入限制，无疑等于在政府名誉权存废的问题上作出让步。任何与政府机关不利的言论其实归根到底都要算到这些官员的头上，假如政府官员因为其所在的政府机构受到批评，而能够不受限制地向法院提起名誉权诉讼，那么必将造成与政府机关提起名誉权诉讼等量齐观的后果，新闻自由与舆论监督同样可能遭受威胁。Donald A. Dean, JR. v. M. Lee Dearing 一案的法官在判决理由中，解释了他为何对政府官员的名誉权诉权加以限制。

---

① Rosenblatt v. Baer, 383 U.S. 75, 15 L. Ed. 2d 597, 86 S. Ct 669.
② Donald A. Dean, JR. v. M. Lee Dearing, 263 Va. 485; 561 S. E. 2d 686.
③ 按照美国侵权法关于团体诽谤的若干规则，判断某人是否在团体诽谤中被清晰地指引，有五个重要的考虑因素：诽谤的性质，即诽谤是否抗诉；诽谤者的信用；团体的结构和原告所处的位置；团体的知名度；以及是否属于对公共事务的公开讨论。See Jeffery S. Bromme. Group Defamation: Five Guiding Factors, 64 *Tex. L. Rev.* 591.
④ David A. Elder. Small town police forces, other governmental entities and the misapplication of the first amendment to the small group defamation theory-a plea for fundamental fairness for mayberry, 6 *U. Pa. J. Const. L.* 881.

基于政府机构的名誉权诉讼在美国法律体系中无法找到立足点,若允许政府官员在本案的情形下享有提起名誉权诉讼的权利,那将会使任何针对政府机构的批评几乎都会转嫁(transmuting)给政府官员。"所有的政府官员,无论这些批评是否针对他自身,只要他身处被批评的政府机构当中,他就有提起诉讼的权利。而这无疑是对宪法保护的表达自由最直接的打击。"①

(三)政府官员名誉权诉讼应适用何种诉讼规则?

确立了政府官员提起名誉权诉讼的严格准入制度后,政府官员在实际进行诉讼过程中还必须要受到公共人物原则和实际恶意原则两项重要的原则的限制。

政府官员名誉权诉讼与"公共人物"这个概念紧密联系在一起。公共人物的概念,最早是在沙利文诉纽约时报 New York Times Co. v. Sullivan 一案中确立。② 纽约时报案是一个里程碑式的判决,是因为在这个案件的判决中,联邦法院的大法官树立了两个极为重要的原则:"公众人物原则"③和"实际恶意原则"。这两个原则成为美国诽谤法上解决政府官员名誉权诉讼的基本原则。

公众人物的标准,依美国法的相关判例主要分为三类:第一,公共官员(public officials),指在诽谤诉讼中如果某人的政府职务时通过选举获得的,那么即使他的职位是最低的,他也应被视为公共官员。第二,完全意义上的公众人物(public figure for all purpose),他们占据着具有如此广泛的权力和影响力的地位,因此他们被视为完全意义上的公众人物。第三,有限意义上的公众人物(limited purpose public figure),指因为某些公共性事件卷入公众视野的公众人物。在我国,有学者认为,从我国的实际情况出发,可以将公众人物分为两类:一是政治公众人物,主要指政府公职人员等国家官员;二是社会公众人物,主要包括:公益组织领导人;文艺界、娱乐界、体育界的"明星";文学家、科学家、知名学者、劳动模范等知名人士。这种分类的意义在于:前者更多地涉及国家利益、公共利益和舆论监督的问题;后者则是因为

---

① "Such a proposition strikes at the very center of the constitutionally protected area of free expression." Donald A. Dean, JR. v. M. Lee Dearing, 263 Va. 485;561 S. E. 2d 686.

② New York Times Co. v. Sullivan, 376 U. S. 254.

③ 其实在本案中,法院只确定了公共官员这一概念,而随着后来判例的发展,公众人物的范围在不断扩大和微调。Gertz v. Robert Welch, Inc. ,418 U. S. 29,(1971)。

其具有一定的知名度而在社会生活中引人注目,主要涉及公众兴趣的问题。① 政府官员都应该被视为公共官员,属于公众人物。公共官员因为职务行为受到评论而提起的名誉权诉讼,应该适用实际恶意原则。

实际恶意原则是与公众人物的概念紧密联系在一起的。美国最高法院将实际恶意定义为:"明知某陈述虚假或不计后果地漠视事实"(false or with reckless disregard of whether it was false or not)。在针对大众媒体提出的诽谤诉讼中,私性人物(private figure)必须证明被告在刊登或播出诽谤性材料时至少犯有疏忽的过失,而在诽谤性诉讼中被宣告为公众人物的个人必须证明实际恶意。这里包含了两个重要的标准:一是明知是恶意;二是不计后果地无视事实。原告必须证明,在诽谤性材料发布时,发布者"很大程度上意识到改材料可能为虚假",或在该材料发布前,发布者事实上"很怀疑该材料的真实性"。

实际恶意原则由于给原告加上了更大的证明难度和更重的诉讼负担,使得常常作为被告的新闻媒体在与公共人物的名誉权诉讼中处于优势地位。可以这样说,实际恶意原则为提起名誉权诉讼的公共人物(尤其是政府官员)在胜诉道路上设置了最难跨越的障碍,因此我们不必担心政府官员提起的名誉权诉讼会如同政府提起的名誉权诉讼一样,对新闻自由和舆论监督带来多大的负面效果。相反,正是由于实际恶意原则的存在,迫使政府官员在选择运用的民事诉讼程序来救济自身权利的时候进行谨慎的考虑。

二、恶意诽谤的惩治

在剥夺了政府机关的名誉权以及相应诉权之后,我们还必须考虑到政府机关面对恶意诽谤的情况。所谓恶意诽谤是指无任何事实依据恶意(malice)的诋毁、诬蔑政府机关的行为。恶意诽谤考虑的是诽谤者的主观因素,即带有非法的目的进行的失实批评和报道。② 例如,有人捏造有关政府机构的谣言以煽动不明真相的人冲击政府机构使其不能正常工作;有人在政府机构执行公务的场合捏造有关政府机构的谣言以煽动不明真相的人

---

① 王利明:《公众人物人格权的限制和保护》,载《中州学刊》2005年第2期,第96页。
② 侯健先生根据言论的客观属性,分为属实的批评和失实的批评,参见侯健:《舆论监督与政府机构的名誉权》,载《法律科学》2001年第6期,第53页;此处所提到的恶意诽谤当然属于失实的批评,只不过在主观上带有诽谤或者煽动的恶意。

阻挠政府机构执行公务。政府由于被剥夺了名誉权,不能就此提起名誉权诉讼,但并不意味着政府机关在面对如此极端情形时失去了法律的救济途径,更不意味着政府此时束手无策。掌握和运用公法上的各种手段,是政府惩治恶意诽谤的有力武器。如果新闻媒体的诽谤性和侮辱性言论已经严重影响了政府机构的日常工作,或者严重妨碍了政府机构履行职责或执行公务的时候,可以视情节轻重对这种言论的发表者施以行政处罚或刑事处罚。例如我国刑法就规定:"煽动群众暴力抗拒国家法律、行政法规实施的,处三年以下有期徒刑、拘役、管制或者剥夺政治权利;造成严重后果的,处三年以上七年以下有期徒刑"。由此看来,在我国目前的公法体制下仍然能够找到相当的救济途径。

三、建立和完善政府新闻发言人制度

(一)政府主动应对批评性言论

政府的新闻发言人是一个政府与外界信息互通的平台。由于政府机关一直处在信息不对称的优势地位,通过新闻发布会制度,能够使外界充分了解政府处理事务的态度以及未来将要采取的措施。从传播学的角度来看,新闻发布会制度能够帮助政府在最快的速度、最大的范围内澄清事实、表明立场、消除影响,起到很好的说服效果。原因在于政府的新闻发言人是权威的信源。① 在新闻侵权实践和理论上认为,政府新闻发言人的言论视为权威来源之一。政府本身所具备的公信力是其维护自身名誉的最为有利的条件。政府根本无须求助于法院的判决来辨明是非,澄清事实,政府作出的正式的、公开的声明对批评性言论的权威性并不亚于法院的判决。相比向法院提起诉讼而言,政府新闻发言人制度在化解政府面临的信任危机时,效率更高,成本更低,效果更直接。

(二)新闻发言人制度能够满足公众知情权

政府发言人制度不仅能使诽谤政府的言论能够在短时间内迅速得到澄清,降低诽谤性言论的影响,同时也是满足政府信息公开和满足公民知情权

---

① 传播学的先驱霍夫兰在1951年就"信源的可信性和说服效果的关系"进行实证考察,结果表明可信度高的传播者比可信度低的传播者更能说服人。刘荣华:《论政府新闻发言人的说服效果:一个传播学视角》,载《理论》2007年第4期,第132页。

的要求。知情权(the right to know),就广义而言是指寻求、接受和传递信息的自由,是从官方或非官方获知有关情况的权利;狭义而言则仅指知悉官方有关情况的权利。① 公众对于选举产生的政府机关以及政府官员相关信息当然享有知情权。尤其当新闻报道揭露了政府及其官员的不利消息的时候,公众的知情权更加应该得到及时充分的维护。新闻发言人制度在一定程度而言,便是从这个理论基础上建立起来的。完善的新闻发布制度,除了能及时充分地满足公众的知情权外,也是政府信息公开的必然要求。政府一直处于信息不对称的强势地位,政府许多内幕信息外界都难以得知或者难以准确得知。现代政府理论认为,除了个别涉及国家安全和机密的信息外,其他一切信息都可以通过信息公开制度进行公开。

(三)我国已经具备实施政府新闻发言制度的现实条件

如今我国很多政府机构都设有宣传部门,一些政府机构还设有新闻发言人。它们可以通过召开新闻发布会等形式来传播自己的声音。到2005年底,我国初步形成了由国务院新闻办公室、国务院各部委和省区市组成的三个层次的新闻发布和新闻发言人制度。如果政府具有公信力,那么政府在面对批评性言论时,完全有相应的应对机制。新闻媒体在报道政府机关及其公务人员的行为时也就不再需要搜集所谓的"小道消息",而是拥有了权威的信息来源。如此一来,新闻报道因过失"诽谤"政府名誉权的概率便会大大降低。

四、以行业自律提高新闻公信力

新闻媒体在享有表达自由的同时,也必须规范自身的行为。侵权的新闻之所以能够公开,原因较为复杂,有编者的炒作,有记者的私利,有采访的肤浅,有体制的欠缺等。这些失真新闻成为新闻事业健康发展的毒瘤,吞噬着它强健的肌体。② 因而,新闻公信力无须通过新闻自律得到提高,新闻业者自身应当运用新闻道德准则及严格的专业标准,对其职业行为进行理性

---

① 宋小卫:《略论我国公民的知情权》,载《法律科学》1994年第5期。转引自陈绚:《在公民知情权与信息公开中寻找平衡——兼议新闻发布制度的建立》,载《国际新闻界》2004年第3期,第5页。

② 许加彪:《法治与自律——新闻采访权的边界与结构分析》,山东人民出版社2005年版,第7、338页。

的自我约束和自我管理。新闻自律的内涵表明,自律是新闻业为自己的内在精神"立法",他强调的是新闻业者安身立命的信念和理想,是通过道德理性为新闻业者提供判断其行为是非的标准。它相对于法律规范等国家法律而言是一种新闻界内在的、非强制性的自我约束行为。① 具体来说必须从三个方面着手。

(一) 严格的内部行业规范

通过制定严格的行业规范,避免虚假新闻、有偿新闻的产生。规范新闻内部行为,必须从新闻工作的各个环节做起,包括新闻的采访、编辑以及出版,各个流程都要建立良好的监管制度。对于事实的真实性要进到适当的审查义务。要求新闻媒体对事实的真实性、评论的公正性负责。对于所要发表的新闻,必须尽到谨慎义务,进行审查核实,在言辞上仔细斟酌,尽可能做到真实、公正,避免不必要的纠纷。

(二) 建立新闻行业协会实行外部监督

仅仅依靠新闻媒体内部道德规范约束实难从根本上解决新闻侵权纠纷屡屡发生的现象,因此,建立新闻行业协会,通过行业自律、行业评价等方式对新闻机构在采集、编辑以及发布各个环节加以外部监管,尤为必要。

在我国,新闻行业自律仅有纲领性的文件支持。《中国新闻工作者职业道德准则》由中国新闻工作者协会1991年制定,并于1994年和1997年两次作出修订。这个准则规定了我国媒体自律最权威、最全面的内容,其内容主要包括六大方面:全心全意为人民服务;坚持正确舆论导向;遵守宪法、法律和纪律;维护新闻真实性;保持清正廉洁的作风;发扬团结协作精神。② 可以看到,这些内容基本是纲领性、原则性以及倡导性的,无法对新闻自律有更多的指导作用。而制定《准则》的中国新闻工作者协会,更像一个单纯的新闻记者行业协会,而不能算是一个严格意义上的新闻行业自律机构。

在英国,进行新闻自律的尝试开始于20世纪30年代。1936年全国记者联盟(National Union of Journalists,NUS)在当年的年会上决定制定一部行

---

① 李新丽:《中国新闻道德自律现状与前瞻》,载《新闻知识》2007年第6期,第47页。
② 顾理平:《加强新闻报道中的媒体自律》,载《中国广播电视学刊》2006年第2期,第77页。

业道德准则——《行为准则》(code of conduct);在1953年7月1日,英国报业自律组织——英国报业总评议会正式成立,其宗旨是保护新闻自由并抑制对于新闻自由的滥用,其主要工作就是评估社会对于新闻界失范行为的申诉,作出裁定,并对有损报业声誉的不良行为予以公布和谴责;1963年该组织被改组为报业评议会(The Press Council),25名成员中包括了5名非报界的人士。1991年英国又建立了报业投诉委员会(The Press Complaints Commission)。虽然该投诉委员会没有权力对被指控的报业进行制裁,但是被裁定违反行为守则的报业要在其报纸上公开委员会批评性的裁定。①

在德国,新闻自律机关新闻评议会的成员包括了主要的出版商协会和记者协会。德国新闻评议会没有非行业委员,约45%的预算资金由德国政府提供。② 它的主要工作是保障新闻自由和维护新闻界的声誉,也承担行政、组织和财务责任。1972年成立了投诉委员会,并随之建立了一整套处理新闻侵权投诉的体系。新闻评议会可以主动着手调查有关新闻职业道德问题,启动投诉程序。③

在美国,虽然不存在一个权威的媒体自律组织,但自律机制和内容十分健全,1908年,美国密苏里大学新闻学院创办人沃尔特主持制定了《记者守则》,1922年,美国报纸编辑人协会制定了《新闻准则》,强调"责任,新闻自由,独立性,真诚真实,公正不偏,公正从事,庄重"这样7条要求。1934年,美国记者公会通过了著名的《记者道德律》。与此同时,美国还通过新闻评议会、新闻媒体内部设置专职督察员或道德顾问、开展新闻评价等活动,实施新闻自律。美国还十分强调在新闻学院中开展新闻道德教育。据统计,1977年,全美200多个新闻与传播课程中仅有68个与新闻道德有关,但到1984年,全美274个新闻与传播课程中已有117个与新闻道德有关。到90年代,一半以上的大学新闻或传播学专业都开设了新闻道德课程,其中不少

---

① 胡康大:《英国的政治制度》,社会科学文献出版社1993年版,第327页;转引自吴飞:《平衡与妥协——西方传媒法研究》,中国传媒大学出版社2006年版,第9、174页。
② 张西明:《新闻法治与自律的比较研究》,载《新闻与传播研究》第11卷第1期,第18页。
③ 顾理平:《加强新闻报道中的媒体自律》,载《中国广播电视学刊》2006年第2期,第77页。

新闻学院还将这门课程列为必修科目。①

建立新闻行业自律最大的好处便在于,在保证言论自由的同时,能够保证新闻工作规范合法的开展。同时,不会受到公权力的过多干涉。一个完善的新闻行业自律体制,能够降低新闻侵权的发生,缓解新闻媒体与公众、政府的紧张关系,使其舆论监督的工作事半功倍。然而,正因新闻行业自律不是来自行政权力的约束,也不是来自法律的强制性规制,新闻行业自律的权威性和影响力是一个亟待解决的问题。在德国,新闻评议会所作的裁决往往得不到坚决地执行。尽管有一些人认为德国新闻评议会受人尊敬,工作颇有成效,而另一些人却不同意这种看法,他们认为德国新闻评议会是"没有牙齿的老虎"。当各报纸决定是否发表某一报道时,根本不理睬新闻评议会的意见和评议会可能作出的批评裁决。② 因此,构建新闻行业自律组织和建设相关的规章制度时,必须保证新闻行业自律机构对新闻侵权纠纷所做裁决的权威性和可执行性。具体而言可以从以下几个方面加强:

(1) 组成人员。新闻行业自律机构的组成人员应该广泛而权威,包括新闻行业的代表、政府相关的职能部门人员、在新闻法学方面有学术威望的代表,以及一些普通民众。当发生新闻侵权纠纷时,由这些人员组成的评议会,将依据新闻行业道德规范和技术规范,对纠纷作出裁决。组成人员来源的范围越广,所作出的裁决就有可能更全面和更权威。

英国报业自律组织——英国报业总评议会(The General Council of the Press)的成员均由新闻界的人士组成,并宣称其宗旨在于保护新闻自由并抑制对新闻自由的滥用。评议会的主要职能是受理和调查公众对报界的投诉,作出裁决,并对有损报业声誉的不良行为予以公布和谴责。但是由于没有非新闻界人士的参与,评议会很多时候难免对新闻界有所庇护,因而在许多方面表现出懦弱与无能。直到1962年,第二届皇家新闻委员会的报告对这种局面进行了严厉地批评,该评议会成员结构才有所改变,吸收了20%的业外人士,但这一改良并没有抵消外界对它的批评。③1977年皇家新闻委员会第四届会议公布的报告要求将非专业人士提高到50%,并对评议会的工

---

① 顾理平:《加强新闻报道中的媒体自律》,载《中国广播电视学刊》2006年第2期,第77页。

② 张西明:《新闻法治与自律的比较研究》,载《新闻与传播研究》第11卷第1期,第18页。

作进行了毫不留情的批评,报告说:"我们强烈地感受到报刊评议会应该有对报界更大的权力,迫切地要求评议会立足于公众的视角和可能的投诉。"①

(2) 自律机构的独立性。新闻行业自律机构的组成人员,虽然来自不同领域,代表不同的社会利益,但新闻行业自律机构必须是与受监督的新闻媒体相对立的。新闻行业自律应当有自己独立的法律地位,有自己独立的财产来源和与监督工作相关的规章制度。新闻行业自律机构既要鼓励更多更广泛的新闻机构参与,也要避免新闻行业自律机构成为各新闻媒体机构的"联谊会"。②

小结:政府机关的名誉权必须彻底废除

对于政府机关名誉权的存废问题,至此我们已经可以得出初步的结论:政府机关在实体法中不应当享有名誉权,在程序法中也不应当享有提起名誉权诉讼的诉权。或许有人会提出折中的观点,为何不能仅仅剥夺政府机关程序法上的诉权,而保留政府机关在实体法上的名誉权?只要剥夺了政府机关提起诉讼的权利,那么,即便赋予政府机关以名誉权,也不会产生上文所说的"威慑效应"等后果。然而,理论上及立法上我们必须坚决否认政府机关在实体上享有名誉权,同时坚决剥夺政府机关在程序法上的诉权。必须双管齐下,原因有三:

首先,政府机关不享有实体上的名誉权,是逻辑论证的必然。从名誉权的立法目的分析,与其他法人主体属性的对比来看,政府机关在应然上就不应该享有实体名誉权,我们不能忽视理论构建上的科学性和严密性。这是剥夺政府机关名誉权的最重要理由。

其次,若在理论上和立法上仍然承认政府机关享有名誉权,则对公民的言论自由而言,仍然是一个存在的威胁。政府机关拥有如此庞大的行政力

---

① 杨元龙:《英国报业自律与中国新闻职业道德准则》,载中国记者网 http://press.gapp.gov.cn/news/wen.php? val=news&aid=16032。
② 郑保卫:《建立监督仲裁机构,强化行业自律机制》,载新华网:http://news.xinhuanet.com/newmedia/2003-07/30/content_1000654.htm,2008 年 5 月 8 日访问。

量和政治资源,当新闻报道触犯其名誉权的时候,即便政府机关不享有相应的民事诉权,政府还是能够通过其他途径来维护"法律上的名誉权"。公民言论自由和舆论监督最后还是会陷入危险的境地。①

最后,"无救济则无权利",任何实体上的民事权利,都必须以相应的诉权相匹配。否则,这个实体上的权利就没有存在意义。如果我们承认政府机关享有实体上的名誉权,那必然需要承认政府机关需要享有相应的诉权。因此单纯剥夺政府机关相应的诉权而保留其实体上的权利,不仅不能够维护民事权利结构的完整,反而会在造成理论上的错位,滋生了一种新型的特殊的权利。无论对于理论体系以及立法构建而言,这均是无益的。

政府机关不应该享有名誉权!我们应以此为理论导向,着手改革目前我国的政府名誉权制度,对《民法通则》第101条以及第120条加以修改,或者在未来民法典的立法过程中,对法人的名誉权进行分别对待,对不同的法人类型赋予其不同的实体上的权利,不再笼统地赋予所有法人同样的名誉权。明确政府机关没有实体上的名誉权。笔者一直坚持这样一种信念,即时刻提防政府的权力扩张,珍视和保护新闻言论的自由。美国宪法之父杰斐逊曾说过:"如果让我来决定,到底应该有政府而没有报纸,还是应该有报纸而没有政府,我将毫不犹豫地选择后者。"政府机关名誉权的存废,背后实质隐含着深刻的宪政理念,它关切着公民言论自由的实现与否,关切着政治国家与市民社会之间能否良性的互动和平衡。因而,我们必须在理论上重视政府机关的名誉权问题,在制度上着力构建相应的权利体系和配套的解决机制,最终追求的是一个言论公开自由、政府行为公开透明的民主国家。

---

① 霍布斯曾将政府比喻成为利维坦。利维坦(Leviathan)的字义为裂缝,在《圣经》中是象征邪恶的一种海怪,通常被描述为鲸鱼、海豚或鳄鱼的形状。利维坦常与另一种怪物贝希摩斯(Behemoth)联系在一起,关于利维坦的记载紧跟在《约伯记》中记载贝希摩斯的下一章,书中描述的利维坦实际上就是一条巨鳄,拥有坚硬的鳞甲,锋利的牙齿,口鼻喷火,腹下有尖刺,令人生畏。在基督教中利维坦成为恶魔的代名词,并被冠以七大罪之一的"嫉妒"。霍布斯将政府喻为此等怪兽,略显夸张,但却发人深省。

第六章　新闻机构的商业诽谤问题

新闻机构的商业诽谤与我们平常在竞争法中所说的商业诽谤（又称为商业诋毁）有所不同。新闻机构的商业诽谤行为是指新闻机构公开传播虚假的新闻报道，损害特定或者不特定商业主体的商业名誉、产品声誉或者商业利益的行为。而根据《反不正当竞争法》第14条的规定，竞争法中的商业诽谤，是指在市场竞争中，捏造、散布虚伪信息，损害竞争对手商业信誉和商品声誉的行为。新闻机构的商业诽谤行为与竞争法中的商业诽谤，两者最大的区别就是所牵涉的主体之间的关系不同，前者是在新闻传播过程中所产生的新闻机构与被报道的对象之间的关系，是一种非竞争的关系；而后者是在市场中有竞争关系的主体。同时，两者背后所隐藏的法律利益冲突也有所不同，前者是新闻机构对关系国计民生的商业主体和商业活动进行报道和监督，涉及的是公共利益、新闻自由与私人利益的冲突和平衡，而后者涉及的是市场竞争者之间的关系，是不同商业利益的冲突和平衡。① 针对新闻机构的商业诽谤，本书将借鉴现代媒体法，结合我国新闻业的实际状况，试图构建规制新闻机构商业诽谤行为的基本规则。本书将从两大方面进行论述：其一，新闻机构可能就同一诽谤性新闻进行的反复传播行为，也可能

---

① 严格来讲，我国的法律并没有对诽谤设定一个严格的定义，而诽谤也多是以侵犯名誉权的形式出现的。如我国《民法通则》第101条规定："公民、法人享有名誉权，公民的人格尊严受法律保护，禁止用侮辱、诽谤等方式损害公民、法人的名誉"；《最高人民法院关于贯彻执行〈中华人民共和国民法通则〉若干问题的意见》第140条规定："以书面、口头等形式宣扬他人的隐私，或者捏造事实公然丑化他人人格，以及用侮辱、诽谤等方式损害他人名誉，造成一定影响的，应当认定为侵害公民名誉权的行为。以书面、口头等形式诋毁、诽谤法人名誉，给人造成损害的，应当认定为侵害法人名誉权的行为。"那么究竟何为诽谤呢？借助美国的诽谤法的相关规定，诽谤即指传播使他人遭受憎恶、嘲笑或轻视的言论，降低他人的社会评价，致使他人被人排斥或者致使他人的名誉或财产的损害的行为。参见 Dwight L. Teeter and Bill Loving, *Law of Mass Communications*, Foundation Press, 2004, p.181.

就引用或者转述他人言论进行再传播行为,针对这两个传播行为,提出单一传播规则和再次传播规则;其二,以新闻自由、社会公共利益以及个体商业利益的博弈为出发点,针对特定主体的商业诽谤和针对不特定主体的商业诽谤,分别进行论述,并根据其特点构建不同的法律规则。

第一节 新闻机构商业诽谤的特殊性和类型化

一、新闻机构商业诽谤行为的特殊性

新闻机构的商业诽谤行为是新闻机构对商业主体的商业名誉或者财产利益的一种侵犯,与一般的侵权行为相比又有所不同,其特殊性表现如下:

第一,侵权主体是新闻机构。在现代新闻法的理念中,新闻媒体担负着向公众传播信息的重要责任,它在促进民主政治和个人自由方面起着重要的作用,甚至被誉为与立法、行政、司法相并列的第四权力部门。正是新闻媒体的此种责任,赋予了它比一般主体更多的言论自由和更少的法律限制,新闻媒体一般都会享有受到宪法保护的新闻报道特权,因此新闻机构的商业诽谤行为的法律规制实质上是社会公共利益、新闻自由与商业个体利益之间的较量和衡平,而法律也应当为这种权衡和较量设定一个适度的规则,从而尽可能的保护新闻机构的报道特权和社会大众的知情权。

第二,商业诽谤行为针对的是商业主体的商业名誉或商业利益。商业主体是推动经济发展和商业兴旺的主力军,而商业发展的终极目标是为了社会的发展和公众的福祉,因此,商业主体的经营活动及其商品是否符合法律法规要求,是否符合公序良俗,是否会对社会和公众带来不良影响,都关乎整个社会的利益。所以,商业主体在其设立和经营过程中必须诚实守信,同时也必须受到社会舆论的监督和评价,而新闻机构就是承担这些责任的重要角色,因此,商业主体从成立之时就已经进入了公众关注的领域,其经营行为要受到社会的监督和评价,法律对其保护也在一定程度上会有所限制。

第三,商业诽谤行为的侵权方式具有多样性。随着现代传媒的发展,新闻传播的途径越来越多,从传统的纸质媒体如报纸、杂志,到广播、电视,再

到现在铺天盖地的网络传媒,而且随着电子商务的不断发展,新闻传播的途径还将不断拓展。同时,伴随新闻传播途径的扩展,新闻传播的范围也越来越广泛,从以前的地区性向全国性、世界性不断纵深。

第四,侵权后果的综合性和不确定性。由于新闻机构的商业诽谤表现形式多种多样,商业市场的千变万化,新闻报道给商业主体可能造成的损害后果会因不同的背景而有所不同,因此与传统名誉权诽谤相比,新闻机构的商业诽谤所造成的侵权后果更具综合性和不确定性,具体个案的认定和处理都会有所不同。

第五,新闻机构商业诽谤的认定带有更多利益衡量的色彩,裁量机构应享有更大的自由裁量权。鉴于此类商业诽谤的主体和客体的特殊性,因此,在具体个案的认定中,法律更多的是对隐藏于新闻报道其背后的新闻自由与个体商业利益之间的权衡。在不同的新闻报道背景下,利益衡量的结果也会有所不同,因此,就此类侵权行为的认定,很难设定一个具体的判断规则,赋予审判机构更大的自由裁量权实属必要。

二、新闻机构商业诽谤行为的类型化

根据诽谤对象指向性是否明确、特定,可以分为针对特定主体的商业诽谤和针对不特定主体的商业诽谤;根据商业诽谤的内容的差异,可以分为针对商业名誉的诽谤和针对产品、服务的诽谤。在具体案件中,上述分类往往是相互交叉出现的。

(一)针对特定主体和针对不特定主体的商业诽谤

1. 对特定主体的商业诽谤

针对特定主体的商业诽谤是指一项针对可特定化的主体进行的商业诽谤,即商业诽谤系"指向并涉及"(of and concerning)特定的商业主体。在这里,被诽谤者身份的确认不是必须通过姓名来确定,只要通过相关的描述或者具体的环境能够确定即可。[①] 也就是说,只要存在有其他的信息可以使听到或者读到相关诽谤性陈述的人合理地相信,该商业主体就是报道中所描

[①] Dwight L. Teeter and Bill Loving, *Law of Mass Communications*, Foundation Press, 2004, p.210.

述的人物就可以了。①

在现实生活中，针对特定主体的商业诽谤可能是明显的，也可能是隐含的。因此特定主体身份的确定就要具体问题具体分析了，但基本的标准应当是上文所提到的"指向并涉及"的标准，即该新闻如果能使周围的人通过新闻的描述或者相关背景的分析，能够认定新闻所指向的商业主体，那么该商业主体就可以成为商业诽谤诉讼中的原告。具体而言，此类针对特定主体的商业诽谤又可以进一步细分为针对特定个体的商业诽谤和针对特定群体的商业诽谤。所谓针对个体的商业诽谤，就是指该商业诽谤所指向的商业主体为确定的一个个体；而所谓针对特定群体的商业诽谤，就是指该商业诽谤所指向的商业主体为一个可确定的群体。什么是可确定的群体？《美国侵权法重述》（第二版）第564A节将对一群或一类人的诽谤定义为："公布涉及一群或一类人的诽谤性事项者在并且仅在下列情形下承担责任：(a) 这一群或一类人的数量如此之少，以致该事项可被合理地理解为指向其中一位特定成员；或者(b) 从公布的具体情形可以合理地推论出该公布特别提及了该成员。"②因此，在具体的案件中，应当由法院根据"指向并涉及"的原则，结合诽谤性新闻报道的具体内容、新闻报道的背景以及诉讼中原告提出的相关证据，认定新闻报道是否构成对特定群体的商业诽谤。

2. 对不特定主体的商业诽谤

针对不特定主体的商业诽谤是指新闻机构针对一类产品或者服务的诽谤性的报道，此类商业诽谤的最大特点就是其"指向并涉及"的主体广泛且不确定，也就是说，新闻报道只是指向一类商品或者服务，但是其传播效应却会累及潜在的产业链或服务链上的商业主体，并使这些商业主体因此而遭受整体的经济损失。因此，鉴于此类商业诽谤所涉及的范围之广泛，可能造成的损失之严重，对其进行法律规制和提供法律救济都应当相当谨慎。

（二）针对商业名誉和针对产品、服务的商业诽谤

1. 针对商业名誉的商业诽谤

针对商业名誉的商业诽谤是指通过对特定商业主体及其经营方式、内

---

① John D. Zelezny, *Communiacations Law—Liberties, Restrains, and the Modern Media*，清华大学出版社2004年版，第132页。

② 肯尼斯亚伯拉罕、阿尔伯特·C.泰特选编：《侵权法重述——纲要》，许传玺、石宏等译，法律出版社2006年版，第191页。

部治理机制、信誉、信用度等方面的虚假的新闻报道,降低了对商业主体的社会评价,致使商业主体的商业信誉和商业利益受到损害。需要注意的是,应当严格区分针对商业主体的商业诽谤与针对商业主体高级管理人员的诽谤,在一般情况下,对个人的诽谤不应当认定为对商业主体的商业诽谤,尤其是在有限公司中,个人与公司是相对独立的法律主体,对两者的诽谤是不可画等号的。当然,具体的认定标准和认定方式还是要根据不同的个案情况予以确定。

2. 针对产品、服务的诽谤

针对产品、服务的商业诽谤是指新闻报道仅涉及商业主体的产品或者服务的虚假报道,其结果一般不会直接给商业主体的商业名誉或者信誉带来损害,但是会给商业主体造成可得利益的损失。此类商业诽谤针对的对象不是商业主体,而是其所生产、销售的产品或者所提供的服务;同时,其所造成的损失也更多地表现为经济利益的损失。例如:传播某品牌的剪刀很钝,某制造商所生产的篮球没有弹力,或者某处方药会导致癌症等。[①]

第二节 名誉诽谤与商业诽谤

美国的新闻法将一般诽谤与"具有侵害性的虚假言论"相区分开来,即传统诽谤行为主要通过对行为人名誉等社会评价的诋毁而导致其主体精神利益及可得经济利益受损;而"具有侵害性的虚假言论"则主要通过对行为人所拥有的财产和产品的权属、质量的诋毁而致使行为人的经济利益受损。因此,基于这两者的区别,美国的媒体法将两种行为相区分,并分别适用不同的法律认定规则和救济途径,以达到传播法对言论自由和个人利益的衡平。

一、名誉诽谤:置人于令人憎恶、嘲笑或者鄙视的地位

我国诽谤之诉日益增多,但究竟何谓诽谤,法律并没有给出准确的界

---

① Kent R. Middleton, William E. Lee, *The Law of Public Communication*, Pearson Education, Inc., 2008, p.103.

定,比较常用的则是"侵犯名誉权"这一概念。我国《民法通则》第101条规定:"公民、法人享有名誉权,公民的人格尊严受法律保护,禁止用侮辱、诽谤等方式损害公民、法人的名誉",同时,《最高人民法院关于贯彻执行〈中华人民共和国民法通则〉若干问题的意见(试行)》第140条规定:"以书面、口头等形式宣扬他人的隐私,或者捏造事实公然丑化他人人格,以及用侮辱、诽谤等方式损害他人名誉,造成一定影响的,应当认定为侵害公民名誉权的行为。以书面、口头等形式诋毁、诽谤法人名誉,给法人造成损害的,应当认定为侵害法人名誉权的行为。"我国《侵权责任法》也没有就诽谤予以具体规定。

在美国诽谤法中,诽谤是特指名誉诽谤而言,即通过言论将某人置于令人憎恶、嘲笑或者鄙视的地位,降低他人的社会评价,并因此致使第三人回避与被诽谤人交往或者致使被诽谤人商业和职业利益受损的行为。[①] 现代新闻法的理念更是认为,只要一项言论通过降低某人的社会评价或者阻碍他人与之进行联系或者交易,进而损害了原告的名誉,即可以认定该项言论具有诽谤性。[②]

二、商业诽谤:对产品或服务具有侵害性的虚假言论

在美国传播法中,"具有侵害性的虚假言论"是与诽谤相并列的言论侵权方式,而商业诽谤则归属于"具有侵害性的虚假言论"[③]的侵权形式之下。"他山之石,可以攻玉",要深入了解商业诽谤,我们就很有必要首先了解"具有侵害性的虚假言论"。

根据《美国侵权法重述》(第二版)623A款的规定,"具有侵害性的虚假言论"是指:"一个人在下列情况下传播虚假的言论致他人利益受损,应当对由此所导致的经济损失承担责任:(1)故意传播虚假言论致使他人遭受金钱上的损失,或者,知道或应当知道该传播行为会导致他人金钱上的损失;

---

① Dwight L. Teeter, JR., Ph. D.; Bill Loving, J.D., *Law of Mass Communications: Freedom and Control of Print and Broadcast Media*, Foundation Press, 2004, p.181.

② T. Barton Carter, Marc A. Franklin, Jay B. Wright, *The First Amendment and the Fourth Estate: The Law of Mass Media*, Foundation Press, p.88.

③ 《美国侵权法重述》(第二版),第六部分专门论述了"具有侵害性的虚假言论",即injurious falsehood,该部分与第五部分"诽谤"相对应。

(2)明知言论是虚假的,或者传播行为表明其根本无视言论信息的真伪。"[1] 同时,"具有侵害性的虚假言论"又可以分为两大类,其一为对财产权属的诋毁,即指对他人土地、动产或者无形物的财产权利的诋毁;其二为对财产质量的诋毁,即对他人土地、动产或者无形财产质量的诋毁。[2] 也就是说,无论是对财产权利、权属的诋毁,抑或对财产质量、性能的诋毁都构成"具有侵害性的虚假言论"。

"具有侵害性的虚假言论"其核心特质就表现为否认或者攻击法律所保护的财产利益的存在、内容或者质量。一般来说,这种针对财产利益的诽谤是不会直接对财产所有人或者用益人的名誉造成毁损的,但往往会间接造成社会公众对其商业信誉或者经营能力的质疑,并导致潜在的可得经济利益受损。如若是新闻机构作出此类虚假的新闻报道,往往更会产生可观的经济损失。比如,新闻机构对某公司新上市产品的质量及其制作工艺进行了虚假的负面报道,往往就会造成该项产品的滞销,甚至会影响到公司其他产品的销售。

三、名誉诽谤与商业诽谤的区别与竞合

(一) 名誉诽谤与商业诽谤的区别

名誉诽谤与商业诽谤是相互区别的,诽谤一般特指名誉诽谤,它侧重于对于个人的名誉利益或者其他个人精神利益的保护;而商业诽谤,则撇开了对名誉等无形精神利益的关注,而聚焦于对有形的、直接的经济利益损失提供救济,它一般都会要求诉讼原告提供充足的证据证明,被告就其产品或者财产的性质、质量等所发表的言论构成虚假陈述,同时由于被告的虚假言论致使原告遭受特别损害。[3]

根据美国媒体法的相关规定,名誉诽谤与商业诽谤在法律构成方面的区别主要表现在以下几个方面:

第一,是否受到宪法的保护。在新闻法领域,为保护社会公众的知情权以及公共信息的流通,平衡新闻自由和个人名誉权之间的冲突,宪法将部分

---

① Restatement(Second) of Torts, §623A.
② Restatement(Second) of Torts, §624、626.
③ Bose Corp. v. Consumers Union, United States District Court for the District of Massachusetts,529 F. Supp. 357.

的新闻报道特权纳入了其保护伞下,即当新闻报道涉及公共人物和公众官员时,新闻机构可以享受"实际恶意"原则的保护。而对于商业诽谤而言,侵权的重心放在了财产利益而非人格利益上,因此,由普通法进行调整足矣,宪法无须对新闻机构的商业诽谤行为提供庇护。

第二,言论的虚假性。对于名誉诽谤而言,只要一项言论通过降低某人的社会评价或者阻碍他人与之进行联系或者交易,进而损害了原告的名誉,即可以认定该项言论具有诽谤性,虽然言论传播者可以通过真实性进行抗辩,但新闻内容的虚假性却并非诽谤成立的必需要件,因此,从一定程度上来讲,这实际上是将诽谤诉讼的部分举证责任转移到了被告,从而减轻了原告的诉讼负担,这也是法律对新闻自由和名誉权之间的冲突进行权衡的结果。与此相反,商业诽谤则要求言论的虚假性作为诽谤成立的认定要件,因此,在商业诽谤诉讼中,原告必须同时证明诽谤言论本身是虚假的,方能获得法院的支持。

第三,过错原则的选择。由于名誉诽谤和商业诽谤在侵权客体上的不同,名誉诽谤是针对个人名誉等精神利益的诋毁,而商业诽谤是针对产品权属、质量的诋毁,因此两者受宪法保护的程度有所不同。在名誉诽谤案件中,基于对个人名誉利益和社会公共利益的平衡,法律要求当被诽谤人是公众人物时,诽谤的成立必须以新闻机构的"实际恶意"为构成要件;而当被诽谤人为非公众人物时,诽谤的成立仅需被诽谤人证明新闻机构存在"一般疏忽"已足。而在商业诽谤案件中,当公共利益与财产利益发生冲突时,法律的天平自然倾向于新闻自由,从而要求商业诽谤的成立必须以被诽谤人证明新闻机构存在主观恶意为要件。

第四,损害赔偿责任的确定。由于名誉诽谤所造成的往往是无形的精神利益和不可计量的经济利益的损失,因此,在损害赔偿责任的确定上,法律特定设置了推定的损害赔偿和特别的损害赔偿制度,以解决实际损失无法准确量化的问题,通常由陪审团根据诽谤案件的具体情况进行自由裁量,以期能够给予被诽谤人相当的经济赔偿。而对于商业诽谤而言,基于其损失的物质性,法律要求其损害赔偿必须以实际经济损失为依据,这无疑增加了商业诽谤诉讼中原告的举证责任。

(二) 名誉诽谤与商业诽谤的竞合

尽管名誉诽谤与商业诽谤是有区别的,但二者之间的区别却并非绝对,在特定的情况下,两种侵权会产生竞合。当一个针对产品性能或者质量的毁谤中暗示了产品的所有人或者经营者是不诚实的、具有欺诈性的或者不胜任的,那么此时名誉诽谤和商业诽谤就构成了竞合。①

Harwood Pharmacal Co. v. NBC 案就是这样一个典型的司法判例。原告 Harwood 药品制造商起诉国家广播公司,认为被告所作的一则电视广播是虚假且具有诽谤性的,是出于恶意传播,并意图嘲弄和损害原告及其产品。被告则认为原告的诉求是不充足的,因为该广播所针对的只是原告的产品,本质上并非是对原告本身的诽谤。经审理,法院认为,广播的语言可以认定为同时对原告制造商及其产品构成了诽谤,在本质上也直接影响了原告的信誉并造成了经济损失。同时,如果仅仅是对产品的质量、设计以及使用的言论是不具有诽谤性的,但是当这些言论致使人们将该产品与生产商在经营或者商业交易中存在不诚实的、欺骗的、欺诈的或者其他的不法行为相联系,那么这些言论就构成了对制造商的诽谤。② 通过这一案例,我们可以看到名誉诽谤与商业诽谤之所以会产生一定的交叉,是因为被告在新闻广播中所使用的广播语言会使观众认为,向市场推出这一有害健康的危险药品的制造商在本质上就构成了欺诈和欺骗。③ 因此,商业诽谤同时将产品的所有人或者控制人置于不诚实、欺诈、欺骗或者其他不法行为的境地,也就是说,商业诽谤同时致使产品的所有人或者用益人的商业品质和商业信誉受到毁损时,就会构成了商业诽谤与名誉诽谤的竞合。

在名誉诽谤与产品诽谤发生竞合时,法院应当结合案件的具体情况,进行综合考量以确定新闻机构的法律责任。具体而言,两者的竞合通常表现为两种情况:其一,新闻机构对特定商业主体的商业名誉及其产品同时进行了虚假的诽谤性报道;其二,新闻机构对商业主体的产品进行了虚假的报道,同时,该报道会令社会公众对该商业主体的商业信誉、经营能力等予以质疑,并造成商业主体的经济利益的损失。

---

① Kent R. Middleton, William E. Lee, *The Law of Public Communication*, Pearson Education, Inc., 2008, p.104.

② Harwood Pharmacal Co., Inc., Respondent, V. National Broadcasting Co., Inc., et al., Appellants, Court of Appeals of New York, 214 N.Y.S.2d 725.

③ Ibid.

第三节 单一传播规则和再次传播规则

当新闻机构针对同一诽谤性新闻进行了多次报道,究竟新闻机构哪一次的报道构成侵权?还是每一次报道都构成一次侵权?如果侵权行为成立,那么诉讼时效应当从何时开始起算?如果新闻报道的内容是再次传播或者引用他人的陈述或者观点,当所引述的内容构成诽谤时,新闻机构是否也必须承担诽谤的侵权责任呢?围绕上述问题,我们将阐述新闻机构商业诽谤行为认定中的一般规则,即单一传播规则和再次传播规则。单一传播规则主要解决的是同一新闻机构针对相同的诽谤性新闻报道进行多次传播的问题;再次传播规则主要解决的是新闻机构的再次传播或者引用他人的言论或者观点的行为进行传播的问题。

一、单一传播规则

(一)单一传播规则的确定

诽谤性新闻报道究竟应当构成一个诽谤诉讼还是多个诽谤诉讼?美国侵权法原先适用的是再次传播原则,即诽谤性言论的传播可以根据其发行量、传播的地区和传播的次数提起多个诽谤诉讼。根据再次传播规则,报道对象可以根据该报刊的发行量和跨越的地区提起多个独立的诽谤诉讼。再次传播规则有利于被报道人随时随地提起诉讼,但这一规则的适用也带来了很大的法律问题,即被报道人可以就一篇相同的报道提起多个诽谤之诉,在造成审判资源的无端浪费的同时,也无限扩大了新闻媒体的责任。由于新闻机构本身肩负着向社会公众提供实时的信息传递和社会舆论监督的职责,而再次传播规则的适用无疑为信息传递和交流设置了不小的障碍,甚至会致使新闻机构因过于注重防范法律风险而阻碍了新闻自由。

为缓解新闻机构所承担的促进新闻自由职责与其所可能负载的法律风险之间的矛盾,单一传播规则(single publication rule)作为对再次传播规则的修正就适时出现了。《美国侵权法重述》(第二版)577A(3)对单一传播规则作出了如下的认定,即"任一图书、报纸的一版或者任一电台、电视台对一组电影或者相同种类的信息的一次传播或展示构成一个单一的传播"。

也就是说，单一传播规则的核心是信息报道的集合性，即对同一信息的一次报道作为一个整体看待，这样的一次报道构成一个诉因，而不考虑该报道所传播的范围、传播的程度。由此可见，即便诽谤性的文章发表在一个发行量很大的杂志上，该传播也只构成一次单一传播，受害人只能对发行人提出一次诽谤诉讼，而无须考虑其发行量或者受众范围的因素。[1] 因此，单一传播规则就很好地解决了如何在保证新闻自由和新闻机构的权力的同时，通过合理的方式给予受害人以法律救济的问题。基于单一传播规则的重要性，美国还专门就此制定了一个成文法例，即《统一单一传播法例》，以供各个州选择适用。

根据单一传播规则，诽谤受害人因为一个诽谤性言论的整体传播或者集合性的传播，只能提起一个诉讼，它修正了再次传播规则带来的弊端，同时也为新闻诽谤案件的处理带来了更具操作性和衡平性的解决方案。鉴于新闻传播的传播性、延续性和长期性，确立单一传播规则，一方面，可以阻止无休止的滥诉现象发生，保护法院和作为被告的新闻媒体远离大规模的诉讼；另一方面，它可以给予诽谤案件的受害人以充分的救济，又不使新闻媒体面对无休止的诉讼，避免了因过多地苛责新闻机构而影响新闻业良性发展的情况发生。

（二）适用范围及其功能

单一传播规则是媒体法所特有的规则，其核心就是基于新闻传播的集合性和整体性来认定新闻机构的侵权次数，即一次整体传播只构成一个诉因。基于现代传媒业的发展，传播媒体的多样化，单一传播规则的适用范围相当广泛，只要涉及新闻传播，那么无论新闻机构借助的媒体如何，单一传播规则都可以发挥其应有的作用。也就是说，新闻媒体通过报纸、杂志、图书、网络、电视、广播、电子传媒等媒体方式的新闻传播行为，只要涉及新闻诽谤，我们都可以运用单一传播规则进行判断。此外，单一传播规则也有助于确定诽谤侵权案件的诉讼时效。

（三）诉讼时效的起算点

一般侵权行为的诉讼时效以当事人知道或者应当知道侵权行为发生之

---

[1] Sapna Kumar, Comment: Website Libel and the Single Publication Rule, *University of Chicago Law Review*, Spring, 2003.

日为起算点,但是在新闻传播过程中,由于新闻传播的广泛性和多样性,如何来确定诽谤案件的当事人知道或者应当知道侵权行为发生的时间点呢?根据现代媒体法理论,一般认为,在新闻诽谤诉讼案件中,一个诽谤性言论有效传递给潜在受众时,就被认为受害人实际已经受到了侵害,并以此作为诉讼时效的起算点。① 基于这一基本的判断,可以分下面几种情形阐述单一传播规则的适用。

1. 纸质媒体、电视广播

对于每日更新的杂志或者报道杂志而言,其发行的当日一般也是受众接收到该信息的日期,故诉讼时效的起算点毫无疑问就应当是其出版发行的当天;对于其他杂志而言,信息的传递会经历一个过程,例如杂志、刊物印刷完成之后,要送到批发商处,再送到零售商处,最后才能到达广泛的受众。在这样的一个运送过程中,究竟应当以哪一个时点作为诉讼时效的起算点呢?笔者认为,杂志社将报刊、杂志送到零售商的时间是新闻报道正式从内部向外部传递的重要枢纽,这是潜在受众可以获得信息的时刻,因此可以认定这是信息到达潜在受众的时间点。但是考虑到这一时间点的不确定性和举证困难的问题,在受害人无法举证的情况下,可以推定杂志上印刷的发行时间为诉讼时效的起算点。

比较而言,电视和广播传媒构成新闻诽谤的诉讼时效相对比较容易确定。由于电视和广播的播出时间和播出方式比较固定且容易确定,因此当电视或者广播新闻内容构成诽谤时,诉讼时效应当自电视或者广播节目播出的当日开始起算。

2. 再版或重播

将同样的信息进行再版,或者再次传播,这通常会构成一个新的诽谤,引起新的诉讼,适用新的诉讼时效。就如《美国侵权法重述》(第二版)和《统一单一传播法案》规定的,当新闻机构对同一新闻信息进行重复播出,如果新的传播不是作为原始传播或者展示的一部分,那么这就构成一个独立的新的传播。比如说,如果一个诽谤性的陈述在一个广播秀中被传播,而整个广播秀在稍后的时间里再次播放,那么该广播秀整体会被认定为一次诽

---

① Sapna Kumar, Comment: Website Libel and the Single Publication Rule, *University of Chicago Law Review*, Spring, 2003.

谤;但如果该诽谤性陈述在另外一个广播秀中传播,那么这就构成了两个不同的诽谤诉讼的诉因,每一个有自己不同的诉讼时效。

单一传播原则并不是绝对的,一般情况下,合理时间内的重印仍然构成单一传播,除非再版时对原有的内容进行了修改,或者重印的时间过长,或者通过新的媒体传播了该信息。在具体的案件中,法院可以根据媒体再版的原因和目的以及再版的时间进行判断。[①] 对于诉讼时效,应当以第一次出版或者传播的时间为起算点,如果新闻机构在此之后进行了再版重印或者重复播出,诉讼时效应当自新版本发行之日或者新闻报道重播之日起计算。

当一个诉讼结束后,再版同样的诽谤性的内容应当构成一个新的侵权诉讼。比如事隔7年之后,新闻机构又将同样的事实作为新闻报道的内容刊登出来使当事人的名誉或者其他相关利益造成了损害,应当作为一个新的侵权提起诉讼,并且重新起算诉讼时效。之所以将再版或重复传播作为一个新诉因,其原因在于"再次传播的意图是为了吸引新的受众群,而且也确实做到了"。[②] 同时,这样做也是为了防止因为单一传播规则给予新闻媒体以无休止的保护。[③]

3. 网络传播的特殊时效

在网络出现之前,传统商业媒体是唯一承担传播信息作用的媒体,因此,传统商业媒体是唯一需要单一传播规则保护的媒体。但是,随着网络的出现和不断发展,新闻传播的途径早已从传统媒体向网络媒体扩展,新闻传播方式更加经济而有效率,受众范围也越来越广泛,与此同时,新闻法也必然要求向网络领域延伸,单一传播规则作为对新闻传播集合性和整体性的认定标准自然也不例外。

讨论单一传播规则在网络上的适用,就不得不提到美国著名的 Firth v. State of New York 案,这是第一次深入讨论单一传播规则适用于网络的案件。Firth 是纽约州环境保护部执法科的主任。在 Firth 任职期间,纽约州负责调查"欺诈、利益冲突、腐败或刑事活动指控"的州监察官进行了一项关

[①] Lori A. Wood, Cyber-Defamation and the Single Publication Rule, 81 *B. U. L. Rev.* 895, October 2001.

[②] Ibid.

[③] Sapna Kumar, Comment: Website Libel and the Single Publication Rule, *University of Chicago Law Review*, Spring, 2003.

于 Firth 及环境保护部的调查。1996 年 12 月,监察办公室作出了一份有关 Firth 不法行为的报告,Firth 认为这份报告质疑了他的工作能力和工作作风,极具诽谤性,已经损害了他的名誉。在记者招待会当天,这篇报告又被上传到了纽约州设立的网页上,于是 Firth 向纽约州提出了诽谤之诉,并称直至起诉之日该篇报告仍然存在于该网站。同时,Firth 诉称该报告长期置于州网页上的行为已经构成了一个"持续性的过错",因此,报告在网上的每一天都可以构成一个新的传播,都可以适用一个新的诉讼时效。

  法院拒绝了 Firth 的意见,认为持续过错理论仅仅适用于持续的非法行为,而不应适用于早期的非法行为所引致的持续性的侵害结果。同时,法院认为该案的诉讼时效应当按照单一传播规则来判断。① 这种网络上的诽谤可以说是成千上万的,超越了地理限制并且持续了一个不特定的期间。如果适用再次传播规则,那么网络诽谤的诉讼会比传统的纸质媒体的诽谤诉讼更容易被提起,考虑到这会阻止信息在网络的公开散播,法院认为应当适用单一传播规则。② 根据法院对该案的认定,诉讼时效的起算点是诽谤性信息在网络上原始传播之日,同时,法院进一步认定,基于单一传播规则,原始传播的日期应当根据作品可以被公众获得之时确定,而无需由其销售量或者点击率来确定。③ 同时,法院也认为,硬要将传统纸质媒体传播和网络媒体传播相同的信息进行区分,这是没有合理依据的。因此,除非网络传播的内容或者形式有所改变,否则网络上持续存在的信息不会构成再次传播,诉讼时效也不会重新起算。④

  网络媒体与传统媒体毕竟有很大的不同。对于网络上传播的信息,如果不进行更改或者删除,那么该信息就会持久存在;而传统媒体一般要受到印刷数量或者播放次数的限制,能够达到的受众也是有限的。尽管如此,现代新闻法还是认为,已经在网络发表传播的资料,在发布之后又发布到达新的受众,诉讼时效是不会重新起算的。因为网络信息之所以可以传达给不

---

  ① George Firth v. State of New York,184 Misc 2d 105.

  ② Sapna Kumar, Website Libel and the Single Publication Rule, *University of Chicago Law Review*, Spring, 2003.

  ③ Lori A. Wood,Cyber-Defamation and the Single Publication Rule, 81 *B. U. L. Rev.* 895, October 2001.

  ④ Ibid.

特定的受众,是由网络传播的性质决定的,如果将其持续存在视为再次传播,势必会引发诉讼的混乱,造成滥诉情况的发生。同时,如果承认相同信息的持续传播会构成再次传播,会使新闻机构不堪重负,以致最终会影响社会公共信息的有效流通。因此,当新闻机构通过网络来传播信息时,诉讼时效应当自该信息被上传至网络之日起算,只要有关的诽谤性报道的内容没有改变,那么法院就不应当认定该信息的持续存在构成再次传播,也不可以重新起算诉讼时效。但如果该新闻报道内容被修改后再次公开传播,或者新闻机构将同样的内容放置在新的网页上进行传播,就应当认定新一轮的传播构成一个新的诽谤侵权,并启动一个新的诉讼时效。

二、再次传播规则

新闻机构不可能对每个报道都进行深入的调查和采访,以至于很多新闻报道中采用的资料都是二手的信息,因此这就不可避免地会对他人所发表的信息和言论进行再次传播。当这些新闻报道内容构成诽谤性言论时,新闻机构是否应当承担法律责任呢?下面我们进一步讨论再次传播规则。

(一)再次传播规则的含义

再次传播规则(the doctrine of republication)是现代媒体法的一个重要规则,它旨在确认新闻机构传播或者引用他人言论的新闻报道过程中,当他人言论构成诽谤时,新闻机构是否需要承担诽谤责任。

根据《美国侵权法重述》(第二版)第576节,再次传播规则的具体内容包括:"在且仅在下列情形下,对一项书面或口头诽谤的公布构成由第三人重复公布所造成的特殊损害的法律原因:(a)该第三人拥有重复公布的特权;或(b)原诽谤者有意促使或授权第三人重复公布;或(c)该重复公布可以被合理预见。"同时,第578节规定了再次传播者应当承担的责任,即"除了那些只是送达或传递某第三人公布的诽谤事项者外,重复或以其他方式再次公布诽谤事实者,应承担与原公布者同样的责任。"[①]依据美国普通法的传统观点,重复传播一个诽谤性言论并将此言论作为自己的观点时,重复

---

① 肯尼斯亚伯拉罕、阿尔伯特·C.泰特选编:《侵权法重述——纲要》,许传玺、石宏等译,法律出版社2006年版,第194、196页。

传播者应当与原始诽谤者就此诽谤性言论承担相同的责任。

但是,现代诽谤法则认为,原始诽谤者如果知道其言论会被再次传播,或者能够合理预见该言论会被再次传播,那么原始诽谤者应当承担责任。对于那些仅仅传递已经公开的诽谤性资料的传播者,只有在其已知或者应当知道该资料系有错误和诽谤性的情况下,方才承担责任。[①] 也就是说,在新闻报道过程中,如果新闻机构重复传播或者引用了他人的诽谤性的言论,新闻机构在一般情况下需要承担诽谤的侵权责任;而原始的发言人只有在明知或者应当知道其发言可能被传播而仍然传播时方才承担侵权责任。

综上所述,再次传播规则的核心内容包括两个方面:其一,当新闻机构公开传播或者引用他人的诽谤性言论或者观点时,一般情况下新闻机构应当与原始诽谤人承担相同的法律责任;其二,如果新闻机构在传播或者引用他人言论时,尽到了合理的注意义务并履行了相应的调查义务时,新闻机构无须承担诽谤的侵权责任。

(二)再次传播规则与中立报道

在现代媒体法中,探讨再次传播规则,就不得不提到"中立报道"原则。中立报道可谓是再次传播规则的核心内容之一,该原则为究竟在何种情况下新闻机构可以传播和引用他人诽谤性言论而不承担侵权责任设定了标准。

"中立报道"原则是美国第二巡回法院在 Edwards 诉 New York Times 一案中确立的原则。它是指,如果某个著名的、负责任的组织发表了针对公众人物的言论时,而新闻机构对此进行了确实的报道,那么即使该组织所发表的言论和观点是虚假的、具有诽谤性的,新闻媒体也不对此承担诽谤的责任,因为该组织的言论或观点本身就具有新闻价值。[②] Edwards 案确立了判断中立报道成立的八个因素,即:

1)报道的确实性;
2)报道的中立性;
3)信息来源的归属;

[①] Church of Scientology v. Minnesota State Medical Ass'n. Found, 264 N. W. 2d 152, 3 Med. L. Rptr. 2177.

[②] Gordon Edwards v. New York Times, United States Court of Appeals for the Second Circuit, 556 F. 2d 113.

4）信息来源的可靠性；

5）原始报道的公共性；

6）信息来源是否是公众人物；

7）言论针对的对象是否是公众人物；

8）报道所涉及的问题是否有新闻价值。①

这八点实际就是为抽象的"中立报道"原则设定了具体的衡量标准，在特定的新闻诽谤案件中，法院可以综合新闻报道的上述几个因素进行综合判断其是否构成中立报道，从而判断新闻机构是否应当为此报道承担侵权责任，同时标准的设立也为新闻机构自身提供了一个自查的标准。当然，上述标准是无法精确设定的，在具体的法律适用过程中，究竟符合几项要素才可以构成中立报道，应当由审判机构自由裁量。

根据中立报道的上述意义，新闻媒体的再次传播行为是否构成诽谤，因其报道所依赖的信息来源的不同而有所不同。当信息来源是著名的、获得社会认同的权威机构或组织时，新闻机构对其言论的重复传播不构成诽谤，即便是新闻媒体对该信息传播存在实际恶意的情况下，其依然不构成诽谤，这主要是因为该组织机构的言论本身就具有新闻价值的缘故；而当信息来源不著名的媒体或者小道消息时，新闻机构的再次传播行为就极有可能被认定为诽谤。也就是说，在信息来源为非权威机构时，新闻机构是不具有重复传播的特权的，在此类的案件中，新闻机构就在很大程度上要对报道的真实性承担责任。

（三）再次传播规则在商业诽谤案件中的应用

基于"观念的市场"理论，法律应当在一定的程度上对虚假的言论进行保护，因为虚假的言论也会通过公众的交流和讨论而引致事实的真相。在新闻传播过程中，新闻机构要想亲力亲为地同时满足新闻的及时性与真实性往往会力不从心，因此，在新闻机构转述或者引用他人言论进行再传播的过程中，就难免会出现所引述的言论或者观点虚假并构成诽谤，那么法院在审判过程中，应当如何认定此类行为呢？应当结合具体案件中的相关因素

---

① Keith C. Buell, Note: Start Spreading the News: Why Republishing Material from Disreputable News Reports Must Be Constitutionally Protected, 75 *New York University Law Review*, October 2000, 966.

进行综合考量以资判断。

1. 引用、转述第三人的言论或者观点

（1）权威来源

根据现代媒体法主流观点,对于新闻机构重复传播著名的、获得社会认同的权威机构发表的言论,新闻机构是无须承担诽谤责任的,即便在新闻机构存在实际恶意的情况下也是如此。基于权威机构的言论本身所具有的新闻价值,所受到的社会舆论关注,新闻机构就无须对所存在的虚假的言论承担诽谤责任。在这里对权威来源的判断就显得尤其的重要了。法院应当以普通的理性人标准进行衡量,一般情况下,官方及一些社会管理机构都可以被确定为权威来源。

（2）小报消息、传言、小道消息

对于来源于小报消息、小道消息和传言信息的重复传播所造成的诽谤问题,在具体的案件中,可以通过下面几个因素进行综合考量:

第一,信息内容是否涉及社会利益、公众兴趣,是否具有新闻价值。对于事件和言论的报道是否涉及公共利益和公众兴趣,这是判断重复传播行为是否应当对虚假言论承担诽谤责任的基础和前提。只有涉及公共利益和公众兴趣的事实和言论才具有新闻价值,才应当给予特别保护;反之,可能会侵犯社会个体的利益。

第二,信息来源是否确实、可靠。新闻机构的重复传播行为所依赖的信息来源是否存在信用确实或者道德败坏的情况,在以往的社会活动中是否存在欺诈、诽谤、胁迫等违反诚信的行为,是否存在引起公众谴责或者批判的失信记录。只要信息来源一贯是诚信的、可信赖的,基于新闻自由和言论自由,无须过于强调其权威性。

第三,新闻报道是否明确指明信息来源。这是判断新闻机构是否构成诽谤的一个重要因素,对于无论是基于权威来源抑或是一般来源的再次传播行为,新闻机构都应当明确的指明信息的来源,因为信息来源本身也是新闻价值的重要组成部分,新闻来源往往可以促进公众对事实真相的探询。尤其要注意的是,如果新闻机构只是采用"据说"、"据闻"之类的模糊性语言,就不能认为其已经指明了信息来源,而此类信息如果构成虚假和诽谤性,新闻机构应当与原始的发表者承担相同的诽谤责任。

第四,是否提供可能的受害人答辩或者申辩的机会、是否进行相关的调查和采访、是否对可能造成诽谤的新闻予以跟踪报道或者连续报道。这是对新闻机构设定的一个基本的注意义务,要求新闻机构在此类信息的报道上应当更加谨慎和小心,要承担一个"可预见性"的义务,也就是说,在此类的报道中新闻机构应当对该报道可能引发的诽谤风险进行预先的判断。如果存在这样的风险,新闻机构应当积极的提供潜在的受害人进行答辩和申辩的机会,对相关事实进行进一步的调查,并对所涉事件的发展态势进行跟踪报道和连续报道。在这里,"可预见性"标准应当以一个合格的新闻从业人员为参照系,由法院进行自由裁量。

2. 访谈节目、即兴演讲和脱口秀

访谈节目、即兴演讲和脱口秀节目不同于上述言论的重复传播,这些新闻节目都是由主持人和其所邀请的嘉宾共同对相关主题进行的讨论,它可以事先录制,也可以现场直播。新闻机构也往往会在此类节目中声明"嘉宾言论不代表本台观点"。现在的问题是,当嘉宾的言论构成诽谤时,新闻机构是否应当承担诽谤责任?笔者认为应当区分不同的情况进行判断。

首先,应当对嘉宾的身份和品质进行判断,确定新闻机构是否存在主观的过错。新闻机构在录制此类节目时,就应当对可能发生的诽谤进行一个预估,如果嘉宾的身份不明,或者嘉宾的道德品行不良,而新闻机构没有预先审查,或者放任这种情况的发生,那么当诽谤发生时新闻机构就可能承担责任,因此新闻机构要承担预先审查的义务。

其次,应当将此类的新闻节目区分为现场直播和预先录制两类。对于现场直播的节目,因嘉宾的言论构成诽谤,新闻机构在一般情况下无须承担诽谤责任,但是如果被诽谤人能够提供证据证明新闻机构是已知或者应当能够预知,也就是说,当新闻机构存在实际恶意时,新闻机构就应当承担诽谤的侵权责任;对于预先录制的节目,因为录制与播出之间存在一个时间差,应当强调新闻机构的审查义务。

第七章 群体组织的名誉权问题

　　1980年，在一个涉及6亿穆斯林的名誉侵权案件中，被告拍摄的电影《王子的死亡》被认为侵犯了6亿穆斯林的名誉，其中一名穆斯林向法院起诉，要求被告就其针对6亿穆斯林作出的陈述对自己承担名誉侵权责任。一个关键的问题是，原告的诉讼请求是否具有合法性基础？行为人就其名誉毁损性质的陈述承担侵权责任，一个重要的条件就是行为人具有名誉毁损性陈述"涉及原告"。根据"涉及原告"的理论，即便行为人作出的陈述为具有名誉毁损性质，并且已经对第三人公开，但是如果行为人的陈述根本不涉及原告的名誉，那么行为人就无须对原告承担侵权责任。Salmond先生指出："在任何名誉侵权诉讼中，原告均应承担举证责任，证明行为人作出的具有名誉毁损性陈述涉及原告的名誉。"[1]如果行为人对某一群体、阶层、组织或者单位作出具有名誉毁损性质的陈述，致使该群体、阶层、组织、单位或其成员的名誉受到不利影响，这就有可能构成群体组织名誉侵权诉讼。在判断是否符合"涉及原告"这一构成要件时，群体组织名誉侵权案件就会提出一系列的特殊问题，例如：是否所有的群体组织均享有名誉权？究竟哪些群体组织有权提起名誉权诉讼？群体组织的成员是否有权要求行为人对自己承担侵权责任？下面我们专门就群体组织的名誉权问题展开探讨。

---

[1] R. F. V. Heuston and R. A. Buckley, *Salmon and Heuston on the Law of Tort*, London: Sweet & Maxwell, 1987, pp.144—145.

第一节　非经济性质的群体组织原则上不得享有名誉权

一、经济组织和非经济组织的区别对待

在侵权法领域,群体组织的性质不同,它们对名誉侵权法的影响也不同。如果群体组织是经济性质的组织,则该群体组织享有名誉权,当行为人作出具有名誉毁损性质的陈述致使其名誉权受到损害时,该群体组织可以提起名誉侵权诉讼。如果群体组织是政治性的、国家机关性质的、宗教性质的、种族性的群体组织或者其他非经济性质的群体组织,那么即便它们具有独立的民事主体地位,具有独立的法人格,它们也不得享有受侵权法保护的名誉权。

二、非经济组织不享有名誉权的原因

同样是群体组织,为什么法律认可公司和合伙组织的名誉权,而不认可政治组织、国家机关组织、宗教组织或种族组织的名誉权?这主要是因为,赋予公司和合伙组织以名誉权,不会阻止社会公众的言论自由,不会妨碍公共媒体对他们进行的监督;如果赋予政治组织、国家机关、宗教组织和种族组织以名誉权,则会阻止社会公众的言论自由,妨碍公共媒体对它们的监督。在现代社会,名誉侵权法实际上涉及两种利益之间的冲突和平衡,即原告的名誉利益和行为人的表达自由。如果认定原告享有的名誉利益大于行为人的表达自由,则名誉侵权法将其保护的天平偏向原告名誉利益方面。那么无论是经济性质的群体组织还是政治、国家机关性质的群体组织均享有名誉权。但是,这样虽然保护了所有群体组织的利益,却牺牲了社会公众尤其是公共媒体享有的言论自由和新闻自由,使他们无法了解公共群体组织的活动,无法参与公共事务的讨论,无法对公共机构进行有效的监督。

20世纪60年代以来,侵权法更加注重保护行为人的表达自由。即使行为人对具有政治性、公共职能性的群体组织所作的批评是不真实的,法律也不能责令行为人对这些群体组织承担名誉侵权责任。在我国,宪法高度重视社会公众享有的权利,认为社会公众对国家机关和社会团体组织享有批

评权,当他们发现国家机关和社会团体存在或者可能存在违反社会公共利益的行为时,他们可以行使宪法赋予的言论自由权,对国家机关和社会团体的行为作出评论、发表看法甚至提出批判,此时,法律不得认定社会公众对国家机关和社会团体所作的批评构成名誉侵权。社会公众对国家机关和社会团体行为作出的评论和发表的看法,即便存在不真实的地方,不应责令行为人就其针对国家机关和社会团体等群体组织作出的批评承担名誉侵权责任,否则,社会公众将会没有积极性去履行宪法们赋予他的监督职权,国家机关和社会团体将会在没有人监督的情况下任意行为并最终使它们走向权力的极端。

另一方面,法律拒绝对国家机关和社会团体等群体组织进行名誉权保护,一个重要的原因在于,国家机关和社会团体等公共群体组织并不是人民的统治者,它们仅仅是人民的代理机关,它们不是人民的主人而是人民的公仆,因此,它们行使的权力只能本着为人民利益的目的而行使,此时,法律仅仅要求国家机关和社会团体等公共群体组织尊重人民,而不是要求人民对自己的尊重。在不同的时代,人民与国家机关和社会团体的关系是不同的。在国家机关和社会团体等公共群体组织被看做人民的统治者的时代,国家机关及其机关工作人员的地位十分重要,法律不允许社会公众对这些群体组织进行公开批判,即便它们作出了错误决策,社会公众也必须带着最大的尊敬来指出这些公共群体所犯的错误,他们不得对这些群体组织进行批判,否则,会减损这些群体组织在社会生活中的地位,减损社会公众对它们的顶礼膜拜式的尊重。[①] 在今天,国家机关和社会团体等群体组织已经不再被看做人民的主人,不再被认为是比社会公众更有智慧的群体组织,它们仅仅被看做人民的代理机构,基于人民的委托来处理有关公共事务;人民被看做国家的主人,他们享有当家做主的权力,他们将公共事务的执行权交给依经过自己批准设立的国家机关和社会团体等群体组织,这些群体组织被看做人民的公仆机构。此时,作为主人的公众当然可以对自己的公仆机构进行批评,包括对它们的违法行为进行严厉的谴责等。如果法律要求社会公众在批评这些群体组织时就其激烈的批评、过火的评论甚至虚假的陈述承担侵

---

① See J. F. Stephen, *A History of the Criminal Law of England*, London: Macmillan,(1933)at 299—300.

权责任,则社会公众的地位将从主人的地位倒退为仆人的地位。可见,不赋予国家机关、社会团体等公共性质的群体组织以名誉权,是社会公众享有主人翁地位的必要,是国家机关等群体组织属于社会公仆地位的要求。

总之,除非法律特别规定,群体组织不享有名誉权,它们不得向法院起诉要求行为人承担侵权责任,因此从原则上讲,群体组织不能作为名誉侵权法上的主体,不享有受法律保护的名誉权。

第二节 群体组织的个人成员原则上不得提起诉讼

如果行为人对某个群体组织作出具有名誉毁损性质的陈述,该群体组织本身不能向法院起诉,那么,该群体组织的个人成员是否有权提起诉讼?对于这个问题,许多国家的侵权法基本上持否定态度,即个人成员不得提起侵权诉讼。在法国,当行为人的陈述直接针对某个集体组织或者某个职业团体或者某个社会阶层时,即便这些集体组织、职业团体或者社会阶层的所有人或者某些成员间接受到伤害,他们中的任何成员均不得以个人身份向法院起诉。[①] 在英美法国家,侵权法认为,除非法律特别规定的例外情形,如果行为人作出的具有名誉毁损性陈述仅仅涉及群体组织时,该群体组织的成员不得向法院起诉。例如,当行为人说所有律师都是卑鄙小人时,不仅律师群体组织本身不能向法院起诉,而且任何个人律师也不得向法院起诉;同样,当行为人说所有医师都是骗子时,不仅医师组织本身不得向法院起诉,而且该医师组织中的任何个人医师也不得向法院起诉。

一、一般原则与三种例外

(一) 一般原则

在历史上,群体组织的名誉侵权诉讼源远流长,其最早的历史可以追溯到 1617 年的 Foxcroft v. Lacy[②] 一案。该案被告 Lacy 作出陈述,说原告 Foxcroft 和另外 16 个人杀害了 Henry Farrer。原告 Foxccoft 向法院起诉,认为被

---

① 9févr. 1954, Bull. crim. 63, D. 1954. 117, note M. R. M. P.
② 1614Hobart 89, 80Eng. Rep. 239.

告 Lacy 作出的陈述是对包括自己在内的所有人的名誉具有毁损性质的陈述，应当对自己承担名誉侵权责任。法官作出判决，被告不应当对原告承担名誉侵权责任，因为被告作出的具有名誉毁损性陈述是针对群体组织的陈述，群体组织中的任何个人成员不得提起诉讼。

1653 年，根据 Foxcroft 一案，Symm's Case 一案确立了相似的规则。在 Symm's Case 案中，被告作出陈述，说某个群体杀害了 Farrer。原告是该群体的成员，他向法院起诉，要求法院责令行为人就其具有名誉毁损性质的陈述对自己承担侵权责任。法院认为，原告作为群体中的成员，不享有此种侵权诉讼的请求权，因为被告在作出陈述时，没有肯定原告就是杀死 Farrer 的人，其陈述不具有确定性。①

1700 年，英国司法判例在 King v. Alme & Nott② 一案中指出："如果行为人在其发表的文章中攻击人类或者诸如穿法袍的法官等特定阶层的人，他们的攻击行为不能被看做书面诽谤行为，他们不用就其行为对他人承担侵权责任；如果他们在其发表的文章中攻击特定的个人，他们的行为可以构成书面诽谤行为，他们应当就其行为对他人承担侵权责任。"

1815 年，美国纽约州最高法院遵循英国 Foxcroft 一案确立的规则，在 Sumner v. Buel③ 一案中认为，如果行为人作出的具有名誉毁损性陈述仅仅是针对某群体组织本身的话，那么该群体组织的个人成员不能起诉行为人。在该案中，三家公司的股东被要求为社会提供几周的服务，除了其中一个股东愿意提供社会服务之外，其他股东均拒绝提供此种服务。被告在其文章中说，这三家公司的大多数股东之所以拒绝提供社会服务，其原因在于这些公司的九名高级官员欺骗他们，使他们相信政府无权要求他们为社会提供服务。为此，几名高级官员向法院起诉，要求被告就其作出的具有名誉毁损性陈述对自己承担侵权责任。美国纽约州最高法院认为，被告不就其陈述对原告们承担侵权责任，法官认为："当行为人没有在其构成书面诽谤的文章中提到特定的、特别的个人时，当行为人作出的陈述所指向的对象十分抽象而无法推定其中某一个个人因此遭受损害时，当一个群体的人数众多而

---

① 1653 Godbolt 391, 78 Eng. Rep. 230.
② 3 Salk 224, 91 Eng. Rep. 790, Ld Rayd. 486, 91 Eng. Rep. 1224(1700).
③ 12 Joins. 407(N. Y. Sup. Ct. 1815).

无法表明行为人作出的陈述是指向谁时,群体组织中的个人成员无权起诉并要求法院责令行为人就其陈述对自己承担名誉侵权责任。"①

1837 年,根据 Sumner 一案规则,美国纽约州最高法院在 White v. Delavan② 一案中认为,被告不就其作出的具有名誉毁损性陈述对作为群体组织中的个人原告承担侵权责任。在该案中,被告在其文章中说,有家酿酒者在酿酒时使用发臭的水。原告是被告文章中所指的几家酿酒者之一,他认为被告的文章侵犯了自己的名誉,要求被告承担侵权责任。美国纽约州最高法院认为,当被告作出的具有名誉毁损性陈述仅仅针对某个群体时,该群体中的个人无权要求行为人就其陈述对自己承担名誉侵权责任,除非被告在其文章中明确指明该群体中的个人的姓名。

1858 年,英国司法判例在著名的 Eastwood v. Holmes③ 一案中认为,群体组织的成员无权就针对群体组织本身作出的具有名誉毁损性陈述提起名誉侵权诉讼。在该案中,被告在其期刊中刊登文章,说它最近作出的调查显示,某个地方出卖的铅制手工艺品并非出卖人宣称的正品古董,它们实际上是近期制造的复制品。原告是被告报道所在地区的古董经销商,他认为被告的陈述是具有名誉毁损性质的陈述,侵犯了他本人的名誉权,应当对自己承担侵权责任。法官认为,被告不用就其作出的陈述对原告承担侵权责任,因为被告作出的陈述仅仅针对作为一个群体的古董经销商,其中没有涉及原告个人名誉的内容。在该案中,法官确立了这样的规则:"如果一个人在其文章中说所有律师都是强盗,则没有一个律师可以对此种具有名誉毁损性质的陈述提起名誉侵权诉讼,除非行为人作出的具有名誉毁损性陈述包含了涉及该特定个人名誉的内容。"

(二) 三种例外

群体组织的个人成员不得就行为人对群体组织的毁损性陈述提起个人名誉侵权诉讼,在坚持这个一般原则的同时,侵权法也设定了某些例外。在例外情形下,群体组织的个人成员有权向法院起诉。例如,群体组织规模较小和人数较少,针对群体组织作出的陈述,可以理解为针对群体组织的所有

---

① Sumner v. Buel,12 Joins. 407(N. Y. Sup. Ct. 1815).

② 17 Wend 49(Sup. ct. 1837),rev'd sub nom,Ryckman v. Delavon,25 wend 186(N. Y. 1840).

③ 1F. & F,347,175Eng. Rep. 758(1858).

成员;例如,行为人针对该个人成员所在的群体组织作出的陈述,可以解释为针对该个人成员,该个人成员提起名誉侵权诉讼符合"涉及原告"的要求;再例如,行为人作出的陈述虽然针对原告所在的群体组织,但其陈述是当着原告个人的面作出的。

20世纪以来,英国、美国或者其他英美法系国家的司法判例都坚持 Foxcroft 一案确立的规则,如果名誉毁损性质的陈述仅仅针对个人成员所在群体组织的话,原则上不允许群体组织的个人成员对行为人提起名誉侵权诉讼。在坚持这个一般原则的情况下,英美法系国家的司法判例也对这一原则作出了某些例外规定,在例外情况下,即便行为人作出的陈述仅仅是针对群体组织本身而非针对群体组织的个人成员,群体组织的个人成员仍然有权提起诉讼,并要求行为人就其陈述对自己承担侵权责任。根据英美法系国家的司法判例,此种例外主要表现在三个方面:

(1) 行为人作出的具有名誉毁损性陈述虽然针对原告所在的群体组织,但是行为人在作出此类陈述时仅仅当着群体组织中的一个或几个成员的面,此时,行为人当面作出此种陈述的人可以提起名誉侵权诉讼,要求行为人就其陈述对自己承担名誉侵权责任。如果行为人说所有律师都是强盗,那么任何个人律师均不得提起名誉侵权诉讼。但是如果行为人在陈述时只有某一律师在场,或者因为其他方面的原因,行为人作出的此类陈述被其读者或者听众合理理解为针对该律师,则原告律师有权提起个人侵权诉讼,要求行为人就其针对全体律师作出的陈述对自己承担侵权责任。①

(2) 行为人作出的具有名誉毁损性陈述被理解为针对该群体组织中的具体成员或针对原告。在这里,行为人作出的陈述虽然针对群体组织,但可以被合理解释为是针对群体组织中的原告个人。在这方面,美国 Oklahoma 州最高法院在 1962 年的 Fawcett Publications Inc. v. Merris② 一案中作出的判决成为美国侵权法中一个具有里程碑性质的判决。在该案中,原告是一个足球队的后卫替补队员,被告在文章中说,该球队的替补队员在参加足球比赛时使用了违禁药物苯丙胺。在本案中,由于该杂志的读者熟悉原告所在的群体,了解原告,并且可以确定原告的身份,虽然行为人在文章中没有明

---

① W. Page keeton, p.784.
② Okl.1962,377 p.2d 42.

确使用原告的姓名,但行为人对原告所在足球队的名誉毁损性陈述也被认为是对原告本人的名誉毁损性陈述。原告向法院起诉,要求被告承担名誉侵权责任。法院认为,被告应当就其陈述对原告承担名誉侵权责任。①

(3)行为人的陈述所针对的群体组织是一个相对较小的群体组织,诸如特定公司的工程师或者仅有25名工作人员的群体组织。在历史上,如果行为人的陈述针对的是规模相对较小的群体组织,即便陈述具有名誉毁损性,法律也不允许群体组织中的个人成员提起名誉侵权诉讼,因为法律认为,行为人针对群体组织的陈述不能被解释为针对每一个成员的陈述,法律无法确定谁是名誉遭受毁损的个人。在今天,此种规则已经被废弃,多数法院认为,如果行为人对其作出陈述的群体组织规模较小或者人数较少,则行为人针对群体组织作出的陈述可以被理解为针对群体组织中的个人成员,群体组织中的个人成员可以以原告的身份向法院提起诉讼,要求法院责令行为人对自己承担个人侵权责任。②

在上述三种例外情况下,群体组织的个人成员可以提起名誉侵权诉讼。如果仔细分析就会发现,无论是哪一种例外,都可以归结为一点:即便行为人作出的陈述仅仅针对群体组织,只要该陈述也可以被合理理解为针对群体组织中的个人成员,则个人成员就可以向法院起诉;如果行为人作出的陈述不能被合理解释为也是针对群体组织的个人成员而仅仅是群体组织,则群体组织的个人成员不得向法院起诉。

在第一种例外中,法律之所以责令行为人向个人成员承担名誉侵权责任,是因为,当着群体组织个人成员的面毁损群体组织的名誉,实际上就是毁损群体组织个人成员的名誉,因为这符合"涉及原告"这一构成要件的要求;在第二种例外中,法律之所以责令行为人向个人成员承担名誉侵权责任,是因为遭受名誉毁损的群体组织中个人成员的数量确定,作为个人成员的原告在群体组织中的地位突出、影响广泛,法官在平衡各种具体的因素之后认为,行为人的陈述也可以理解为是针对群体组织的个人成员,他们有权要求行为人承担名誉侵权责任,因为他们的名誉侵权诉讼符合"涉及原告"的构成要件之要求;在第三种例外下,法律之所以责令行为人向个人成员承

---

① W. Page keeton, p. 784.
② Ibid., pp. 784—785.

担名誉侵权责任,这是因为,当群体组织的规模较小的时候,行为人对群体组织作出的名誉毁损陈述,实际上等同于对群体组织的个人成员作出的名誉毁损陈述。此外,如果法官在考虑案件的各种具体因素后认为,行为人作出的陈述不仅对群体组织本身造成名誉毁损,而且对群体组织的个人成员也造成了名誉毁损,在这种情况下个人成员也可以成为名誉侵权诉讼中的原告,也符合"涉及原告"构成要件的要求。可见,在决定群体组织的个人成员是否能够提起名誉侵权诉讼时,法律采取的唯一判断标准是:行为人针对群体组织作出的陈述,是否可以被合理理解为也是针对群体组织的个人成员。行为人针对群体组织作出的陈述,如果可以合理理解为是针对群体组织个人成员的陈述,则群体组织的个人成员有权提起诉讼。行为人针对群体组织作出的陈述,如果不能合理理解为是针对群体组织个人成员的陈述,则群体组织的个人成员无权提起诉讼。可见,群体组织的个人成员是否可以就针对群体组织本身作出的陈述提起名誉侵权诉讼,仍然是一般名誉侵权责任构成要件的问题,它是"涉及原告"这一构成要件在群体组织名誉侵权领域的表现和延伸。《美国侵权法重述》(第二版)第564条之官方评论6条指出,在提起名誉侵权诉讼时,原告不需要证明行为人在陈述中使用了原告的姓名,只要行为人作出陈述时,通过听到或者阅读行为人的陈述,听众或者读者能够合理认为行为人意图针对原告,原告就有权提起名誉侵权诉讼。

  基于公共政策的考量,现代侵权法学说也赞同群体组织名誉侵权的一般原则和例外。如果法律一律将行为人针对群体组织的陈述看做是针对群体组织的个人成员的陈述,则行为人将会因为同一陈述而对群体组织的所有成员承担名誉侵权责任,他们承担的责任将十分沉重;如果一律将行为人针对群体组织作出的陈述看做是针对群体组织的个人成员作出的陈述,则行为人的言论自由和新闻自由将遭受重大打击,行为人行使的宪法性权利将受到不当限制。同时,行为人针对群体组织的陈述,如果法律一律不将其看做是针对群体组织个人成员的陈述,即便个人成员遭受重大的财产损害或者非财产性损害,则个人成员将无法获得法律救济,这样个人的名誉利益就会被淹没在群体组织的海洋中;行为人针对群体组织的陈述,如果法律一律不将其看做是针对群体组织个人成员的陈述,即便行为人针对群体组织作出的陈述是非常让人难以忍受的陈述,行为人既不用对被毁损名誉的群体组织承担责任,也不用对群体组织的成员个人承担责任,这会导致行为人的名誉毁损行为无法得到抑制。可见,在决定群体组织的个人成员是否有权提起个人名誉侵权诉讼时,法律既要平衡原告的名誉利益,也要平衡被告的言论自由利益,使两种利益得以有效平衡,防止过分保护一方的利益而完全牺牲另一方的利益。法律如何实现利益平衡? 现代侵权法学说从不同立场作出了探讨,主要包括两种理论,即"群体组织规模"理论和"多因素平衡"理论。

"群体组织规模"理论认为,在决定群体组织的个人成员是否可以提起侵权诉讼时,法官仅仅考虑一种因素,即被行为人毁损名誉的群体组织的规模大小和人数多少。如果被行为人毁损名誉的群体组织规模小,人数少,即便行为人仅仅对群体组织作出具有名誉毁损性质的陈述,群体组织中的个人成员也有权提起名誉侵权诉讼,否则个人成员无权以原告的身份提起诉讼。在这里,法官仅仅考虑群体组织规模的大小这一个因素,不再考虑其他具体因素。

"多因素平衡"理论认为,在决定群体组织的个人成员是否可以提起侵权诉讼时,法官不能仅仅考虑群体组织规模的大小,而且还要考虑其他多种因素,并综合这些因素,分别作出肯定或者否定的回答。

《美国侵权法重述》(第二版)第564A条对这两种理论作出了明确规定,它认为,当行为人对某种群体或者组织作出具有名誉毁损性质的陈述时,行为人只有在符合下列两种情形下才就其陈述对该种群体或者组织的个人成员承担名誉侵权责任:(a)此种群体或者组织规模小,行为人针对此种群体或者组织作出的陈述也可以合理地理解涉及该个人成员;(b)行为人公开其对群体组织名誉具有毁损性质的陈述使人合理得出其陈述也涉及群体组织个人成员的结论。

对于群体组织的个人成员是否有权就行为人针对该群体组织作出的陈述提起名誉侵权诉讼的问题,英国上议院实际上已经在著名的 Knuppfer v. London Express Newspaper Ltd.①一案中作出了回答。在此问题上,英国法律坚持这样的原则:(1)群体组织的个人成员是否可以就行为人针对有关群体组织作出的陈述提起个人名誉侵权诉讼,其核心问题是,行为人在作出

---

① [1944] A.C.116.

此种陈述时,其陈述是否牵涉原告,行为人作出的陈述除了涉及群体组织之外,是否还特别涉及原告个人;(2) 在通常情况下,如果行为人作出的具有名誉毁损性陈述所针对的是群体组织本身,那么该群体组织的个人成员无权主张名誉毁损性陈述是针对他本人的陈述;(3) 行为人作出的陈述是针对某个群体组织作出的陈述,如果行为人的陈述中存在涉及该个人成员名誉的某些内容,或者行为人公开其陈述时的环境表明行为人的陈述也涉及该特定的个人成员,那么群体组织的个人成员有权提起名誉侵权诉讼;(4) 虽然行为人作出的具有名誉毁损性陈述所针对的是某一群体组织,但是如果群体组织的成员数量有限,则群体组织的任何个人成员均有权起诉,因为针对该群体组织的陈述也可以说是针对该群体组织中的每一个个人成员的陈述。[①]

二、一般原则的合理性

侵权法之所以禁止群体组织的个人成员针对其所在群体组织作出的名誉毁损性陈述提起侵权诉讼,其主要原因有三:

(1) 名誉侵权责任构成要件的要求。根据名誉侵权法的理论,原告要求被告就其作出的陈述对自己承担侵权责任,他们不仅要证明被告作出的陈述具有名誉毁损性质,而且还要证明此种陈述涉及自己的名誉。如果行为人作出的陈述没有涉及原告本身的利益,原告自然不能要求行为人对自己承担侵权责任。著名侵权法学家 King 教授对此理论作出了说明,他指出:"名誉侵权责任的一个必要构成要件是,行为人作出的具有名誉毁损性陈述必须已经涉及原告。此种要件的称呼多种多样,诸如'有关原告'要件,'牵涉原告'要件,'具体指明原告'要件,'确定性规则'或者'可予确定者'规则等等。虽然司法判例在讨论这一要件时使用的称呼并不完全相同,但是它们坚持这一要件的根据则是相同的。如果原告无法使自己与行为人的毁损性陈述联系在一起,法律将不可能认定他们的名誉已经遭受行为人毁损性陈述的损害。"[②]在群体组织的名誉侵权纠纷中,行为人虽然作出了具有名誉毁损性质的虚假陈述,但此种陈述仅仅针对该群体组织本身,而非针

---

① W. V. H. Rogers, pp. 311—312.
② Joseph H. King, Jr Reference to the Plaintiff Requirement in Defamatory Statemerts Directed at Groups,(2000)35 *Wake Forest L. Rev.* 343. 348.

对该群体组织中的某个个人成员,因此,群体组织中的个人成员对行为人提起名誉侵权诉讼显然违反了名誉侵权法的一般理论,不符合名誉侵权责任的构成要件。

(2) 理性人标准的体现。在名誉侵权责任中,在决定行为人的陈述是否具有毁损性质,法律采取的有两个标准:第一,一般理性人标准;第二,接受者的标准,也就是说,行为人的陈述是否涉及某人,应当以接受者的合理理解为标准。前一种标准为英国侵权法所采用,根据该标准,在决定行为人的陈述是否对原告名誉具有毁损性时,法律并不考虑行为人陈述的意图,法律仅考虑一个有理性的人在明了行为人的陈述之后,是否会认为行为人的陈述是对原告的名誉具有毁损性,一旦一个理性人认为行为人的陈述是涉及原告的陈述,则行为人的陈述即被认为涉及原告。Salmond 先生对此规则作了说明,"在普通法上,法律并不要求被告在作出具有名誉毁损性陈述时具有毁损原告的主观意图,在这里,问题不在于被告是否存在具有毁损原告名誉的主观意图,问题在于,此种陈述对其公开的任何人在了解此种陈述之后会合理认为,原告就是被告作出陈述时所指向的人。"[①]后一种标准则为《美国侵权法重述》(第二版)所采取。根据《美国侵权法重述》(第二版)第564 条的规定,任何具有名誉毁损性质的陈述,如果接受者合理理解该种陈述意图是针对原告的名誉,那么这种陈述就被认为是涉及原告的陈述。无论适用哪个标准,当行为人仅仅针对原告所在的群体组织作出具有名誉毁损性质的陈述时,原告很难证明,一个有理性的人在了解行为人作出的此种陈述之后会认为行为人有对原告名誉进行毁损的意图。[②]

(3) 公共政策的需要。作为公共政策的反映,现代侵权法认为,当行为人作出的具有名誉毁损性陈述仅仅涉及某种群体组织时,无论群体组织是否有权对行为人提起名誉侵权诉讼,法律均应禁止群体组织的成员以其个人名义向法院起诉。因为,一旦法律允许群体组织的成员对此种性质的陈述提起名誉侵权诉讼的话,则大量的原告会向法院起诉,要求行为人就其同一性质的陈述对自己承担侵权责任,行为人就会对众多的个人原告承担名

---

① R. F. V. Heuston and R. A. Buckley, *Salmon and Heuston on the Law of Tort*, London: Sweet & Maxwell, 1987, p. 145.

② See W. Page Keeton, p. 784.

誉侵权责任,此时,大量的诉讼就会因此产生,导致了名誉侵权诉讼的泛滥;同时,动不动就责令行为人就其针对某种群体组织的陈述对群体组织中的个人成员承担名誉侵权责任,也会打击行为人行使言论自由尤其是新闻自由的积极性,使这些群体组织的行为无法被有效监督。为了保护社会公众的言论自由,尤其是保护公共媒体的新闻自由,法律原则上不应当责令行为人就其针对群体组织的陈述对群体组织的个人成员承担名誉侵权责任。此种公共政策的考量理论早在1840年的司法判例中就受到重视,因为在那时法官不允许群体组织的成员就行为人针对群体组织作出的陈述提起名誉侵权诉讼,其重要原因在于担心此种名誉侵权诉讼会影响对公众关心的问题进行积极讨论和公开辩论。① 在1980年的一个涉及6亿穆斯林的名誉侵权案件中,被告拍摄的电影《王子的死亡》被认为侵犯了6亿穆斯林的名誉,其中一名穆斯林向法院起诉,要求被告就其针对6亿穆斯林作出的陈述对自己承担名誉侵权责任。法官认为,被告不应对该原告承担名誉侵权责任,"如果法院允许原告就如此大的群体组织的名誉侵权行为提起名誉侵权诉讼,则美国联邦《宪法第一修正案》所规定的权利将变得毫无意义,社会公众将无法利用宪法保护的权利对公众关心的问题进行讨论。"②在1981年的一案件中,被告在其电视节目中针对100万狩猎者发表了不好的电视评论,原告作为100万狩猎者中的一员向法院起诉,要求被告就其评论引起的名誉损害对自己承担侵权责任,法院认为被告不用对原告承担侵权责任,因为法院认为,在本案中,如果允许原告提起此种侵权诉讼,则此种侵权诉讼将会严重妨碍社会公众对公共问题的讨论或者对严重妨碍社会公众对群体组织面临问题的讨论。③

---

① Ryckman v. Delavan, 25 Wend. 186 (N. Y. 1840).

② Khalid Abdullah Tariq Al Mamsour Faissal Fahd Al Talal v. Fanning, 506 F. Supp. 186 (N. D. Cal. 1980).

③ Michigan United Conseruation Clubs v. CBS News, 485 F. Supp. 893 (W. D. Mich. 1980), aff'd 665 F. 2d 110 (6th cir. 1981).

第三节　群体组织的规模较小：个人成员不得提起诉讼之例外（一）

一、基本原则

美国的司法判例和学说均认为，如果行为人针对某种群体组织作了毁谤性陈述，在决定行为人是否要对群体组织的个人成员承担名誉侵权责任时，法律要考虑群体组织的规模大小和人数多少。原则上讲，如果群体组织规模较大，或者成员人数较多，则行为人不对个人成员承担责任；反之，如果群体组织规模较小，成员人数较少，则行为人应当对其个人成员承担责任。法律之所以区分规模的大小，区分成员人数的多少，并根据规模大小和成员人数多少来决定行为人是否承担名誉侵权责任，其原因就在于，如果群体组织规模较小，或者成员人数较少，行为人对群体组织的毁损性陈述更容易被理解为是对个人成员的陈述；如果群体组织的规模过大或者成员人数较多，则行为人对群体组织作出的陈述难以被合理理解为是对群体组织个人成员的陈述。《美国侵权法重述》（第二版）第564A条第1款对此作出了说明，它规定，如果群体组织的规模小，行为人针对群体组织作出的具有名誉毁损性陈述可以被合理理解涉及该群体组织的成员，则行为人应当就其陈述对群体组织的个人成员承担名誉侵权责任。Heuston和Buckley教授指出，在决定某种群体组织的个人成员是否有权就行为人针对所在群体组织作出的陈述提起个人诉讼时，法律会例外地考虑原告所在的群体组织的规模大小，如果原告所在的群体组织规模如此之小，其个人成员的身份完全可以确定，则行为人针对群体组织作出的陈述也必然会被看做是针对群体组织的每个成员作出的陈述，此时，群体组织的任何个人成员均有权提起侵权诉讼，要求行为人对自己承担名誉侵权责任。[1]

---

[1] R. F. V. Heuston and R. A. Buckley, *Salmon and Heuston on the Law of Tort*, London: Sweet & Maxwell, 1987, p.145.

二、历史发展

如果行为人针对群体组织作出毁谤性陈述,只有当群体组织的规模较小和人数较少时,行为人才对群体组织的个人成员承担名誉侵权责任,这个规则源于 19 世纪,在 20 世纪得到广泛的适用。

早在 1834 年,司法判例就在 Ellis v. Kimball[①] 一案中认定,当行为人作出具有名誉毁损性质陈述的群体组织的成员少于 10 人时,行为人应当对群体组织的个人成员承担名誉侵权责任。在该案中,被告对一商事仲裁庭作出具有名誉毁损性质陈述,原告是该商事仲裁庭中的一名仲裁员,而该商事仲裁庭的仲裁员不超过 10 人。原告向法院起诉,认为被告针对该商事裁判庭作出的陈述涉及自己的名誉,应当对自己承担名誉侵权责任。法院作出裁判,认定被告应当对原告承担名誉侵权责任。法院指出,当行为人在其具有名誉毁损性质的陈述中诽谤多名成员的名誉时,这些群体组织的个人成员有权起诉,要求行为人承担侵权责任,因为行为人的陈述虽然是针对群体组织的,但群体组织的成员也因为同一行为遭受了损害。

在 1864 年,司法判例在 Maybee v. Fisk[②] 一案中认为,即便被告仅仅针对群体组织本身作出具有名誉毁损性质的陈述,被告也应对其中的某一个成员承担名誉侵权责任。在该案中,被告对原告的父亲说,他的孩子偷了自己的玉米。原告的父亲有 3 个孩子,其中 1 个孩子就是原告,他向法院起诉,要求被告承担名誉侵权责任,因为原告认为,被告作出的陈述毁损了自己的名誉。被告提出抗辩,认为自己的陈述并没有指明原告就是盗窃自己玉米的人,自己不用对原告承担名誉侵权责任。法院认为,被告应当承担名誉侵权责任。

在 1875 年,司法判例在 Byers v. Martin[③] 一案中认为,当行为人对由 12 名陪审员组成的陪审团作出具有名誉毁损性质的陈述时,法院认定其中 1 名陪审员有权向法院起诉,要求被告就其陈述对自己承担名誉侵权责任。在 1890 年,司法判例在 Hardy v. Williamson[④] 一案中认为,当行为人针对由

---

① 33 Mass. (16 Pick) 132 (1834).
② 42 Barb. 326, 335 (N. Y. Sup. Ct. 1864).
③ 2 Colo, 605, 608 (1875).
④ 86 Ga. 551, 507, 12 SS. E. 874, 876 (1890).

11名项目工程师组成的群体进行诽谤时,其中的1名工程师有权向法院起诉,要求行为人就其针对11名工程师作出的陈述对自己承担名誉侵权责任。在1896年,司法判例在 Fenstermaker v. Tribune Publishing Co.①一案中认定,当行为人对一个家庭作出具有名誉毁损性质的陈述时,该家庭中的个别成员有权向法院起诉,要求行为人就其针对整个家庭作出的陈述对自己承担名誉侵权责任。

在上述案件中,行为人在作出具有名誉毁损性质的陈述时,所针对的群体组织规模都不大,人数都不多,法官均责令行为人就其针对此种小规模群体组织作出的陈述对群体组织的成员承担名誉侵权责任。至于法官是否是因为群体组织的规模不大和人数不多而强加行为人以名誉侵权责任,19世纪的法官很少在他们的司法判例中加以明确说明,学说对此问题也没有进行广泛的探讨。

进入20世纪,由于社会经济的快速发展,群体组织规模增大起来,其成员人数少则几百,多则几万、几十万甚至几百万。当行为人针对大规模群体组织作出具有名誉毁损性质的陈述时,法律是否应当适用19世纪法官在案件中采用的规则?对此问题,司法判例往往采取公共政策的分析方法,当群体组织规模过大或者成员人数过多时,如果允许个人成员对行为人提起名誉侵权诉讼,将会导致诉讼的泛滥,被告的责任过重,打击言论自由的积极性。为此,20世纪初期,司法判例对群体组织的分析逐渐建立在群体组织的规模大小之上:当群体组织规模过大或者成员人数过多时,司法判例即否认个人成员提起诉讼的权利,不会责令行为人承担侵权责任;反之,当群体组织规模较小或者成员人数较少时,司法判例即认可个人成员有权提起诉讼。这可以在20世纪以来的众多司法判例中得到说明。1906年,司法判例在 Watson v. Detroit Journal Co.②一案中认定,当行为人对邮票贸易产业这一行业整体作出具有名誉毁损性质的陈述时,属于群体组织的一家邮票贸易公司不享有诉讼提起权,它无权向法院起诉,要求被告就其陈述对自己承担侵权责任,因为原告所属的群体组织成员人数太多。

---

① 12Vtah 439,449,45p.1097,1099(1896).
② 143Mich,430,440,107N.W.81,85(1906).

1908 年,司法判例在 Comes v. Cruce① 一案中认为,当行为人对白酒行业组织作出具有名誉毁损性质的陈述时,该白酒行业组织的个人成员不得向法院起诉,要求行为人就其陈述对自己承担名誉侵权责任,因为白酒行业组织的成员人数太多,群体组织规模太大。

1924 年,司法判例在 Ewell v. Boutwell② 一案中也采取了同样的规则,认为行为人不就其针对群体组织作出的陈述对群体组织的个人承担名誉侵权责任。在该案中,行为人宣称,某一地区的酒类批发商在走私威士忌和麻醉酒,一家酒类批发商向法院起诉,要求行为人就其陈述对自己承担名誉侵权责任。法院认为,属于原告陈述指明地区的酒类批发商规模大、数量多,被告不用就其陈述对原告承担名誉侵权责任。

1940 年,司法判例在 Noral v. Hearst Publications, Inc.③ 一案中认为,当行为人针对具有 102 名成员的某种群体组织作出具有名誉毁损性质的陈述时,原告作为群体组织的一名成员,无权起诉并要求被告就其陈述对自己承担名誉侵权责任。法官指出:"当行为人对其作出具有名誉毁损性质陈述的群体组织规模非常大时,并且当行为人作出的陈述没有牵涉到原告时,原告无权要求被告就其陈述对自己承担名誉侵权责任。"

在 20 世纪 40 年代,虽然司法判例已经在众多的案件中明确区分群体组织规模的大小和成员人数的多少,并分别根据群体组织规模的大小和成员人数的多少认定行为人是否对个人成员承担责任。但司法判例所表现出的此种发展趋向并没有引起学说的高度重视和广泛兴趣,学说很少对这样的重要问题作出探讨,因此,在 20 世纪 40 年代,侵权法没有形成所谓的群体组织名誉侵权规则。Prosser 教授在其 1941 年出版的第一版《侵权法》中对群体组织名誉侵权作出这样的说明:"当行为人作出的具有名誉毁损性陈述是针对由某些人构成的群体组织时,群体组织的个人成员是否可以对行为人作出的陈述提起名誉侵权诉讼,法律上存在某些困难。此时,原告必须首先证明自己属于被行为人毁损名誉的那个群体组织的成员;此外,他们还必须证明行为人作出的陈述被一个有理性的人认为涉及原告本人的名

---

① 85 Ark. 79, 80, 107 S. W. 185, 186 (1908).
② 138 Va. 402, 406, 121 S. E. 912, 913 (1924).
③ 40 Cal. App. 2d 348, 104 p. 2d 860 (1940).

誉。"①在这一版的侵权法著作中,Prosser 教授既没提及任何群体组织名誉侵权规则,也没有区分规模较大的群体组织和规模较小的群体组织。

三、25 人最高数额限制规则

20 世纪 50 年代,司法判例不仅沿袭了 20 世纪初期司法判例区分群体组织规模的大小并分别决定行为人是否由个人成员来承担侵权责任的判例法精神,而且还尝试在具体案件中对规模大小的区分标准进行具体的、数量上的限制。它们认为,当群体组织的个人成员数量超过一定的限度时,群体组织即被看做规模较大的群体组织,法律不允许个人成员对行为人提起诉讼;当群体组织的个人成员数量没有超过此种限度时,群体组织即被看做规模较小的群体组织,行为人对此种规模的群体组织作出具有名誉毁损性质的陈述,法律会允许个人成员对行为人提起诉讼。

在侵权法从抽象的判断标准迈向具体判断标准的进程中,美国司法判例在 1952 年的 Neiman-Marcus v. Lait② 一案中作出的判决具有里程碑的意义。在该案中,被告分别对三个群体作出具有名誉毁损性质的陈述,其中第一个群体包括 9 名商店模特儿,被告将其中的某些模特儿说成是应召女郎(callgirls);第二个群体包括 25 名男售货员,被告将其中的绝大多数男售货员说成是妖精,是同性恋者,说他们整天妖里妖气的;第三个群体包括 382 名女售货员,被告将她们称作"应召女郎"。不过,被告在毁损这些女售货员的名誉时并没有确切地说明,被称作应召女郎的女售货员究竟有多少。为了维护自己的利益,第一个群体的 9 名模特儿、第二个群体中的 15 名男售货员和第三个群体中的 30 名女售货员均分别向法院起诉,要求被告就其作出的具有名誉毁损性陈述对他们承担名誉侵权责任。法院认为,第一个群体的全体成员和第二个群体的 25 名成员有权向法院起诉,要求行为人就其陈述对他们承担名誉侵权责任,而第三个群体的 382 名成员无权向法院起诉,不得要求行为人就其陈述对他们承担名誉侵权责任。法院之所以得出此种结论,其判决理由有三:

其一,司法判例确立群体组织名誉侵权制度以来,直至 1952 年,还没有

---

① W. Prosser, *Handbook of The Law of Torts*, 1st edition, West Publishing Co., 1941 p.792.
② 13F. R. D. 311C. D. S. N. Y. (1952).

司法判例在个人成员如此众多和规模如此庞大的群体组织名誉侵权诉讼中允许一个或几个成员向法院起诉，因此责令行为人就其针对382名群体作出的陈述对原告承担侵权责任没有判例法根据。

其二，行为人作出的具有名誉毁损性陈述仅仅是针对382名售货员构成的群体，行为人在作出此种陈述时并没有针对群体中的个人，因此，该382名女售货员中的任何个人成员均不能起诉，虽然行为人在针对上述第一、第二个群体作出毁损性陈述也没有针对某个个人售货员或模特儿，但这两个群体的规模较小，成员人数较少，行为人对此类规模的群体组织作出的陈述更容易被看做是针对群体组织个人成员作出的陈述。

其三，由382名女售货员组成的群体规模太大，当行为人在文章中毁损此种群体的名誉时，一个有理性的人不会将行为人作出的陈述当回事，他们不会认为行为人作出的陈述牵涉到群体组织中任何个人售货员的名誉。

此案的规则确立之后，不仅得到其他司法判例的遵循，而且还引起侵权法学者的高度重视，成为对当今英美侵权法尤其是美国侵权法有重要影响的规则。具体而言，Neiman-Marcus一案的规则产生的影响力表现在两个方面：

一方面，Neiman-Marcus一案确立的规则首次将群体组织规模的大小建立在具体数额限制方面，认为群体组织的个人成员超过25个时，群体组织就被看做大规模的群体组织，其个人成员不得要求行为人就其针对群体组织作出的陈述对自己承担名誉侵权责任。当群体组织的个人成员等于或者小于25个时，群体组织就被看做小规模的群体组织，其个人成员有权要求行为人就其针对群体组织作出的陈述对自己承担名誉侵权责任。自此以后，司法判例就将25个个人成员数看做判断群体组织规模大小和成员人数多少的判断标准。此种判例规则被其他司法判例反复援引，成为司法判例决定群体组织名誉侵权纠纷的最重要判断标准甚至是具有决定意义的标准。

另一方面，Neiman-Marcus一案确立的规则对美国20世纪50年代后的侵权法学说产生了重要影响。一些学者开始在他们的侵权法著作中援引此案确立的规则，将25个成员看做决定群体组织规模大小的判断根据。Prosser教授在1955年出版的第二版《侵权法》中就改变了第一版不讨论群体组织名誉侵权规则的情况，他既讨论了群体组织名誉侵权的规则，也讨论了群体组织规模的大小对个人成员名誉侵权诉讼的影响。Prosser 教授在其著作中指出:"群体组织名誉侵权规则已经统一适用到相对较小的群体或者组织。当这些群体组织的规模小于 25 个成员数时……法院愿意得出行为人名誉毁损性陈述是直接指向群体组织中个人成员的结论。"[1]此后,Prosser 教授分别在其 1964 年和 1971 年出版的第三版和第四版的《侵权法》著作中使用了类似的语言。由于 Prosser 教授在美国侵权法学界的至尊地位,Prosser 教授在其第四版侵权法著作中发表的上述学术观点不仅被美国众多的侵权法学家所认同,而且还对美国司法判例产生了重要影响。

自此以后,美国众多司法判例都将不超过 25 个的个人成员数作为群体组织的个人成员能够提起名誉侵权诉讼的标准。早在 1958 年,司法判例即在 Mick v. American Dental Ass'n[2] 一案中援引 Prosser 教授在其第二版的侵权法著作中提出的观点,认为决定群体组织规模大小的标准是 25 个个人成员数的最高限额标准。在 1978 年,司法判例在 Kentucky Fried Chickens Inc. v. Sanders[3] 一案中认为,当行为人针对 5000 家肯德基连锁经销商作出具有名誉毁损性质的陈述时,此种群体的规模过大,人数太多,行为人不用就其作出的陈述对其中的某些连锁经销商承担名誉侵权责任。在 1983 年,司法判例在 Lins v. Evening News Ass'n[4] 一案中认为,既然行为人对其作出陈述的群体组织只有 7 名成员,群体组织的规模足以让群体组织的个人成员提起名誉侵权诉讼,要求行为人就其陈述对自己承担名誉侵权责任。在 1983 年,司法判例在 Gintert v. Howard Publications Inc.[5] 一案中认为,只有群体组织的个人成员等于或者少于 25 个时,群体组织的个人成员才有权向法院起诉,要求行为人对自己承担侵权责任,即便行为人作出的陈述是针对群体组织作出的陈述。在 1987 年,司法判例在 Weatherhead v. Globe Int'L Inc.[6] 一案中认为,当行为人对由 955 名养狗者组成的群体作出名誉毁损性质的

---

[1] W. Prosser, *Handbook of the Law of Torts*, 2d ed, West publishing Co., 1955, pp. 583—584.
[2] 139 A. 2d 570,. 582—83(N. J. Super, Ct. App. Div. 1958).
[3] 563 S. W. 2d 819(Ky. 1978).
[4] 342 N. W. 2d 573,578(Mich. ct. App. 1983).
[5] 565F. Supp. 829,839(N. D. Ind. 1983).
[6] 832F. 2d 1226,1228—29 (10th Cir. 1987).

陈述时,群体组织规模过大,其成员无权向法院起诉,要求行为人就其陈述对自己承担名誉侵权责任。1990 年,司法判例在 O'Brien v. Williamson Daily News① 一案中认为,当行为人在其报纸中对至少 29 名教授作出具有名誉毁损性质的陈述时,行为人无须就其作出的陈述对该种群体中的任何个人成员承担名誉侵权责任。在 1997 年,司法判例在 N. Y. Life Ins. Co. Agents' Class Claimants Solicitation Litig.② 一案中指出,在决定群体组织中的个人成员是否有权要求行为人就其针对群体组织作出的陈述对自己承担名誉侵权责任时,"绝大多数的司法判例"均要求群体组织的成员等于或者小于 25 个。在 1997 年,司法判例在 Thomas v. Jacksonville Television, Inc.③ 一案中认定,当其名誉被毁损的群体组织个人成员超过 25 人时,行为人对群体组织作出的具有名誉毁损性陈述不可能被认为是涉及原告名誉的陈述。在 1998 年,司法判例在 Fexas Beef Group v. Winfrey④ 一案中认为,当行为人对由美国大约 100 万养牛人组成的群体作出具有名誉毁损性质的陈述时,该种群体规模太大,行为人无须就其陈述对其中的一个养牛户承担名誉侵权责任。

四、群体组织规模理论在现代英美侵权法中的地位

在当今社会,随着群体组织名誉侵权法的不断发展,司法判例和学说开始注重其他有关群体组织名誉侵权法方面的理论,尤其是有关多因素考量的理论,但是,群体组织规模理论仍然是司法判例和学说坚持的最重要理论,仍然是群体组织名誉侵权法方面最重要的例外规则,在群体组织名誉侵权法律制度中仍然占据核心地位。表现在三个方面:

其一,在当今社会,虽然有些侵权法学家已经不再固守群体组织规模理论,但大多数侵权法学家仍然坚持这种理论,坚持认为群体组织规模的大小是决定个人成员是否能够提起个人名誉侵权诉讼的最重要的和唯一的标准,法律仅需考虑群体组织规模的大小,不需要再考虑其他因素。这些侵权法学家认为,凡是只有 25 个或者少于 25 个个人成员数的群体组织,均认为

---

① 735 F. Supp. 218, 222 (E. D. Ky. 1990).
② 92F. Supp. 2d 564, 569 (E. D. La. 1997).
③ 699So. 2d 800, 805 (Fla, Dist. ct. App. 1997).
④ 11 F. Supp. 2d 858, 864 (N. D. Tex. 1998).

是规模较小的群体组织,法律允许群体组织的个人成员向法院起诉;凡是超过25个个人成员的群体组织均被认为是规模较大的群体组织,法律不允许群体组织的个人成员向法院起诉。Epstein 教授、King 教授和 Metcaif 教授均坚持这样的观点。Epstein 教授在其《侵权法》中指出,在决定作为个人成员的原告是否有权就行为人针对群体组织作出的陈述提起个人名誉侵权诉讼时,法律要考虑的因素是群体组织的规模大小。① King 教授在其侵权法论文中指出,在决定群体组织个人成员的原告是否有权就针对群体组织作出的陈述提起个人名誉侵权诉讼时,法律必须将最高成员数额的限制看做名誉侵权诉讼的必要条件。具体而言,超过25个个人成员的群体组织成员向法院起诉,要求行为人就其针对群体组织的陈述对自己承担个人名誉侵权责任,法院应当驳回原告的诉讼请求。② Metcalf 教授指出,如果群体组织的个人成员超过25人,当行为人对此种规模的群体组织作出具有名誉毁损性质的陈述时,则群体组织的个人成员不得起诉并要求行为人就其陈述对自己承担名誉侵权责任。③

其二,《美国侵权法重述》(第二版)明确规定了群体组织规模理论并间接承认了25个个人成员数的判断标准理论。《美国侵权法重述》(第二版)第564A(1)条明确规定了群体组织规模理论,它规定,在被毁损名誉的群体组织规模较小的情形下,如果行为人对群体组织作出的陈述也可以被合理理解为是对针对其个人成员作出的陈述,则群体组织的个人成员有权要求行为人就其陈述对自己承担名誉侵权责任。在这里,被毁损名誉的群体组织规模小是行为人对个人成员承担名誉侵权责任的条件,依照反面解释,当群体组织规模较大时,行为人就不用对个人成员承担名誉侵权责任。《美国侵权法重述》(第二版)第564A 条虽然没有规定群体组织规模大小的判断标准,但此条的官方评论间接认可了25个个人成员数的最高限额标准。该条的官方评论 B 指出:"虽然法律没有办法对群体组织规模大小作出确定的限额,但是司法判例通常仅仅允许其成员人数为25个或者少于25个的

---

① Richard A. Epstein, *Torts*, 5th Edition, Little, Brown and Compomy, p.1094.
② Joseph H. King, Reference to the Plaintiff Requirement in Defam Statements Directed at Groups,(2000)35 *Wake Forest L Rev.* 343,344.
③ Slade R. Metcalf et al., Riqhts and Liabilities of Pablishers Broatcast and Reporters 1.16 1982 & Supp.1999.

群体组织成员获得名誉侵权损害赔偿。"

其三,司法判例仍然适用群体组织规模理论。如今,由于其他有关群体组织名誉侵权学说的影响,也由于公共政策在群体组织名誉侵权案件中的具体运用,某些司法判例已经放弃了群体组织规模理论,在决定个人成员是否有权要求行为人承担侵权责任时,不再仅仅考虑群体组织的规模大小,还应当考虑其他具体因素,但是,绝大多数司法判例仍然坚持群体组织规模理论,仍然将群体组织规模的大小看做决定行为人是否承担侵权责任的唯一标准。

在当今社会,对群体组织规模理论造成影响的原因有二:第一,基于公共政策的考量,25个个人成员的判断标准无法得到适用。在 Dean Jr. v. Town of Elkton No. Cloo① 一案中,行为人对具有5到8名警员的警察部门作出具有名誉毁损性质的陈述,法官认定,即便该种群体的成员人数少于25名,即便该种群体规模很小,行为人也不用就其针对警察部门的陈述对警员承担名誉侵权责任。法官担心的是,一旦适用群体组织规模理论责令行为人承担侵权责任,宪法上的言论自由权将会受到影响。第二,多因素考量理论的倡导。有不少学说批评群体组织规模理论,认为在决定个人成员是否有权提起侵权诉讼时,法律不应当仅仅考虑群体组织成员数量的多少,而应当考虑众多具体因素,诸如行为人进行名誉毁损的群体组织的组织程度,原告在群体组织中的地位,群体组织成员的多少,行为人的可信度等。目前,多因素考量理论仍然处于非主流学说的地位,只有为数不多的司法判例适用此种理论。

第四节 陈述涉及群体组织的个人成员:
个人成员不得提起诉讼之例外(二)

一、两条路径:群体组织名誉侵权?"涉及原告"的一般名誉侵权?

行为人针对群体组织作出的毁谤性陈述,如果也被认为涉及群体组织

---

① 1958,2001 WL184223,at 5(Va. cir. ct. Feb. 21,2001)。

的部分成员,那么群体组织的成员是否有权提起诉讼并要求行为人对自己承担名誉侵权责任?

(一) 司法判例

在英美法系国家,如果行为人针对群体组织作出的陈述也被认为涉及群体组织大多数或者部分成员的名誉,则行为人应当就其陈述对群体组织的成员承担侵权责任,原告有权要求被告就其陈述对自己承担侵权责任。此时,被告承担侵权责任的根据并不是群体组织名誉侵权理论,而是符合"涉及原告"构成要件的一般名誉侵权责任。这在众多的司法判例当中得到说明。

在 Flymn[①] 一案中,司法判例认为,如果作为某种群体组织个人成员的原告能够证明,行为人作出的陈述虽然是针对群体组织的,但是,如果行为人作出陈述的具体情况表明,行为人作出的陈述是针对原告本人的,则此种案件涉及的问题并不是群体组织名誉侵权问题,而仅仅是直接涉及原告的构成要件问题。

在 Amercian Broad-Paramount Theatres, Inc.[②] 一案中,法官认为,即便行为人作出的陈述是针对某种群体组织,只要作为群体组织个人成员的原告通过外在证据能够证明,行为人作出的此种陈述具体涉及他本人的名誉,则此案不涉及群体组织名誉侵权问题。

在 Brady v. Ottaway Newspapers, Inc.[③] 一案中,司法判例认为,在具体决定被告是否就针对群体组织的陈述对个人成员承担侵权责任时,法律应当区分两种情况:一种情况是,法律仅仅因为原告是某种群体组织的成员而推定行为人针对群体组织的陈述也涉及原告的问题;另一种情况是,行为人的陈述特别影射群体组织个别成员,或者根据行为人公开陈述时的具体情况使人合理认为行为人的陈述涉及特定个人。在前一种情况下,法律才适用群体组织名誉侵权理论来解决,而在后一种情况下,法律无须适用有关群体组织名誉侵权理论来解决。

(二) 主流观点

主流司法判例或者学说认为,在一般情况下,行为人不用就针对群体组

---

① 744 F. 2d at 697.
② 126 S. E. 2d, 881—83.
③ 445 N. Y. S. 2d 786, 793(App, Div. 1981).

织的陈述对个人成员承担名誉侵权责任,但是,如果行为人作出的陈述也特别涉及群体组织的所有成员或者被理解为也涉及特定的原告,则行为人仍然要就其针对群体组织作出的陈述对其个人成员承担侵权责任,原告有权要求行为人就其陈述对自己承担名誉侵权责任。《美国侵权法重述》(第二版)第564A条之官方评论B对此规则作出了说明,它指出,行为人公开其具有名誉毁损性质陈述的外在事实可能清楚地说明,虽然行为人使用的语言可能表面上不会毁损任何人的名誉,但行为人的陈述实际上涉及某个特定的个人。① 法律之所以种例外许可个人成员有权要求行为人就其针对群体组织的陈述承担侵权责任,其原因在于,行为人的名誉毁损性陈述虽然直接针对群体组织,但是,行为人的陈述也使个人成员遭受到同样的名誉损害,就像行为人直接针对该个人成员作出具有名誉毁损性质的陈述一样。不过,行为人作出的陈述究竟要达到什么样的程度才允许群体组织的个人成员提起名誉侵权诉讼,司法判例和学说有不同的意见。

二、涉及群体组织全体成员的理论

有些司法判例认为,只有行为人作出的陈述被认为涉及群体组织的所有成员时,法律才会允许群体组织的个人成员提起名誉侵权诉讼。

在 American Civil L'Berties Union v. Kiely ②一案中,Augustus Hand 法官对此种规则作出了说明,他认为:"普通法的古老规则认为,当行为人作出的陈述仅仅涉及一般群体组织的名誉时,群体组织的任何个人成员均不得就此陈述提起名誉侵权诉讼,除非他们能够证明,行为人针对所在群体组织作出的具有名誉毁损性陈述也涉及群体组织中的每一个成员……因此,当行为人针对该群体组织作出的陈述也涉及该群体组织的每一个成员时,该群体组织的每一个成员均享有名誉侵权诉讼请求权,因为,在广义上讲,行为人作出的陈述也被认为是针对该群体组织的所有成员作出的陈述。"本案的规则被确立之后得到其他司法判例的认可,成为侵权法上的重要规则。

在 Louisville Times Co. v. Emrich③ 一案中,司法判例认为,当群体组织

---

① Restatement (Second) of Torts,564A Cmt. b.
② 40F. 2d 451,453(2d cir. 1930).
③ 252 Ky. 210,215,66S. W. 2d 73,75(1933).

的个人成员要求行为人就其针对群体组织作出的陈述对自己承担名誉侵权责任时,他们必须证明,行为人以书面文字方式作出的陈述涉及群体组织的每一个成员。

在 Granger v. Time, Inc① 一案中,法官认为,除非行为人针对原告所在的群体组织作出的陈述可以被合理理解为涉及该群体组织的所有成员,否则,群体组织的任何个人成员均不得就行为人作出的陈述提起名誉侵权诉讼。

在 Nationa Nutritional Foods Ass'n v. Whelan② 一案中,法官也指出,除非行为人作出的具有名誉毁损性陈述被理解为涉及该群体组织的每一个成员,否则,群体组织的任何个人成员均不得提起名誉侵权诉讼。

三、涉及群体组织大多数成员或者部分成员的理论

有些司法判例对上述规则提出批判,它们认为,即便行为人针对某种群体组织作出的陈述仅仅涉及群体组织的部分或者个别成员,法律也允许被涉及的部分或个别成员提起名誉侵权诉讼,法律并不要求行为人作出的陈述涉及群体组织的所有成员。

(一) 涉及群体组织的大多数成员

在 Farrell v. Triangle Publications Inc.③ 一案中,行为人对某镇的 13 名委员作出具有名誉毁损性质的陈述,其中一名委员向法院起诉,要求行为人就其陈述对自己承担名誉侵权责任。法院认为,作为被毁损名誉的 13 名委员中的一名,原告有权提起名誉侵权诉讼,要求行为人就其针对 13 名委员作出的陈述对自己承担侵权责任。问题在于,行为人针对群体组织作出的陈述究竟应当涉及多大比例的群体组织成员,法律才允许该群体组织的个人成员提起名誉侵权诉讼? 对此问题,司法判例和学说有不同的意见。有些司法判例和学说认为,虽然行为人针对某种群体组织作出的陈述不应阻止群体组织的个人成员提起名誉侵权诉讼,但是,群体组织的个人成员在提起此种名誉侵权诉讼时应当受到一定的限制,这就是,行为人针对群体组织

---

① 174 Mont 42,48,568p.2d 535,539(1977).
② 492 F. Supp. 374,380(S.D.N.Y. 1980).
③ 399 pa. 102,105,159 A.2d 734,736(1960).

作出的陈述至少要涉及群体组织的大多数成员,否则,如果行为人作出的陈述仅仅涉及群体组织中的极少数成员,则作为群体组织成员的原告无权起诉。

在 Gross v. Cantor① 一案中,司法判例认为,即便行为人作出的陈述是针对某种群体组织作出的陈述,如果行为人作出的陈述涉及 12 名成员中的 11 名成员的名誉,则该群体组织的个人成员有权起诉,要求行为人就其陈述对自己承担名誉侵权责任。

在 Neiman-Marcus v. Laits② 一案中,法官认为,即便行为人作出的陈述是针对具有 25 名售货员的群体组织作出的,只要此种陈述涉及 25 名售货员中的大多数,则其中一个售货员有权提起名誉侵权诉讼。

在 Arcand v. Evening ③一案中,行为人仅仅针对由 21 名警察组成的群体组织中的一名警察进行诽谤,原告向法院起诉,要求被告就其针对群体组织作出的陈述对自己承担侵权责任。法官认为,即便行为人作出的陈述仅仅针对某种群体组织,如果其陈述毁损的对象涉及群体组织的大部分成员,则行为人作出的陈述也可以看做是对所有成员作出的陈述,该群体组织的个人成员可以提起名誉侵权诉讼。但是,如果行为人仅仅对其中的少数成员进行名誉毁损,则群体组织的个人成员不得起诉。在本案中,法院认为,由于被告陈述毁损的对象仅仅是群体组织中的极少数成员,原告无权起诉。

在 Olive v. New York Post④ 一案中,被告对至少有 28 名成员组成的消防组织作出具有名誉毁损性质的陈述,其中 2 名成员提起诉讼,要求行为人就其陈述对自己承担名誉侵权责任。法院认为他们无权提起诉讼,因为行为人没有对该群体组织的所有或者大多数成员作出具有名誉毁损性质的陈述。

(二)涉及群体组织的个别成员

有些司法判例和学说认为,只要行为人针对某种群体组织作出的陈述被认为涉及群体组织的个人成员,即便被涉及的个人成员极少,没有占到大多数,行为人也应就其陈述对个人成员承担名誉侵权责任。

---

① 2000N. E. 592,593(N. Y. 1936).
② 13F. R. D. 311,315—16(S. D. N. Y. 1952).
③ Call pub'g co. ,567F. 2d 1163,1165(1st cir. 1977).
④ Co. G,16Media L. Rep. (BNA)2697,2399(N. Y. Supp. Ct. 1989).

在 American Broad-Paramount① 一案中,法官认为,当行为人仅对具有 2 名成员组成的群体组织中的一名成员作出具有名誉毁损性质的陈述时,行为人应当对作为群体组织成员的原告承担名誉侵权责任。在该案中,被告在其广播节目中说,当 2 名囚犯护卫队员在将囚犯从一个地方押送到另一个地方时,其中 1 名护卫队员接受该囚犯贿赂后帮助该囚犯从押运车厢逃走。2 名护卫队员中的 1 名向法院起诉,要求被告就其作出的具有名誉毁损性陈述对自己承担名誉侵权责任。法院认为,被告应当对原告承担名誉侵权责任,因为,一方面,原告可以根据外在事实证明被告的名誉毁损行为的确是针对原告本人,另一方面,即便原告无法通过外在的事实证明被告的陈述是针对原告本人,原告也有权提起此种名誉侵权诉讼,因为在将囚犯从一个地方转移到另一个地方时,2 名护卫队员中有 1 名护卫队员坐在押运车上。

在 Montgomery Ward & Co. v. Skinner② 一案中,法院认为,即便行为人仅对由 3 名成员组成的群体中的 1 名成员进行名誉毁损,原告也有权要求行为人就其作出的具有名誉毁损性陈述对自己承担名誉侵权责任。在该案中,被告的雇员当着第三人的面说,他的三名同事雇员中有一名在乱发钱。三名雇员中的一名女雇员向法院起诉,要求被告就其作出的陈述对自己承担侵权责任。法院认为,被告应当对原告承担侵权责任。

在 Farrell v. Triang le Publications, Inc.③ 一案中,被告作出名誉毁损的群体是镇属委员,共有 13 名成员,其中一名成员向法院起诉,要求被告对其承担名誉侵权责任。法院认为,被告应当对原告承担侵权责任,因为,只要听众能够辨明 13 名镇属委员中的几名,被告就应当对原告承担侵权责任,法律并不要求被告对 13 名中的大多数委员作出具有名誉毁损性质的陈述。《美国侵权法重述》(第二版)第 564A 条官方评论 C 也采取此种意见,它规定:"即便行为人在作出具有名誉毁损性质的陈述时并没有意图包括规模较小群体组织的所有成员而仅仅针对部分成员……群体组织的每个个人成员仍然可能会因为被告的陈述而遭受名誉毁损。"④

---

① Theatves, Inc, v. Simpson, 126 S. E. 2d 873(Ga. ct. App. 1962).
② 25 So. 2d 572(Miss. 1946).
③ 159 A. 2d 734(pa. 1960).
④ Restatement (second) at Torts 564A. cmt. c.

四、理论学说的优劣与选择

在法律上，在决定行为人是否就其具有名誉毁损性质的陈述对某种群体组织的个人成员承担名誉侵权责任时，究竟是"涉及群体组织全体成员"的理论还是"涉及群体组织大多数成员或部分成员"的理论更优越？

有学者认为，"涉及群体组织大多数成员或部分成员"理论更优越，也就是说，法律并不要求针对群体组织作出的陈述也被理解为针对群体组织的全体成员，只要陈述涉及群体组织的部分成员、一个或者少数几个成员，该群体组织的个人成员即有权行为人承担侵权责任。Bromme 先生就采用此种观点，他认为，原告在要求被告就其针对原告所在群体组织作出的陈述对自己承担名誉侵权责任时，虽然他们仍然要承担举证责任，证明被告的陈述涉及自己的名誉，但是他们无须证明被告针对原告所在群体组织的名誉毁损陈述也涉及群体组织中的所有个人成员。①

有些学者则认为，"涉及群体组织全体成员"理论更优越。他们认为，在决定行为人是否承担名誉侵权责任时，法律应要求行为人名誉毁损性陈述涉及群体组织的所有成员，如果不能涉及所有成员，至少也要涉及大多数成员；如果行为人针对群体组织的名誉毁损仅仅涉及少数成员或者个人成员，则行为人不承担名誉侵权责任。King 先生即采取此种观点。他认为，在决定行为人是否就其针对群体组织的陈述对群体组织的个人成员承担名誉侵权责任时，除了要受 25 名成员数限额的限制外，还应当受"全体个人成员"或者"大多数成员"规则的限制。一般情况下，当原告要求被告承担名誉侵权责任时，他们必须承担举证责任，证明被告针对群体组织的陈述涉及所有个人成员；如果行为人针对群体组织的陈述仅仅涉及部分成员，原告还应符合另外三个条件：行为人作出的陈述涉及群体组织的大多数个人成员；行为人的陈述不仅对原告而言是虚假的，而且对所涉及的大多数个人成员而言也是虚假的；行为人在作出此种虚假陈述时存在过失。②

为什么针对同样的问题会存在如此大的分歧？这是因为，无论采取哪

---

① Jeffrey S. Bromme, Group Defamation: Five Guiding Factors, (1985) 64 *Tex. L. Rev.* 591, 593.

② Joseph H. King, Reference to the Plamtiff Requirement in Defamatieory Statements Directed At Groups, (2000) 35 *Wake Forest L. Rev.* 343, 344.

一种理论来分析群体组织的名誉侵权问题,都有其优越性和缺陷。

采取"涉及群体组织全部成员"的理论,好处在于,行为人针对原告所在的群体组织作出的陈述,如果也被认为涉及群体组织的全体个人成员,原告可以轻易证明被告的陈述侵犯了自己的名誉,这符合"涉及原告"这一侵权责任构成要件的要求。原因很简单,既然行为人针对群体组织作出的陈述也侵犯了所有个人成员的名誉,那么,任何个人成员所享有的名誉权均被侵犯,他们均享有要求被告承担名誉侵权责任的权利。原告作为群体组织的一员当然可以行使自己的权利,就像行为人直接针对原告本人作出陈述一样。采取这种理论也存在坏处,这就是,当行为人仅仅针对群体组织本身作出陈述时,如果此种陈述没有涉及群体组织的所有成员的名誉,哪怕其陈述涉及部分成员甚至大多数成员的名誉,行为人也不用对群体组织的任何个人承担名誉侵权责任。即便一个有理性的人认为,行为人的陈述已经涉及群体组织的某个个人成员,个人成员也不能提起名誉侵权诉讼。可见,此种理论剥夺了个人成员提起诉讼的权利,对受害人既不公平也不符合逻辑。

如果采用"涉及群体组织大多数成员"理论,其好处在于,一方面,即便行为人针对群体组织的陈述不是针对群体组织的所有成员作出的,只要行为人作出的陈述涉及大多数成员,法律即允许群体组织中的个人提起名誉侵权诉讼;另一方面,当行为人针对群体组织作出的陈述也被认为涉及群体组织的大多数成员时,群体组织的个人成员在要求行为人承担名誉侵权责任时所面临的证明困难更小,法官更容易认定原告符合"涉及原告"构成要件的要求。这种理论的缺陷在于,如果严格坚持此种理论,原告在行为人的陈述仅仅涉及少数成员的利益时将无法起诉。

如果采取"涉及群体组织少数成员"理论,其好处在于,只要行为人针对群体组织作出的陈述被认为涉及群体组织的一个或几个个人成员,即便被涉及的这些个人成员在整个群体组织中所占的比例较小,原告也可以向法院起诉。可见,涉及少数个人成员的理论使群体组织的个人成员处于更优越的地位,使他们享有采用其他两种理论时群体组织成员不曾享有的诉讼提起权,可以更好地保护自己的名誉利益。其缺点则在于,当行为人作出的陈述仅仅涉及群体组织的少数成员时,原告在主张行为人承担侵权责任时,将会面临的困难,因为,当行为人作出的陈述越是涉及少量的群体组织成员,原告越是难以证明行为人针对群体组织作出的陈述涉及原告本身的利益,以及自己在起诉时符合"涉及原告"的构成要件。

在"涉及群体组织全体成员"、"涉及群体组织的大多数成员"和"涉及群体组织少数个人成员"这三种理论中,本书更赞同"涉及群体组织少数个人成员"理论。被告针对群体组织作出的陈述涉及群体组织的个别或者部分成员,即便被涉及的这一部分个人成员所占的比例不高,数量不大,原告也可以向法院起诉,要求行为人就其陈述对自己承担名誉侵权责任。法律不能仅仅因为个人成员不包括全体成员,或者至少不包括大多数成员,就由此否定原告提起名誉侵权诉讼的权利。不过,原告要证明自己是被行为人陈述涉及的少数个人成员之一,被告的陈述虽然是针对自己所在的群体组织,但是也影响到了包括自己在内的群体组织成员的名誉。原告之所以要证明这一点,其原因在于,如果原告仅仅证明行为人针对群体组织的陈述涉及群体组织的个人成员,而不能证明自己属于此种个人成员的一员,则他们将无法证明自己符合"涉及原告"构成要件的要求。

采取"涉及群体组织少数个人成员"理论,其好处在于,只要行为人针对原告所在群体组织作出的陈述涉及少数个人成员的名誉,行为人即应就其陈述对少数个人成员承担责任,法律不应仅仅因为涉及的群体组织的成员数量太少、比例太小而拒绝为群体组织个人成员名誉权的保护提供制度保障。问题在于,采取此种理论会不会对行为人的言论自由产生不当限制? 有学者认为,采取涉及少数个人成员的理论会打击言论自由,尤其是公共媒体行使新闻自由的积极性,会使行为人的自由呼吸空间减少;为了刺激行为人言论自由和新闻自由的积极性,为了加强公共媒体承担的社会监督职责,法律应当采取涉及全体或者大多数个人成员的理论。[①] 这种观点将行为人的言论自由与涉及少数个人成员的理论对立起来,认为只有采取涉及全体成员或者至少涉及大多数成员理论的时候,法律才会很好地协调名誉利益与言论自由的关系,而一旦采取涉及少数个人成员的理论,此种利益平衡就会被打破,行为人的言论自由就会被抑制,甚至被窒息。本书认为此种观点存在一定的问题。在名誉侵权诉讼中,对于行为人是否就其针对群体组织作出的陈述对群体组织个人成员承担侵权责任,法律一方面要考虑群体组

---

① Joseph H. King, Reference to the Plamtiff Requirement in Defamatieory Statements Directed At Groups, (2000) 35 *Wake Forest L. Rev.* 364.

织的大小,甚至还要考虑群体组织的其他因素,当群体组织规模过大或者人数过多时,法律就会因此驳回作为群体组织个人成员提出的诉讼请求;另一方面还要考虑原告是否能够证明被告的陈述涉及自己,只有当原告证明了被告的陈述涉及自己的名誉利益时,法律才会责令行为人对原告承担侵权责任,否则,即便行为人的陈述涉及少数成员的利益,如果原告无法证明行为人的陈述涉及其本身的名誉利益,法律也不会责令行为人对原告承担名誉侵权责任。由此可见,行为人就其涉及少数个人成员的陈述承担侵权责任,不会使被告承担过重的侵权责任,也不会危及行为人积极行使言论自由,更不会危及社会公共利益。行为人最终是否要就其陈述对原告承担名誉侵权责任,不取决于群体组织的个人成员的比例和多少,而是取决于群体组织本身的规模大小,取决于原告是否能够证明被告的行为涉及他本身的利益。

第五节 多因素考量理论:个人成员不得提起诉讼之例外(三)

一、基本原则

多因素考量理论(the multi-factor tests),也称作"怀疑强度"(intensity of suspicion)理论。根据这一理论,在决定行为人是否就其针对群体组织作出的陈述对群体组织的个人成员承担名誉侵权责任时,法律不应当仅仅考虑群体组织的规模大小或者成员人数多少这一个因素,而应当考虑案件所面临的各种具体因素,对这些因素进行平衡考虑,并最终决定行为人是否要承担侵权责任。根据多因素考量理论,无论群体组织规模的大小,在考虑案件面临的各种具体因素之后,只要法官认为,行为人针对群体组织的名誉毁损性陈述,使人强烈怀疑行为人的陈述实际上是对群体组织中的个人成员(原告)作出的,则法官应当责令行为人对原告承担侵权责任;如果在考虑案件面临的各种具体因素之后,法官认为行为人针对群体组织的陈述,不会使人强力怀疑也是针对作为个人成员的原告作出的陈述,则作为群体组织个人成员的原告无权向法院起诉。

二、多因素考量理论的历史发展

多因素考量理论最初被称为"怀疑强度"理论。1934年《哥伦比亚大学法律评论》第34期发表了题为《就群体组织名誉毁损行为承担的侵权责任》的注释文章,文章认为,在决定群体组织的个人成员是否有权就其针对群体组织的陈述提起个人名誉侵权诉讼时,法律不应当采取群体组织规模大小理论,而应当采取一种更加现实的方法,这就是,行为人针对群体组织作出的具有名誉毁损性陈述是否对原告个人名誉产生了具有名誉毁损性质的怀疑强度。如果行为人作出的陈述被人强烈怀疑为实际上是对群体组织中的个人成员作出的陈述,则即便行为人作出的陈述是针对群体组织的,群体组织的成员也有权要求行为人对自己承担侵权责任;否则,当行为人作出的陈述不会被人强烈怀疑为是对群体组织的个人成员作出的陈述时,群体组织的成员无权要求行为人对自己承担侵权责任。这个标准是一种纯事实性质的探询标准,它根据名誉侵权法的客观理论来判断行为人是否应当就其针对群体组织的陈述对群体组织个人成员承担名誉侵权责任。① 之所以要采取这样的判断标准,"是因为行为人对其作出具有名誉毁损性质陈述的群体组织种类众多、变化极大,对它们采取有关侵权责任方面的确定性规则似乎是不可能的"。② 因此这篇文章建议,在决定行为人是否就其针对群体组织的陈述对个人成员承担侵权责任时,法官要考虑几种因素,包括群体组织的规模、个人成员数量、组成人员的确定性、系统性等。这样做的好处在于,采取"怀疑强度"理论,更容易使原告获得名誉损害赔偿,因为"怀疑强度"理论更趋向于将问题的焦点更清晰地集中于每个成员遭受的损害与行为人的陈述之间所具有的因果联系上。③

"怀疑强度"理论提出之后,虽然在20世纪60年代对美国某些司法判例产生了影响,并在一些案件中适用,但是它并没有对英美法国家的侵权法学家产生影响,此种状况一直持续到20世纪70年代末期。1978年,Eldredge先生开始在其侵权法著作中援引此种理论,他认为:"在讨论群体组

---

① Note Liability for Defamation of a Group, 34 *Colum. L. Rev.* 1322,1325(1934).
② Ibid.
③ Ibid., at 1326.

织的成员是否有权要求行为人就其针对所在群体组织作出的陈述对自己承担侵权责任时,大多数学说都强调群体组织的规模大小,他们很少强调行为人的陈述对群体组织成员名誉造成的影响。"①

1984年,Keeton先生和其他侵权法学家们在修改Prosser教授第四版《侵权法》著作时,突然放弃了Prosser教授在其前几版中一直坚守的群体组织规模理论,而是改采'怀疑强度'理论。在第五版《侵权法》著作中,Keeton先生和其他学者在讨论群体组织名誉侵权时指出:"通常而言,当行为人对由大量人员组成的规模较大的群体组织作出具有名誉毁损性质的陈述时,群体组织的个人成员不得对此种行为人提出名誉侵权诉讼,其原因仅仅在于,行为人针对群体组织作出的一般陈述,不可能被合理认为涉及群体组织的每个个人成员或者某个特定成员。它同样也不会使人合理相信,行为人作出的此种陈述存在损害特定群体成员个人名誉的足够可能性。但是,群体组织的规模、毁损性陈述的性质、诽谤的放肆性等因素,均可以作为认定行为人的陈述是否涉及原告名誉的考量因素;一旦认定行为人的陈述使他人产生了对原告的足够怀疑,并使他人基于此种怀疑而合理相信行为人的陈述可能涉及原告的话",则行为人应当对原告承担个人名誉侵权责任。②

1985年,Bromme先生在其文章中倡导多因素考量理论。他认为,在决定行为人是否就其针对群体组织的陈述对个人成员承担名誉侵权责任时,法官应当考虑5个重要因素,即名誉毁损性陈述的性质、行为人的可信度、群体组织的结构和原告在群体组织中的地位、群体组织的受欢迎程度、社会公众对公共问题讨论的利益,其中前四种因素是法官用来决定个人成员是否有权要求行为人承担名誉侵权责任的要素,而最后一种因素要素仅仅作为法官在反对个人成员提起侵权诉讼的加强要素。③

1999年,Smolla在其《名誉侵权法》的著作中认为,在当代有些法院在他们说理充分的判例中开始抛弃群体组织规模这一狭小理论,在群体名誉侵权案件中适用更具灵活性的"怀疑强度"理论。④

---

① Lawrence H. Eldredg, The Law of Defamation, 55,1978.
② W. Page Keeton, p.784.
③ Jeffrey S. Bromme, Note: Group Defamation: Five Guiding Factors, (1985) 64 *Tex L. Rev.* 591,595.
④ Rodney A Smdla, Law of Defamation, 4:71, at 4—115(2d ed,1999).

三、多因素考量理论的具体考量因素

在当今侵权法学界,像 Keeton 这样的侵权法学家也在主张多因素考量理论,也主张用"怀疑强度"理论取代群体组织规模大小理论。但多因素考量理论究竟如何加以适用,侵权法学界并没有非常详尽的讨论。迄今为止,只有少数侵权法学家在他们的著作中对这一理论作出了详尽的分析,其中尤以 Bromme 先生为典型。1985 年,Bromme 在第 64 期《得克萨斯州法律评论》上发表注释文章《群体组织名誉侵权:五个指导因素》,对多因素考量理论作出了详尽的分析。在文章中,Bromme 分析了现代英美法国家关于群体组织名誉侵权法领域存在的各种混乱现象,对英国和美国群体组织名誉侵权规则产生的历史进行了剖析,提出了多因素考量理论中的五个指导因素,认为在决定个人成员是否有权要求行为人对自己承担名誉侵权责任时,法官必须具体考虑下列五个具体因素:

1. 行为人作出陈述的性质

在认定行为人针对群体组织的陈述是否也是针对群体组织成员作出的陈述时,法官应当考虑的第一个也是最重要因素是,行为人作出的名誉毁损性陈述是什么性质的陈述。当行为人的陈述是观点陈述而非事实陈述时,行为人作出的观点陈述是不得被起诉的,即便群体组织的成员因为行为人作出的观点陈述遭受了名誉损害,他们也不得提起侵权诉讼。只有当行为人的陈述被看做是事实陈述时,群体组织的成员才有可能提起侵权诉讼。[①]

2. 行为人的可信度

在认定行为人针对群体组织作出的陈述是否也是针对群体组织成员作出的陈述时,法官应当考虑的第二个因素是,作出具有名誉毁损性质陈述的行为人的可信度。如果行为人的可信度高,法律更愿意将他们针对群体组织的陈述看做是针对个人成员的陈述,因为,高可信度的行为人作出的陈述更有可能长久吸引公众的注意力,使社会公众将针对群体组织作出的陈述与群体组织的个人成员联系在一起。如果行为人是个可信度低的人,法律更倾向将行为人针对群体组织的陈述不看做是针对个人成员的陈述,因为

[①] Jeffrey S. Bromme, Note: Group Defamation: Five Guiding Factors, (1985) 64 *Tex L. Rev.* 599—600.

作出陈述的人可信度低的时候,社会公众可能会忽视行为人的陈述,他们不会将行为人针对群体组织的陈述与特定的原告联系在一起。①

3. 群体组织的结构和原告在该群体组织中的地位

在认定行为人针对群体组织的陈述是否也是针对群体组织成员的陈述时,法官应当考虑的第三个因素是,群体组织的结构和原告在群体组织中的地位。侵权法认定,并非行为人作出的一切陈述都可以看做涉及原告的陈述,如果行为人的陈述被看做是涉及原告的陈述,不仅要求在听到或者读到行为人的陈述后,听众或者读者会将行为人的陈述与原告联系在一起,而且还要求听众或者读者将其联系在一起的行为是合理的,否则原告不能要求行为人对自己承担侵权责任。由于群体组织的结构往往和群体组织的规模存在联系,群体组织规模越大,其组织性越差,因此群体组织的规模通常被看做群体组织结构的组成部分。此外,如果原告在群体组织中是公众认可的著名成员,其地位突出,影响较大,则该人更容易因为其知名度而获得损害赔偿。②

4. 群体组织的受欢迎程度

在认定行为人针对群体组织的陈述是否是针对群体组织成员作出的陈述时,法官应当考虑的第四个因素是,群体组织的受欢迎程度。当原告是一个非常受社会公众欢迎的群体组织的成员时,法官更应当驳回原告的名誉侵权请求,因为群体组织越是受公众欢迎,公众越会怀疑行为人的陈述,公众越是不会将针对群体组织的陈述与某个特定个人成员联系在一起。相反,当原告所属的群体组织不受社会公众欢迎时,法官更应当保护原告的名誉,行为人针对这样的群体组织作出的陈述极有可能是针对群体组织成员个人作出的陈述,因为社会公众此时更愿意将行为人的陈述与原告联系在一起。③

5. 公共问题的公开讨论

在认定行为人针对群体组织的陈述是否是针对群体组织成员作出的陈述时,法官应当考虑的第五个因素是,一旦法官通过平衡上述四种因素之

---

① See Jeffrey S. Bromme, Note: Group Defamation: Five Guiding Factors, (1985) 64 *Tex L. Rev.* 600.

② Ibid., at 601—602.

③ Ibid., at 602.

后,如果责令行为人就其陈述对原告承担名誉侵权责任,那么法官的判决虽然保护了原告的名誉利益,但可能会阻却社会公众对社会问题的公开讨论。因此当行为人作出的陈述涉及社会公共问题的讨论时,法官更有可能会驳回原告的诉讼请求,不愿责令行为人就其陈述对原告承担名誉侵权责任。①

四、多因素考量理论在司法实践中的具体运用

在当今社会,虽然包括 Keeton 等著名教授在内的侵权法学家都在积极倡导"怀疑强度"理论或者多因素考量理论,但是迄今为止此种理论还没有得到司法判例的广泛遵循,美国只有少数州在为数不多的案例中适用此种理论,其中最重要的是俄克拉荷马州和纽约州。

1. Fawcett Publications, Inc., v. Morris②

被告是一家出版商,它在自己出版的一本杂志中发表文章,声称俄克拉荷马州立大学足球队的运动员在比赛时,在他们的鼻孔里喷洒苯丙胺和其他类似的违禁药。俄克拉荷马州立大学足球队有 60—70 个足球运动员,原告属于其中之一。他向法院起诉,认为被告的陈述侵犯了自己的名誉,应当对自己承担名誉侵权责任。原告认为,自己在足球比赛时虽然喷洒过东西,但是他喷洒的仅仅是烈性胡椒薄荷油,不是被告声称的苯丙胺或其他类似的违禁药物。此种喷洒物属于无害物,其目的在于减轻嘴唇的隐痛。被告认为,自己没有侵犯原告的名誉,因为其陈述针对的是俄克拉荷马州立大学的足球队,原告所属的足球队成员过多,其规模过大,自己不用就其陈述对规模较大的群体组织的个人成员承担名誉侵权责任。俄克拉荷马州的最高法院认为,虽然行为人作出的具有名誉毁损性陈述是针对俄克拉荷马州立大学的足球队,虽然原告所属的足球队规模较大,但行为人仍然要对原告承担个人名誉侵权责任。法院认为,是否责令行为人就其针对群体组织的陈述对个人成员承担名誉侵权责任时,法官不应仅仅考虑群体组织规模大小这个唯一的因素,还应当考虑原告的知名度、原告在所属群体组织中个人资格的确定性等因素。在本案中,由于该杂志的读者熟悉原告所在的群体,了

---

① See Jeffrey S. Bromme, Note: Group Defamation: Five Guiding Factors, (1985) 64 *Tex L. Rev.* 603.

② 377 p. 2d 42 (Okoa, 1962).

解原告,并且可以确定原告的身份,虽然行为人在文章中没有明确使用原告的姓名,但行为人对原告所在足球队的名誉毁损性陈述也被认为是对原告本人的名誉毁损性陈述。

Fawcett 一案值得关注的地方有两个:其一,在本案中,足球队运动员的人数众多,共有 60 至 70 名成员。行为人名誉毁损性陈述的对象是一个如此大规模的群体组织,法院仍然要使他们对其中的个人成员承担名誉侵权责任,因此,Fawcett 一案似乎已经明确偏离了 Neiman-Marcus 一案确立的 25 个个人成员的最高数额限制规则。其二,在本案中,法官明确抛弃了群体组织规模大小理论,认为在决定行为人是否就其针对群体组织的陈述对个人成员承担侵权责任时,法官不能仅仅考虑群体组织的规模这个唯一的因素,而必须考虑多重因素,因此,法官以"怀疑强度"理论取代了"群体组织规模大小"理论。

2. Fawcett 一案规则在俄克拉荷马州的继受

Fawcett 一案的规则确立之后,得到俄克拉荷马州最高法院的遵循,它分别在 1965 年 Layman v. Readers Digest Association[①] 案和 1984 年 Mocullought v. Cities Service Co.[②] 案中抛弃了群体组织规模理论,而是采用了多因素考量理论。

在 Layman v. Readers Digest Association 案件中,被告在其文章中说,承建某段高速路的一个承包商建筑的工程质量差。原告向法院起诉,认为被告的文章实际上毁损了自己的名誉,应当对自己承担侵权责任。法院认为,原告无权要求被告就其文章对自己承担名誉侵权责任,因为在该案中,承建该路段高速公路的承包商很多,原告没有提供证据证明被告的征订者认为被告的名誉毁损行为是针对原告个人的。法院认为,在适用"怀疑强度"理论时,必须具备这样的构成要件,即原告必须提供证据证明行为人的陈述涉及原告本人的名誉。

在 Mocullought v. Cities Service Co. 案件中,被告对在美国执业的 19,686 名骨疗医生作出具有名誉毁损性质的陈述,原告也是其中的一名骨疗医生,他认为被告的陈述侵犯了自己的名誉,他向法院起诉,要求被告就

---

① 412 P. 2d 192(Okla. 1965).
② 676p. 2d 833(Okla. 1984).

其陈述对自己承担名誉侵权责任。法院认为,原告无权要求被告就其陈述对自己承担名誉侵权责任,因为原告的主张不符合"怀疑强度"理论的要求。法院认为,当行为人针对不确定群体作出具有名誉毁损性质的陈述时,诸如由19,686名骨疗医生组成的群体,此种陈述不是针对这一群体中的某个人作出的,其群体中的个人成员不能就行为人的此种陈述提起个人名誉侵权诉讼,因为行为人诽谤的群体规模越大,读者越是不会认定陈述涉及群体中的特定个人。此外,法院还认为,美国《宪法第一修正案》保护社会公众对公共问题的公开讨论,当行为人针对大型群体组织的名誉毁损性陈述对个人造成偶然性或经常性损害时,此种损害可以因为公众的知情权而被抵消。在本案中原告承认,行为人的陈述并没有特别牵涉到他本人,因此法院认定,被告的陈述不会使人对原告的名誉产生强度怀疑,故被告无须对原告承担名誉侵权责任。

3. Fawcett一案规则在美国纽约州和其他州的继受

在美国,Fawcett一案确立的规则除了被俄克拉荷马州的司法判例所遵循外,也被其他个别州所遵循,其中主要的是纽约州。在1981年的Brady v. Ottaway Newspapr Inc.[①]一案中就适用Fawcett一案确立的规则。在该案中,被告对由53名警察组成的群体作出具有名誉毁损性质的陈述,原告属于此种群体中的一员,他向法院起诉,要求行为人对自己承担名誉侵权责任。法院认为,不能仅仅因为原告所属的群体组织有超过25个成员,就因此阻止群体组织的个人成员向法院起诉,在决定行为人是否就其针对群体组织作出的陈述对个人成员承担侵权责任时,法官除了要考虑群体组织的规模之外,还应当考虑群体组织人数的确定性、群体组织的构成、群体组织的组织程度、群体组织的受欢迎程度以及原告在群体组织中的突出程度。法官明确拒绝被告的意见,认为不应当采用25个成员数额限制的规则。

1995年Anyanwu v. Columbia Broadcasting System, Inc.[②]一案中也适用"怀疑强度"理论拒绝了原告的个人名誉侵权请求。在该案中,被告对在美国从事国际贸易的尼日利亚商人作出具有名誉毁损性质的陈述,该商人团供共有500人以上。原告属于此种团体中的一名商人,他向法院起诉,要求

---

① 495N. Y. S. 2d 786(App. Div. 1981).

② 887F/Supp,690(S. D. Y. N. 1995).

法官责令行为人就其陈述对自己承担个人名誉侵权责任。法院适用"怀疑强度"理论驳回了原告的诉讼请求。

1998年,纽约州 Sovik v. Healing Network① 一案中,援引 Fawcett 和 Brady 两案确立的规则,责令行为人就其针对群体组织的名誉毁损性陈述对个人成员承担名誉侵权责任。在该案中,被告对某国际学院的15名高级教师进行名誉毁损,原告是15名中的1名,他向法院起诉,要求被告就其陈述对自己承担名誉侵权责任。法院适用 Fawcett 和 Brady 两案的规则,责令被告就其陈述对原告承担名誉侵权责任。

第六节 我国群体组织名誉侵权规则的具体构建

在我国,法律是否应当允许群体组织的个人成员向法院起诉,要求行为人就其针对群体组织本身的毁损性陈述对自己承担名誉侵权责任?我国的立法机关、司法判例和学说均没有就此问题作出回答。本书认为,原则上讲,我国法律应当在原则上予以禁止,但在例外的情况下应当允许。

一、一般原则:行为人不对群体组织个人成员承担侵权责任

在我国,法律既应否认群体组织本身有权提起名誉侵权诉讼,同时也应否认群体组织的个人成员有权提起名誉侵权诉讼。法律坚持这样的原则,主要是基于如下考虑:

其一,我国现实生活中的群体组织大都涉及社会公共利益,所从事的活动大都为社会公共事务,如果法律允许这些群体组织的成员提起个人名誉侵权诉讼,则群体组织的个人成员可能会利用群体组织和自己在群体组织中的特殊身份打压行为人和社会公众,使宪法保护的言论自由无法行使。在我国,除了企业法人外,无论是国家机关、事业单位还是社会团体等群体组织,它们所从事的事务都是或者大多是公共性质的事务。具体而言,国家机关从事的立法、司法和行政管理事务为社会公共性质的事务;事业单位从事的文化、教育、卫生和体育等活动为社会公共性质的事务;社会团体所从

---

① 665 N.Y.S. 2d 997 (App. Div. 1997).

事的政治、学术或研究等活动亦为社会公共性质的事务,因此这些群体组织的个人成员,或者被看做"公共官员",或者被看做"公众人物"。社会公众对公共官员或公众人物从事的公共性质的事务具有利害关系,他们享有知情权,希望了解公共官员和公众人物所从事的活动是如何进行的;享有监督权,通过运用宪法规定的权利,监督公共官员和公众人物享有的权力不被滥用;享有批评权,他们有权运用宪法规定的言论自由和新闻自由对公共官员和公众人物的权力运用方式作出评价,对公共官员和公众人物处理公共事务的方式提出批判。无论是知情权、监督权、批评权,都是社会公众有效约束公共官员和公众人物的重要手段。当社会公众对公共官员或公众人物的行为提出批评或者发表意见时,即便批评不中肯、意见不妥当、评论有失公允,只要行为人不是基于实际恶意作出这些陈述,法律就应禁止社会群体组织的个人成员向法院起诉,否则,公共官员和公众人物将处于无人监督、无人批评的境地,最终沦为公共事务领域的独裁者,社会公众享有的言论自由将消失殆尽。正如美国法官指出的那样,如果法院允许群体组织的个人成员就针对群体组织的公共事务作出的陈述提起个人名誉侵权诉讼,则此种个人名誉侵权诉讼将会使美国联邦《宪法第一修正案》所规定的言论自由和新闻自由变得毫无意义,使行为人无法充分行使《宪法第一修正案》规定的权利来探讨公共事务问题。①

其二,我国现实生活中的某些群体组织,个人成员人数众多,规模庞大,如果允许这些群体组织的个人成员提起个人名誉侵权诉讼,则大量的人会同时涌入法院,使法院难于应付,导致名誉侵权诉讼的泛滥,影响社会的公共利益,为了防止诉讼的泛滥,减轻行为人过重的侵权责任,我国侵权法亦应否认个人成员提起个人名誉侵权的权利。②

其三,我国现实生活中的群体组织往往具有独立的法人格,行为人针对群体组织作出的陈述,往往被看做是针对法人本身作出的陈述。我国法律要求原告在起诉行为人时要承担举证责任,证明行为人的名誉毁损性陈述牵涉自己;如果原告无法证明行为人的陈述牵涉自己,则原告无权要求行为人就

---

① Khalid Abdullah Tariqu Manssur Faissal Fahd Al Talal v. Fanning, 506F. Supp. 186(N. D. Cal. 1980).

② 张民安:《公共政策在侵权法中的地位》,载《中山大学法律评论》(第六卷),法律出版社 2007 年版,第 19 页。

其陈述对自己承担名誉侵权责任。我国《民法通则》在认可企业组织、国家机关、事业单位和社会团体作为民事主体的同时,也承认这些群体组织的法人地位。在民法上,具有法人资格的社会群体组织具有独立于法人成员的主体地位,行为人针对此类群体组织的陈述仅仅被看做对法人本身的陈述,不应被看做是对群体组织个人成员的陈述,行为人就其陈述对法人承担名誉侵权责任,不就其陈述对个人成员承担名誉侵权责任。当然,本书在前面有关章节已经指出,我国《民法通则》的此种规定违反了社会公共利益,应当予以废除。我国民法应当区分具有经济性质的群体组织和具有公共事务性质的群体组织,并分别根据其不同性质来决定群体组织本身是否享有名誉权。像公司这样具有经济性质的群体组织,一旦被法律授予法人资格,则此种法人组织在享有法人格和民事主体资格的同时,也享有名誉权,当行为人对此类群体组织作出具有名誉毁损性质的陈述时,此类群体组织本身可以享有名誉侵权请求权,要求行为人就其陈述对自己承担侵权责任;此类群体组织的个人成员无权要求行为人对自己承担个人名誉侵权责任,因为公司本身具有独立的法人资格,能够以公司的名义起诉和应诉,并以公司的财产承担独立的责任。① 像国家机关、事业单位和社会团体这样具有社会公共事务性质的群体组织,虽然它们享有法人格和民事主体资格,但不应享有名誉权,即使行为人对此类群体组织作出具有名誉毁损性质的陈述,此类法人也无权要求行为人就其陈述对法人承担名誉侵权责任;此类群体组织的个人成员同样无权要求行为人就其针对法人作出的陈述对自己承担个人名誉侵权责任。

二、例外规则:行为人对群体组织的个人成员承担侵权责任

在我国,法律在原则上应当坚持行为人不就其针对群体组织的陈述对个人成员承担名誉侵权责任,同时也应规定,在某些例外情况下行为人应当对个人成员承担名誉侵权责任。问题在于,法律应当考虑在哪些例外情况下责令行为人对群体组织的个人成员承担侵权责任。本书认为,此种例外有三:

其一,行为人针对某种合伙组织的陈述对合伙人承担名誉侵权责任。在我国,合伙组织的法律地位问题,虽然存在争议,但主流学说往往一方面

---

① 张民安:《公司的现代化》,中山大学出版社2006年版,第293页。

将合伙组织看做是一种法律上的实体,是民事主体;另一方面将合伙组织看做是自然人的聚合体,是自然人的延伸,合伙组织的个人成员被看做民商事主体。之所以说合伙组织是一种法律上的实体,是因为合伙组织有自己的独立名称,有自己的独立财产,可以以自己的名义对他人起诉或者被应诉,正如一个公司组织那样。① 之所以说合伙组织是自然人的聚合体,是因为当合伙组织的资财不能清偿合伙组织的债务时,合伙组织的个人成员仍然要以其个人财产对合伙组织的债务承担无限连带责任,除非合伙组织的个人合伙人是有限合伙人。合伙组织的此种双重法律属性使合伙组织的名誉权亦表现出双重性:合伙组织的名誉权既被看做合伙组织这一法律实体享有的名誉权,也被看做合伙组织合伙人的名誉权。行为人对合伙组织本身作出的陈述,也被看做对合伙人个人的陈述,合伙人个人当然也有权起诉。不过,应当注意的是,如果行为人的陈述已经被合伙组织提起了名誉侵权诉讼,则合伙人不得再提起个人侵权诉讼。只有当合伙组织不对行为人提起侵权诉讼时,合伙人才可以提起诉讼。

其二,行为人的名誉毁损性陈述虽然是针对群体组织的,但此种陈述是在群体组织个人成员的面前当面作出的。如果行为人当着一位律师的面说"所有的律师都是强盗",虽然行为人的陈述是针对全体律师这个群体组织,但该律师仍有权向法院起诉,要求行为人就其陈述对自己承担名誉侵权责任;如果行为人当着一位穆斯林教徒的面说"所有的穆斯林都是暴徒",虽然行为人的陈述是针对穆斯林这个群体组织,但这位穆斯林教徒可以向法院起诉,要求行为人就其陈述对自己承担名誉侵权责任;同样,当行为人当着某个犹太人说"所有的犹太人都是世界上的劣种、败类",这位犹太人有权向法院起诉追究行为人的名誉侵权责任。法律为什么应当采用这种例外规则?原因有二:第一,行为人作出的毁损性陈述虽然表面上是针对一个规模庞大、人数众多的群体组织,但是其陈述的真实目的并不是为了针对原告所在的整个群体组织,其真正的目的是针对群体中的特定个人成员;第二,根据社会生活经验和常识判断,当行为人在某个群体组织的个人成员面前诽谤其所在的群体组织时,一个有理性的听众往往倾向于将行为人的抽象性

---

① 张民安、刘兴桂主编:《商事法学》(第三版),中山大学出版社 2007 年版,第 122—123 页。

陈述同面前的特定成员联系在一起,他们总是倾向于认为,行为人作出的此种陈述,实际上是针对原告作出,而不是针对原告所属的群体组织。

其三,群体组织规模不大,个人成员人数不多,且群体组织本身不具有法人资格。当群体组织的规模不大、个人成员人数较少时,行为人对群体组织的陈述,可以被认为是对群体组织的个人成员作出的陈述,群体组织的个人成员有权提起诉讼,但是,如果原告所在的规模不大的群体组织本身具有法人资格,则原告不能提起名誉侵权诉讼。法律之所以实行这样的规则,其理由有三:第一,当原告所在的群体组织规模较小和个人成员人数不多时,群体组织与其群体组织个人成员之间的关系更加紧密,群体组织的评价好坏同个人成员的评价好坏存在直接联系;第二,群体组织的规模越小,其个人成员人数越少,则一个有理性的第三人越会将行为人针对群体组织作出的陈述同群体组织的个人成员联系在一起,越是趋向于认为对群体组织的陈述就是对个人成员的陈述;第三,如果群体组织具有法人资格时,那么群体组织自己可以提起名誉侵权诉讼。如何判断群体组织是规模较小的群体组织?本书认为,我国法律应当借鉴美国侵权法所确立的最高成员人数限额标准,将25个成员数作为最高限额。至于说行为人在毁损群体组织名誉的时候,群体组织的个人成员占有多大比例,是占大多数还是占少数,法律无须予以关注。我国法律为什么可以将25个个人成员人数看做群体组织规模大小的判断标准,一方面是因为现代英美侵权法已经在这个方面形成了成熟的侵权法规则,另一方面是因为此种理论在美国侵权法中的最终确立同时存在偶然性和必然性。King教授在谈到为什么美国司法判例和学说广泛认可25个成员数限额的理论时指出:"25个成员数限额的出现或许是由于名誉侵权法领域的三个事实造成的:在名誉侵权法领域起支配地位的朴素的经验判断;司法判例偶然作出的有重大影响的裁判;学说对司法判例偶然确立的有重大影响的裁判规则予以积极响应。"①

四、群体组织规模理论的优越性

在现代社会,虽然有学者批评群体组织规模的理论,但同"多因素考量"

---

① Joseph H. King, Reference to the Plaintiff Requirement in Defematory Statemends Direoted at Groups, (2000) 35 *Wake Forest L. Rev.* 343,354.

理论相比,群体组织规模理论具有自己的优越性,应当为我国侵权法所采取。

第一,群体组织规模理论符合朴素的经验判断规则。在侵权法领域占重要地位的朴素经验判断规则可以在群体组织名誉侵权领域得到完全适用,因为朴素经验判断规则告诉我们,群体组织越大,群体组织的人数越多,则群体组织与个人成员之间的关系越松散,他们之间的距离越远,彼此之间的联系就越少,行为人针对群体组织的陈述就越难被看做是针对个人成员的陈述;反之,群体组织规模越小,成员人数越少,则群体组织与个人成员之间的关系越紧密,它们彼此之间的距离越近,彼此之间联系越多,行为人对该群体组织的陈述就越容易被看做是对成员个人的陈述。同时,在这一领域,朴素的经验判断规则还告诉我们,群体组织的规模越大,个人成员越多,行为人的陈述越不会对社会公众的看法产生影响,社会公众越不会将针对群体组织的陈述与个人成员联系在一起。相反,群体组织的规模越小,个人成员越少,行为人的陈述越会被社会公众谨慎、严肃和认真对待,行为人的陈述越会习惯于将对群体组织的陈述与个人成员联系在一起。例如,当行为人说"所有在20世纪80年代出生的人都是强盗",任何在20世纪80年代出生的人都无权提起诉讼,因为一个有理性的人不会将行为人作出的此类陈述当回事。① 如果适用多种因素考量理论,则往往违反了朴素的经验法则的要求,因为在决定行为人针对群体组织的陈述是否涉及个人成员时,人们很少凭经验去分析各种具体要素,至于学说讨论的各种具体因素的考量,那是学说和司法判例经过理性分析之后提出的看法,这些看法同社会公众的经验无关。

第二,群体组织规模大小理论具有确定性的优点,它克服了多因素考量理论存在的不确定缺点。根据群体组织规模理论,法律在判断行为人是否就其针对群体组织的陈述对个人成员承担侵权责任时,仅仅考虑群体组织个人成员的人数,凡是仅有25个个人成员或者少于25个个人成员的群体组织,反之,当群体组织的个人成员人数大于25个时,法律就会将这样的群体组织看做规模大的群体组织。群体组织规模理论适用起来简单、方便,它

---

① See Jeffrey S. Bromme, Group Defamation: Five Guiding Factors, (1985) 64 *Fex. L. Rev.* 591,603.

使原告、行为人和法官可以对有关法律规则了如指掌,使他们知道行为人什么时候应当承担侵权责任,什么时候不应当承担侵权责任。多因素考量理论则不同,它要求法官在判决时要考虑多种因素,在平衡各种因素之后再得出行为人是否要承担侵权责任的结论。同样的案件,由不同的法官裁判,可能会得出不同的结论,使法律处于模棱两可的境地。正如 King 教授指出的那样,多因素考量理论过于灵活,存在不确定性,"多因素考量理论的重要特征是,在作出行为人是否要就其针对群体组织作出的陈述对该群体组织的个人成员承担名誉侵权责任时,法官或者陪审团要考虑各种各样的因素,这些因素往往处于不确定的状态,其要考虑的因素种类繁多。即便学说和司法判例倡导此种理论,但这些不确定的因素没有作出很好的解释,无法提供更多的指导,因此即便采纳这样的理论,人们还是会担心,群体组织名誉侵权法领域仍然存在危机四伏的危险局面"。[①]

第三,群体组织规模理论符合公共政策的要求。侵权法在决定行为人是否就其针对群体组织的陈述对个人成员承担侵权责任时,既要考虑原告的名誉利益,也要考虑行为人的言论自由利益,要平衡原告和被告之间的利益冲突。当两者之间存在冲突时,法律有时应当优先保护原告享有的名誉权,有时则应当优先保护被告的言论自由。我国法律应当在什么时候优先保护原告的名誉权,应当在什么时候优先保护行为人的言论自由?对此问题,我国名誉侵权应当采取这样的规则:凡是涉及公共利益的问题,行为人的言论自由应当优先于原告的名誉权;凡是涉及私人利益的问题,原告的名誉权优先于行为人的言论自由权。之所以要采取这样的原则,其原因在于,凡涉及社会公共利益的问题,法律应当鼓励社会公众的广泛参与,使社会公众能够对有关社会公共利益的问题进行热烈的讨论和激烈的辩论,当行为人在参与公共事务或者公共问题的争论或者辩论时,即便行为人的陈述具有名誉毁损性,除非原告能够证明行为人是基于故意毁损原告名誉的目的而作出陈述,否则行为人不应当承担侵权责任。如果不是涉及社会公共利益的问题,法律不会鼓励社会公众的参与、讨论和辩论,当行为人的陈述侵犯了原告的名誉权时,法律应当责令行为人就其陈述对原告承担名誉侵权

---

① Joseph H. King, Reference to the Plaintiff Requirement in Defematory Statemends Direoted at Groups, (2000) 35 *Wake Forest L. Rev.* 357.

责任。此种公共政策的考量尤其可以在我国群体组织名誉侵权中得到适用。因为在我国,除了公司和合伙组织等少数群体组织从事的活动同公共利益无关之外,绝大多数群体组织从事的活动都或多或少、或强或弱地涉及社会公众的公共利益,此时法律应当保护社会公众的言论自由,让他们全面参与社会公共事务和公共问题的讨论和辩论,即便社会公众讨论过火,辩论过激,法律也不应责令行为人就其陈述对这类群体组织承担名誉侵权责任,更不应责令行为人就其针对群体组织作出的陈述对个人成员承担名誉侵权责任,否则,这些具有公共性质的群体组织、代表这些群体组织履行职责的公共官员或者公众人物就有可能利用群体组织和自己在群体组织中的特殊地位打击、压制行为人的言论自由,使宪法规定的言论自由和新闻自由被窒息,会使行为人的言论自由和新闻自由受到不适当的限制。

第四,当群体组织的规模过大,人数过多时,如果法律允许群体组织的个人成员提起名誉侵权诉讼,则大量的群体组织的个人成员都可能会提起名誉侵权诉讼,并要求行为人就其针对群体组织的陈述对自己承担侵权责任。这会使法院面临的名誉侵权诉讼过多,使行为人承担的名誉侵权责任范围过重。

第五,群体组织规模理论为当今侵权法学界的主流理论。在当今社会,即便有些司法判例适用多因素考量理论,即便有些学说极力提倡多因素考量理论,但多因素考量理论仍然是侵权法学领域的非主流理论,不能代表名誉侵权法的发展潮流。目前大部分司法判例适用的仍然是群体组织规模理论,大部分侵权法学家主张适用的也是群体组织规模大小理论。正如 King 教授指出的那样,"在决定被告是否就其针对群体组织的陈述对个人成员承担名誉侵权责任时,大多数司法判例采用的是群体组织规模理论,仅有少数司法判例没有采取群体组织规模理论而采取多因素考量理论。总的说来,虽然各种变异的多因素考量理论得到了不少学者的认可,但它们仍然很少获得司法判例的支持"。[1]

---

[1] Joseph H. King, Reference to the Plaintiff Requirement in Defematory Statemends Direoted at Groups, (2000) 35 *Wake Forest L. Rev.* 356.

五、群体组织的确定性问题

在侵权法上,群体组织是否等同于我国《民法通则》规定的法人和非法人组织?对此问题,我国侵权法学家少有论及,司法判例更没有作出探讨,因此,仍然构成侵权法上的理论空白。本书认为,群体组织名誉侵权意义上的群体组织要比我国《民法通则》规定的法人和非法人组织范围更广泛,这表现在两个方面:

一方面,群体组织名誉侵权意义上的群体组织除了包括我国《民法通则》规定的各种法人组织或者非法人组织之外,还包括我国《民法通则》没有规定的群体组织。具体而言,名誉侵权意义上的群体组织包括的范围十分广泛,它不仅包括法律意义上的群体组织,而且还包括非法律意义上的群体组织,诸如各种群体、阶层、民族、种族或职业等。而《民法通则》意义上的法人或者非法人组织往往是指法律意义上的群体组织,不包括非法律意义上的群体组织。例如某大学湖北籍的教授仅为一种特殊的群体,如果他们没有成立起具有法人资格的社会团体的话,则该群体组织不被看做法律意义上的群体组织。不过,无论是不是法律意义上的法人或者非法人组织,均可以构成名誉侵权意义上的群体组织,它们构成名誉侵权意义上的群体组织的一部分。

另一方面,侵权法意义上的群体组织,虽然被看做一种组织,但此种组织所要求的组织程度远远比不上法律对法人组织或者非法人组织提出的要求。根据我国《民法通则》的要求,构成法人和非法人团体的组织,不仅要依法设立,而且还应具备必需的财产或者经费,有自己的名称、组织机构和场合。而侵权法意义上的群体组织理论,无论引起争议的群体组织是否有自己的名称、组织机构,无论引起争议的群体组织是否存在独立的财产和经费,只要引起争议的群体组织在现实生活中可以为一般的社会公众和有理性的人所识别、所确定,则它们即可构成名誉侵权意义上的群体组织,法律并不要求引起争议的群体组织一定要具备法定的组织机构,一定要有自己的名称和办公场所等。King 教授指出,如果群体组织的个人成员要求行为人就其针对群体组织的陈述对自己承担名誉侵权责任,他们必须证明引起争议的群体组织必须从行为人的陈述中予以确定或者可以确定。群体组织必须拥有限制性特征,具有明确限定的范围,使行为人对其公开陈述的听众或者读者予以识别,使他们能够区分群体组织中的成员和非成员。[①] 因此当美国人说"所有美籍意大利人都是法西斯"时,没有哪一个取得美国籍的意大利移民可以向法院起诉,要求行为人就其陈述对自己承担侵权责任,因为每年移民到美国的意大利人不仅人数众多,而且他们分别居住在美国不同的州,其范围根本无法确定。

[①] Joseph H. King, Reference to the Plaintiff Requirement in Defematory Statemends Direoted at Groups, (2000)35 *Wake Forest L. Rev.* 361.

第八章 网络空间的隐私权问题

计算机和互联网技术的飞速发展,使大量的个人数据不仅在几秒钟内就可以不分国界地自由流动,而且可以因商业目的而进行合法或非法地处理,例如对个人数据进行非法储存、滥用个人数据、未经授权就随意披露个人数据等。这使得人们必须考虑和个人数据相关的隐私权保护问题,许多国家都在考虑并且已经将隐私权的保护引入了个人数据库的保护领域。[①]

第一节 个人隐私与个人数据

隐私一般指不愿被他人知道的个人信息,而这些信息一旦公之于众,就会给个人带来严重的心理负担或造成其他不良影响。从保护个人权利的角度出发,许多国家的法律都承认并保护个人的隐私权,对侵犯隐私权的行为予以惩罚,并为受害人提供一定的法律救济。

一、个人数据的界定

个人数据是指用来标志个人基本情况的一组数据,也可以说是与个人隐私有关的所有材料的总称。计算机和互联网技术的发展,为个人数据的搜集和处理带来了极大的便利,同时也为侵犯个人隐私权提供了新的机会。

[①] 例如《公民权利与政治权利国际公约》第17条、《欧洲理事会保护人权和基本自由公约》第8条都明确规定隐私权这一普遍的人权。根据联合国人权事务高级专员诺瓦克的观点,《公民权利与政治权利国际公约》第17条第2款还使缔约国有义务调整自动化个人数据信息的记录、处理、使用和转让,并且针对国家机关和私主体的滥用保护受影响的人。(〔奥〕曼弗雷德·诺瓦克:《民权公约评注》,毕小青等译,生活·读书·新知三联书店2003年版,第295页。)

许多国家和国际以及地区性的国际组织,都出台了不少有针对性的法律[①]、指令[②]和指导性文件[③]。

许多国家的个人数据保护法都对与个人隐私有关的个人数据进行了界定,从欧盟范围来看,早在 1981 年的《有关个人数据自动化处理的保护协定》中,就对个人数据进行过界定,它规定:"个人数据"指与确定或可以确定的个人("数据主体")相关的任何信息;瑞典 1998 年的《个人数据处理保护法》将"个人数据"定义为"有关某个确定或可确定的自然人(数据主体)的任何信息"。当然类似的定义还很多,从许多国家的关于个人数据保护法来看,个人数据和对个人数据的处理主要包括以下内容:有关种族、民族、肤色、信仰、年龄或婚姻状况的个人信息;有关个人的教育、医疗、刑事或职业记录或其财务交易的信息;任何赋予个人的可识别数字、符号或其他特点;个人的住址、指纹或血型;个人观点或见解;个人邮给政府的或明或暗地表明了隐私或秘密性质的信件和政府对此信件的回复;他人对本人的观点或看法;个人姓名[④];有关是或曾是政府机构官员或职员以及其职位、职责的个人信息,包括:该人是或曾是政府机关官员或职员的事实,该人的头衔、办公地址和电话号码,该人的职位级别、薪水和职责,该人于工作中在文件上的署名,该人在工作中发表的个人观点或看法;在合同期限内正在或曾为政府机关服务过的与履行服务有关的个人信息,包括合同期限、个人姓名及其在提供上述服务的过程中发表的观点或看法;有关具有财务性质的任意收益的信息;刚刚死去的人的个人信息。

二、互联网上的个人数据处理

个人数据处理指任何关于个人数据的一个操作或一套操作,而不论是否通过自动化手段进行,例如:收集、记录、组织、存储、改编或更改、恢复、聚

[①] 例如奥地利颁布的《联邦个人数据保护法》、瑞典颁布的《私人数据保护法》。
[②] 例如欧盟 1981 年通过的《有关个人数据自动化处理的保护协定》和 2002 年《关于电子通讯部分处理个人数据和个人隐私保护(隐私和电子通讯指令)》。
[③] 例如经济合作与发展组织(OECD,Organization for Economic Co-operation and Development)于 1980 年颁布的《关于保护隐私与个人数据跨国界流动的准则》)。
[④] 当个人姓名出现时,就会涉及与个人有关的其他信息,或披露姓名本身可能会揭示个人信息时,个人姓名属于个人数据。

集、使用、通过传输而披露、分散或其他有利于使用信息的操作、结合或合并、封锁、删除或销毁。

（一）商业处理

商业处理包括互联网服务提供商在内的许多商业组织出于营利目的而对个人数据进行的处理。使用的方法，比较常见方法有以下几种：

（1）通过用户的 IP(Internet Protocol)地址处理。每一个被访问的站点都会得到用户的 IP 地址，这些地址可被用来产生出一份该用户的记录。

（2）通过小甜饼（Cookies）、间谍软件（spyware）、网络蠕虫（web bugs）等获得用户的个人信息。小甜饼、间谍软件、网络蠕虫这些文件可以出于读取信息、存储隐藏信息或跟踪用户行为之目的，在用户全然不知的情况下，进入用户的计算机终端。针对这种情况，欧盟 2002 年《关于电子通讯部分处理个人数据和个人隐私保护（隐私和电子通讯指令）》中，要求使用此类设备的互联网报务提供商等向互联网用户提供使用此类设备的清楚和详细的信息，用户有权拒绝此类设备的使用。

互联网服务提供商在搜集个人数据方面，处于非常隐蔽、同时也是非常有利的地位。非常隐蔽是指互联网服务提供商完全可以在用户不知情的情况下，运用一切手段来搜集用户的个人信息；非常有利是指互联网服务提供商在与用户的关系模式中，完全处于控制者与被控制者的地位，其管理员几乎可以（如果他愿意或有必要的话）监控某个用户所有的网上活动。

（二）公共事务管理

依法设立的公共管理机构或政府机关，也会出于各种目的对个人数据进行处理。这种处理主要是为了行使自己的管理职权，或为自己管理社会方面的相关事务提供决策的依据。有时，公共管理机构还出于侦破刑事犯罪的意图而使用个人数据。

管理机关使用个人数据，虽然不像商业机构使用个人数据那样容易出现侵犯个人隐私权的情况，但并不意味着这些机构在使用个人数据时可以不受法律的约束，相反，它们对个人数据的使用，同样需要遵循法治的需要。许多国家制定的个人数据库保护法，有相当一部分内容便是为了约束这些机构，以使它们合法地使用个人数据。例如，奥地利 1999 年颁布、2001 年修订的《联邦个人数据保护法》第 2 条便详细规定了可由法庭使用的数据，特别是涉及可疑的刑事犯罪以及涉及刑事定罪和强制措施的数据使用原则。

按照该条规定,数据使用必须满足三个方面的要求:(1)存在使用该数据的明显法律义务或法律授权;(2)或者该种数据的使用对公共部门的管理员行使其法定职责来说是内在的需要;(3)或者数据应用程序的合法性来源于管理员的法定职责或其他正当利益,它们优先于数据所有人应受保护的隐私利益,且使用方式也保障了数据所有人根据该联邦享有的利益。

三、网上数据处理对个人隐私可能造成的侵害

计算机网络的普及为数据的使用带来了巨大的便利,只要数据被输入一台计算机当中,这些数据便可以成为所有网上用户共享的资源。这一方面为用户使用这些数据带来了极大的便利,同时又为政府或法律执行部门搜集个人数据提供了便利,还为别有用心之人打开了方便之门,从而也为网上数据搜集行为的泛滥以及侵犯隐私权行为的产生准备了条件。网上数据处理对个人隐私可能造成如下侵害:(1)在当事人不知情的情况下搜集当事人的材料,侵犯并剥夺了当事人对自己隐私资料的控制使用权。(2)隐私在现代社会可以被用于商业用途,互联网的使用又为个人信息用途商业开辟了广阔的前景,但同时也为他人以私人信息谋利提供了便利。有些情况下,个人隐私权被侵犯还仅仅是个开端,它还会被用作进一步伤害他的手段。[①](3)私人在网上的资料由于被公开而使自己处于被动和尴尬的境地。(4)目前,虽然许多国家的宪法规定公民有言论自由的权利,但通过各种方式,特别是在互联网上批评政府仍然是一件非常危险的事情,特别是与专制政府所持意见相差很大的反对派成员。如果不能用一种有效的方法来保证他们以匿名的方式发表自己的意见,或者政府的网络警察不费吹灰之力就可能掌握和控制此类人的有关信息,将极大影响他们在网上的行为,挫伤他们批评政府的积极性,从而对民主政治造成难以估量的损失。(5)目前越来越多的人通过互联网进行商业和个人消费行为。有许多的公司,其中也包括许多电子商店,通过网络销售各种各样的商品。这些交易多通过信用卡进行支付。在这种情况下,用户要想获得交易的快捷,必须将自己的有关信息通过互联网告知商家,如信用卡号、身份证号等。而用户在一般情况下,都希望信用卡号不至于被别人盗用,自己其他经济方面的信息不至于被

---

① 比如,先获取用户的邮箱,然后再给用户发去大量的垃圾邮件。

不怀好意的人用作有损本人的用途，特别是当这种交易是在一种跨越国界的情况下进行的时候。而事实上的情况是，有许多犯罪分子已经将目光盯上了别人在网上的财务信息，一些电脑黑客还利用自己高超的技术和自己从网上获取的信息，非法侵入银行或他人的账户，盗取他人钱财。（6）存储在计算机中的资料或通过网上行为泄露出来的个人信息在许多情况下都是片面的，他人对之进行的搜集与加工整理出来的结果可能与当事人本人的真实情况相差很远，甚至与当事人的真实情况大相径庭。对这些资料的运用往往容易对当事人造成伤害。

第二节　对个人数据的保护模式

正是由于在互联网上对个人数据处理的便利和对个人隐私容易造成的伤害，使得许多国家都通过立法、行业自律或一定的技术手段，来保护个人在使用互联网进所形成的个人数据，确保个人隐私不至于在网络环境下受到过多的伤害，同时又能够避免对信息的自由流动造成妨碍。从各国采取的措施来看，主要有三种模式，即立法、行业自律和软件保护模式。

一、立法模式

立法护模式是由国家和政府主导的模式，欧洲的许多国家多采用这种方式。这种模式的基本做法是由政府通过立法的方法，从法律上确立网络隐私保护的基本原则、具体的法律规定和制度，并在此基础上建立相应的司法或者行政救济措施。在这种模式之下，通常是通过法律的具体规定对互联网服务提供商在网上的各种各样的搜集用户数据和隐私的行为提出一定的限制，使互联网服务提供商在网上搜集用户隐私材料的行为更规范，相对于用户来讲更透明，使网上用户的个人隐私更容易得到保护。

从法律上来讲，这种做法直接增加了互联网服务提供商的法定义务。从经济上或从互联网产业本身来讲，增加了以互联网服务提供商为代表的整个信息产业的成本，会损害信息产业的利益并阻碍电子商务的发展。从实际的层面上来讲，这种政府主导下的立法模式的可操作性不容乐观，这首先是各种不同的互联网服务提供商在网上搜集隐私材料所使用的方法、搜集隐私材料的用途、已经或可能给用户造成的影响都不可能在现有的技术条件下得到一个明确的答案。这就意味着政府主导型立法模式从总体上来讲还不具备统一的立法基础。另一个方面,互联网在目前还不能说是一个相对成熟和稳定的产业,它的各个环节、各个技术还处在一个发展变化的过程之中,谁也无法估计互联网和整个由互联网所带动起来的信息产业将来的真实面目,所以在条件还不成熟的情况下,勉为其难地进行立法,其用意可能是好的,但效果可能与立法者的初衷相差甚远。对于迫在眉睫的网上个人隐私数据之保护,仅仅通过立法是不够的。

二、行业自律模式

美国是计算机技术和互联网服务最为发达的国家,这与美国在互联网上一贯奉行的政策有很密切的联系。在对待互联网以及与互联网有关的产业方面,美国为了鼓励和促进互联网产业的发展,一直对互联网服务提供商和其他与这一产业有关的各方实行比较宽松的政策,不赞成通过严格的立法为互联网服务提供商施加过多的压力,因为美国担心这样做会使整个互联网和与之有关的产业遭受巨大的损失。

当然,美国也不是完全放任互联网服务提供商毫无顾忌地在网上通过自己提供的服务搜集用户的隐私材料。美国在这方面倾向于通过互联网行业自律的办法,来实现对网上非法搜集个人隐私材料的控制。该模式最具特色也是最普遍的形式是网络隐私认证计划(online privacy seal program),如著名的 TRUSTe 组织,各网站均可加入该计划,并遵守其所要求的网络隐私保护的基本原则,换得的是在自己的网站上粘贴 TRUSTe 的认证标志,从而向消费者表明自己是对消费者网络隐私负责的网站。

已经有由 12 家高技术公司参与了 TRUSTe 公司所提出的隐私合作 (Privacy Partnership 2000) 计划并与之结成同盟。这些公司包括微软、Intel、AltaVista、Verizon、Yahoo、AOL、BrightStreet. com、Excite@ Home、IBM、Lycos、Persona 以及 RealNetworks 公司等。该计划的目的是唤起商家和消费者对隐私的注意,并且鼓励网站张贴隐私政策申明。其他的互联网服务提供商也可以申请加入这一计划,其前提是遵守该计划的有关规定,履行该计划中为互联网服务提供商在保护个人隐私权方面所规定的义务。当然,申请加入的互联网服务提供商也可以从自己的这种加入行动中,获得一定的好处,即在全世界的网上用户面前树立自己良好的形象,换取用户对自己所提供的服务的信任,并进而增加自己网站的访问人数。

行业自律模式的缺点也十分明显,它完全建立在行业自律的基础之上,依靠互联网服务提供商和与之有关的其他产业的自觉行动,来保证这些规定的执行。如果互联网服务提供商与用户之间利益是一致的,即由于采取了保护用户隐私权的措施而使双方受益的情况下,这些规定可能还容易执行,但是当双方的利益不一致时,即由于互联网服务提供商采取措施来保护用户隐私权付出的成本过高,或者互联网服务提供商可以通过搜集个人隐私材料并将其用作商业上的用途并能够给他们带来巨大的商业利益时,恐怕就很难保证互联网服务提供商们能够遵守这些不能给其带来利益、而是给其增加负担的规定。更为重要的是,这一计划仅仅对那些加入了该计划的公司有效,对大量的没有加入这一计划的公司来讲,它起不到任何的约束和规范作用。

美国的这一政策在 2000 年 5 月联邦贸易委员会递交给国会的报告中已经有所改变。该报告要求采取措施,对通过网上搜集个人隐私材料的行为进行控制。紧接着,美国众议院在 2000 年 7 月 18 日又通过了一项"主动投递电子邮件法案"。首次规定电子邮件经营人对大批量主动投递的电子邮件的流动负有责任,禁止电子邮件经营人发送垃圾邮件,除非邮件标明是主动投递的商业广告。该法案规定,邮件的发送者必须附一个有效的回信地址,以便让收信人选择是否继续接收信件。如果个人或者公司在拒绝接收后,还收到垃圾邮件的话,他们有权将发送人告上法庭。另外,该法案还授予联邦贸易委员会(FTC)与垃圾邮件发送者作斗争的权力。没有能力起诉的个人可以向委员会(FTC)投诉,要求调查事件并获得赔偿。

三、软件保护模式

软件保护模式就是依靠一定的技术支持,由互联网消费者自己选择、自我控制为主的模式。该模式是将保护消费者隐私的希望寄托于消费者自己手中,通过某些隐私保护的软件,来实现网上用户个人隐私材料的自我保护。在消费者进入某个收集个人信息的网站之时,该软件会提醒消费者什么样的个人信息正在被收集,由消费者决定是否继续浏览该网站。或者,在软件中预先设定只允许收集特定的信息,除此以外的信息不许收集,等等。

关于技术保护的最著名的软件即个人隐私偏好平台(P3P, personal privacy preference platform)。这类系统或运行程序本身的安全性和可信度仍然值得怀疑。欧盟对于某些这类技术进行过评估,声称这些工具性的技术软件并不能完全取代网络隐私保护的法律框架,而仅具有辅助保护的作用。

四、我国对网络空间的隐私权保护

早在 1890 年隐私权就已经出现在了美国学者沃伦(Samuel D. Warren)和布兰代斯(Louis D. Brandis)的著作里了。[①] 但直到 20 世纪的 70 年代末和 80 年代初,随着我国政治、经济和法律生活逐步走上正轨,隐私权和与之相关的一系列权利才逐步规定在我国的宪法和法律里面。[②] 值得注意的是,《民法通则》作为我国最基本的记载和保护公民各项人身权利的法律,却没有将隐私权作为公民的一项独立的人格权纳入保护对象,而只是简单地规定了与公民的隐私权有关的肖像权、名誉权。《最高人民法院关于执行中华人民共和国〈民法通则〉若干问题的意见》作为《民法通则》的实施细则,也没有将隐私权当做一项独立的人格权来对待,只是列举了现实生活中两种与公民的隐私权有关的侵权形式。与此种立法精神相一致的是最高人民法院《关于审理名誉权案件基于问题的解答》,在这个司法解释里,虽然多次提到隐私这一概念,但对侵犯隐私权行为的处理却不是以隐私权是否受到侵犯作为要件,而是以名誉权是否受到侵犯作为前提。这样规定,实际上降低了民法保护公民隐私权的力度,有可能使一些侵犯了公民隐私权的行为,但同时又没有对公民的名誉造成侵害的行为逃脱法律的制裁。[③]

---

① 当年,两位教授在《哈佛法律评论》第四期上发表了一篇名为《隐私权》(The Right to Privacy)的文章,正式提出"隐私权"的概念并加以阐述。这标志着隐私权理论的诞生,该文也成为被后世最广泛、最经常引用的经典作品之一。

② 如我国《宪法》第 36、37、38、39、40 条就分别规定了公民所享有的宗教信仰自由权、公民的人身自由权、公民的人格尊严不受侵犯;住宅不受侵犯;公民的通讯自由和通讯秘密受法律保护等与公民的隐私权有关的权利。我国的其他法律里面也有许多与隐私权有关的权利的具体内容和与之有关的权利的规定。这些规定散见于《中华人民共和国刑法》、《中华人民共和国刑事诉讼法》、《中华人民共和国民事诉讼法》等。

③ 侵犯隐私权的构成要件与侵犯名誉权的构成要件不同。如私下或小范围内传播他人隐私材料一般不易构成对他人名誉权的侵犯,但却是对他人隐私权的侵犯。如果对侵犯隐私权行为的惩罚必须以是否给名誉造成了一定的影响为前提,实际上使很大一部分侵犯了他人隐私权而同时又没有对他人名誉造成一定影响的行为难以受到应有的处罚。

2009年12月26日通过的《侵权责任法》第2条已经将隐私权纳入民事权益的范畴,该法第36条还进一步规定:"网络用户、网络服务提供者利用网络侵害他人民事权益的,应当承担侵权责任。网络用户利用网络服务实施侵权行为的,被侵权人有权通知网络服务提供者采取删除、屏蔽、断开链接等必要措施。网络服务提供者接到通知后未及时采取必要措施的,对损害的扩大部分与该网络用户承担连带责任。网络服务提供者知道网络用户利用其网络服务侵害他人民事权益,未采取必要措施的,与该网络用户承担连带责任。"

从总体上来看,隐私权已经成为我国法律体系中一个独立的人格权,对隐私权的保护以及侵害隐私权的救济已经有所改善,但还需要进一步细化,尤其需要制定专门保护网络空间隐私权的可操作性法律规范。

第三编

新闻媒体侵权的抗辩

　　新闻媒体侵权要建立属于自己的特殊规则,尤其是要建立其独特的抗辩机制。抗辩事由的一个重要特征在于适用上具有范围性。我国侵权法的研究日趋科学化,其中很重要的一点就是在一般侵权形态之外,对各种侵权行为进行类型化的整理,主要目的在于总结已有的经验,对司法实践作出更精细的指导,促进裁判的统一。新闻媒体侵权特有的抗辩机制显然不是传统的一般抗辩事由所能涵盖的,因此尽管一般抗辩事由同样能够在新闻侵权诉讼中援引,然而本部分的研究重点仍然在于新闻侵权特有的抗辩机制,包括报道内容真实、公正评论、特许权等。

第九章　真实性之抗辩

真实性抗辩在传统英美诽谤法中称为"正当理由（Justification）"抗辩。根据英国判例 Reynolds v. Times Newspapers Ltd and Others① 确定的规则，真实性抗辩是指"对于诽谤指控，被告如能在可能性较高的情况下，证明所涉的文字在实质意义上是真实的（substantially true），则得以免责"。② 我国学者称之为传播内容真实，是指"证明作品的基本事实真实，即作品中关系到特定人名誉评价的部分基本准确"。③ 对比来看，我国与国外的界定是基本一致的。应当注意的是这一抗辩理由的称谓问题。真实性抗辩最早起源于英国，在英国诽谤法早期，当时还没有发展出公正评论、特许权等其他抗辩事由，真实性是新闻媒体得以免责的最重要抗辩理由，因此被称之为"正当理由"，然而在诽谤法高度发展的今天，这一称谓的合理性已经受到质疑。诚如帕特里克（Partrick）和罗杰斯（Rogers）教授指出的，"正当理由"这一称谓并不合适，因为尽管对于法律专家来说，其涵义较为清晰，但是对于普通人来说，这一术语可能传达一种观念，即涉诉出版物的发行必须为了良好的动机（good reason）才得以免责，然而事实上，除了一个微不足道的例外，即便涉诉文字的发表出于恶意，如果其内容为真实，那么同样也是不可诉的。④ 在英美法系国家的一些最新立法中，这一抗辩事由已经被更名为"真实"

---

① Reynolds v. Times Newspapers Ltd and Others［1999］UKHL 45；［1999］4 All ER 609；［1999］3 WLR 1010（28th October, 1999）.

② See Matthew`Collins, *The Law of Defamation and the Internet*, Oxford University Press, p.95.

③ 参见王利明、杨立新主编：《人格权与新闻侵权》，中国方正出版社 2000 年版，第 646 页。

④ See Partrick Milmo Q.C and W.V.H. Rogers, *Gatley on Libel and Slander*, Sweet & Maxcell Limited, 10th Edition, p.267.

(truth)，如新西兰1992年的《诽谤法案》第8条。而在英国和美国，只是因为"正当理由"这一术语由来已久，在立法与司法中根深蒂固，才得以沿用至今。笔者以为，在新闻法中，新类型的抗辩事由逐步得到确立，再赋予真实性抗辩"正当理由"这一称谓，可能会发生误导，因为公正评论、特许权和公众人物同样是具有"正当理由"的抗辩。所以本书运用"真实性抗辩"这一术语，以便与其他抗辩事由作出区分。

第一节 真实性抗辩的利益考量

真实是新闻所追求的重要价值，新闻媒体作为舆论监督的"公众代言人"，在政治国家与市民社会的良性互动中发挥着重要的作用。对于舆论监督，很重要的一点就是公众的讨论和批评应当在消息真实的前提下展开。对一个虚假的事件发表评论，对于舆论监督并无益处，甚至可能造成损害，这与保护表达自由的初衷相悖，因此新闻工作者的一个核心任务就是将事情的真相完整地透露给公众。

西方国家一般认为，真实性抗辩是一个完全性的抗辩理由，然而值得考虑的是，是否只要新闻工作者证明其所写的文章内容与实情相符，就必然得以免除责任？换句话说，法律设置真实性抗辩，当中的利益考量何在？笔者认为，对于真实性抗辩的制度理念，应当从公共利益和个人名誉两个角度来阐明。

首先，从社会的整体来说真实的信息是构建良好的社会监督机制的必需，这主要体现在涉及政府机构或政府官员的不利信息方面。毋庸置疑的是，政府为了完成其职权范围内的社会事务，必然掌握了大量的资源，相对于私人总是处于强势地位。如果政府的权力不受到相应的制约，那么难免出现公权力的滥用，最终会导致寻租、搭便车现象的大量出现，使公共资源无法得到合理的利用。由于地位以及占有资源的悬殊，个人了解政府行为的渠道往往有限，而新闻机构作为专业的舆论监督机构，自然弥补了个人能力的不足。"第四权力部门"有效地在公民与政府之间进行信息的沟通。

其次，对真实报道的保护有助于增加政府的公信力。有效的舆论监督能够促使政府恪尽职守，依法行政，其公信力会逐渐提升。这不仅可以提高政府的工作效率,而且为社会减少了大量的交易成本,有助于良性社会秩序的建构。

最后,法律保护的名誉应当是社会公众对于一个人的正确评价。当代社会文明程度发展越高,社会的包容性越强。法律和道德不仅允许,甚至鼓励价值的多元化并存,因此社会公众对某人的评价褒贬不一是相当正常的现象。然而,重要的是,法律所保护的名誉应当是社会公众对于一个人的正确评价。尽管允许各人有不同的观点,但是这些评价都应当是基于真实情况所作出。假如人们在不清楚事实的情况下对某人作出了评价,而后由于得知真相并导致相关人士社会评价的降低,这并不能认为被评价人的名誉受到了侵害,而只能说其名誉"回到了适当的位置"。因此,即便真实的报道造成了相关人员的社会评价程度降低,也不能被认定为作者和新闻机构侵权。需要强调的是,报道内容真实这一抗辩理由的适用范围并不是所有的侵害人格权的情形。这一抗辩事由主要适用于原告主张新闻报道侵害其名誉权的情形,而并不是隐私、肖像等其他人格权或人格利益受到侵害的情形。

第二节 真实性抗辩的适用规则

明确了真实性抗辩的制度理念,仅仅是在宏观上理解了这一制度对于利益平衡的初步构造。在现实生活中,新闻失实的情形往往很复杂,因此需要对这一抗辩原则的适用规则作出明确的界定。

一、真实性抗辩的立法例

真实性抗辩原则在多个国家和地区的立法中均有体现。在立法体例上,或被规定在单独的诽谤法里,或被规定在侵权行为法中,也有在刑法中规定的。不同的体例设置体现了各国和地区对于这一制度重要性的认识不同。

(一) 英国

英国在 1952 年通过了专门的《诽谤法案》(Defamation Act 1952),尽管在 1996 年对之进行了修改,但是对于包括真实性抗辩在内的一些重要的原则并没有实质性的改变。英国的一些权威教科书仍然以1952年《诽谤法案》的第5条作为真实性抗辩标准定义进行分析。1952年《诽谤法案》第5条的条目是"正当理由"。条文表述如下:"在一项涉诉言辞涉及针对原告的两个或以上独立指控的诽谤诉讼中,如果在其他涉诉的言辞被证实之后,未能被证实的言辞并没有在实质上损害原告的名誉,那么正当理由抗辩并不仅仅因为每一项指控所针对的事实未被证实而无效。"①本条可以称得上是世界范围内第一个对真实性抗辩下了明确定义的立法条文,对各国的诽谤法发展有着很大的影响,本条有如下特点:

(1)本条宣示了真实性抗辩适用的一般原则。也就是,如果被指控的涉诉言辞是真实的,没有损害被告的名誉,则真实性抗辩有效。

(2)本条侧重点在于部分证实的情形如何适用真实性抗辩原则。举例来说,被告称原告是一个能力低下、见利忘义、好大喜功、骄傲自满的小人,是一个不称职的官员,而由此被原告起诉,如果被告能当庭举证证明原告符合前三个特征"能力低下、见利忘义、好大喜功",却无法证明其第四个特征"骄傲自满",那么按照本条的精神,真实性抗辩原则仍然适用。因为在前三者属实的情况下,原告是否"骄傲自大",已经不会对其名誉产生"实质上的损害"了。

(二)美国

美国并没有单独的诽谤法,而《第二次侵权法重述》中的两个条文专门涉及了真实性抗辩的问题。需要明确的是,《第二次侵权法重述》并不是正式的国家立法,只是美国法学会提供的专家型示范法,但是其内容由于是法学会对美国各州相关情形的提炼,因此具有典型性,可以在一定程度上反映美国法对这个问题的态度。

《第二次侵权法重述》第五部分是关于"诽谤"的规定,在第24章"对名誉的侵害"第九主题"真实"下的第581A条,规定"如能证实陈述为真实,则

---

① "In an action for libel or slander in respect of words containing two or more distinct charges against the plaintiff, a defence of justification shall not fail by reason only that the truth of every charge is not proved if the words not proved to be true do not materially injure the plaintiff's reputation having regard to the truth of the remaining charges."

发布诽谤性陈述者无须承担责任"①。这一条款本来规定在582条,但后来起草人对之进行了重新的定位,并且在措辞上做了一些微小的调整。原因在于,在美国法中,真实到底是作为一个抗辩事由还是一个构成要件仍然存在着争议,因此本条在这个问题上保持中立,没有将之明确归入抗辩的内容,而是将这一问题留待将来的发展去解决。无论如何,争论的焦点最主要涉及的是举证责任的问题,对于真实性抗辩实体上的标准并不构成影响。

应当看到,581A条的规定是相当原则的,而第634条则相对具体。其规定"作出有害于他人陈述的人,如果能够证明其陈述的事实,或者作为其意见的正当理由而暗示的事实为真实的,则无须对有害的陈述负责"②,该条的位置在《第二次侵权法重述》第六部分"有害的虚假信息"的第28章第3主题"适用于所有包含有害虚假信息的出版物的规则"。与581A条专门规定的情形有所不同,第634条所指的事实包括明示的,也包括为评论而暗示的,另外当中所指的损害是广义上的,并不单纯指个人名誉的损害,例如商誉等利益的损害也包含在内。

(三)德国

德国没有专门的诽谤法,对于名誉权的保护是通过侵权行为法和刑法的相关规定来完成。立法者并没有在《德国民法典》第823条第1款中将名誉权单独作为一项保护对象,然而社会意识到"人格的发挥在很大程度上是与个人与其周围环境的社会关系中进行的。在这些复杂的社会关系中,个人人格发挥的可能性,在很大程度上,依赖于自己给他人或者公众留下的印象获得的评价"③,因此名誉作为一项需要保护的法益,被纳入了一般人格权的保护范围。具体来说,对于名誉权的侵害,在一般人格权得到法律确认之前,由于《德国民法典》第823条第1款无法适用,因此只能通过第823条第2款进行保护,即"违反以保护他人为目的的法律的人,负有同样的义务"。根据法律的内容,没有过错也可能违反法律的,只有在有过错的情况

---

① "One who publishes a defamatory statement of fact is not subject to liability for defamation if the statement is true".

② "The publisher of a statement injurious to another is not liable for injurious falsehood if the facts stated, or implied as justification for an opinion stated, are true".

③ 引自〔德〕马克西米立安·福克斯:《侵权行为法》,齐晓琨译,法律出版社2006年版,第55页。

下,赔偿义务才发生。①

德国判例指出,真实情况的陈述受到《基本法》第5条的保护,"只有在明知陈述的情况并非事实,或者陈述情况的非真实性在陈述时已经确凿无疑时,陈述情况的行为才不在上述保护之列。在这种情况下,损害人格权的行为一般不能通过代表正当利益这一权衡标准而具有合法性"。② 也就是说,对于真实性的陈述,德国通过基本法与民法典的接轨来进行,尽管没有诸如英国、美国那样在立法中明确提出真实性是一个抗辩原则,但是并不妨碍法官在裁判中通过对一般人格权的利益平衡保护达到相同的效果。

(四) 日本

日本采取的路径与德国颇为类似,《宪法》第21条规定了表达自由受到保护,继而在《刑法》第230条规定了"前条第一项的行为与公共利害有关且可认系专为公益目的时,判断该事实的真伪,能证明其为真实者不罚"。另外,在《民法典》第709和第710条分别规定了侵权行为的一般条款和对名誉权侵害的损害赔偿责任。日本最高裁判所直接将真实性作为违法阻却事由用于侵权行为,指出"关于损毁名誉的民事不法行为,若其行为于公共利害事实有关,且为公益目的时,若能证明其所指摘事实为真实时,其行为不具违法性。若不能证明其事实为真实,但行为者有相当理由相信其事实为真实时,其行为布局故意或过失。就结果言,亦得认不成立不法行为"。③

(五) 中国

我国对于真实性抗辩的相关规则并没有在法律中进行规定,而是通过司法解释予以明确。在1993年《最高人民法院关于审理名誉权案件若干问题的解答》(以下简称《93年解答》)中规定:"八、问:因撰写、发表批评文章引起的名誉权纠纷,应如何认定是否构成侵权? 答:因撰写、发表批评文章引起的名誉权纠纷,人民法院应根据不同情况处理:文章反映的问题基本真实,没有侮辱他人人格的内容的,不应认定为侵害他人名誉权。文章反映的问题虽基本属实,但有侮辱他人人格的内容,使他人名誉受到侵害的,应认

---

① 《德国民法典》,陈卫佐译,法律出版社2004年版,第265页。
② 参见〔德〕马克西米立安·福克斯:《侵权行为法》,齐晓琨译,法律出版社2006年版,第59页。
③ 参见王泽鉴:《名誉保护、言论自由与真实恶意原则》,载《中国法律评论》(第一卷),法律出版社2007年版,第14页。

定为侵害他人名誉权。文章的基本内容失实,使他人名誉受到损害的,应认定为侵害他人名誉权。"

《93年解答》的侧重点在于对于失实文章是否侵害名誉权的定性。其中区分了文章真实性影响名誉权的情况。首先,严重失实或者基本内容失实的文章只要侵害了他人的名誉权,行为人必须负责;其次,在内容基本真实的情况下,如果有侮辱言辞导致他人人格受损,行为人同样需要承担责任。

1998年《最高人民法院关于审理名誉权案件若干问题的解释》(以下简称《98年解释》)规定"九、问:对产品质量、服务质量进行批评、评论引起的名誉权纠纷,如何认定是否构成侵权?答:消费者对生产者、经营者、销售者的产品质量或者服务质量进行批评、评论,不应当认定为侵害他人名誉权。但借机诽谤、诋毁,损害其名誉的,应当认定为侵害名誉权。新闻单位对生产者、经营者、销售者的产品质量或者服务质量进行批评、评论,内容基本属实,没有侮辱内容的,不应当认定为侵害其名誉权;主要内容失实,损害其名誉的,应当认定为侵害名誉权。"《98年解释》第九款实际上更接近"公正评论"抗辩事由的精神,因为该条主要针对的情况是评论性文章引起的名誉权纠纷,而在之中对于文章内容的真实性的要求显然与《93年解答》有所不同。该条强调了主体要素对于侵权构成的影响,对于消费者和新闻单位的评论性文章做了二元化的处理。消费者的评论性文章只有在存在恶意诋毁(即"借机诽谤、诋毁,损害其名誉")的前提下才有可能构成对名誉权的侵害;而对于新闻机关,则必须同时满足文章内容基本属实和没有侮辱内容两个条件才得以免责。

对于上述两个法规进行分析,可以看出,真实性抗辩在我国法律中所表现的适用规则似乎概括为"不具备污辱性言辞且基本内容真实的新闻报道,即便使得他人的评价降低,也不构成对他人人格权(名誉权)的侵害"。与其他国家不同的是,我国法律除了强调对于报道内容的真实性要求之外,还附加了"不具备污辱性言辞"这一要求。表面上看似乎对这一原则的适用增添了限制性条件,但是实际上并非如此。

这里涉及的是对于新闻报道内容的区分问题。一般来说,新闻报道的内容有三类:第一,纯粹的陈述性报道;第二,纯粹的评论性报道;第三,夹叙夹议的综合性报道。对于诽谤立法较为发达的西方国家,真实性抗辩主要针对的是纯粹的陈述性报道,公正评论抗辩则是针对纯粹的评论性报道和综合性报道，公正评论抗辩适用的规则中，其中一个需要考虑的要件就是评论所依赖的事实是真实可信的，然而对于评论性文章依赖事实的真实性要求，相对于陈述性文章来说，必然要有一定程度的降低，因为纯粹性的评论侧重的并非向公众展示事实本身，而是作者对于社会某种现象的看法，一般来说其提及的事实的主要是为了引出对某一种现象的评价，以小见大，而不是就事论事。由此法律应当课以相对人对于评论中"失实"更大的容忍义务。

新闻报道的形式多数采取的是夹叙夹议的形式，纯粹的事实报道和评论报道较为少见。在现实的新闻侵权案件中，引起纠纷的大多数是混合型报道，或者由于内容失实，或者是文章中出现了侮辱性评论。我们应当注意到，在西方国家的诽谤法或者侵权法之中，对于适用真实性抗辩还是公正评论抗辩原则的问题，往往会有一个先决的区分，也就是要将涉诉文字的性质做一个识别，以区分其属于事实陈述还是评论。而这一原则在我国并没有得到很好的贯彻。无论是《93年解答》还是《98年解释》，在这点的区分上均显得较为简陋，最明显的表现就是将涉及真实性抗辩的标准和涉及公正评论抗辩的标准混合在了一起，具体来说，文章是否含有侮辱性言辞，并不是真实性抗辩所需要考虑的问题，更应当是公正评论抗辩所需要考虑的。明显的，在纯粹的报道性文章中，一般是不会出现侮辱性言辞的，因此实际上，对于我国法律确立确立的真实性抗辩原则的适用规则，更为准确的表述应当是"基本内容真实的新闻报道，即便使得他人的评价降低，也不构成对他人人格权（名誉权）的侵害"。

（六）我国台湾地区

我国台湾地区对于报道的真实性是否得以阻却违法这一问题的处理，与德国和日本的路径类似。在台湾"刑法"中，第310条规定，"对于所诽谤之事，能证明其为真实者不罚。但涉于私德而与公共利益无关者，不在此限。"这一条款实际上表达了对真实性报道的保护原则，即与公共利益相关真实报道原则上不处以刑罚。与真实性报道不罚有关的另一个法律文件是"司法院"释字509号，其指出"行为人虽不能证明言论内容为真实，但依其所提证据资料，认为行为人有相当理由确信其为真实者，即不能以诽谤罪之刑责相绳"。① 在这里实际上扩大了真实性作为免责事由的适用范围,将真实性的判断标准从客观真实转化成为了主观有理由确信真实。

台湾地区"民法"并没有特别设立真实性抗辩事由,但是在相关案件中,是通过类推适用"刑法"第310条和"司法院"509号解释来达到保护真实新闻的报道人免受诽谤诉讼的效果。王泽鉴先生指出其制度设计的合理性在于,一方面,刑法对于侵害名誉的规定意在调和表达自由与名誉权两项受宪法保护的基本权利,因此合宪解释应当在民事法律之中直接适用;另一方面,基于法秩序的统一性,妨害名誉的不法性在刑法以及民法上应当作相同判断。②

二、真实性抗辩在司法中的适用规则

成文法往往无法提供一个精确的裁判规则,在面对疑难案件时候,往往更需要法官的自由裁量。在司法经验逐步积累的过程中,有益的经验必然为后来的裁判所借鉴,由此形成稳定的裁判规则。本部分将分析各国在司法中适用真实性抗辩的具体裁判规则。

(一)"真实"的涵义以及标准

所谓真实,指的就是与客观世界的一致。表面上看真实属于客观的范畴,然而实际上对于客观事物真实与否的评价都不能离开人的主观意识,因此"真实"这一范畴往往描述的是人类主观思想与客观世界的契合程度。

对于真实性,有三种标准:客观真实、新闻真实和法律真实。"客观真实"指不依赖于主观意识而存在的事物和状态;新闻真实则是新闻从业者根据新闻规律,对客观世界的一种认识状态。由于认识与存在总是有差距的,所以新闻真实并不等于客观真实。法律真实则是根据诉讼规律、证据规则对客观世界的一种认识状态,同样不能等于"客观真实"③。目前学界对于这个问题的解释趋向统一,即应当选取"法律真实"作为司法中的真实性的标准。我国的立法并没有对这一标准进行精确的界定,而在司法实践中对

---

① 参见王泽鉴:《名誉保护、言论自由与真实恶意原则》,载《中国法律评论》(第一卷),法律出版社2007年版,第14页。

② 同上书,第15页。

③ 参见周泽:《新闻官司,媒体为何多喊冤——新闻"失实"侵权案件透视》,载《法制日报》2001年9月28日版。

于采取何种标准也并非全无争议。

　　这种争议在"范志毅诉文汇新民联合报业集团侵害名誉权案"中得到了充分的体现,双方代理人曾经在审判结束后就这一问题发表了不同的看法。原告方指出:"新闻的本源是事实,是客观的存在物,这是新闻真实的前提。……真实传播谣言不是新闻的真实,法律没有将真实分为若干子概念,如果把新闻真实与客观真实分为两个概念,那么势必会出现客观的真实是方的,新闻的真实是圆的现象,这是相当可怕的,媒体的核心竞争力就是公信力,把这种做法合法化就是将以讹传讹合法化。……不管你的新闻规律是怎样的,也不管读者是否相信,只要那第一篇文章出现,侵权行为即构成了"。被告方代理人则主张:"客观真实,是新闻报道的第一要素,可以说,坚持新闻的真实性,是对新闻工作者和新闻媒体最基本,也是最重要的要求。新闻事实是记者对发生的客观现象感知后,以语言、文字、图片或其他方式传递出来的事实。客观事实指的是客观发生的事实,它已存在,不以人的意志为转移。法律事实是经过法律调整的,有证据证实的,带有法律价值趋向的事实,在法庭上表现为经过双方举证、质证,法官给予认定的事实。客观事实是法律事实的基础。法律事实不是客观事实本身,而是最接近客观事实的事实。新闻报道有自身的特点和规律……在新闻实践中,由于记者、编辑不可能在较短时间内对所报道的新闻事实,逐一进行核实,无法做到内容与客观事实的完全一致,而且不能用任何强制手段,也不拥有侦查手段。因此,这种新闻事实不可能像法律事实一样完全准确,这就在客观上造成新闻的真实性与客观事实存在某些差异。所以,法院在认定法律事实时,看到了新闻工作的特殊性,只要新闻报道基本内容证实,基本评价正确就行了。"[1]

　　从中看出,原告方主张真实应当采取一元化标准,其理由在于:一方面,立法本身并没有区分真实的标准;另一方面,区分不同的真实标准可能导致的结果是鼓励虚假新闻。实际上原告代理人在这里的倾向是采纳客观真实标准。而被告代理人则区分了三种真实的标准,指出新闻的真实与客观的真实存在差距是不可避免的,进一步指出法官在认定法律事实的时候应当允许一定的失实空间。

---

[1] 参见刘海涛、郑金雄、沈荣:《中国新闻官司二十年1987—2007》,中国广播电视出版社2007年版,第148页。

笔者认为,采取何种标准并不是最值得争议的问题。最重要的一点在于,客观真实、新闻真实以及法律真实是属于不同层面的问题。客观真实强调的是一个理想状态,但是由于人的能力有限,是现实中不可能完全达到的目标;新闻真实侧重的是对新闻从业者职业伦理的要求。然而在司法活动中,对于真实性的考查必须在双方提供的证据基础上,结合原告名誉受损程度,对涉诉报道进行综合考量,也就是说,对于法官断案来说,真正有意义的并不是客观事实如何,或者新闻记者是否在采访报道活动中遵守相应的职业道德,而是双方提交的证据对于涉诉文字真实性的证明以及对于法官内心确信的相应影响。因此,从逻辑上来说,法律真实是客观真实的一个截面,是基于人类有限理性的限制。为了维持司法公正与效率两者的平衡,通过相应的证据规则以及法官的自由心证,用以判断新闻工作者是否得以免责的事实,实际上是一种司法拟制的事实。从这个意义上来说,在诉讼中真实性抗辩所指代的真实只能是法律真实。

在理想状态下,如果被告方能够证明新闻报道内容与客观情况完全一致,则其自然得以免责。然而,引起纠纷的情况往往是,新闻报道与客观事实存在偏离,而依据真实性抗辩试图获得免责,则需要看法律对于新闻失实程度的容忍程度。因此,真正有意义的问题是,法律应当如何确定新闻报道的失实程度对于被告免责程度的影响。

(二)英美国家诽谤法中的"本质真实"

在英美国家的诽谤诉讼中,法院并不要求诽谤诉讼中的每句话为真,只要求涉及诉讼理由的那部分为真,而且,法院寻求的是本质真实。① 而对于新闻报道内容要达到何种程度才能符合本质真实,英美法官通过了一系列的典型案件予以阐明。

1. 真实性抗辩需要考虑的因素:细微的不准确是否意味着不真实?

在 Schwartz v. American College of Emergency Physicians 50② 案件中,原告施瓦茨(Schwartz)医生是一位较有名气的药剂师和紧急用药的专家,在

---

① 参见〔美〕唐·R.彭伯:《大众传媒法》,张金玺、赵刚译,中国人民大学出版社 2005 年版,第 154 页。

② George R. Schwartz, M.D., Plaintiff, v. American Medical Association; American College Of Emergency Physicians; BRIAN McCORMICK, And Does 1 through 50, inclusive, Defendants. CIV No. 97-1061 JP/LF, United States District Court For The District Of New Mecico.

1994年他撰文并且在多个场合公开批评医院管理公司提供的服务水平低下。被批评的一家公司 Coastal Healthcare Group, Inc.（简称"科斯拖公司"）对其提起诽谤诉讼，但是法院未予受理。而同年9月，记者麦考密特在《美国医学新闻》(American Medical News, 1994年9月12日)中指出，美国紧急用药学会向注册医师筹款以资助施瓦茨医生的诉讼，然而筹款的呼吁信并没有告知公众所有有关细节，尤其是施瓦茨医生正在因为其股票欺诈行为被诉。施瓦茨医生随之提起诉讼，他指出，报道中所用的"股票欺诈"在实质上是错误的，而其声誉由于这一歪曲受到了严重损害。对此被告抗辩认为，报道在实质上是正确的，因为施瓦茨医生确实作出了影响科斯拖公司股票价格的欺骗性言论。

在案件的审理中，法院首先指出，细微的不准确并不意味着不真实，只要与诽谤指控相关的报道的实质，要点可以被证明真实就可以了。如果陈述在读者印象中产生了完全不同于与被辩护的真实情况所应当产生的影响，则应当认定为不真实。其次，根据法院查明的情况，科斯拖公司对施瓦茨医生提起的控诉，主要针对其发表的文章中失实的诽谤性陈述，以及对于公司客户、患者、潜在患者所做的关于公司股票的欺骗性分析，以至于对公司的股票价格造成了消极的影响。再次，法院指出，如果本案涉诉文字改为施瓦茨医生因对股票交易作出欺骗性陈述而被诉，那么这一陈述毫无疑问是真实的。

从上述的情况可以看到，问题的关键在于，"股票欺诈"和"与股票交易有关的欺骗性陈述"是两回事，在内涵上相差很远。从实际情况来看，被告撰写的这篇新闻报道确实构成了失实。然而，被告声称，这一失误在法律上的精确性由于自己的疏忽有所欠缺，这仅仅是因为自己作为一个外行人，对于科斯拖公司的诉讼请求解释不当所致。法院认可了被告的主张。法院认为，尽管在技术上存在失实，然而被告陈述的中心内容仍然在实质上是真实的。"不重要的失实部分并不足以认定表达在实质上不真实"。

这个案件是真实性抗辩有效运用的一个典型案例。应当看到的是，案件的冲突集中在被告的描述与事实情况的差异上，如前所述，"股票欺诈"和"与股票交易有关的欺骗性陈述"是两回事，如果从专业术语运用的精准来说，被告文章构成失实是毫无疑问的。然而，法院认可被告所声称的"外行错误",也就是说,法院并不认为应当对原告课以与法律或者金融专业人士相当的注意义务,被告将原告的行为界定为股票欺诈,尽管不符合这一术语应有的涵义,但是,不可否认被告在此仅仅是描述失当,因为其并非专业人士。法院考虑到,对于一个普通的读者来说,上述两个术语的区分并不是一件容易的事情,如果要求记者在相似情况中均须持有与专业人士统一标准的精确界定,则会使新闻机构承担过重的审查义务,大大降低其工作效率以及舆论监督的力度。另一方面,对于普通的读者来说,上述两个术语的精确区分本身并不存在太大的意义,因为这并非其关注的重点,换言之,如法官所言,"如果本案涉诉文字改为施瓦茨医生因对股票交易作出欺骗性陈述而被诉,那么这一陈述毫无疑问是真实的",然而,究竟原告的行为是欺骗性陈述还是股票欺诈,从普通读者的观点来看,对于原告声誉的影响并没有太大的差异。

但是从这一案件中我们并不能得出实质真实的标准应当如何界定。对这一案件有着多维度的解析方式,对于本案仍存在诸如下面的疑问:

第一,错误的大小程度是否会影响真实性抗辩的运用?在本案中,被告所犯的错误比较严重,因为股票欺诈在美国可能构成犯罪,而一般的欺诈性陈述责任相对轻一些。我们能否以此就判断错误的程度对真实性抗辩没有影响。

第二,对于涉诉文字的解释应当采取什么样的规则?应当侧重考查报道的内容本身还是记者的主观意图?或者说作者的主观意图对于真实性的认定是否构成影响?在本案中,被告的主观过错并没有被法官纳入考察范围,因为他自己也承认,对于涉诉文字涵义的错误,他存在着过失。但是,法官却考虑到了他并非专业人士,是一个"外行的错误",这里暗示着法官认为他真正想表达的意思(也就是指控原告的道德问题)是没有错误的,那么是否意味着对于真实性的审查需要考虑记者的主观意思?本案并没有交代。

第三,对于涉诉的文字存在多种意义的时候,应当探求词语的原义还是延伸义?在本案中实际上并没有涉及这个问题,但是无可否认这种情况在其他案件中会大量存在。

第四,对于涉诉文字的理解是否需要结合报道的整体还是仅仅关注其所在的部分?在本案中法官仅仅考察了与原告诉求有关的文字,即"股票欺诈",但是在其他案件中是否得以如此类推？

2. 错误的大小程度对于真实性抗辩的影响

(1) 新闻报道与客观事实的偏离程度

错误的大小，实际上就是新闻报道与客观事实的偏离程度的大小，在 Schwartz v. American College 一案中，被告所描写的事实与客观情况偏离并不大。但是，从一个极端的角度观察，一篇完全失实的文章是无法得到真实性抗辩的保护的，那么法律允许的错误程度的合理的边界应当在哪里？

1999 年的 Weaver v. Jensen 一案中，被告声称原告犯了强奸罪和加重的猥亵儿童罪，但实际的情况是，原告犯了猥亵儿童罪，而且没有加重情节。然而法院仍然裁定被告的报道符合实质真实。

在 Reilly v. North Hills News Record 一案中，新闻报道声称原告犯了贪污罪，实际上原告的罪名是逃税和邮件欺诈，而法院最终也裁定报道符合本质真实。

在 Mortensen v. Gannett Co 一案中，原告并不否认其非法移走文物的罪行，但是认为被告在新闻中所使用的"掠夺者、盗贼、盗墓者"这些词汇与其真实罪行不符合，然而法院裁定，即便是口语化的词汇，也构成实质真实，正确反映了原告的罪行。①

从上述案件的裁断中，可以发现一个共同点，这些案件中的失实总是真实罪名与报道罪行不符合，或者是因为新闻机构的疏忽，或者是因为新闻机构使用了非专业的术语，导致与正式的法律罪名之间存在偏差。但是总体来说，由于原告确实有罪，新闻报道即便存在偏差，在报道原告犯罪事实这一点上仍然是真实的。由于这些新闻报道的本质在于揭示犯罪事实，因此即便罪名有误，其错误程度较小，也能够符合本质真实。

(2) 细节也可能具有诽谤性

有学者指出，"问题的关键不在于错误的大小程度。我们会问：不真实的陈述是否具有诽谤性？细节也可能具有诽谤性"。② 通过下面两个案例的对比，我们可以验证这一观点。

---

① 参见〔美〕唐·R. 彭伯：《大众传媒法》，张金玺、赵刚译，中国人民大学出版社 2005 年版，第 155 页。
② 同上。

第九章　真实性之抗辩

在 Collins v. Detroit Free Press[①]一案中,原告柯灵思(Collins)是密歇根第十五选举区的代表,她在竞选中接受了被告方《美国新闻》记者采访。随后被告刊登了根据采访整理的报道,当中援引了原告在接受采访时说的话,"我不相信所有的白人都是褊狭的,因此我热爱个人,但是憎恨(hate)种族"[②]。此后,原告在选举中失败,她将失败原因部分归咎于被告的新闻报道在公众中对其形象的歪曲,因此提起诽谤诉讼。原告主张,她用的词语并非"憎恨"(hate),而仅仅是"不喜欢"(don't like)。被告承认引用有误,然而主张原文报道的主旨是实质真实的。

初审法院作出了有利于原告的裁定,法官认为,"憎恨"与"不喜欢"之间存在着实质上不同的意思,尤其是在涉诉的新闻报道中,前者会在读者的印象中造成强烈的影响,尤其是对于底特律地区的读者。

上诉法院指出,如果从整体上考察涉诉的文章,两个涉诉词语的区别并不是实质意义上的,进一步说,法院并没有发现在新闻报道中的陈述与原告的实际言辞之间存在实质意义上的区别。因此法官裁定,不存在实质意义上的失实,因此被上诉人的诉讼请求被驳回。

在这里我们可以发现,初审法院和上诉法院对于不当引用的词语究竟是否对文章的实际含义构成了影响看法出现了分歧。初审法院的逻辑侧重于两个词语的感情涵义对公众影响造成的影响,上诉法院的逻辑则侧重从文章的整体进行解释。对于涉诉文字应当采取整体性解释还是局部性解释的方式,将在后面予以讨论,但是尽管上诉法院的裁定从法律效力的角度来说更具有权威性,但是并不意味着初审法院的论证没有道理。对于原告柯灵思这样一个公众人物来说,"憎恨"与"不喜欢"在感情上确实包涵了相当不同的感情倾向,正如柯灵思自己提出的那样,她仅仅是通过陈述她对个人的喜爱以及她对种族主义的看法。"憎恨"一词具有过重的感情倾向,给公众造成了不好的印象。从这个意义上来说,被告方的失实程度还是较大的。

---

① Barbara Rose Collins, Plaintiff-Appellee v. Detroit Free Press, Inc., Matthew G. Davis, Robert Mcgruder, Nancy Laughlin, Ronald Dzwonkowski, States News Service, Ann Hazard-Hargrove, and John Does 1—20, Defendants-Appellants. 245 Mich. App. 27; 627 N.W.2d 5; 2001 Mich. App. LEXIS 48; 29 Media L. Rep. 1856.

② 原句为:"All white people, I don't believe, are intolerant. That's why I say I love the individuals, but I hate the race"。

在 Jones v. Palmer Communications. Inc①一案中,情况却有很大不同。在本案中,原告琼斯(Jones)被得梅因市消防队雇用,因为发生了一系列对少数民族人士在求职过程中受到歧视性待遇的抗争,美国联邦地区法院判令要求必须雇用少数民族职员。一年半之后,琼斯被解雇,因为其未能通过紧急用药技术的书面测试,而这是得梅因市对消防员的基本要求。被告敏锐地察觉到这个事件与当时的反歧视运动息息相关,极富有新闻价值,于是采访了市消防队长。在采访中,消防队长指出琼斯的阅读障碍导致了他被辞退,因为其在测试中仅仅达到三年级的水平,另外琼斯本人在本地一所大学接受了完全由税收支持的特别培训。② 随后这段采访在电视节目里面播出。

在新闻报道中,被告援引了消防队长的陈述,然而琼斯举证证明,其本人为相关的培训支付了费用,并且他的阅读水平也并不是小学三年级,而是排在一起学习的大专学生的三分之一水平之后。

如果我们按照 Collins v. Detroit Free Pres 一案中上诉法院的思路,将涉诉的两个情节放在整个报道中去理解,那么可以看到,实际上被告新闻报道的主旨在于揭示琼斯的辞退是其自身原因导致,与歧视性待遇无关。因此对于报道的主题来说,对于琼斯是否支付了相关培训的费用,以及其阅读水平究竟到达哪个程度,仅仅是一些细节性的问题,报道仅仅希望通过这些例证来作为补充说明而已,因此似乎不应当构成失实报道。

然而法院最后判定报道失实。法官指出,在爱荷华州,真实性抗辩要求新闻报道的"要点"(gist)或者"谴责"(sting)部分要达到实质真实的程度。所谓的要点或者谴责,指的就是"争议问题的核心,报道可能造成名誉损害的部分"。而如何确定报道部分是否构成要点,需要考察新闻报道的最重要部分以及相关的视角,而不是与诽谤性陈述的实质无太大关系的无害细节

---

① Anthony S. Jones, Appellee, v. Palmer Communications, Incorporated, Steve Oswalt and Scott Pope, Appellants, City of Des Moines, Iowa, Robert V. Armstrong, Individually and in his Official Capacity as Chief of the Des Moines Fire Department, Defendants. 440 N. W. 2d 884; 1989 Iowa Sup. LEXIS 153; 16 Media L. Rep. 2137.

② Armstrong said that Jones was tested for reading comprehension at Drake University and was found to read at a third-grade level. Armstrong went on to say that Jones had received special tutoring at Des Moines Area Community College (DMACC) at taxpayer expense.

中的次要术语。

按照这一逻辑,法官指出,涉诉的新闻报道不正确地暗示了琼斯的特别培训是完全由政府税收进行补贴,以及其阅读水平仅仅停留在小学三年级的水平。法官认为这些细节并不能被认定为对于琼斯的解雇来说是次要的事实,并且也无法断定这些陈述没有对琼斯的名誉造成损害,因此裁定报道没有做到实质真实。

通过对比可以发现,在司法实践中实质真实标准更为侧重的是涉诉文字对于报道的主旨有何影响,而这点必须结合全文的整体来判断。如果对全文的主旨有影响,那么即便是微小的细节也可能是诽谤性的。反之,即便错误程度较大,如果与全文主旨关系不大,则一般不会具有诽谤性。

3. 记者的主观意图、一般读者的理解与报道真实性的关系

对于实质真实标准的应用,另一个不能忽略的问题是:报道的内容与记者的原意哪一个更为重要? 这个问题在 Lundell Manufacturing Company v. American Broadcasting Companies, Inc.①一案中有所阐明。美国广播公司(ABC,American Broadcasting Companies, Inc)在"彼特·詹宁斯与您同看世界新闻"节目中,报道了原告伦德尔公司(Lundell Manufacturing Company)制造的一台垃圾循环再造机器"没有用处",以其作为"在美国的愤怒系列节目"的一部分。报道介绍到"今晚节目最后一个报道的事件是有关佐治亚州一个乡村中激怒多数人的事件,这是说明为何人们总是对政府恼怒和失望的另一个例子"。

报道的主要内容如下:"在这个种植烟草和山核桃的佐治亚洲南方小镇,纳税人对于其因为这台垃圾循环处理机器所负担的三百万美金的债务非常愤怒,这台机器没有发挥效用并得到纳税人的满意。""人们原来预期这台机器能像田纳西州那台一样,能够分类并且循环利用高达百分之九十的垃圾,并且能够以出卖回收的材料以及收取使用费的方式维持机器本身的运作,很大程度上因为当时的政府官员对此作出了承诺。然而实际上这台机器的运作费用远远高于政府当年的承诺,并且循环处理出来的燃料无法

---

① Lundell Manufacturing Company, Inc., Plaintiff-Appellant, v. American Broadcasting Companies, Inc., Defendant-Appellee. 98 F.3d 351; 1996 U.S. App. LEXIS 26790; 25 Media L. Rep. 1001.

找到买家。这些燃料只能如同垃圾一般被堆放在户外。"报道最后描述了居民对这一事件的反应,包括共同诉讼等行为,并且得出结论认为,伯立安县的纳税人现在必须将垃圾运送到另一个县进行处理。

原告伦德尔公司认为被告的报道中所用的描述与实际不符合,因报道声称原告生产的机器"没有发挥效用",这就不恰当地暗示了机器的机械性运作状况不良。被告承认,在事实上机器本身运作状况良好,伯立安县不再使用这台机器的原因在于其无法在注意补偿机器运作费用的同时销售垃圾处理之后产生的副产品,然而被告也辩称,"没有发挥效用"这一术语,实际上暗示伦德尔公司的机器与伯立安县的循环利用计划并不如预期或者如承诺的那样发挥效用,这是因为系统并没有在一个财政上可行的方式里运行,因此被告认为其报道在本质上是真实的。

初审法院并没有接受被告要求进行即时判决的动议,因为法院认为关于报道谴责的事实存在着争议,因此必须由陪审团裁定。陪审团认定侵权成立,被告应当支付约100万美金的赔偿。

在上诉法院,美国广播公司再次主张其报道达到了实质真实的要求,美国广播公司指出,原告所声称的错误陈述"仅仅是在一个可以接受的意义上解释了涉诉的词语",然而被告在此表达的并非这一涵义,只是指出机器由于资金问题等外在原因无法运行,因此表达在实质上是真实的。然而,上诉法院并不接受美国广播公司的这一解释。法官指出,对比被告的这一解释,其陈述并没有明确指出机器运作的社会环境不起作用,而更多地是指机器本身没有运作。对于涉诉文字,可以简化表述为"垃圾循环处理机器……'没有作用",然而,很明显的是,对于这一争议的解决,重要的是如何理解陈述主旨中的潜在事实,也就是说,陈述究竟是在说机器本身的操作性,还是财政上的不可行。如果所用的语言有两种以上的涵义,那么就应当由陪审团来决定选取哪种涵义。法官进一步指出,从报道的整体来看,并没有阐明机器"没有作用"的原始涵义,在此值得注意的情况是,这一表述是特定化的,并没有含糊不清的情况,因此法官认为从整体上来说,涉诉文字的唯一合理解释就是机器不能运作,因此报道无法构成实质真实。

从这个案子中,我们可以看到与之前所分析的案子有不同的地方。实际上,如果按照前文的结论,从整体上审查新闻报道,实际上也可以间接得出被告方所声称的那种理解并非毫无道理的结论。然而法院在本案中明显更加侧重陪审团的理解,或者说,侧重报道内容本身给人的印象甚于作者本身希冀表达的意思。

这一做法的具体标准在 Fleckenstein, v. Friedman① 案件中得到了进一步的体现。本案中,被告撰文对原告在球类比赛之中的野蛮行为进行了公开的点名批评。原告提起控诉认为,被告的文章对其行为的描写是在细节的精确程度上是含糊不清的,尤其是关于原告卑劣地在裁判背后攻击对手。原告的这一主张并没有被法官所接纳,在判决中法官明确指出,有效的真实性测试应当关注发表的文章会否在读者心中造成不同于涉诉事件本身应当带来的印象。"如果真实情况与文章所提的事实如此接近,以至于细微的差别必须建立在所涉词语区别于一般用法的涵义的基础之上,那么可以认定当中不存在法律意义上的损害。"

通过这两个案件的对比,可以看出,对于实质真实的判别,法院更加倾向于在涉诉词语的一般涵义之下,按照一般读者可能具有的理解,与查明的事实真相进行对比来进行判断,文章作者本身希冀表达的意思并不为法官所看重。这一做法是具有合理性的,因为新闻报道本身就是将有新闻价值的事件展示给公众,以促进舆论监督,那么对于报道真实性的判断,自然要顾及一般读者的理解,而记者或自由撰稿人在此是应当担负一定的注意义务。

4. 读者的合理联想——虚假暗示与真实性抗辩

新闻报道中即便有部分是失实的,但是在符合"实质真实"的情况下,新闻机关仍然可以免除责任。相反,在新闻报道完全真实的情况下,仍有可能因为文章对事实做了虚假的暗示而无法援引真实性抗辩。

在 Nora Richardson v. The State-Record Company, Inc 一案中,原告理查德森(Nora Richardson)曾经在一次驾车中发生事故,撞伤了一位警官威廉姆斯。一年之后这位警官去世。被告刊登了一篇文章报道这起事件,文章标题是"伊斯托弗的警官在被车撞伤的一年之后去世",内容如下:"伊斯托弗的一位警官(威廉姆斯)在一年前被一路过的汽车撞伤,休了一年多的病假之后去世……他在那次事故之后从未完全康复,在过去的三个月中,他只

---

① William P. Fleckenstein, Appellant, v. Benny Friedman et al., Respondents. 266 N.Y. 19; 193 N.E. 537; 1934 N.Y.

有依赖氧气瓶才能呼吸。……自从那次事故之后,他一直受到背伤和腿伤的折磨。(撞人者)理查德森被指控超速驾驶……"。两天之后被告刊登了一篇后续报道,标题是:"警官之死不会引起对司机的新指控",核心内容是"去年驾车撞伤伊斯托弗警官的司机并不会因为警官上星期的去世而面临另外的指控,因为她已经因为超速驾驶被公诉并且法院已经判决,以同一罪名指控她两次是不合法的。"①

理查德森提起诉讼,认为被告这些报道暗示其导致了威廉姆斯警官的死亡,因此构成诽谤。然而被告提出抗辩,认为其报道内容完全符合客观事实。在审理过程中,法院指出,构成诽谤并不需要通过直接的方式来进行。如果暗示的情况是错误并且带有恶意,而且其涵义是清楚的,那么这种暗示就是可诉的。在审理中,法院查明,尽管文章的每句话独立来看都是真实的,但是对于任何一个理性的读者来说,都足以从文章中推断出,文章的意思是:警官的死亡是原告汽车肇事的结果。如果被告要援引真实性抗辩原则,真实情况的范围必须在实质上包涵诽谤性陈述的核心部分。

在本案中,值得注意的是,法官将涉诉文字放在文章的整体之下来进行考察,而并没有停留在涉诉文字本身。另外,法官考虑了一般读者可能具有的理解。与前述案件不同的地方在于,报道陈述的事实确实没有任何虚假,具体来说,文章报道了威廉姆斯警官因原告的肇事行为受伤,并在之后一直未能痊愈的事实,警官去世的消息,以及原告没有因为警官的去世而面临指控的事实。如果这些报道单独列出,那么可以确定的是被告不会因此涉诉。

从本案中,我们可以归纳出这种情形之下,真实性抗辩失效的情形:首先,明示的事实必须是真实的;其次,报道中对于相关事实的连接程度足以使一般读者产生合理的联想;最后,新闻机关的主观意图在此不予考虑,无论是过失还是具有恶意。

(三)中国法律中的"基本真实"

1. 典型案例中确立的规则——来源可靠与主观确信

在我国真实性抗辩的使用规则是"基本内容真实的新闻报道,即便使得

---

① Nora Richardson, Appellant, v. The State-Record Company, Inc., and John Doe, whose true name is unknown, Respondents. 330 S. C. 562; 499 S. E. 2d 822; 1998 S. C. App. 49; 26 Media L. Rep. 1859.

他人的评价降低,也不构成对他人名誉权的侵害"。可以看到的是,立法实际上只是确立了一个很模糊的标准,更多的规则是通过司法裁判逐步建立起来的。

"华侨房屋开发公司诉中国改革杂志社侵害名誉案"是在我国真实性抗辩的一个典型案例。① 本案中,原告广州市华侨房屋开发公司诉称被告中国经济体制改革杂志社出版的《中国改革》在2003年第7期上刊登了由该刊记者刘萍署名的《谁在分"肥"》的文章,并且以"两种改制两重天"为题将原告列为企业改革的坏典型。原告认为这篇文章毫无事实根据,严重侵害了其名誉权。原告在诉状中列举了文章九处失实,包括:

第一,被告指出:"广州华侨房屋开发公司'一块大肥肉'被几家公司转来转去,国有资产流失,企业亏损,职工下岗。"事实真相是:侨房公司在市委、市政府和珠实集团的正确领导下,逐步走出困境,不仅一直盈利,而且逐年上升,并没有被几家公司转来转去,国有资产也没有流失,企业没有亏损,职工没有下岗。

第二,被告指出:"广州华侨房产开发公司被许多大公司所'钟爱',优质资产被掏空,剩下的是企业的亏损和职工的无奈。"事实却是:2001年5月31日珠实集团接管侨房公司后,侨房公司仍然是独立的经营实体,从来没有失去独立法人的地位。更没有任何单位包括珠实集团从侨房公司调走一分钱,根本不存在优质资产被掏空的问题。

第三,被告指出:"所谓改革的成绩:2002年侨房公司的经营状况为负2956.55万元,而总经理年奖励30万元。"事实却是:侨房公司2002年全年实现利润总额632.9万余元,总经理当年在侨房公司取得的奖金65500元。

第四,被告指出:"原公司老职工被辞退30多人。"事实却是,珠实集团接管侨房公司后,仅有一人因经济问题被公司辞退,此外原公司职工没有一人被辞退,更谈不上辞退30多人,有30位员工由于多种原因与企业终止或解除了劳动合同,其中有一人因经济问题被公司辞退;6人因个人申请解除劳动合同;7人因劳动合同到期双向选择未被选上而协议解除劳动合同;16人因个人口头申请后,协议解除劳动合同。

第五,被告指出:"未通过相关程序,集团以培训、借用资金等各种名义

---

① 根据本案判决书整理,参见民事判决书(2003)天法民一初字第1832号。

在侨房公司抽调资金。"事实却是:珠实集团接管侨房公司后,没有用任何名义从侨房公司抽走资金。

第六,被告指出:"一些老员工眼睁睁看着多年积累而未兑现的福利在改革中化为泡影。"事实却是,侨房公司解决了历史遗留的应支付而未付的员工收入问题及离退休职工养老金问题等多年久拖未决的老大难问题,实施医改后又及时制定配套制度,帮助员工解决大病就医等问题。两年来,员工的收入有较大幅度提高,员工队伍稳定。

第七,被告指出:"众多职工对这种既不能为企业增加效益,又给职工造成巨大损失的方式感到极为不满。据反映,在没有业绩支撑,企业严重亏损900多万元情况下,总经理依然拿年薪30万元的报酬,不与业绩挂钩,不需承担任何风险。"事实却是:两年来,员工的观念和精神面貌发生了深刻变化,对珠实集团的接管认同、满意和高兴。2002年及以前任何年份侨房公司都没有出现过亏损,2002年总经理没有拿年薪30万元的报酬。侨房公司2002年实现利润总额632.9万多元,企业领导人与企业业绩挂钩,总经理仅获得65500元奖金。

第八,被告指出:"公司制定的一系列制度,如'员工守则'、'分配制度'、'转制方案'、'战略转移'等,都未通过职工大会同意。"事实却是,侨房公司有健全的民主决策机制。上述内容,侨房公司在实施前都广泛征求员工的意见,并召开职工大会审议通过。

第九,被告指出:"既然由所谓的托管方面全部接管了企业党、政、工、人、财、物,那么托管与'兼并'也就没有了区别,甚至更便宜,因为几乎不用花任何代价。"事实却是,珠实集团对侨房公司是授权经营管理,不是托管。珠实集团在授权后行使的是经营管理权,当然要从企业的实际情况出发对企业的党、政、工、人、财、物采取措施加强管理。侨房公司划转归珠实集团后,仍然是独立法人单位,其经济上实行财务独立核算,行政、经营及党务、工会、共青团工作分别得到珠实集团相关职能部门的指导和帮助。与接管前有所不同的是,重大投资事项要报珠实集团同意,这并没有失去独立法人地位,而是加强了对国有资产处置的监管力度。

被告中国经济体制改革杂志社辩称:我社文章中反映文章主旨的主要事实均属实。在我社文章采写过程中,作者收集了大量资料,走访了大量知情人员,通过这些新闻素材和线索,确定了文章中的基本事实。我社文章中所表述的涉及原告的相应事实均具有相应来源,符合客观实际,所表达的观点均属于正常的言论和舆论范围。

　　法院认为,"界定新闻报道的内容是否严重失实,应以其所报道的内容是否有可合理相信为事实的消息来源证明为依据。只要新闻报道的内容有在采访者当时以一般人的认识能力判断认为是可以合理相信为事实的消息来源支撑,而不是道听途说甚或是捏造的,那么新闻机构就获得了法律所赋予的关于事实方面的豁免权,其所报道的内容即使存在与客观事实不完全吻合之处,也不能认为是严重失实"。"在本案中,被告在其出版的《中国改革》杂志2003年第7期刊登的《谁在分'肥'》一文,是被告记者刘萍根据原告的2002年度工作报告、原告职工代表提案及处理答复情况表、市总、市直机关工会调查来电整理、2000年度职工大会续会职工意见归纳、《南方日报》编辑部第49期'情况反映'"等材料整理而撰写的关于原告企业经营和改革活动的报道。报道所依据的上述材料,在一般人看来均相信其为真实的,因此,《谁在分"肥"》一文所报道的内容虽个别地方与原告企业经营、改革的情况有出入,但其主要内容是以上述消息来源为依据,所反映的问题基本真实。原告主张《谁在分"肥"》一文所报道的内容严重失实,本院不予认定"。

　　我们可以观察到,针对原告提出的九项失实,被告并没有逐一反驳,而只是很笼统地指出,其"收集了大量资料,走访了大量知情人员,通过这些新闻素材和线索,确定了文章中的基本事实",而在法院的认定中,也强调了资料来源的真实性。在案件结束之后,法官在接受采访时候指出,《中国改革》的报道并不是完全真实,存在表述不准确的地方,但是表述上的细节问题没必要深究,考虑的重点在于媒体有没有信息支撑,因此那些不准确的地方不算严重失实。①

　　有论者据此认为,从本案的审理情况来看,"司法对媒体报道的真实性要求上,采取了来源真实和确信真实原则,为司法认定新闻事实标准提供了一个里程碑的导向作用"。② 然而,对于"基本真实"的内涵,不同的法官根

---

　　① 参见刘海涛、郑金雄、沈荣:《中国新闻官司二十年1987—2007》,中国广播电视出版社2007年版,第149页。

　　② 同上。

据案情可以作出不同的解释,本案确立的标准并不能够在我国司法实践中均得到同样的贯彻;另外,这些标准是否能够算得上合理也需要进一步的探索。

2. 信息来源真实的标准

信息来源真实指的是"新闻报道的消息不是道听途说或者捏造的,来源应该确实存在,包括有明确的当事人提供信息,转引自其他媒体的报道以及记者亲身采访调查所得的资料等"。① 具体来说,这一标准主要的要求是:首先,信息来源的表现形式可以多样,但是必须有客观的存在依据;其次,仅仅是未经核实的二手材料,不得作为真实的来源;最后,虚假的材料不得作为真实的新闻来源,在这里主要指的是记者出于个人目的虚构事实进行报道的情况。

在"华侨房屋开发公司诉中国改革杂志社侵害名誉案"中,被告的新闻是通过"原告的'2002 年度工作报告'、原告'职工代表提案及处理答复情况表'、'市总、市直机关工会调查来电整理'、'2000 年度职工大会续会职工意见归纳'、'《南方日报》编辑部第 49 期"情况反映"'"等材料整理而撰写的关于原告企业经营和改革活动的报道",当中有官方性质的调查报告,也有原告自己的一些内部文件,因此是真实可靠的。

在"徐良诉上海文化艺术报社、赵伟昌侵害名誉权案"中,被告刊登了《索价三千元带来的震荡》,当中提到战斗英雄徐良在某次应邀参加演唱会上"开价 3000 元,少一分也不行;尽管报社同志一再解释,鉴于经费等各种因素酌情付给报酬,他始终没有改口"。在初审中,被告提出,文章的内容是作者在研讨会上听人所说,属于"新闻中的新闻",作者对该"新闻"的事实不需要调查核实。② 初审法院的判决指出,被告的新闻没有事实根据。③ 在二审中,被告进一步指出,这一消息的根据是在一次合法的集会上,由会议主持人提出,并且在研讨会当中进行有关于英雄观的讨论。这些内容是得到会议主办单位肯定的。上海高院审委会在讨论中,多数意见认为文章构

---

① 参见刘海涛、郑金雄、沈荣:《中国新闻官司二十年 1987—2007》,中国广播电视出版社 2007 年版,第 149 页。
② 同上书,第 209 页。
③ 静安区法院【(88)静法民字第 79 号】判决。

成严重失实,而最高法院的复函也指出被告"根据传闻,撰写严重失实的文章"。①

3. 主观确信真实的标准

所谓主观确信真实,指的是"采访者当时依一般人的认识能力判断认为是可以合理相信的,或者应该对报道中涉及的主要事实和重要事实在尽可能的情况下进行必要的核实"。② 新闻机构的调查能力很有限,如果要求每篇报道均必须在完全符合客观真实的情况下才能报道,无异于取消新闻机构舆论监督的职能。然而,"一般人的认识能力"如何确定,以及记者的核实义务应当达到何种程度,则需要考查相关的案例。

在"华侨房屋开发公司诉中国改革杂志社侵害名誉案"中,法院认定被告的报道"在采访者当时以一般人的认识能力判断认为是可以合理相信为事实",是因为记者依据的材料大部分是开发公司自身的文件,所以报道实际上很大程度是通过对开发公司自己"承认"的事实的整理,归纳出相关的结论。这种做法明显是合理的。

在"李谷一诉汤生午、声屏周报社侵害名誉权案"中,被告声屏周报刊登了汤生午的文章,当中以很大的篇幅指责了李谷一打压韦唯,导致韦唯心灵受创。李谷一在起诉时列出报道中十项失实之处,而被告则辩称其披露的事实"都有真实消息来源,即便文章中某些细节有疏漏之处,也和原告指责不属一个性质"。③ 从案件的介绍来看,在这里被告所说的真实新闻来源,实际上主要是指,这篇报道是记者对韦唯进行了人物专访,报道中大量的涉诉事实均为她亲口所陈述,报道前稿件曾经寄给她并且经过了两次核对。而在庭审过程中,韦唯也直言报道的内容由其提供。然而被告方最终败诉,法院认定被告未经全面的调查和核实,偏听一面之词,导致报道基本内容失实。这个案子与前述徐良案有相似之处。两个案件中,记者均是听信了"一面之词",而在未与事件所涉另一方当事人进行沟通的情况下就直接进行了报道。相比较之下,李谷一案件中记者处理得更为慎重,尽管未有与李谷一进行沟通,但是其对韦唯进行了专访,并且把稿件送交韦唯进行了审核。但

---

① 最高人民法院《关于徐良诉伤害文化艺术报社等侵害名誉权案件的函》。
② 参见刘海涛、郑金雄、沈荣:《中国新闻官司二十年 1987—2007》,中国广播电视出版社 2007 年版,第 149 页。
③ 同上书,第 301 页。

是法院并没有因此认定汤生午的报道符合审查义务的要求。在两个案件中,法院表达的倾向是,对于涉及某人不利消息或者负面评价,有可能影响他人名誉的新闻报道,单方的意见不足以使记者达到主观确信的程度。

"朱静诉苏叶侵害名誉权案"①中,由于台湾某出版社的失误,将朱静与苏叶的文章合编于一本书之中,容易给一般读者造成苏叶是朱静的笔名这一印象。苏叶在得知这件事之后,马上召开新闻发布会,指责朱静侵害其名誉权、著作权,发布会的报道在多家媒体转载。朱静提起诉讼。最终法院判决苏叶在未弄清事实真相的情况下召开发布会,对原告的名誉权造成了损害,应当承担法律责任。在本案中,首先需要注意的是,原告并没有起诉新闻机构,而仅仅是起诉了提供召开发布会的新闻源苏叶,根据不告不理原则,新闻机构可谓"幸免于难"。那么如果假设朱静同时起诉报道发布会内容的相关媒体,是否能够胜诉?对于新闻媒体来说,苏叶召开发布会并且指责朱静侵权,是记者亲身经历的事实,而朱静是否侵权则是另外一个事实。如果新闻机构只是报道了新闻发布会的内容,并且转述了苏叶的控诉,则应当得以免责。如果新闻机构未进行调查,而直接根据苏叶的指控认定朱静侵权,并且在报道中予以谴责,那么应当构成失实新闻。从事后媒体的报道来看,《南京日报》、《文艺报》和《法制日报》均有可能因新闻失实而侵权,因为其内容在不同程度上均一面倒地相信了苏叶的陈述,把相关内容作为认定的事实予以报道,而《新闻出版报》和《中国妇女报》则较为谨慎,前者仅报道了苏叶"自称"遭受侵权的事情,而后者则把事件定性为署名纠纷,并未有对事实下一个定论。

在"张铁林诉周璇、成都商报社侵害名誉权案"②中,对于新闻记者调查核实义务作了正面解读。周璇在一次公众活动中,向媒体指出某位"演皇帝而出名的影视大腕"答应出席这次活动,但向她提出必须以性交易为条件,而后明确指出这位大腕就是张铁林。《成都商报》连续用了三篇文章报道此事,包括《"皇上"提出怪要求》、《张铁林是否"皇阿玛"》和《"皇阿玛"就是张铁林》。原告张铁林提起诉讼,指出《成都商报》未经核实就进行相关报

---

① 参见刘海涛、郑金雄、沈荣:《中国新闻官司二十年 1987—2007》,中国广播电视出版社 2007 年版,第 281 页。

② 同上书,第 625 页。

道,侵犯其名誉权。法院判决指出,《成都商报》的报道来源于周璇的叙述,反映内容基本真实,在没有对方姓名的情况下也无核实的义务;之后商报对周璇主动公开张铁林就是其所指称的对象的报道,反映内容基本真实,没有夸张、歪曲事实。① 本案中最终承担侵权责任的是提供新闻的周璇。我们可以看到,周璇在最初并没有指名道姓说出批评对象,而法院在此提出了一个观点,即在批评对象指代不明的情况下,新闻机构没有审查核实的义务。这一论断从反面看,可以表述为,如果被批评的当事人是特定化的,那么记者就有审查核实的义务。实际上,在这里所说的审查核实,明显的意思就是应当对被批评对象的情况有所了解,尽量使报道不至于因为一方的言辞有失偏颇。

从上述几个案件的分析,我们可以归纳出几点:

首先,记者是否可以确信真实,很大程度上与新闻来源有很大的联系。来源真实是确信真实的必要前提。

其次,在对他人进行批评,有可能降低其社会评价的事情的报道上,不能仅仅根据单方面的批评性陈述就进行报道,记者应当尽可能展现被批评方的立场,才能够做到全面客观的报道,构成司法意义上的"确信真实"。

再次,在对他人进行批评的情况下,如果仅仅客观转述批评性的陈述,并不对所涉的事实加以定论,新闻机构可以免除责任。

最后,在批评对象没有特定化的前提下,如果新闻报道仅仅是作为事实陈述,对所涉事实没有定论,新闻机构并不需要承担调查核实责任。

三、真实性抗辩的对比与借鉴

真实性抗辩是我国新闻侵权纠纷中一直沿用的规则。从号称新中国新闻纠纷第一案的"《二十年疯女之谜》诽谤案"开始,对于新闻必须客观真实的要求就已经进入了司法层面。对比我国和外国,尤其是英美国家的相关实践,可以看到,我国对于真实性的要求颇具特色,然而这种特色是否具有积极效用,并不能一概而论。

(一)来源真实的要求是否合理

新闻调查活动毕竟不能等同于司法机关的调查、鉴定、审判活动,其工作的价值主要是通过揭露相关事实,激发公众舆论的关注,以使得真相在争

---

① 北京市第二中级人民法院(2003)二中民初字第 07230 号民事判决。

论中逐渐明晰,促进民主政治的建设以及社会良好风气的形成。从新闻机构的职业道德和工作规范来说,任何的报道必然要有真实可靠的来源。然而在审判中对新闻机构提出这一要求,势必加重了新闻机构的举证负担。笔者以为,新闻机构在证明新闻报道本身的真实性之外,如果进一步要求必须证明来源的可靠,这与真实性抗辩的内涵不合。报道是否失实,是否侵害了当事人的名誉权,更多的是与报道本身的内容有关,与新闻的来源无关。如果新闻机构已经举证证明了报道的真实性,就没有必要再进一步证明新闻来源的真实性。

(二)"确信真实"的制度价值

"确信真实"标准是一个很好的制度设计,因为其照顾了新闻工作的特殊性,较好地平衡了舆论监督与公民名誉权的保护。在认定确信真实的条件上,我国司法实践主张的是,依照一般人标准可以合理相信,或者尽了合理的调查核实义务。在对社会上某些事或者人进行批评性报道的时候,如果批评的对象是特定的,记者就必须足够谨慎,进行合理的调查。尽可能地在全面了解双方观点的基础上进行报道。仅凭一面之词不足以构成司法所要求的确信真实标准。

(三)细节失实的影响

我国司法实践对于细节失实并没有给予很大程度的关注,在有关的裁判中,法院的整体态度是:细节上的失实不影响报道"基本真实"。而在英美诽谤法之中,并没有如此定论,错误的大小程度往往不是法官考量的重点,需要关注的是,失实的部分对于全文主旨的影响。即使是一个微小的细节,也有可能是诽谤性的。

笔者以为英美诽谤法的做法值得借鉴。举例来说,Jones v. Palmer Communications. Inc 一案如果按照我国的裁判标准,涉诉的新闻无疑是基本真实的,因为文章的主旨在于向公众澄清,琼斯是因为自身能力不足,无法通过专业性的测试的原因才被辞退,而与歧视性待遇无关。那么琼斯的阅读能力究竟在哪个水平只是为了表现文章的主旨而提出的例证,因为无论是否小学三年级的水平,无非都是证明其能力不足而已。但是美国法院在此认定,这些细节对于琼斯被解雇的事实来说并非次要的事实。值得借鉴的是,细节性的错误必须在全文的背景之下来判断,另外还需要考虑的是细节性错误会否造成"额外的损害",也就是说,在脱离全文的背景之下,单独的细节失实是否会对当事人名誉造成负面影响。在本案中,法官考虑的是,在新闻报道中的事实与真实情况相差比较大,这对于琼斯未来的就业和生活会造成不利的影响,因为大多数工作单位都不会接收仅仅具有小学三年级阅读水平的成年人,因此这种细节性的事实仍然可以构成诽谤。

笔者以为对于细节性失实会否影响文章整体的真实性,不宜一概而论。一方面,要考虑细节对于文章主旨的影响,会否在实质上造成文章表现的主旨不精确;另一方面,还要考虑单独的细节失实本身,会否造成与文章整体失实的结果相区别的额外损害,如果能够对当事人的名誉独立造成损害,那么这些细节也是诽谤性的。

(四)暗示事实的处理规则

因为涉及暗示事实而导致新闻机构被诉的案件,在我国较著名的就是"陈某诉大连日报社侵害名誉权案"。①《大连日报》刊登了《赌徒竟是这些人》这篇报道,文中没有提出任何参与赌博者的姓名,却将未参与赌博的陈某的姓名、职务、荣誉称号与标题相呼应,一般读者均可以得出陈某是赌徒的结论。一审法院在判决中认定被告在主观上有过错,侵权事实成立。二审法院则认为,文章没有说原告参加赌博,也没有说他是赌徒,撤销原判决,驳回陈某的诉讼请求。

从本案来看,如果依据前述 Nora Richardson v. The State-Record Company, Inc 一案适用的规则,一审判决作者侵权成立应当是正确的。两个案件极为相似,均是将原告的情况置于大量其他事件的报道中,并且根据一般读者的读后感觉,均能将原告与报道所控诉、批评的事实联系起来,产生原告就是报道中所指的当事人的判断。在事实上,原告却因为莫须有的"罪名"导致自身的社会评价降低,足以认定侵权成立。陈某诉大连日报社侵害名誉权案中,二审法院改判的逻辑显然受到了我国"以事实为根据,以法律为准绳"的办案思路的影响,过度重视报道本身的真实性,却忽略其整体语境和社会效果,应当认为是不可取的做法。

---

① 本案的案情参考王利明、杨立新主编:《人格权与新闻侵权》,中国方正出版社2000年版,第625页。

第十章 公正评论之抗辩

公正评论,"真实,说理,善意,内容合法"的评论。① 公正评论之抗辩原则,即"以意见形式表达的对公益事务的批评,如建立在真实或者可免责的事实陈述基础上,且评论者确信事实真实,在主观上没有恶意"。② 一般认为,公正评论即使对被评论者或者第三人的权益造成侵害,评论者仍然能够得以免责。这体现了在舆论监督和公民人格权之间,应对与社会公益有关的评论予以优先保护的原则,换句话说,"与社会公益有关"构成了评论人排除其行为违法性的正当理由。

第一节 公正评论抗辩的适用规则

公正评论抗辩原则,是由英美法系的判例积累形成的规则。根据英美诽谤法的一般实践,评论者欲证明其评论符合公正的要求而得以免责,须证明以下四点:(1)新闻评论所表达的是对于某事实的意见;(2)评论所依据的事实是真实的;(3)评论的对象必须与公共利益有关;(4)评论者无恶意。

一、新闻评论所表达的是对于某事实的意见

新闻报道的内容一般分为事实报道与新闻评论两种。前者报道某个事

---

① 参见刘士国主编:《侵权责任法若干问题研究》,山东人民出版社 2004 年版,第 209 页。
② See John Hodgson & John Lewthwaite, *Tort Law Textbook*, Oxford University Press, p. 412.

件是否客观发生,是事实的陈述;而后者则为对某事实发表的主观意见,是看法、观点、意见的表达。区分新闻评论和事实报道,有着重要的意义。从法理上来说,事实只有一个,不以任何人的意志为转移,而评论却是众说纷纭,"一千个人有一千个哈姆雷特";事实可以获得证明,但是评论却往往莫衷一是,即使通过长期的讨论也未必能够达成共识。在西方诽谤法中,"真实"、"公正评论"和"特许权"属于媒体侵权案件的三大抗辩原则,其中"真实"保护的是事实性陈述,而"公正评论"保护的是意见的表达。真实性抗辩和公证评论抗辩的适用条件、标准各不相同,两者的内涵泾渭分明。如对某小区部分居民不堪工地噪音滋扰而集体抗议的事件进行叙述属于事实性报道,而诸如赞扬居民勇于维权或谴责施工单位不顾公共利益等言辞则属于评论。

在很多情况下,真实性抗辩和公证评论抗辩之间的界限是很难确定的。1996年12月5日,王干、张颐武在北京一家地方报纸的两篇短文章引发了一场轰动全国的文坛纠纷。张颐武在《精神的匮乏》中指出,韩少功的小说新作《马桥词典》是一本粗陋的模仿之作,却被大吹大擂为前无古人的经典,这种作风只能说是极度的精神匮乏与极度的平庸,明眼人一眼就能看出《马桥词典》与《哈扎尔词典》之间的渊源关系。文章称:"这部被一些批评者以热烈的歌颂称为杰作,后现代主义的文本的著作,却不过是一部十分明显的拟作或仿作,而且这是隐去了那个首创者的名字和首创者的全部痕迹的模仿之作。……我只能说它无论形式或内容都很像,而且是完全照搬《哈扎尔词典》。在这位名叫帕维奇的塞尔维亚作家面前,中国作家韩少功无疑是一个模仿者。"而王干《看韩少功做广告》一文中也提到"他的《马桥词典》模仿一位外国作家,虽然惟妙惟肖,但终归不入流品"[①]。对于一本著作是否构成抄袭的判断,很难说是属于事实陈述还是评论。一方面,无论《马桥词典》是否属于抄袭之作,对于张颐武和王干文章中"很像"和"完全照搬"等字眼,我们都可以理解成为一种对客观事实的陈述,区别仅仅在于其真实抑或失实。但是另一方面,这种专业性问题的判断又不能离开判断者自身的专业知识,也就是说,这种判断必然带着判断人主观的色彩,似乎又可以纳入评价的范畴。

---

① 宋丹:《马桥事件:批评的尴尬》,载于《艺术广角》1998年第1期。

(一) 英国诽谤法的"理性人标准"

在英国,Lord Porter 在"Kemsley v. Foot"①一案中最早提出"公正评论抗辩"原则,"这一抗辩仅仅适用于基础事实已被足够清晰地阐明的表述中"(statements in which a substratum of facts is indicated with sufficient clarity),但是如何对评论与事实作出区分,Lord Porter 并没有加以阐明。

上议院在 Telnikoff v. Matusevitch 一案②中提出了具体的区分标准。在该案中,原告 Telnikoff 在一份报纸上撰文批评 BBC 的俄罗斯业务过度招募了来自苏联少数民族的员工,而被告 Matusevitch 则在同一份报纸撰文谴责原告的种族主义,并特别指出原告的意图是指出 BBC 的招聘由专业测试(professional test)蜕变为血统测试(blood test),于是原告提起诽谤诉讼。审理本案中,法官提出了以下原则:(1) 对于引起争议的表达是陈述还是评论,须由一定数量的理性人作出判断;(2) 一般原则是,如果表达至少在理论上可以为客观标准证明,那么它就是一项事实的陈述;如果它表达了一种道德或者审美上的判断,那么就构成了一个观念或者评论;判断须以措辞在文中的意思作为基础;(3) 在绝大部分情况下,判断过程只需要单独考虑被告"令人不快"的表达,而无须考虑诸如原告撰写的原文之类的背景材料。但是,如果相关的表达具有两种以上的含义,而被告明显地利用其中的一种对原告进行"暗讽",这种情形则属于例外。

英国这种区分标准被称为理性人标准,上议院在此表达了这样一个观念,即只要在一个理性的人看来,某一表达属于作者主观的判断,则构成一项评论。理性人标准的优越之处在于,其将判断的工作交给了大众。因为针对公共事务作出的评论,往往不是有几个人进行与世隔绝的论战,而是在公共论坛进行的讨论。在这种情况下,某项表达到底希冀陈述一个事实还是作出一项评论,往往与表达人主观的意图关系不大,更重要的是大众看到这种表达时候的感觉,可以说,民众读到某项表达的感觉,在很大程度上决定了社会评价降低等损害是否存在的问题,因此将这一判断留给"一定数量的理性人"是合理的。

---

① Kemsley v. Foot [1952] AC 345, [1952] 1 All ER 501, [1952] WN 111.
② Telnikoff v. Matusevitch. [1992] 2 AC 343, [1991] 4 All ER 817, [1991] 3 WLR 952.

（二）美国诽谤法的多重标准

美国最高法院在 1991 年的 Milkovich v. Lorain_Jounal Co. 一案中，判决就公共问题发表的"纯意见性"(pure opinion)陈述受《宪法第一修正案》保护，并且伦奎斯特法官指出，陈述能否被证实或者证伪，是判断"纯意见性"的标准。① 在本案中，尽管被告辩称自己仅仅是观点陈述，但首席大法官仍然裁定其专栏文章构成事实陈述，而不能得到第一修正案的保护。Milkovich Standard 的这一标准过于单一以及保守，并且在实践中可能会遇到这一危险，即表达者试图阐述自己的意见，而公众也普遍认为其表达的是个人见解，但是因为适用 Milkovich Standard 而成为一种事实陈述，从而限制了第一修正案的保护范围，从而导致对表达自由的侵犯。

实际上，"Milkovich Standard"在某种程度上可以被视为一种倒退，因为早在 1984 年，哥伦比亚巡回区美国上诉法院早已经在 Ollamn v. Evans 一案中提出了一个相当详细的区分标准②，即"Ollman Test"。这一标准认为需要考察以下 4 点：

（1）陈述能够被证实或证伪；
（2）措辞的一般意义是什么；
（3）陈述的新闻语境是什么；
（4）陈述的社会语境是什么。

我们可以看到，"Milkovich Standard"仅仅是"Ollman Test"考虑的第一项因素。相比之下，后者是一个更为实用的标准。因为"措辞的一般意义"、"新闻语境"、"社会语境"均极具弹性，给法官很大的自由裁量空间。同时，这种开放性又不至于漫无边际，它不仅将表达人的主观意志纳入了考量的范围（"陈述的新闻语境"）而且它也照顾到了听众或读者的看法（"措辞的一般意义"和"陈述的社会语境"），这可以说更好地维护了评论者的利益。

美国司法界普遍不认同"Milkovich Standard"，在实践中大多初级法院甚至拒绝这一原则。首次抵制"Milkovich Standard"的是 Immuno AG. v. Moor-Jankowski③，首席法官指出这种标准过于机械，并首次提出"语境问

---

① Milkovich v. Lorain_Jounal CO. ET AL,497 U.S. 1; 110 S. Ct. 2695; 111 L. Ed. 2d 1; 1990 U.S.
② Bertell Ollman v. Rowland Evans and Robert Novak, 471 U.S. 1127 (1985).
③ Immuno AG v. Moor-Jankowski, 77 N.Y.2d 235 (1991).

题"是必须考虑的。在之后的几个案件中,语境问题再次成为区分陈述与意见的关键因素。在 Flamm v. American Association of University Women 一案中,美国第二巡回区上诉法院对"语境"作出了一个限定,即关键在于诽谤性材料所处的整体语境。另外,许多法院的判决也指出"Milkovich Standard"不足以保护意见性陈述,与《第一修正案》的精神相悖。

综上所述,美国诽谤法对于事实与意见的区分标准,经历了一个曲线发展的历程,目前司法界更倾向于在认定陈述自身的真实性的基础上,结合其语境来作出判断,可以认为语境问题是作出区分的关键所在。

(三) 德国法的重点理论

在德国侵权法中,并没有"公正评论"这一抗辩原则。但是,在适用《德国民法典》第 824 条第 1 款的时候,不可避免地遇到了事实与评论的区分问题。

《德国民法典》第 824 条涉及的是"信用的危害",条文表述如下:"(1) 违背真相,声称或者传播某一事实,危害他人信用或者对他人的生计或者前途引起其他不利的人,即使不知道但可以知道为不真实的,也应当赔偿他人因此而产生的损害;(2) 通知人不知道通知内容不真实性而通知的,如果通知人或者被通知人对此通知有合法利益的,不负损害赔偿义务。"①从条文的表述中,我们可以看到,其针对的是"不真实"的情况,这明显属于客观范畴。因此,如果是一项主观评论导致的侵权纠纷,则不应当适用第 824 条作为请求权基础。"言辞表述所涉及的当事人的利益要求对客观情况这一概念作出宽泛的解释;而表意人为了表达意见的自由,则要求对评价这一概念作出宽泛的解释,他们与前者的利益恰恰相反。"②

德国司法实践对于既包含叙述又包含评价的表述,倾向于确认为评价,以便"为宪法所保障的不同意见的对抗提供可能性"③。总的来说,德国法官的区分"重点取决于究竟情况表述的特点还是评价的特点更为突出","如果表明态度、发表意见、阐明观点的因素突出,则这种表述应作为评价而

---

① 《德国民法典》,郑冲、贾红梅译,法律出版社 1999 年版,第 196 页。
② Zu dieser Interessenkonstellation Erman-Schiermann § 824 Rn. 2,转引自〔德〕马克西米立安·福克斯:《侵权行为法》,齐晓琨译,法律出版社 2006 年版,第 157 页。
③ 参见〔德〕马克西米立安·福克斯:《侵权行为法》,齐晓琨译,法律出版社 2006 年版,第 158 页。

受到宪法的保护。在有些情况下,如果割裂评价的内容和叙述情况的内容会导致表述意义的丧失或曲解,这时特别应当适用上诉原则。在有些情况中,如果叙述客观情况的因素被视为决定性作用,那么宪法在此对表达意见自由的保护将会大大削弱"。①

综上所述,尽管并没有普通法国家的"公正评论抗辩"原则,但是德国通过限定《德国民法典》第 824 条的适用对象,以及运用"重点理论",在个案中对于意见性表述还是进行了完善的保护。

二、评论所依据的事实是真实的

新闻评论必然有其事实基础,评论能否做到公正,势必与基础事实的真假有着密切的联系。如果一项评论针对的事情子虚乌有,或者与现实情况出入很大,"公正性"就难以判断,这也与舆论监督的目的格格不入,因此评论所依据的事实应当是真实的,这是公正评论的应有之义。

(一)真实性标准的确定

在讨论真实性的标准应当如何确定之前,我们必须先明确一个前提。我们在此的讨论仅仅以纯粹的评论作为讨论对象。对于非纯粹的评论,往往不是由于评论者的意见引起侵权,而是意见中暗示的事实引起侵权。在这种情况下,被告的抗辩依据应当是事实的真实性,而不是评论的公正性。

真实是新闻的核心价值,然而也是新闻工作中最大的难题。第一,从客观上来说,重现过去发生的事情虽然由于现代科技变得可能,但是我们不可能生活在一个遍布摄像机的世界;第二,时效性也是新闻追求的价值之一,因此新闻报道核查信息的时间是有限的;第三,媒体核查信息的能力是有限的。如果我们要求新闻如同"镜像"一般与客观情况一致才得以免除侵权责任,无异于要求媒体消失。这与表达自由的精神是相悖的。由此我们不应当也不可能以"客观真实"作为公正评论抗辩原则中真实性的标准。

(二)"安全失实区"

在被告援引"公正评论原则"抗辩时,法院对其基础事实真实性的要求,

---

① 参见〔德〕马克西米立安·福克斯:《侵权行为法》,齐晓琨译,法律出版社 2006 年版,第 158—159 页。

应当综合考虑主客观方面的因素,允许存在一定的"安全失实区"。①

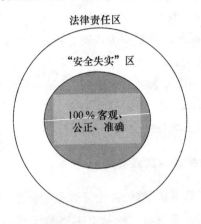

新闻评论与事实陈述最大的不同在于二者的目的和价值取向的差异。事实陈述的目的是将某件事暴露在公众的视野里,以便公众能够对之发表看法;新闻评论的目的并不是详细地向公众透露某一事件,而是通过分析事例,阐明自己的立场和观点。如果要求发表评论的人必须去核查清楚事实才能发表评论,那这无异于对评论的自由进行压制。

当然,发表评论的人在主观上"必须……相信事情的真实,而没有主观恶意地加以歪曲"。② 新闻评论的消息来源往往比较复杂,但来源真实并不意味着与客观情况吻合,有时甚至可能是相去甚远。由于评论者的身份、阅历等方面的不同,对于事件来源的真实性的认知必然会有所不同。例如某报纸撰文报道A市长挥霍公款,生活糜烂。从未去过A市的人在看到这一则新闻之后可能会信以为真,但是A市的市民都知道本市的市长作风端正,恪尽职守,报纸的报道纯粹虚假。在后一种情况下,如某A市市民仍然撰文对本市市长进行批评,则不能认为其"依据事实真实"。

我们应当注意到,纯粹性的评论侧重的并非向公众展示事实本身,而是评论者对社会现象的看法,一般来说其提及的事实的主要是为了引出对某一种现象的评价,而不是就事论事,由此法律应当让相对人对于评论中"失实"承当一定的容忍义务。

---

① 参见陈志武:《媒体、法律与市场》,中国政法大学出版社2005年版,第89—90页。
② 参见徐爱国:《英美侵权行为法学》,北京大学出版社2004年版,第180页。

三、评论的对象与公共利益有关

"为了公共利益而作出"是公正评论抗辩的应有之义。如果针对纯粹私人事务作出的评论,是不能得到"公正评论抗辩"的保护的。之所以作出这种限制,有两方面的原因:

第一,公正评论抗辩实际上是法官在个案中进行利益权衡,以确定哪种利益应当优先得以保护。针对纯粹私人事务作出的评论,并不一定是不公正的,但是却没有需要得到保护的价值。正如约翰·密尔在《论自由》中所揭示的,自由就是在法律允许的范围内不受拘束的状态。在一个文明的社会中,价值取向应当是多元的,每个人的个人空间和自由选择都应当得到尊重,任何人都无权将自己的意志强加给他人。尽管在现代社会中,人们相互之间总是利益相关的。当一件事情进入了公共领域并对周围产生一定影响,则其就不再是纯粹的个人事务,而是带上了公共的色彩。然而也不能因此忽视了对个人自由的维护。对与公共利益无关的纯粹个人事务进行评论,并不属于舆论监督的题中之意。

第二,这种限制是基于保护隐私权的需要。对他人的事务可以有各种看法,但是如果通过大众传媒去宣扬,很有可能使他人私人领域的事务被人评头论足而遭受精神的痛苦和其他损失,这实质上会放任对他人合法权益的侵害,与公正评论抗辩的价值趋向是相悖的。

四、评论者没有恶意

表达自由是民主的应有之意,原则上不应对公民的评论课以过多的限制,特别在相关事务进入公共领域后,因其与不特定社会成员的利益发生联系,更应当鼓励广大民众各抒己见,百家争鸣。然而,我们必须注意到,这里对于意见表达的保护的理念,实际上预设了一个前提,即表达者作出评论,其动机应当是为了促进社会事务的良性发展。如果评论者的目的是以评论的名义损害他人权益,则其自然不能得到法律的保护。

早年诽谤法的实践中,并没有将恶意作为公正评论的考虑要素之一,或者说,评论者主观要素并没有得到重视。具有里程碑意义的是 1906 年的

Thomas v. Bradbury, Agnew & Co, Ltd and another 一案①,其判决明确指出,恶意可以使公正评论抗辩无效②。在对一些经典的案例进行梳理以后,我们可以归纳了如下的规则:

(1) 诚实的确信可用以判断某种出版物是否超越了公正的界限而构成诽谤;

(2) 假设恶意存在,陪审团必须判定其有无扭曲,被恶意扭曲的评论不可能是公正的;

(3) 证明评论者是被恶意驱使而作出评论的证据是可采纳的。

恶意明显是一个主观的范畴,一般认为恶意意味着敌意(spite)和诽谤动机(evil motive)③,而从上述的原则来看,恶意的认定即在于其是否使得评论本身"扭曲"。这里涉及一个关键的问题是,法官在审查被告是否恶意的时候,采取的标准应当是主观的还是客观的,这在普通法里是一个富有争议的问题。所谓客观标准,实际上就是合理人标准,即 Lord Ackner 在 Telnikoff _v._ Matusevitc 一案中所论述的"是否任何一个人,无论其何等地带有偏见或冥顽不灵,均可以支持被告在信件中表达的观念"(could any man, however prejudiced or obstinate, honestly hold the view expressed by the defendant in his letter);所谓的主观标准,就是指被告在客观标准之外,必须证明,评论应当表达了作者自身真诚相信的观点(comment represents the defandant's own view he honestly believes)。在英国法的判例中,这两种观念均在案例中有所体现。

笔者认为,对恶意的认定,应当采取客观的标准。理由如下:第一,"扭曲"主要表现为故意捏造和歪曲事实。评论者的表述已经成为虚假事实的陈述而无法被视为评论,更谈不上公正与否了。对于陈述是否故意捏造歪曲事实的认定,必然要从表述的措辞入手,而不应当去揣测作者的主观意图。第二,以主观标准衡量评论者的恶意,表面上看来似乎更为全面,但是必须明确一点,司法实践上判定评论者作出评论时是否恶意,并非希冀探询当事人内心的真意(实际上这也是不可能做到的),而是通过司法拟制当事

---

① Thomas v. Bradbury, Agnew & Co, Ltd and another. COURT OF APPEAL. [1904—1907] All ER Rep 220; [1904—07] All ER Rep 220.

② See John Cooke, *Law of Tort*, 5th ed.,法律出版社影印版,第 305 页。

③ 同上。

人的意思进行判断,客观标准更具有可操作性。

第二节　公正评论抗辩之分析检讨

一、对最高人民法院相关司法解释的分析

1992年5月15日北京市朝阳区人民法院曾审理倪培璐、王颖诉中国国际贸易中心(简称"国贸中心")侵害名誉权案。倪培璐、王颖于1991年12月23日到国贸中心所属惠康超级市场购物,市场工作人员怀疑倪、王二人将没交费的物品带出商场,并将其带进市场办公室追问。在追问之下,倪、王二人打开提包、解开外衣扣、摘下帽子让市场工作人员查看。国贸中心的行为已构成侵害倪培璐、王颖的名誉权。在法院查清事实、分清是非后,国贸中心愿向倪培璐、王颖表示歉意并给付倪、王各1000元的经济损失和精神损失补偿。倪、王二人接受了国贸中心的补偿费后,向法院提交了撤诉申请。在倪培璐、王颖诉国贸中心侵害名誉权案审理期间,《中华工商时报》发表了《红颜一怒为自尊》的文章,报道了该案有关情况。吴祖光读后,根据文章所报道的情节,撰写了《高档次事业需要高素质员工》的文章,发表在1992年6月27日《中华工商时报》第六版的《雅园杂谈》栏目中。在文章中吴祖光对国贸中心惠康超级市场个别工作人员检查顾客的行为及有关人员的谈话进行了批评。吴祖光在1992年12月15日的美国《世界日报》《北京国贸中心状告剧作家吴祖光侵害名誉权》的报道中、在1993年5月2日《戏剧电影报》《吴祖光出庭之前(三)》记者采访文章中均发表了谈话。吴祖光又在1993年3月的《时代潮》杂志上发表了其撰写的文章《一个"被告"的回答——致"原告"中国国际贸易中心董事长孙锁昌先生》。吴祖光在上述谈话及文章中对国贸中心再作批评。中国国际贸易中心以侵害名誉权为由提起诉讼,要求被告吴祖光赔礼道歉、消除影响、恢复名誉。

北京市朝阳区人民法院在判决中认为,"正当的舆论监督应受法律保护。吴祖光撰写并发表《高档次事业需要高素质员工》、《一个"被告"的回答——致"原告"中国国际贸易中心董事长孙锁昌先生》两篇文章,以及在美国《世界日报》、《戏剧电影报》上发表的两次谈话,是其读了《红颜一怒为

自尊》一文之后的随感,是从不同角度对国贸中心不尊重顾客的行为所进行的批评,均属正当舆论监督范畴,不构成对国贸中心名誉权的侵害。"故对国贸中心的诉讼请求不予支持。可以看出,法官实际上仅仅做到了对吴祖光先生文章中事实和评论作出区分保护,即指出"批评属于正当舆论监督范畴"。虽然法院的做法值得肯定,甚至可以说在我国新闻侵权的案件中有着里程碑的意义,但是这种区分保护仍然较为粗糙,与公正评论抗辩的要求相去甚远。

(一)最高人民法院《关于审理名誉权案件若干问题的解答》

1993年最高人民法院《关于审理名誉权案件若干问题的解答》(简称《93年解释》)以及1998年《关于审理名誉权案件若干问题的解释》(简称《98年解释》)对于评论性文章的保护发挥了很大的作用。我们就从这两个司法解释入手进行分析检讨。

《93年解释》(八):"问:因撰写、发表批评文章引起的名誉权纠纷,应如何认定是否构成侵权?答:因撰写、发表批评文章引起的名誉权纠纷,人民法院应根据不同情况处理:文章反映的问题基本真实,没有侮辱他人人格的内容的,不应认定为侵害他人名誉权。文章的基本内容失实,使他人名誉受到损害的,应认定为侵害他人名誉权。"

从适用对象来看,《93年解释》专门针对"批评文章"所引起的纠纷,批评当然属于评论的一种,所以这里有适用公正评论抗辩的可能。然而分析具体的适用条件和结果,我们就可以发现,解释和公正评论抗辩原则的精神其实相去甚远。

第一,该解释将侵权构成与否的焦点集中在文章内容的真实性上面,而忽略了事实陈述与评论的区分。这样法官会把主要的精力放在对评论依据事实的考察上,而不重视评论本身"公正与否"的问题。

第二,对于评论者得以免责的考虑因素,在内容真实之外,还有"没有侮辱他人人格的内容"。从条文的表述来看,法官应当考查的是"内容",即采取客观标准。但是这样是否意味着评论者的主观意图可以不纳入考虑范围,在司法实践中不无疑问。典型的例子就是"夸张性表述",如果忽略了评论者的主观意图,很容易被视为内容不实或者有侮辱性质。

(二)最高人民法院《关于审理名誉权案件若干问题的解释》

《98年解释》(九):"问:对产品质量、服务质量进行批评、评论引起的名誉权纠纷,如何认定是否构成侵权?答:消费者对生产者、经营者、销售者的产品质量或者服务质量进行批评、评论,不应当认定为侵害他人名誉权。但借机诽谤、诋毁,损害其名誉的,应当认定为侵害名誉权。新闻单位对生产者、经营者、销售者的产品质量或者服务质量进行批评、评论,内容基本属实,没有侮辱内容的,不应当认定为侵害其名誉权;主要内容失实,损害其名誉的,应当认定为侵害名誉权。"

相对于《93年解释》,《98年解释》对于评论性文章的保护更为有力。

第一,该解释首先做了一个原则性的宣示,"消费者对生产者、经营者、销售者的产品质量或者服务质量进行批评、评论"原则上不构成侵权,例外情况仅仅在于"借机诽谤、诋毁,损害其名誉",这实际上给了评论者很大的免责空间。

第二,从评论主体来看,仅仅限于"消费者"和"新闻单位",排除了一般民众,实际上这不符合表达自由的内涵以及公正评论抗辩原则的精神。以上述国贸中心诉吴祖光案为例,吴祖光先生并非国贸中心的"消费者",也不是新闻机关,其仅仅是出于良知和社会责任感才对国贸中心的恶劣工作方式提出批评,但是该解释却不能为吴先生这种自由评论者提供保护。

第三,从评论对象来看,本解释仅仅保护对"生产者、经营者、销售者的产品质量或者服务质量进行批评、评论"。尽管有学者认为《98年解释》"确立了公正评论原则"[①],但是笔者认为,这条解释与公正评论抗辩的要求相去甚远,更像是为了配合《消费者权益保障法》的实施而作出的一项特别规定。

综上,我国的立法并没有真正确立公正评论抗辩的规则,而现有的司法解释存在着适用范围狭窄、语意模糊、操作性不强的缺陷。可以看到,我国立法对于评论性文章的保护,是相当有限的。从我国目前的实际情况来看,由于立法没有确立公正评论抗辩原则,因此其更多时候是作为一项抗辩事由在诉讼中由被告主张,证明其行为的合法性,以对抗原告的请求。然而在实践中,法官是否认同评论的公正性得免除被告的侵权责任,很大程度上取决于法官的自由裁量。这就造成了司法的不统一,不利于新闻媒介及社会

---

① 参见刘士国主编:《侵权责任法若干问题研究》,山东人民出版社2004年版,第210页。

公众对己行为产生合理预期以及良性舆论监督环境的形成。由此,有必要将之作为法定免责事由在民事基本法中确立下来。

二、对我国司法实践之改进意见

(一) 事实与评论应当准确区分

我国司法实践中,对于事实与评论的区分并不重视。我国司法界长期以来贯彻"以事实为依据,以法律为准绳"的原则,法官在媒体侵权案件中,往往拘泥于基础事实的真假而忽视表达本身的归类。另外,引起纠纷的新闻报道多为夹叙夹议,这也为案件的审理和当事人的抗辩增加了难度。

1992年,第九届梅花奖评选中发生了一起较大的舞弊事件,此事遭到了艺界一致的声讨。《上海法制报》刊登了袁成兰《梅花奖舞弊案随想》一文,指名道姓地批评了徐州市文化局局长吴敢"以数十万巨款因公行贿",并讽刺其"欺上瞒下,见风使舵,阿谀奉承"。① 而后吴敢起诉袁承兰侵犯其名誉权。一审法院认为,《梅花奖舞弊案随想》一文所涉及原告吴敢的事实内容缺乏证据证明真实性,并有侮辱原告人格内容,构成对原告名誉权的侵犯。二审法院维持了原判。最后江苏省高级法院对本案进行了提审,审判长指出批评性文章是否侵权应当考虑公共利益,由于舞弊事实存在,尽管"行贿"等措辞过于激烈,但袁成兰的批评是为了维护公共利益,应予宽容。②

在本案的一审和二审中,法官把争议的焦点集中在文章的事实陈述部分,即被告到底有没有以"数十万巨款行贿"等字眼。实际上,被告袁成兰是原告吴敢所在单位下属机构的一个工作人员,对于舞弊事件中的一些具体操作应当是有所了解的,但是需要她具体举证,尤其是举出"数十万元"的去向,是不可能的。但是袁文并非想向读者阐述舞弊的具体过程,而是希望对这种现象予以批评。两审法官拘泥于事实真假,这是有失偏颇的。而终审法院的做法颇值得赞许,一方面,对于事实部分,法官以"过于激烈"的定位淡化了对于事实真假的争议。另一方面,以"公共利益"为由,保护了文章的

---

① 参见施芳:《梅花奖风波的是与非》,载《新闻记者》1995年第5期。
② 徐州市云龙区人民法院民事判决书,(1994)云民初字第127号;徐州市中级人民法院判决书,(1995)徐民终字第46号;江苏省高级人民法院民事判决书,(1996)苏民再字第1号。转引自魏永征:《新闻法新论》,中国海关出版社2002年版,第307页。

批评。然而江苏高院这一做法并未在司法界形成通例,毋宁说,本案一审和二审的状况才代表了我国司法界审理此类案件的惯常思维。这是我国移植"公正评论抗辩"原则遇到的首要问题。

通过对域外经验和我国司法实践的综合分析,我国的司法实践尚有一定的改进空间:

第一,法官应当对事实报道和新闻评论进行区分。事实报道属于客观的范畴,而评论这是评论者主观意志的反映。事实则可以被证实或证伪,而评论没有真伪之分,因此事实报道和评论之间最基本的区分标准就是考察陈述能否被证实或者证伪。

第二,在夹叙夹议的文章中,区分陈述和评论应当全面考察整篇文章,而不局限于有争议的表述,这里可以借鉴德国的"重点理论",即考察文章"事实表述的特点还是评价的特点更为突出"。以《马桥词典》案为例,张颐武在批评文章中指责韩少功"完全照搬"《哈扎尔词典》,而韩少功只要能够证明其作品中相对《哈扎尔词典》有所创新或突破,即使是很微小的细节,也足以否定"完全照搬"这一论断。但从整体上进行考察,显然张颐武意图表达其对于抄袭这一不正之风的批评,应当属于评论。

(二)对公共利益的范围应当有所限定

公共利益范围的限定,是我国移植公正评论抗辩原则中的另一个重要问题。公共利益涉及一国的基本国情,可以说是法学理论里内涵最丰富的术语之一。英国一个案例的判决确立了一个标准,即公共利益可以仅仅涉及公共利益的一小部分。① 这对我们是一个很有意义的启示,从中可以看出,英国诽谤法的实践倾向于将公共利益做一个较为广泛的界定,事件具有一定的公共影响即可认为关涉到了公共利益,而无须刻意界定公共影响到达了某一个规模。② 结合我国的现实情况,笔者认为,新闻评论对象是以下的事件的时候,可以认为评论与公共利益相关:

---

① South Hetton Coal Company, Limited v. North-Eastern News Association, Limited,[Court of Appeal],[1894] 1 QB 133 参见徐爱国:《英美侵权行为法学》,北京大学出版社2004年版,第183页。

② See Lord Esher, M.R:"I think that it related to so large a number of people, of such a kind, to a district of such an extent, and to matters of such importance as to render it a matter of public interest that the conduct of the employers should be criticised."

（1）国家机关立法、司法、行政等职能行为。这些活动与广大公民的切身利益密切相关，与公共利益密不可分。

（2）对社会上不特定的民众会产生影响的行为。例如律师协会起草的律师职业道德规约，商场的霸王条款，公司招工合同中歧视性待遇等。

（3）"自愿接受评论"的场合。如对文学作品、产品质量的批评。

（4）公众人物。一个人一旦成为公众人物，那么在与其有关的事项上，法律的天平就必然偏向于言论自由，法律应当对公众人物课以较高的容忍义务。

（三）公正的标准缺乏明确的规范指引

评论是否公正，考量的因素有两个，一是评论者依据的事实是否真实，二是评论者主观上是否善意。在我国的司法实践中，对于这两个因素的考察缺乏明确的规范指引，因此造成法官自由裁量权过大，司法不统一的情况。

下面以"国贸中心诉吴祖光名誉权纠纷案"（以下简称"吴案"）和"世纪星源诉《财经》杂志社名誉侵权案"（以下简称"世案"）做比较分析。首先，考察评论的基础事实，"吴案"中，吴祖光先生对国贸中心的批评，是针对媒体早已报道的国贸中心对两女性顾客的粗暴待遇这一事件，而"世案"中被告蒲少平在《财经》杂志上发表了的《世纪星源症候：一家上市公司的财务报表操纵》一文是以原告世纪星源公司公布的财务报表作为分析基础。可以认为两案的被告作出的评论均符合"依据事实真实"的要求。其次，分析评论者主观意图。从评论动机来看，吴祖光先生是出于社会责任感，对国贸中心不尊重顾客的行为进行批评，以期国贸中心以及类似的销售商能够反躬自省，尊重客户，这是有利于淳化社会风气的。而蒲少平对世纪星源公司的批评，是因为世纪星源是一家上市公司，其公司经营状况牵涉投资者的利益和整个股市的状况。可知两位主观上均出于舆论监督的目的，是善意作出评论的。最后，从文章引起争议的批评性文字来看，吴文措辞相当激烈，如"恬不知耻"，"居然说出这样的混账话"，"洋奴意识"等，而蒲文"在世纪星源平凡、稳健的外表下，是一个狂热的财务报表操纵者的真面目"的措辞则相对温和。

尽管两个案件存在着诸多类似的因素，但是判决却大相径庭。吴祖光得以胜诉，而蒲少平以及《财经》杂志却最终败诉。最为遗憾的是，"吴案"

发生在 20 世纪 90 年代初期,当时我国有关评论性文章保护的司法解释还没有出台,是由法官大胆突破成文法的局限,通过利益权衡作出了保护评论的判决。而"世案"发生在 21 世纪初,在相关司法解释已经出台的情况下仍然没有对评论性文字作出应有的保护。深层的原因是,我国司法实践对于评论公正性的判断缺乏明确的标准,很多情况需要依靠法官的自由裁量,这样司法统一就很难做到。笔者认为,要克服我国司法实践中存在的这一弊端,可以从如下几个方面努力:首先,尽管公正评论抗辩是个案权衡的问题,但是即使在成文法的国家里,法官的自由裁量权也是有限的。如果动辄就利用自由裁量权进行裁判,则必然破坏法律的稳定性,因此有必要在立法中对"公正"的考量标准予以明确。其次,应当认真考察评论依据事实的来源,以对其真实性作出判定。一般情况下,如果作者能够证明其作出评论的来源可靠,则可以认定其依据事实真实,而不必深究事实在客观上的真实性。当然,如果有明显证据表明作者是在明知事实虚假的情况下作出的评论,则不在此限。最后,考察评论者的是否恶意应当坚持客观标准,即考察作者是否真诚确信自己的观点而不是恶意扭曲、中伤被评论者。

第十一章 公众人物之抗辩

在新闻报道中,当信息的传播涉及公共官员和公众人物时,法律的天平就会更多地倾向于对社会公共利益和公众知情权的保护,在此种情况下,即使新闻机构基于一般过失对其相关信息进行了虚假的报道,法律也对此予以包容,不追究其诽谤的责任,也就是说,新闻机构可以基于原告属于公众人物而提起抗辩,不承担侵权责任。公共官员和公众人物只有在承担了比较严格的举证责任证明新闻机构的"实际恶意"后,才有可能获得胜诉。

第一节 公众人物抗辩制度的发展

公众人物原则作为现代新闻法中的一个重要原则,目前已经为很多国家所接受。该原则的确立和发展经历了一个漫长的时期,通过美国判例法多年的实践,目前已经形成了相对比较完整的法律认定规则。我们要深刻的理解这一原则,就必须首先了解具有里程碑意义的三个判例。

一、公共官员

New York Times Co. v. Sullivan 案。Sullivan 是亚拉巴马州蒙哥马利市的三位市政委员之一,负责该市的警察局、消防局及公共事务的处理。他对四名亚拉巴马州的黑人牧师和《纽约时报》提起民事诽谤诉讼,诉称《纽约时报》在1960年3月29日刊登的整页广告对其进行诽谤。州法院查明,该广告确实有不实之处,于是认定对原告的诽谤成立,判令《纽约时报》承担诽谤的赔偿责任。该案最后上诉到最高法院。

最高法院认为 Sullivan 属于公共官员,尽管被告可能发表了不实的消息,但原告不能证明被告存在"实际恶意",被告的表达自由仍然受到《宪法第一修正案》的保护。该案是新闻诽谤法中最为经典的案例之一,是一个里程碑式的判决,它第一次将普通法调整的诽谤案件纳入了《宪法第一修正案》的保护范围[1],并且确立了针对公共官员的"实际恶意"原则,将新闻诽谤诉讼的原告地位首次区分为公共官员和非公共官员。同时,法院在判决中认定,为了讨论和辨明公共事务的真实情况,宪法对正确、错误的信息都应当进行保护,对公共官员来讲其必须要承担"实际恶意"的证明责任始能获得新闻诽谤案件的胜诉。

二、公共利益

Rosenbloom v. Metromedia 案。Rosenbloom 因被指控在费城地区散发裸体杂志和出售淫秽物品而遭到逮捕,当地电台报道了这一事件,称当地警察在其家中抄出 1000 本据说是淫秽的书籍,又在离家不远的谷仓里抄出 3000 本据说是淫秽的书籍,这些东西全部被没收。这一消息先后在电台广播了 5 次,每次都称这些书籍为淫秽刊物,Rosenbloom 告诉当地的警察和电台被没收的书籍并非淫秽,电台继续广播有关的信息。数月后,Rosenbloom 散发和出售淫秽书报的罪名不成立,他被宣告无罪,随后他立即依照宾夕法尼亚州法起诉了有关电台对其构成诽谤,要求损害赔偿。[2]

在该案中,高等法院的判决确定了两项原则:第一,适用"实际恶意"规则时不再强调原告的身份,转而强调被告言论的性质,即任何原告,不管是公众人物还是个人,如果被指控为诽谤的言论涉及公众或者普遍关注的问题,就必须举证证明被告的实际恶意。这里的决定因素是言论的性质,而不是当事人的身份。"如果一件事涉及公众兴趣或者公共利益,那么它的性质不会因为一个私人的参加或者因为个人在某种程度上非自愿的参与而有所减弱"[3],同时,"我们尊重在公共问题上健康的讨论和评论,这也是《宪法第一修正案》所涵盖的意义,通过将宪法保护扩展到对所有涉及公众兴趣的事

---

[1] C.W., Defining A Public Controversy in the Constitutional Law of Defamation, 69 *Virginia Law Review*, June, 1983, 931.

[2] Rosenbloom v. Metromedia, Inc., 403 U.S. 29 (1971).

[3] Justin Bennett, Media Overload: Restructuring the New York Times Rule in Order to Afford More Protection to Public Figure, *Hamline Law Review*, Winter 2006.

件的讨论和传播,而无须考虑其所涉及的主体是否出名"。① 第二,本案再次强调了"实际恶意"这一实体规则,要求诽谤案件的原告必须遵循《纽约时报》案明确的一条程序性标准,即证明实际恶意的证据必须具有令人信服的确定性。②

该案在美国媒体法中的重要意义表现在,它对 Sullivan 案的所确立的规则进行了修正,第一次从针对公众官员的报道拓展到了对所有牵涉公共利益事件的报道,即只要是针对此类涉及公共利益的新闻报道,除非受害人能够证明新闻报道的内容虚假并且新闻媒体具备"实际恶意",否则无法在诽谤案件中胜诉。

三、公众人物

Gertz v. Robert Welch,Inc 案。芝加哥的一名警察开枪打死了一名青年,当地法院判决警察构成谋杀罪。受害者家属聘请 Gertz 作为律师,向该警察提起民事赔偿。当地一张保守派的报纸就这一民事赔偿案发表了题为《捏造》的文章,为警察叫屈,并称 Gertz 本人有刑事前科,曾参与策划 1968 年的芝加哥大游行,并且他还是一个列宁主义者。同时,该报社还附加一个声明,称文章的记者对该案作了广泛的研究。Gertz 称文章不实,指控 Robert Welch,Inc 构成诽谤,损害了其名誉。被告则抗辩认为 Gertz 属于公众人物,应当提供证据证明实际恶意。③

在美国媒体法上,Gertz v. Robert Welch,Inc 案可以说是更为重要的案件,它对以后的新闻诽谤诉讼有标志性的指导作用。对于该判例,有学者甚至作出了这样的评价:"如果说 Sullivan 案是诽谤法的死亡,那么 Gertz 案就是诽谤法的重生。"④该判例的主要贡献体现在以下两个方面:

第一,法院确立了公众人物的观念。对言论自由的特别保护,以往仅涉

---

① Rosenbloom v. Metromedia, Inc.,403 U.S.29 (1971).
② 邱小平:《表达自由——美国宪法第一修正案研究》,北京大学出版社 2005 年版,第 191 页。
③ Gerts v. Robert Welch,Supreme Court of the United States,1974, 418 U.S.323.
④ Gerald G. Ashdown, Defamation and the First Amendment: New Perspectives: Public Figure: of Public Figures and Public Interest—the Libel Law Conundrum, 25 *William & Mary Law Review*, 937.

及公共官员的新闻报道,在本案中则扩展到了对公众人物的新闻报道,并且进一步将公众人物区分为完全意义上的公众人物和有限意义上的公众人物。

第二,法院否定了 Rosenbloom 案中确定的公共利益原则。法院认为,公共利益原则对新闻媒体的保护过度,即使是涉及公共利益的案件,私性人物没有像公共官员和公众人物一般的反击诽谤信息的能力,其本身的弱势地位应当获得较多的保护,因此,按照被报道者的身份区分公众人物和私性人物具有重要的意义,即便是涉及公共利益的事件,私性人物也值得法律对其进行保护。

四、公众人物规则的适用

公众人物原则在新闻法中具有举足轻重的作用,它有利于明晰新闻传播过程中新闻机构的权利界限,能够在新闻自由和个人利益之间架设一个适度的衡量器。美国是目前新闻媒体法最为发达的国家之一,公众人物原则也是在美国的判例法中发展起来的一个制度,但在美国各州的司法实践中,对如何适用公众人物原则并没有一个统一的标准。美国各州的做法可以区分为三类:

第一,严格遵循公众人物的原则。按照新闻报道对象的身份,确定公众人物和私性人物,对不同的人适用不同的举证责任和受偿原则,至于言论所承载的内容是否涉及公共利益,在所不问。也就是说,当一个新闻报道构成一个诽谤性的传播时,法院并不考虑报道的事件是否涉及公共利益,而统一按照被诽谤人的身份确定新闻机构的抗辩能否成立,是否承担赔偿责任。

第二,公众人物原则和公共利益原则同时适用。即在新闻诽谤诉讼中,首先要依据新闻报道对象的身份区分公众人物和私性人物,并对不同类型的人适用不同的举证责任和受偿原则;如果报道对象属于私性人物,但所报道的事件涉及公共兴趣或者公共利益,法院仍然要求被诽谤人承担同公众人物相同的举证责任。

第三,以公众人物原则为主,以公共利益为辅。法院会按照言论所涉及的主体的身份确定各自的举证责任和受偿原则。当新闻报道涉及重大公共利益时,则不区分主体的身份,而是一律要求被诽谤人承担同公众人物相同的举证责任。

第二节　公众人物抗辩中的利益考量

一、言论自由与政治民主

Sullivan 案建立了"宪法确保人民所希望的有关政治和社会变化的思想言论得以自由交流"的基础。① 正是基于政治民主，Sullivan 案确立了对公共官员、政府行为的言论自由给予宪法上的特别保护。"言论自由本身并不是结果，而是培养个人的政治决策力、促进自我管理的一种手段。当自由言论受到保护的时候，个人可以获得必要的信息去发展他们的政治观点。同样，个人也可以自由地传播他们的观点去说服他人"；而"这种民主自由本质上是一种社会公共利益，因此，就需要大众传媒和普通信息来源方便政治观点的传播，这样公共事务的真实性才能得以确认，而大众媒体就好像是发表政治言论的市政大厅。因此，新闻媒体就承担着'宪法指定'的向公众传播信息的责任。因为新闻媒体可以审查政治活动，促进其良好管理，因此它被认为在宪法的框架拥有特殊的地位。"② 正因为此，新闻媒体又被称为是"第四权力"部门。

就像米克尔约翰所说，言论自由的原则根植于民主的必要性，并非源于抽象的自然法。言论自由原则是从立国契约中演绎出来的，这项契约就是：公共事务必须由公众决定。人人可以就宪法、公共政策、公共建筑以及国家的公共形象发表截然不同的意见。人们有权发表意见，并不是因为这些意见有见地，而是因为每个人以及他们发表的意见都和民主有关。公众不受限制地自由讨论，这是政府赖以生存的基石。③ 法理学家德沃金也认为，保护言者的目的是让整个公众得到民主所需要的信息，但是言论自由更广泛

---

①　Benjamin Barron, A Proposal to Rescue New York Times v. Sullivan by Promoting A Responsible Press, 57 *American University Law Review*, October 2007, 73.
②　Ibid.
③　邱小平：《表达自由——美国宪法第一修正案研究》，北京大学出版社 2005 年版，第 165 页。

的意义在于保护发表言论者。一个人有权说话,不是因为他说的话会造福社会,而在于审查和不准他说话会损害其享有的个人权利。以言论自由的原则立论,其依据就是所有人都必须作为平等者得到平等对待的权利。侵犯这一基本权利之所以错误,不是因为它会产生不好的后果,而是因为这一侵犯本身就贬低了人类作为人应受到的平等关注和尊重。①

新闻机构可以基于公共人物提起抗辩,这是促进政治民主的手段,它赋予了新闻机构在对政治人物和政治言论的报道中较大的特权,保护公众可以最大限度地获取有关政治生活的方方面面的信息,通过这些信息的传播实现公共的政治民主。虽然其中不乏虚假的信息,但为了政治民主的需要,宪法和法律也在一定程度上对此种虚假的信息进行保护。

二、观念的市场

除了上述的政治民主的理论之外,"观念的市场"理论也是美国宪法保护言论自由的一个利益基点,不受政府管制的自由言论是判断真实的必要条件,而这种自由言论是以社会公共福祉为依托的。Jolmes 大法官就认为:"良好的决策,更容易从观念的自由交易中得到;检验真实性,最好的标准就是在观念市场的自由竞争中被接受的权威观念。"②

"观念的市场"理论验证了一个负责任的媒体在公共论坛上的重要性。一个不负责任的媒体可能导致观念市场受到阻碍。如果媒体对报道对象进行片面选择,就有可能对事实的报道造成偏颇;如果媒体仅以寻求最大利润为目标,不考虑如何搭建一个"观念的市场",那么就有可能造成虚假信息的传播,阻碍人们对信息真实性的寻找;如果媒体拥有绝对的特权去传播虚假的信息,那么公众就无法依据"观念的市场"去辨明事实真相。就像政府必须制定经济政策去阻止市场的衰败一样,通过宪法减轻媒体的责任,将会最终有利于培养公众辨明真相的能力和维持"观念的市场"。③ 因此,公众人

---

① 邱小平:《表达自由——美国宪法第一修正案研究》,北京大学出版社 2005 年版,第166页。

② Benjamin Barron, A Proposal to Rescue New York Times v. Sullivan by Promoting A Responsible Press, 57 *American University Law Review*, October 2007, 73.

③ Ibid.

物原则更深层次的精神价值就表现为,在关系公共利益的领域,新闻机构享有报道的特权,这有利于构建一个"观念的市场"。即使新闻机构的报道出现虚假和诽谤,新闻机构也只在一定程度上承担责任,而公众则可以最大限度地获取信息,满足社会的公共利益和公众兴趣。

三、公众人物抗辩中的利益平衡

现代媒体法将新闻报道的对象划分为了两类人物,即公众人物和私性人物。为平衡其间新闻自由利益与个体利益的冲突,法律就应当对两种身份的主体提供不同程度的法律保护,理由如下:

第一,公众人物拥有更多接近有效传播的途径和方法,他们会拥有更为现实的途径去反击虚假的言论,因此私性人物相对更容易受到伤害,国家应当加强对他们的保护。[①] 也就是说,公众人物往往聚焦于公众的视线范围内,较私性人物而言更容易接近媒体,因此在遇到媒体的诽谤性言论时,他们就会比较容易利用这种便利及时有效地予以回击,从而有效阻止或者减小可能发生的损害,例如他们可以通过发表演说、召开记者招待会等途径反击诽谤性的言论。而相较之下,私性人物往往是被动的牵涉进新闻报道之中,他们没有这种反击诽谤性言论的能力,无法有效进行自我保护。

第二,公众人物参加到社会公共事务中,涉及了政治生活、经济生活和文化生活的方方面面,他们的一举一动势必引起公众和舆论的关注,因此公众人物与私性人物相较,接受更多的公众监督是理所当然的事情。成为公众人物,无论是完全意义上的公众人物还是有限意义上的公众人物,往往都是他们自愿选择的结果,这种选择就默示他们自愿接受公众的关注,包括可能增加的因诽谤性言论而受到伤害的风险。[②]

基于上述公众人物和私性人物的不同特质,为更好地平衡新闻自由与个体利益的冲突,法律针对不同的主体适用不同的保护原则。对于公众人物,鉴于其一般都是自愿投入社会事务之中,并且在社会中拥有较高的知名度,获得了较多的精神和物质利益,同时又拥有较强的抵抗和反击诽谤性言

---

① Dwight L. Teeter and Bill Loving, *Law of Mass Communications*, Foundation Press, p. 302.

② Patricia Nassif Fetzer, The Corporate Defamation Plaintiff as First Amendment "Public Figure":Nailing the Jellyfish, 68 *Iowa Law Review*, October 1982, 35.

论的能力,因此,在新闻报道中,法律更注重对新闻自由的保护,要求公众人物接受更多的社会监督,也就是说,在新闻报道虚假、具有诽谤性时,公众人物必须能够证明新闻机构主观上存在实际恶意,才能够认定新闻机构诽谤侵权成立并获得法律的保护;相反,鉴于私性人物的弱势地位和较低的抵御诽谤性言论的能力,法律则将天平摆向对个人利益的优先保护,即只要私性人物能够证明新闻机构的诽谤性报道是基于一般疏忽造成的,那么新闻机构就应当向私性人物承担诽谤侵权的法律责任。

第三节 公众人物与私性人物的划分

一、公众人物与私性人物的划分

公众人物系指那些社会地位显赫且承担较重要的公共事务的人或者公共事件的主角[1],而私性人物则与之相反,是那些默默无闻不受公众关注的人。公众人物又可划分为两类,一类是完全意义上的公众人物,即其本身持久地拥有很高知名度和声誉,以致在任何的场合下都可以被认定为公众人物,如一些声名显赫的政要、影星等;另一种是有限意义上的公众人物,是指主动将自己投入一个公共争议的漩涡中,试图吸引公众的注意力并以此来影响公众决策的人。[2] 而这两类之外的人就都归入了私性人物的范畴。

事实上,即使在新闻法比较发达的美国,要想清晰地区分公众人物和私性人物也是一件比较困难的事情,"定义公众人物就犹如试图将水母钉到墙上"。[3] 因此,法律不可能为公众人物设定一个精确的判断标准,而只能够明确一些原则性的判断标准,同时将一些细节性的考量因素留给法院进行自由裁量。根据现代媒体法,区分公众人物和私性人物应当遵循三大标准:

标准一:身份认定。根据被报道人在某一地区或者某一社会公共事务

---

[1] John D. Zelezny, *Communiacations Law-Liberties, Restrains, and the Modern Media*, 清华大学出版社 2004 年版,第 145 页。

[2] Gerts v. Robert Welch, Supreme Court of the United States, 1974, 418 U.S. 323.

[3] Dwight L. Teeter and Bill Loving, *Law of Mass Communications*, Foundation Press, p. 306.

领域中的身份和地位进行认定,社会公共事务包括社会政治事务、经济事务、文化事务及体育事务等因素。如果被报道人系这些地区或领域声名显赫的人物或者处于担负这些地区或领域的领导、决策等重要职责,那么该人就可以被认定为公众人物,如某国家部委的领导、市长、作家、演艺明星、体育明星等。

标准二:事件认定。根据被报道人在具体的社会事件中的角色进行判断,如果被报道人是该事件的发起人、组织人等积极参与人,那么该人就可以在特定的事件范围被认定为公众人物。

标准三:是否具备抵御诽谤言论的能力。这一判断标准更加抽象,应当由法院根据具体案件的实际情况予以判断。具体而言,就是要看在新闻诽谤案件中的受害人,是否具有比较多的机会接触媒体或者舆论,去反击和驳斥诽谤性的言论。

在具体的案件中,结合上述三个标准,就可以判断是否属于公众人物。当然这三个标准都是原则性的,具体的判断要根据案件的具体情况作出。

二、完全意义的公众人物与有限意义的公众人物

公众人物可以划分为完全意义上的公众人物和有限意义上的公众人物,虽然这两者都符合公众人物的总体判断,但在具体的判断规则上又会有所不同。

(一)完全意义上的公众人物

"除非有确切的证据证明某人在社会中享有普遍的声誉或者知名度并且频繁地参与到社会事务中去,否则没有人可以被认为在其生活的各个方面都是公众人物。"①因此,完全意义上的公众人物("All-purpose"Public Figure)至少要符合三个基本的条件:第一,具有极高的公众知名度;第二,经常并持久地参与社会公共事务;第三,在任何公开场合都会吸引公众和舆论的注意。简言之,完全意义上的公众人物是指具有持久名望和声誉的人,其知名度之大足以使其在任何场所都可以被认定为公众人物。

---

① Dwight L. Teeter and Bill Loving, *Law of Mass Communications*, Foundation Press, p.304.

(二) 有限意义上的公众人物

有限意义上的公众人物("Limited-purpose"Public Figure)就是指那些自愿将其自己置于特定公共争议事件的漩涡中的人物,其行为的目的是为了影响相关争议事项的解决。① 因此,有限意义上的公众人物必须要满足的基本条件是:第一,社会上存在重要的公众争议事项,这种争议可以是已经存在的,也可以是被报道的主体自己引发的;第二,被报道的主体必须主动地参与到公共争议的讨论中;第三,被报道的主体必须要主动吸引公众的注意并试图影响公众对该争议问题的看法。但对于因提起诉讼而引发社会争议的当事人,一般的情况下不应该被认定为有限意义的公众人物。

自然人可以成为公众人物,法人也同样可以成为公众人物。如果某个商业主体主动通过广告、赞助等宣传手段吸引社会大众的注意,并试图吸引潜在的受众成为其产品或者服务的消费者,从而扩大市场的占有率,那么这种商业主体就可以认定为有限意义上的公众人物。Steaks Unlimited Inc. v. Donna Deaner and WTAE-TV4 and Hearst Co. 就是一个典型的判例。原告是一个专营牛肉销售的有限公司,被告在收到大量消费者的对原告的投诉电话后,经过一番调查和采访,于1976年8月23日在晚间六点的新闻中发布了一个关于原告牛肉销售行为的报道,报道中称原告使用了一定的销售策略,并通过一些对其产品质量的错误陈述误导消费者购买其出售的牛肉。于是,原告将被告和该电视栏目的采编者 Donna Deaner 起诉至美国俄亥俄州的北部地区法院。② 法院认为,原告属于公众人物,但其未能证明被告的报道是在实际恶意的情况下作出的,因此驳回了原告的起诉。在本案中,法院认为原告公司属于公众人物,原因在于它"通过在报纸和广播上做广告以及在销售场所周围派发传单的方式向公众推销其牛肉。显然,这种面向公众的大规模的牛肉销售行为是属于公众兴趣范围内的。通过这些不寻常的市场营销手段,原告自愿将其暴露于公众评价和讨论中。而通过上述所说

---

① Dwight L. Teeter and Bill Loving, *Law of Mass Communications*, Foundation Press, p. 304.

② Steaks Unlimited, Inc. v. Donna Deaner and WTAE-TV4 and Hearst Corporation, United States District Court for the Western District of Pennsylvania, 468 F. Supp. 779, 4 Media L. Rep. 2569.

的广告活动,原告是有能力通过媒体反击被告的评论的"①。因此,如果商业主体主动地以一定的广告或宣传的方式向广泛的公众推销其商品或者服务,吸引公众的注意力,那么新闻机构对该事件或者该项产品或者服务的相关报道就应属于公共兴趣的范围,而该商业主体也就成为有限意义上的公众人物。

第四节 实际恶意与一般疏忽

现代媒体法特别创设了基于公众人物而提起的抗辩制度,根据公众人物和私性人物的区分,要求他们承担不同的举证责任。"实际恶意"和"一般疏忽",就是根据注意义务、举证责任的不同而制定的不同的过错标准。

一、实际恶意

实际恶意是美国媒体法发展中通过宪法确立的一个过错原则,因此也被称为"宪法上的恶意"。这种实际恶意的过错原则不同于普通法上的恶意,它是美国国家为保护言论自由和新闻自由在1964年著名的New York Time v. Sullivan 案中确立的原则,其中心的意思是:虚假的诽谤性信息的传播者,只有在"当诽谤性的陈述公开传播时,传播者明知其内容是虚假的,或者不计后果的无视其内容真伪而予以公开,即在对报道的真实性存在重大怀疑的情况下公开传播"②时,才被认定为具有实际恶意。"实际恶意"作为宪法上的过错原则,与普通法上的"恶意"有所不同。普通法上的恶意是指敌意或者故意的意图和动机,其针对的对象更多的是特定主体本身;而实际恶意的标准却不是建立在针对特定主体的故意或者憎恶的感情基础上的,它是根据信息传播时传播者对报道内容的真实性的主观怀疑程度而确定

---

① Steaks Unlimited, Inc. v. Donna Deaner and WTAE-TV4 and Hearst Corporation, United States District Court for the Western District of Pennsylvania, 468 F. Supp. 779, 4 Media L. Rep. 2569.

② New York Times Co. v. Sullivan, Supereme Court of the United States, 1964, 376 U. S. 254. "Actual malice, that is, with knowledge that it was false or with reckless disregard of whether it was false or not".

的。具体而言,两者的区别表现为:在普通法的诽谤诉讼中,被告有无恶意取决于被告对原告是否有恶劣情感或加害意图,加害意图可由陪审团查明,或从被告的不诚信或滥用各种抗辩中推定出。而"实际恶意"更强调发表者对其发表材料的态度,即被告明知材料不真实或全然不顾材料是否真实。简言之,恶意根据被告对原告的情感或意图予以确定,而实际恶意则根据被告对报道材料的怀疑程度予以确定。当然,传统意义上的"恶意"在认定"实际恶意"时也是具有积极价值的,如果能够证明被告对原告持有恶意,有助于陪审团和法院认定实际恶意的成立。[①]

(一)"明知虚假"的判断

1. 制造假新闻

制造假新闻就是指新闻媒体无中生有、编造虚假报道内容的行为。在现实生活中,新闻媒体之间的竞争不断增大,为了吸引公众的注意力,提高自身信息传播的高销量、高收视、高收听,新闻媒体就会出现这样一些违背新闻报道职业守则和公序良俗的行为。比如网络经常评选的"十大假新闻",其中不少都是为了提高市场份额而制造的欺骗公众的假新闻。对于新闻机构自己制造的这种假新闻,显然其发表和传播之际就已经明知报道内容的虚假而仍然传播,这就是明显的实际恶意行为。

2. 篡改他人言论或者虚假引用他人言论

如果新闻媒体对一个事实的部分报道是真实的,但在报道时对所采访对象发表的言论进行了篡改,或者将本不属于采访对象的言论作为其直接言论予以发表,这种有意的改动或者虚构,如果实质上改变了该人的意见,那么这样的陈述就是明知虚假的,可以认为具有实际恶意。[②] 1969 年,戈德华特诉金兹伯格(Barry Goldwater V. Ralph Ginzburg)一案就是这样的情况。在 1964 年总统大选期间,金兹伯格在他的《事实》杂志"心理传记"中发表了关于戈德华特的诽谤性材料,且金兹伯格明知该材料虚假。金兹伯格向几百位心理学家发放问卷,请他们分析戈德华特的精神状况。金兹伯格预设的观点是戈德华特的心智有问题,他只发表那些同意该观点的问卷,并篡

[①] Dwight L. Teeter and Bill Loving, *Law of Mass Communications*, Foundation Press, p. 193.

[②] John D. Zelezny, *Communiacations Law-Liberties, Restrains, and the Modern Media*,清华大学出版社 2004 年版,第 139 页。

改其他问卷来迎合这个观点。有关该行为的证据及其他证据使法院得出结论:金兹伯格在明知某诽谤性材料为虚假的情况下发表了该材料。① 因此,只要被报道人能够证明新闻媒体存在虚假报道行为,就可以证明新闻媒体构成实际恶意。

3. 明知是虚假新闻而予以报道

新闻报道的内容虽然不是新闻机构编造的,但是新闻机构在报道时实际上已经知道报道内容是虚假的,而仍然予以报道,在这种情况下新闻媒体也构成实际恶意。

(二)"不计后果地无视真伪"的判断

美国联邦最高法院确定了实际恶意原则后,一直没有对"不计后果地无视真伪"作出一个具体明确的判断标准。那么究竟何谓"不计后果地无视真伪"呢？对这一标准的认定具有航标意义的是 St. Ament v. Thompson 案。在一场电视转播的政治广播中,正竞选公职的 St. Ament 发表了一篇演说,他援引了一个名叫 Albin 的法学博士对其政治反对者 Thompson 的评论,称 Thompson 参与隐藏卡车司机工会的记录,并和该工会的头目之间转手赃款。Thompson 提起诽谤诉讼。原审法院路易斯安那州高等法院作出了有利于原告的判决,认为被告仅依赖一个协会会员的宣誓书而没有验证该信息的真实性,也没有考虑该陈述是否会对原告构成诽谤,无视传播该言论的后果并错误地认为其本人对该传播不负任何责任,因此,被告对原告的诽谤成立。该案上诉至美国联邦最高法院,最高法院以缺乏"不计后果地无视真伪"的实际恶意的证明为由,将该案发回重审。②

在该案中最高法院第一次比较详细地对"不计后果地无视真伪"的内涵进行了论述。法院认为,"不计后果地无视真伪"本身并没有绝对准确的定义,它不可避免地在司法审判中要受到不同个案外部条件的限制,因此,它在具体案件的审判中会有不同的衡量标准。一个理性、谨慎的人是否会如此传播,或者是否会在传播之前进行调查,这些都不是"不计后果地无视真伪"的衡量标准。判断是否构成"不计后果地无视真伪",必须要有充足的

---

① 〔美〕唐·R. 彭伯:《大众传媒法》,张金玺、赵刚译,中国人民大学出版社2005年版,第188页。

② St. Ament v. Thompson, Supreme Court of the United States, 390 U. S. 727, 1 Media L. Rep. 1586.

证据得到这样的结论:被告事实上对所传播的内容的真实性持有严重的怀疑,带有这样的严重怀疑而仍然传播,在这种情况下就构成了实际恶意。① 分析表明,"不计后果地无视真伪"并没有一个具体的衡量标准。在不同的个案中,不同的背景下,认定的具体标准是不同的。但我们必须时刻把握的核心问题是,传播者是否已经对新闻的真实性产生了重大怀疑,而又不合理地无视这种怀疑,仍然将可能造成诽谤的信息传播出去。② 简言之,法院应当结合每个案件的具体情况判断"不计后果地无视真伪"的情形,实际恶意是否存在,核心要件有两个:

1. 已经有严重的怀疑

原告能够提供充分的证据证明传播者对所公开的信息已经持有了重大的怀疑,这是个关键环节。在现实生活中,其常见的表现形式有:新闻报道整体上是依据未被证实的信息作出的,而该信息又是出自一个匿名的电话或者一个不可信赖的线人③;报道的事实本质上就是不可能的,任何一个正常人看到都会怀疑其真实度等。

2. 无视严重的怀疑而仍然传播

原告明明通过相关途径可以对信息的真伪进行调查和辨别这些重大怀疑的存在,却明显地不作为,依然公开自身已持重大怀疑的信息。比如,新闻播出之前尚有足够的时间让被告新闻媒体进行调查,或者新闻媒体可以通过对其他当事人的采访轻易地弄清事实的真相,而其却疏于这样做。

二、一般疏忽

在我们的日常生活中,疏忽是不注意、草率、漫不经心的同义词。在法律上,疏忽是指未能履行一般人在相同情况下本应做到的合理的注意义务。也就是说,一个疏忽引发的诉讼是建立在本可以合理预见伤害的情况下,行为人忽视了该可能的伤害而作出的草率行为,而最终引致了伤害的发生。

---

① St. Ament v. Thompson, Supreme Court of the United States, 390 U. S. 727, 1 Media L. Rep. 1586.

② John D. Zelezny, *Communiacations Law-Liberties, Restrains, and the Modern Media*, 清华大学出版社 2004 年版,第 139 页。

③ 同上。

在美国普通法中,当人们没有能够履行一般或者合理的注意义务时就认为疏忽成立。在新闻诽谤诉讼中,如果新闻传播者没有履行一个合理的传播者在相同情况下应当履行的防止诽谤性传播发生的注意义务,新闻机构的疏忽就可以成立了。在大多数的案件中,疏忽的认定主要集中在新闻传播者是否尽到了足够的努力去证实信息的真实性。这并不是说,记者必须穷尽所有可能的途径去证实信息的真实性。问题的关键在于,新闻机构是否做到了合理的努力,这要通过整体的环境和相关的传播职业的习惯来确定。①

在 Gertz 案中,法院就作出了这样的一个认定:"合理的注意标准是难以琢磨的……它使新闻媒体负担了一个不堪忍受的责任,以便去估测陪审团会如何认定何为证实每个有关姓名、图片、肖像来源的确实性的合理步骤。"②由此可见,疏忽的判定往往不像"实际恶意"那样有一个比较明确的标准。疏忽的成立与否往往都是由法院首先对"不疏忽的行为应当是怎样的"进行一个评估,然后再针对具体案件的情形进行一个后知后觉的判断,因此疏忽的认定或多或少带有一些不确定性。在美国的新闻法的司法实践中,认定疏忽成立有两种标准:其一,一般理性人的标准,即被报道人只需证明诽谤性的虚假新闻报道的公开发表是由于新闻机构的疏忽或者没有尽到"一般人"的合理注意义务。其二,职业人的标准,即被报道人应当提供足够的证据证明他的行为符合该职业的一般标准要求。③ 在实践中,以职业人的注意义务为标准的情况比较多。

疏忽的核心是缺乏合理的注意,而所谓的缺乏合理的注意,在诽谤诉讼中就表现为,被告没有能够实施一个理智的传播者在相同情况下,为确保诽谤性的言论传播所应当采用的预防措施。④ 在大多数的案件中,疏忽的认定就集中在传播者是否付出了足够的努力去证实报道的真实性。是否构成疏

---

① John D. Zelezny, *Communiacations Law-Liberties, Restrains, and the Modern Media*, 清华大学出版社 2004 年版,第 142 页。

② Gertz v. Robert Welch, Supreme Court of the United States, 1974, 418 U.S. 323.

③ Dwight L. Teeter and Bill Loving, *Law of Mass Communications*, Foundation Press, p.244.

④ John D. Zelezny, *Communiacations Law-Liberties, Restrains, and the Modern Media*, 清华大学出版社 2004 年版,第 142 页。

忽,也是一个法院应该从整体上进行衡量的问题,但是这个原则性的整体判断主要基于一些传播者的基本职业道德规范和操作规则,因此,对于新闻机构而言,在新闻的采集、报道和传播过程中,如果没有尽到一个新闻媒体应当的注意义务,那么就可能被认定为疏忽成立。

(一) 信息来源是否可靠

如果记者的报道是根据错误信息写成的,但该信息的提供者是一位素来可靠的"官方"消息来源,那么新闻机构对诽谤性事实的报道就不构成疏忽。根据法院一贯的判决,如果报纸或电视发表的报道是来自美联社、路透社或其他可靠的信息来源,那么报社和电视台不被认为犯有疏忽过失。①

(二) 信息是否全面

新闻媒体对于极具新闻价值的事实需要及时报道时,可能没有足够的时间进行调查,但是都应当对该事件进行尽可能全面的报道。即:如果该事件的报道涉及不同利益的几方主体时,应当对几方主体都进行报道;如果对该事件的说法存在相互矛盾的意见时,应当对各方的不同意见给予全面报道;对于一个可以很容易得到证实的说法,应当积极采取措施去证实。比如,有当事人自己的陈述或者有直接的目击者,新闻机构就应当去采集这些最直接的当事人,以保证对事实的全面报道;对于事态仍在发展或者事态有所改变的新闻素材,应当进行连续报道;如果一个新闻已经涉及对一个主体的消极评价时,应当给予对方同等的机会进行辩驳。只有新闻机构做到这些全面的报道,公众才有可能获得充分的信息了解事件的真相。

(三) 新闻采集、编辑和报道程序是否适当

在判断新闻媒体的报道行为是否存在疏忽时,法院应当结合整个新闻报道的全过程进行整体的判断。这就包括:是否存在在采编过程中应当能够审查发现的错误而没发现;是否存在明显的疏忽大意;是否存在新闻报道的期限内完全能够进行调查查清的可能性等因素的判断。总而言之,疏忽的判断是个整体性的判断。

---

① Appleby v. Daily Hampshire, 478 N. E. 2d 721, 11 *Media L. Rep.* 2372(1985).

第十二章 特许权之抗辩

第一节 特许权抗辩的基本理念

一、公众人物与私性人物的划分

"新闻媒体有权报道国家的重要活动,也可以在报道中发表法院判决书、执行书、行政机关的处罚书等内容。只要在这些报道中做到客观准确,即与国家机关公开的文书和活动的内容一致就可以,并不要求报道内容与客观事实本来面目一定相符。即使因此有失实之处,也只能由作出这些相应文书和行为的国家机关来负责,新闻机构不因此构成新闻侵权。"① 关于特许权抗辩,我国学者一般称之为"权威的消息来源"。在英美诽谤法的三个主要抗辩事由中,真实性抗辩侧重于新闻活动本身的特性以及价值追求;公正评论侧重于通过对意见的保护促进公众论坛的良性发展;特许权抗辩则与前两者完全不同,其在本质上接近一种责任分担原则,是新闻机构基于其承担的公法义务而享有的特权。

二、新闻机构仅仅是传达而非原始消息的发布者

新闻机构是市民社会与政治国家之间的桥梁。为了保证市民社会的知情权,就需要通过新闻媒体知悉政治国家的活动,增加政府工作的透明程度,使广大市民能够了解相关的信息。为了保证市民社会的表达自由,对政府的行为表达自己的意见,又要求发挥媒体的舆论监督职能,因此新闻机构

---

① 参见郝振省:《新闻侵权及其预防》,民主与建设出版社2008年版,第342页。

应当大量报道对社会有重大影响的政府公共管理行为相关的消息。从逻辑上来说,如果新闻机构的工作严格遵循了法律的要求,那么即便造成了损害,也不应当承担法律责任,换句话说,法律不应当要求守法者承担责任。如果新闻机构对国家机关公开的文书和活动的内容进行了客观准确报道,那么即使报道的内容有误,新闻机构也不应当承担责任。新闻机构在此的作用仅仅是传达,其并非原始消息的发布者,即便相关报道对他人的名誉或者隐私造成了侵害,承担责任的也不应该是新闻机构。

第二节　特许权抗辩在美国的适用

一、美国侵权法重述中的特许权

美国关于这种特许权在立法中的表述是《侵权法第二次重述》中的第611条,即"对于发表的诽谤性材料,如果其内容是关于处理公众关心的事件的政府行为、官方程序或者是公开性会议,并且内容真实、完整,或者对报道内容做了合理删节,则得以为特许权所保护"①。从这一条可以归纳出,有限特许权的适用要件有以下两点:(1)在报道的内容上限定于"政府行为"、"官方程序",以及"公开性会议"。(2)在内容要求上,报道必须公正准确,无论是完整报道或者有所删节。

与《侵权法第一次重述》相比,该条大大扩展了适用范围,也就是说,其包涵了对任何政府程序以及涉及公共议题的公开会议,同时删除了原来的b条款,而b条款是对新闻机构主观目的的要求,即新闻机构作出报道的目的不能仅仅是"造成损害",这点无疑是一个很大的进步。从特许权抗辩设立的制度基础来看,其本身就是基于新闻机构承担的公法义务而赋予的免责特权,因此即便报道者具有恶意,也不应当影响免责特权的适用。美国法学会在本条款的官方解释里论证道:"即便在出版者本身并不相信他所报道的诽谤性言辞是真实的情况下,或者甚至知道报道事件为虚假的情况下,特

---

① "The publication of defamatory matter concerning another in a report of an official action or proceeding or of a meeting open to the public that deals with a matter of public concern is privileged if the report is accurate and complete or a fair abridgement of the occurrence reported."

许权抗辩仍然有效。因此，对特许权的滥用仅发生在出版者并没有作出公正和准确的报道的情况下。"①"本条款的特许权允许个人出版关于官方行为、程序或者涉及公共议题的公开性会议的报道，即使所报道的内容包涵发布者明知是虚假的诽谤性陈述。"②

二、美国法中特许权抗辩的运用规则

《侵权法第二次重述》并没有正式的法律效力，但其实际上是对现行有效的侵权法规范（主要来自于判例）进行的系统整理和汇编，在很大程度上代表了对美国各州法院相关处理规则的总结，具有不完全确定性。尽管这样的整编或重述不是议会立法，但是往往被一些法官在审判相关案件时引用，从而起到影响司法的作用。③

（一）"政府行为"和"官方程序"

美国法学会官方解释中指出："本条款所称的特许权涵盖了关于任何官方程序、美国国家、各州以及下属机构的各级政府的官员或机构所为的行为的报道。因为政府听证会或会议本身就是一种行政程序，因此特许权（保护范围）包括各种官方听证会以及会议的报告，即便（政府）没有采取行动。官员或者政府代理人提出一项报告这一行为本身足以使对这一报告的相关报道为特许权所保护。因此特许权抗辩同样适用于对审判前程序的报道，无论法院具有一般还是特殊有限的管辖权。特许权也适用于法院机构的程序，如大陪审团对控诉的回答。其也适用于行政机构或立法机构所为的带有司法性质的程序的报道，如行政机构举行的引渡听证会或立法机构举行的弹劾程序。更进一步，特许权抗辩适用于美国国会或州立法机关或市、镇、乡村的议会所为的任何官方程序或官方行为，也同样适用于依法履行公共义务的其他机构或者组织的公共程序或者行为，如医学或律师协会具有

---

① "For the same reason the privilege exists even though the publisher himself does not believe the defamatory words he reports to be true and even when he knows them to be false. Abuse of the privilege takes place, therefore, when the publisher does not give a fair and accurate report of the proceeding."

② "The privilege stated in this Section permits a person to publish a report of an official action or proceeding or of a public meeting that deals with a matter of public concern, even though the report contains what he knows to be a false and defamatory statement."

③ 参见张新宝：《侵权责任法的法典化程度研究》，载《中国法学》2006 年第 3 期。

授权对从业资格进行审查。""对于并非面向公众或者依法不对公众开放的政府程序的报道是否受特许权的保护,仍然未有定论。"从以上的解释来看,特许权抗辩在此涵盖的范围主要包括以下几个方面:

1. 立法程序

一般来说,在美国大多数立法机关会议上的事实都受特许权保护,因此新闻机构对这些事实的报道同样处于特许权的保护之下。不过这种特许权保护也会有所限制。首先,只有在会议的正式程序内的言辞才受特许权保护。① 在 Louis Demary and Dorothy Demary v. Latrobe Printing and Publishing Company② 一案中,原告是宾夕法尼亚州某个县的议会成员,其指控被告出版的一篇关于工人补偿的听证会以及关于县议会公共程序的新闻报道构成诽谤。初审法院认为特许权抗辩可以适用,因此驳回原告的所有主张。在上诉审过程中,围绕着原告指出的适用特许权抗辩上的四个错误展开了激烈辩论,案件最终得以改判。上诉法院认为,从表面上来看,初审法院适用特许权抗辩的基础是:被告文章中对于市民所发表的言论是在一个"组织良好的会议"中作出的。但是在上诉审过程中,被上诉人始终无法证明报道中的言论是在任何形式的会议上作出的,因此上诉法院认为,初审法院适用特许权保护是错误的。其次,对于报道的言论是否必须与立法相关,现在的规则是倾向于去除这一限制。理由"可能是……立法事务涉及面太广,任何事都与之相关"。③ 最后,特许权还可以适用于立法机构的委员会会议报告、请愿书、指控信和这些组织收到的其他信息的报道,但是这些材料必须是正式收到的。④

---

① 参见〔美〕唐·R.彭伯:《大众传媒法》,张金玺、赵刚译,中国人民大学出版社 2005 年版,第 208 页。
② Louis Demary and Dorothy Demary, Appellants v. Latrobe Printing and Publishing Company, A Pennsylvania Corporation, t/d/b/a The Latrobe Bulletin, Thomas Whiteman, Marie McCandless and Jeanette Wolff, Appellees,2000 PA Super 339; 762 A.2d 758; 2000 Pa. Super.
③ 参见〔美〕文森特·R.约翰逊:《美国侵权法》,赵秀文等译,中国人民大学出版社 2004 年版,第 304 页。
④ 参见〔美〕唐·R.彭伯:《大众传媒法》,张金玺、赵刚译,中国人民大学出版社 2005 年版,第 208 页。

2. 司法程序

公开审判是当代司法的一个重要原则,因此司法程序中的大部分行为是可以被报道的。"关于审判、决议、陪审团判决、法庭事件、司法命令、大陪审团控告等的报道都受该特许权的保护。"① 然而应当注意的是,基于公共政策以及保护个人隐私的考虑,某些案件不对公众开放,因此如果报道这些案件,新闻机构一般无法获得特许权的保护。

3. 行政行为

在美国,"关于市长,部门首脑,政府行政以及执行部门的其他人员所发表的声明或实施的行动的报道一般受特许权保护。最佳的指导规则是,该特许权仅仅限于保护对官方的、正式的行动和声明的报道"。② 此外,某些行政行为也同样受到特许权的保护,但是具体的类别在各州有所不同。例如关于警察局的内部调查的报道是否应当得到保护,俄克拉荷马州和马萨诸塞州的最高法院就给出了不同的裁判。

(二) 特许权的滥用

特许权抗辩的运用,其前提就是报道的内容无论是完整报道还是有所删节,都必须公正、准确。如果报道没有达到这一要求,就会构成特许权的滥用,关键的问题是"公正"、"准确"的界限如何把握。一般来说,只要新闻报道如实地按照权威消息来源去陈述,就应当得到特许权抗辩的保护,然而,在实践中,记者往往会作出适当的变更,以增强文章的吸引力和可读性,在这一过程中不可避免地带上了作者本人主观的因素,也就是引起纠纷的根源。因此报道的要求有两方面,首先是准确,也就是应当如实反映相关消息,其次是公正,也就是对于相关事件的描写不能偏颇。

《侵权法第二次重述》第 611 条的评论项 f 对此做了一个详尽的说明,指出"本条款所说的规则要求报道是准确的。(报道)并不需要在每个非实质性的细节准确,也不需要达到专业性或者科学性报道所要求的精确度。只要其能够传达给读者关于(官方)程序的实质准确的说明即可"。"报道不仅要做到准确,还必须是公正的。即便报道尽可能地做到了准确,其仍然

---

① 参见〔美〕唐·R.彭伯:《大众传媒法》,张金玺、赵刚译,中国人民大学出版社 2005 年版,第 208 页。
② 同上。

可能因为编辑和删除方面的原因导致对程序的误传并因此使人误解。因此，虽然报道有必要做到详尽和完整，但避免可能对读者传达错误的印象还是必要的，举例来说，在报道中仅仅提及司法程序中一个有损名誉的证词，却不提（对方）辩解的证据；或者是在新闻报道中用了一个诽谤性的标题，但是对其的限制仅仅能从报道正文中推出。记者如果按照自己的意志添油加醋以至（向读者）传达了诽谤性的印象，则无法得到特许权的免责"，"并不需要总是将整个过程在同一时间报道出来。然而，当一份报纸连日出版关于一个司法过程的报道时，其不得在报道贬损性的部分之后，却没有报道维护名誉受损的当事人的后续程序。新闻报道对于审判程序中双方报道的失衡是衡量报道在整体上是否不公正的一个重要事实"。

对于准确的要求，从《侵权法第二次重述》的述评来看，其要求的标准是"实质准确"，而不是事无巨细地完整介绍。以下案件对于如何把握实质准确具有重要的参考价值。Eric. Foretich v. Advance Magazine Publishers, Inc①一案是一个很好的例子。埃里克·福惕克（Eric. Foretich）和伊丽莎白·摩根曾经是夫妻，并育有一女儿希拉里。在离婚之后，摩根被法院授予了对希拉里的监护权，而埃里克则享有对希拉里有限的探访权，然而摩根拒绝依照法院的命令带出希拉里，并因此被判藐视法庭，入狱 25 个月。在狱中她极力为自己的行为辩解，并声称埃里克与其父母曾经对希拉里进行性虐待，最终摩根得以被释放。这个事件在社会上引起了重大的反响，尤其是对于摩根拒绝交出希拉里的行为公众褒贬不一，其中《魅力》杂志（Advance Magazine Publishers, Inc）旗帜鲜明地站在摩根的立场上。1988 年 11 月其发表了一篇由自由记者鲍勃撰写的报道，文章的题目是《把希拉里藏着》，其中一段写到："埃里克·福惕克是弗吉尼亚州的本地人。他的母亲出生于独立战争时期，职业是教授艺术，他的父亲是一个工程师。他是父母唯一存活下来的孩子。当埃里克 12 岁时，他的弟弟在一场车祸中丧生。在他十多岁的时候，他的妹妹在出生不久后死亡。埃里克的母亲把死去的婴儿交给他，并由他安排了葬礼。"这篇报道引起了很大的反响，在后续报道以及对读者来信

---

① Eric A. Foretich, Vincent P. Foretich, and Doris Foretich, Plaintiffs, v. Advance Magazine Publishers, Inc., the Conde Nast Publications, Inc., Judith Coyne, and Bob Trebilcock, Defendants. 765 F. Supp. 1099；1991 U.S. Dist.；18 Media L. Rep. 2280.

的选登中,《魅力》杂志刊登了一份编者按(Editor's note),其中指出:"我们的消息来源是南西·福利塔医生的证词,她是一个临床心理医生,曾经证明福惕克医生在一个专业的咨询中告诉她相关的事情。"而根据法院的相关文件,福利塔医生的证明说道在心理咨询的过程中,埃里克谈到了他弟弟和妹妹的死亡、失去两个孩子对于他父母的冲击、家庭曾经一度陷入混乱的事情,以及他在一些对于他当时那个年纪的孩子来说非常不合适的事情中作出安排的角色:他为葬礼做安排,挑选墓地等。他还提及到因为其母亲当时尖叫着在房子里奔跑,死去的妹妹只能交由自己抱着等事情。对于《把希拉里藏着》中那段文字是否能够因为属于司法程序中的证词而得以受到特许权的保护问题是案件的焦点。法院认为这段描述并没有做到公正以及实质准确。法院指出,虽然福利塔的证词读起来确实暗示有人把埃里克妹妹的尸体交给他,而他母亲此时正在房间,并且埃里克确实像对待弟弟的葬礼那样安排了妹妹的葬礼,然而《魅力》的文章报道的内容并非如此,文章中很明显地暗示,埃里克的母亲把死去的孩子放在她十多岁孩子的手中以让他做好葬礼的安排。福利塔的证词清楚地暗示着埃里克的母亲是混乱而且精神受创,因哀伤而在房子里走来走去,而并不是为了推卸责任而将尸体交给别人。但《魅力》的文章则将埃里克的母亲描述为一个冷酷以及漠不关心的人,并且暗示其行为完全不考虑其子女的利益。通过对心理医生证词以及涉诉文章措辞进行对比,我们可以看到,涉诉文章确实对公众进行了证词原本没有表达的暗示。因此我们可以看出,报道可以不与受特许权保护的相关材料达到完全一致,但其不能对读者进行原材料中所没有的暗示。判断的标准在于:一般读者阅读文章以后,是否感觉到与原材料有所偏差。

从实质准确的要求来看,微小的错误是不足以妨碍特许权抗辩的运用的。然而在某些案件中并非如此。在 Young v. The Morning Journal[①] 一案中这种冲突表现得相当明显。被告 The Morning Journal 在一篇报道中提及,从阿姆赫斯特来的律师"James Young"因为藐视法庭而受到指控。在报道中,被告有两个错误。第一,忽略了被报道者名字的中间字母 C,这里所说的是"James C Young";第二,报道中所说的这位律师并非来自阿姆赫斯特,

---

① Young, Appellee, v. The Morning Journal et al., Appellants. 76 Ohio St. 3d 627; 1996 Ohio 355; 669 N. E. 2d 1136; 1996 Ohio; 25 Media L. Rep. 1024.

而是克利夫兰（Cleveland）。无独有偶，原告的名字是"James H Young"，是在阿姆赫斯特执业的律师。被告的这则新闻使他的大多数客户误认为他就是报道中的当事人，因此其业务受到不利的影响。在庭审过程中，大多数法官意见认为，对于一个普通的读者来说，阅读报道能否得出唯一的结论是判断文章能否达到实质准确的依据，但涉诉的报道对于普通读者来说实际上会得出不同的结论。被告的报道中对于当事人名字的中间字母"C"的忽略，构成了"相关信息"的排除，而对于报道中指出当事人来自阿姆赫斯特的事实，是"官方报道之外的错误信息"，这两者均足以误导一般读者，因此认为报道失实。然而道格拉斯法官却旗帜鲜明地提出了反对意见。在他看来，大多数法官的意见实际上建立了一个对有新闻价值的事件进行报道的标准，而这一标准比以往司法判例所确立标准更加严厉，这会"把一个制定法上的盾牌（抗辩理由）变成利剑"，这将削弱了特许权抗辩的保护作用。如果报道正确地拼写了当事人的姓名以及写明他来自克利夫兰，当然就可以做到更为精确，然而这些因素不应当被孤立看待，而是必须放在整个报道的语境之下。值得强调的是，语言的精确性不是决定特许权是否适用的先决条件。从总体上来看，报道并没有误导性，它传达了一个叫做"James Young"的律师因为藐视法庭被指控并且没有出现在审前听证会上的事实，文章在与报道的实质内容相关的所有方面都是公正和准确的。对比多数法官意见以及道格拉斯法官的反对意见，我们可以看到，争论的本质问题在于，如何判断失实的部分是否与文章的实质内容相关。大多数的意见倾向于认为报道的两个错处足以误导一般的读者，而道格拉斯法官则主张即便这两处有误，但文章整体上将实质内容报道了出来，小错误不足以影响文章整体和实质内容上的定性。笔者在此更多赞同本案的主导意见。涉诉的新闻报道有两处失误，实际上严格来说，遗漏了当事人名字的第二个字母并不能算作失误，因为在英美国家，人名的中间字母并不是必须明确指出，即使在新闻报道中也是一样。然而问题的关键在于，对中间字母的忽略加上当事人所在地的错误，足以使一般读者将报道中所涉的人物特定化，误认为是本案的原告"James H Young"律师，并且给他的名誉和业务造成了损害。道格拉斯法官忽略了一个问题：即使文章在整体上做到了准确，仅仅是微小的瑕疵与官方信息不符，如果这种不符足以使误导读者，使特定对象受到损害，那么受害人也应当得到法律救济。

综上所述,我们可以总结出,特许权不得被滥用的条件是:

(1) 文章必须能够反映所报道的官方行为的实质内容;

(2) 报道失实是否会影响特许权抗辩的适用,判断的标准是一般读者的印象,如果一般读者看到新闻报道,不至于产生与官方行为或者通报截然不同的印象,那么这个报道就做到了实质准确;

(3) 细节的错误是否会影响报道的真实性,必须考查细节与全文实质内容之间的联系,如果没有影响实质内容的表达,则不得影响特许权抗辩的适用,如果细节相互联系,足以对一般读者构成误导,则特许权抗辩就不得被援用。

第三节 特许权抗辩在我国的适用

一、特许权抗辩的法律规定

1998 年《最高人民法院关于审理名誉权案件若干问题的解释》对特许权抗辩进行了明确的确认,第六项规定"问:新闻单位报道国家机关的公开的文书和职权行为引起的名誉以纠纷,是否认定为构成侵权?答:新闻单位根据国家机关依职权制作的公开的文书和实施的公开的职权行为所作的报道,其报道客观准确的,不应当认定为侵害他人名誉权;其报道失实,或者前述文书和职权行为已公开纠正而拒绝更正报道,致使他人名誉受到损害的,应当认定为侵害他人名誉权"。这个规定与西方国家特许权抗辩的精神实质是一致的,即通过法律的明示性规定,赋予某些信息来源权威性,以促进舆论监督和国家机关工作的透明度。在司法实践中,仍然会存在一些需要进一步明确的问题,例如:"公开"的标准如何确定?客观准确的标准应当如何理解?是否必须与信息源"完全一致"?更正报道的时间应当如何确定?拒绝更正的法律后果是什么?

二、"公开"的标准

"公开"的标准如何确定?国内涉及该问题的一个典型案件是"江西科

学技术出版社诉湖北日报社侵害名誉权案"①。湖北日报社下属机构《楚天都市报》报道指出,江西科学技术出版社出版的《农业百事通》(2000年增刊)无视国家法律推荐种植罂粟致富,一位农妇轻信这一消息,结果该农妇在不知罂粟的危害性和法律规定的情况下种植罂粟并最终入狱。报道还附有对《农业百事通》严厉的批评。江西科学技术出版社则认为其刊物《农业百事通》与农妇的行为没有联系,报道严重失实,于是向湖北日报社提起侵权诉讼。诉讼中的争议焦点就是,被告的新闻来源是否足够权威从而可以免除责任?在庭审过程中,原、被告双方就这一问题展开了激烈的争论。被告报道的依据是湖北省宜昌市公安局伍家分局制作的刑事案件报告书、破案登记表、提请批准逮捕书等文书以及公安机关的通讯稿件。原告认为,公安机关在侦查阶段的法律文书属于内部文书,不对外公开,只有办案人员可以接触。尤其是根据《公安机关警务工作秘密具体范围的规定》第3条第5项"正在侦查的一般刑事案件的具体工作方案、案情、工作进展情况,将对犯罪嫌疑人采取刑事强制措施的情况"属于警务工作秘密的具体范围。被告则主张作为新闻材料的文书是公安机关制作的公开的文书和实施的公开职权行为。是否作为报道的依据,应该由法院予以认定,即便立案报告等不是公开的文书,但是办案人员可以提供给新闻媒体。初审法院认定,被告仅仅根据公安机关正在侦查阶段尚未定性的逮捕书中的内容进行报道,严重失实,构成侵权。二审法院认为,被告报道的依据是国家机关依职权不公开的文书,不得主张特许权的抗辩。我们可以看到,在本案中特许权抗辩失效,原告胜诉的主要原因根据《公安机关警务工作秘密具体范围的规定》被告的新闻来源不得公开。由于有了法规的明确依据,因此被告主张特许权抗辩明显就站不住脚。新闻材料是否公开的第一个标准应当是看有无法律的禁止性规定,如法律明确规定禁止公开的保密性信息,则新闻机构不得以此提出特许权抗辩。

"公开"的标准涉及的另外一个问题是内部调查文件可否作为特许权保护的新闻来源。这个问题在"刘兰祖诉山西日报社、支部建设杂志社侵害名

---

① 案情整理参见刘海涛、郑金雄、沈荣:《中国新闻官司二十年1987—2007》,中国广播电视出版社2007年版,第538—549页。

誉权案"①中，两审法院有不同的认定。《山西日报》刊登报道指出，刘兰祖与其女婿共谋侵吞财产一万多元。刘兰祖认为这一报道构成对其名誉权的侵害，提起诉讼。被告指出，其报道是经过山西省检察院、山西省直纪工委以及山西省委宣传部三个单位联合调查以后才作出认定，来源权威可靠。一审法院认为，联合调查报告属于内部调查报告，未经有关领导部门同意不能作为新闻报道的依据，不得主张特许权保护。而二审法院就这一问题请示最高院，最高院公发了《关于刘兰祖诉山西日报社、山西省委支部，建设杂志社侵害名誉权一案的复函》，指出："山西省高级人民法院：你院[1999]晋民一他字第1号《关于刘兰祖诉山西日报社、山西省委支部建设杂志社侵害名誉权一案的请示报告》收悉。经研究，我们认为，贾卯清和刘兰祖合谋侵吞公款的行为已经有关纪检部门予以认定，并给予贾卯清相应的党纪处分，山西日报社和山西省委支部建设杂志社（以下简称支部建设杂志社）将相关事实通过新闻媒体予以报道，没有违反新闻真实性的基本原则，该报道的内容未有失实之处，属于正常的舆论监督。根据最高人民法院有关司法解释的规定精神和本案的具体情况，山西日报社和支部建设杂志社的行为，不构成对刘兰祖名誉权的侵害。"二审法院最终判决，刘兰祖与他人合谋侵吞公款的新闻已经由纪检部门予以认定，对此进行报道属于正常舆论监督范围，报社不构成对刘兰祖名誉权的侵害。

在特许权抗辩的适用中，不仅仅是要反映出权威信息来源的主要内容，还要使相关报道要反映出信息来源的背景消息，诸如是否终局报告，调查出于哪一个阶段，等等。如果断章取义则很有可能构成失实以致无法得到法律的保护。

三、特许权抗辩中的"公章"

如何界定国家机关的文书和职权行为？在适用当中难免有疑义，需要法官结合具体案情进行裁量。这里就会遇到公章的问题。我们可以从"刘张雄诉榆林日报社侵害名誉权案"②进行分析。《榆林日报》根据佳县县委

---

① 案情整理参见刘海涛、郑金雄、沈荣：《中国新闻官司二十年1987—2007》，中国广播电视出版社2007年版，第382—387页。

② 同上书，第676—684页。

提供的新闻稿,对佳县"一乡两乡长事件"进行了报道,当中对刘张雄的工作态度等进行了批评,刘张雄提起诉讼。被告辩称,涉诉新闻是以佳县县委提供的通讯稿为依据,在稍作修改之后进行的报道,原稿中加盖有佳县县委的公章,该消息来源具有权威性,因此报社没有必要也不可能对稿件进行实体方面的审查。两审法院均认可被告提出的抗辩理由,"佳县县委作为我国执政党的一级组织,其所提供新闻单位发表的材料具有真实可靠的权威程度,被告榆林日报社对于该权威消息来源,不可能对其内容进行审查、核实,故不必承担对该稿件内容真实性的审查核实责任,权威消息来源的内容出现差错应由提供该材料的机关承担责任……因此,被告刊登该稿件的行为并未构成对原告名誉权的侵犯,其以所刊登的稿件属权威消息来源的抗辩理由成立"。

"张法海诉渭南日报社侵害名誉权案"①的情况则完全不同。渭南日报社根据澄城县人大提供的稿件,刊登了澄城县法院接收人大监督、纠正错案的报道。报道中提到判了错案的张法海法官,张法海法官则起诉渭南日报侵害其名誉权。在庭审中,渭南日报社提出其新闻来源具有权威性,并且原稿件还有人大的盖章。但是最终两审法院都没有采纳这一意见,一审法院认为,渭南日报社对事实没有经过调查就直接报道,构成名誉侵权。二审过程中,被告方进一步举证证明,当年人大提供的稿件是县人大在评议法院工作时候的工作稿件,当中反映张法海的情况基本属实。但是二审法院仍然认为"此稿虽盖有澄城县人大办公室的印鉴,但仍然不能免除新闻媒体的审核责任",最终判定渭南日报社侵权成立。

上述两个案件在案情上非常相似,但是判决结果却大相径庭。如果比较案情,可以发现两个案件并无实质上的差异。笔者以为,在国家机关提供新闻来源的情况下,作为党和政府的喉舌的新闻机关,如实报道是其应当履行的义务,按照新闻界的惯例以及考虑到新闻机构的能力,其并不需要也不可能对相关信息进行核实,如果对其有如此硬性要求,会增大新闻机构的工作负担,影响其舆论监督功能的发挥,同时由于国家机关对相关事实已经予以认定,因此新闻机构再进行调查可能会浪费大量人力物力;另一方面,特

---

① 彭耀军、王六锋:《人大说没错,法院判不对,渭南日报遇上尴尬事———篇来稿,招来5年诉讼;两审判决,引起诸多疑问》,载《新闻知识》2001年第4期,第18页。

许权抗辩本身也设置了更正答辩的救济措施,这对于保护公民名誉权已经足够,如果新闻来源失实,应当由提供素材的国家机关负责,新闻机构只需要按照法律规定予以更正报道就足以消除失实报道造成的负面影响,并不是必须要由国家机关和新闻机构共同承担责任才足以保护公民的名誉权。综上所述,在国家机关提供相应素材,并且有公章等权威性的认证标志的情况下,新闻机构对此作出的报道属于依据信息权威,可以得到特许权抗辩的保护。

四、更正报道的义务

更正报道义务是在国家机关的文书和职权行为有更改的情况之下免除媒体责任的主要条件。以"黄仕冠、黄德信诉广西法制报社、范宝忠侵害名誉权案"[①]为例。《广西法制报》根据检察机关的相关文书报道了黄仕冠和黄德信两人徇私舞弊的事情,而在报道发表的三年后,广西高院判决两位当事人无罪。在法院判决黄仕冠、黄德信无罪后,范宝忠、广西法制报社拒绝进行更正报道和后续报道,之后黄仕冠和黄德信起诉广西法制报社侵害其名誉权。被告在庭审中提出抗辩认为,报道所依据的是钟山县检察院的相关文书,即使后来法院认定的事实与检察机关认定的事实不符合,也不能认为被告侵权,另外,被告没有收到广西高院的终审判决,当事人也没有要求后续报道,而且检察院没有撤销逮捕的决定,信息来源并没有作更正,因此没有作后续报道的义务。被告的抗辩最终未能成立,最高人民法院在《关于广西高院请示黄仕冠、黄德信与广西法制报社、范宝忠名誉侵权一案请示的复函》中指出:"经研究认为,范宝忠供稿、《广西法制报》发表的《法官黄仕冠、黄德信徇私舞弊被逮捕》一文,内容严重失实,且在人民法院判决黄仕冠、黄德信无罪后,范宝忠、广西法制报社拒绝进行更正报道和后续报道,根据我院《关于审理名誉权案件若干问题的解释》的有关规定,其行为侵害了黄仕冠、黄德信的名誉权,范宝忠、广西法制报社依法应承担相应的民事责任。"从最高法院的复函来看,更正报道和后续报道是新闻机构的义务,与当事人是否提出要求并无联系。

---

① 案情整理参见刘海涛、郑金雄、沈荣:《中国新闻官司二十年 1987—2007》,中国广播电视出版社 2007 年版,第 429—442 页。

第四编

新闻媒体侵权的非物质救济

"现代社会之法律思想,已经由传统之事后损害赔偿制裁之救济方法,进入以事前预防损害及实现权利之保护措施。"① 与普通名誉侵权相比,新闻报道传播速度快、影响范围广,一旦侵权将给当事人造成更为严重的精神痛苦,而社会评价是一种主观内在的想法,无法以实体展现也无法衡量,仅仅通过金钱上的救济,不能达到抚慰当事人精神痛苦、恢复其受损名誉的最终目的;此外,诉讼作为目前解决新闻侵权纠纷的主要方式,存在时间、人力、财力上的巨大耗费,存在一边诉讼一边侵权的情况。新闻侵权案件中,损害赔偿已经是司空见惯。笔者在此欲转移视角,另辟蹊径,重点探讨新闻侵权的非物质救济,分别研究连续报道、更正报道、申辩报道、暂时停止侵害保全等非物质救济方式。

---

① 陈荣宗、林庆苗:《民事诉讼法》,台湾三民书局1996年版,第883页。转引自李仕春:《民事保全程序研究》,中国法制出版社2005年版,第1页。

第十三章 连续报道

第一节 连续报道之恢复名誉、消除影响的救济功能

一、连续报道可以逐步披露真相

"新闻是一种易腐坏的商品,推迟它的公开发布即使时间很短,也会剥夺新闻的所有价值和影响。"① 新闻事件发生后,为了及时向受众报道事件的进展及影响,新闻界不是等事件完结后发一篇总结式报道,而是采取连续报道的方法,随着事件的发展进程不断把事件的进展与影响报道出来。连续性报道就是对新闻事件在一定时间内持续进行的报道。② 通过连续报道,可以第一时间把社会热点问题呈现在公众眼前,接受公众的评论监督,同时通过后续报道将事件的脉络逐一展现。例如,法院一审判决某人有罪,新闻单位进行了大量公开的报道,但后来二审法院经查明事实,依法改判无罪,在这种情况下新闻机构就应当作出连续报道。③

二、连续报道可以消除先前不实信息的负面影响

对于有争议的新闻事件,如果原报道的内容存在不真实的信息,那么连续报道可以发挥消除影响的救济功能。在范志毅诉文汇新民联合报业集团

---

① 〔英〕萨莉·斯皮尔伯利:《媒体法》,周文译,中国法制出版社 2005 年版,第 24—26 页。
② 参见汪苏华:《论西方新闻报道的基本方法》,载《当代传播》2004 年第 4 期。
③ 梁书文:《见证、书写与思考》,载自刘海涛等:《中国新闻官司二十年》,中国广播电视出版社 2007 年版,第 7 页。

侵害名誉权案中,法院在判决中认为,原告范志毅涉嫌赌球的传闻在被告未作报道前已在社会上流传,被告正是为了求证这一新闻事实的真实性和客观性,才作出了包括争议报道在内的一系列调查式报道。被告经过一系列报道后,最终又及时以《真相大白:范志毅没有涉嫌赌球》为题为原告澄清了传闻,给社会公众以真相,端正了视听。被告的系列报道是有机的、连续的,它客观反映了事件的全部情况,是一组完整的连续报道,就本案情况而言,不应当将该组报道割裂开来审读。① 分析该案我们可以发现,在范志毅提起诉讼之前,范志毅涉嫌赌球的传闻已经对范志毅的名誉构成不良影响,被告通过连续报道,终于查明了真相。对范志毅而言其实起到了消除影响的积极效果。

在黄仕冠、黄德信诉广西法制报社、范宝忠侵害名誉权案中,黄仕冠、黄德信涉嫌徇私舞弊被逮捕,《广西法制报》遂刊登了《法官黄仕冠、黄德信徇私舞弊被逮捕》的文章。历经三年两审,广西高院最终判决黄仕冠、黄德信无罪,但被告没有作出相应的更正报道和后续报道,于是原告提起侵权诉讼。② 很显然,如果被告不进行连续报道,那么一般读者所获得的信息就仅仅限于"黄仕冠、黄德信因徇私舞弊而被逮捕",对后面的无罪判决并不知悉,这会给原告的社会评价带来极大的影响。可以说,如果《广西法制报》不进行连续报道,恢复名誉、消除影响的救济就无法充分实现。

第二节 连续报道的应用

一、"连续报道"的提示性语言

采用连续报道的形式进行的新闻采写,在采写时就应当意识到在发表原始报道后必须继续跟进报道。为了避免原报道中的疑惑之处成为公众的眼中的定论,原始报道在采写当时应当注明与将要进行连续跟进报道相同或类似的字样,以提醒读者此报道的结论并不是确定的,有待进一步调查,

---

① 范志毅诉文汇新民联合报业集团侵害名誉权案的部分判决内容参见刘海涛等:《中国新闻官司二十年》,中国广播电视出版社2007年版,第607—608页。

② 黄仕冠、黄德信诉广西法制报社、范宝忠侵害名誉权案参见刘海涛等:《中国新闻官司二十年》,中国广播电视出版社2007年版,第429—442页。

告知读者敬请关注新的调查结果。在范志毅诉文汇新民联合报业集团侵害名誉权案中,被告采用的是一种针对新闻热点的求证式的报道形式,原报道《中哥战传闻范志毅涉嫌赌球》中清楚表明赌球只是一个传闻,且在文章结尾编者还特别注明"本报将进一步关注这一事件,敬请读者留意"的字眼,表明了被告系列报道的求证性质。① 被告采写原始报道时的小心谨慎正是法院认定范志毅涉嫌赌球的连续报道不构成侵权的重要理由之一。

二、连续报道是对原报道的延续和澄清

连续报道不仅要内容真实评论公正,而且内容需要与原报道相关联,是对原报道的延续,也是对原报道中尚未清晰的问题的澄清以及对于客观事件的真相给予答案。在范志毅诉文汇新民联合报业集团侵害名誉权案中,被告经过一系列报道后,最终又及时以《真相大白:范志毅没有涉嫌赌球》为题为原告澄清了传闻,给社会公众以真相、端正了视听。② 被告的系列报道是对原报道的延续,是逐步澄清原报道中传闻的过程。

三、连续报道刊登的篇幅和位置

连续报道能够作为新闻侵权的救济方式之一,不仅要求其内容是原始报道的延续和澄清,还对其刊登的位置和格式有一定的要求,只有与原始报道的影响范围相当的连续报道才能成功地对当事人名誉进行救济。例如:法院就判决四川质量报社在《四川质量报》上以与原新闻报道相同的版面和篇幅对争议事件进行后续报道。③ 之所以对连续报道的篇幅和版面位置提出一定的要求,目的在于后续报道能够有效抵消先前报道的负面影响。如果先前在报纸的头版头条进行了充分报道,后来的事实发展发生了重大变化后,而媒体只在很不起眼的夹缝或角落进行了只言片语的后续报道,这就无法抵消先前不实信息的负面影响,不能发挥对受害人恢复名誉、消除影响的救济功能。

---

① 范志毅诉文汇新民联合报业集团侵害名誉权案参见刘海涛等:《中国新闻官司二十年》,中国广播电视出版社 2007 年版,第 599—609 页。

② 范志毅诉文汇新民联合报业集团侵害名誉权案的部分判决内容参见刘海涛等:《中国新闻官司二十年》,中国广播电视出版社 2007 年版,第 607—608 页。

③ 参见刘华珍诉新泰公司、四川质量报社、陈夕钢侵害名誉权案的法院判决,载自刘海涛等:《中国新闻官司二十年》,中国广播电视出版社 2007 年版,第 761—762 页。

第十四章 更正报道

第一节 更正报道的必要性

一、恢复名誉、消除影响的功能

新闻报道中难免会存在差错。国际新闻工作者协会制定的《记者行为准则宣言》第5条规定,新闻工作者必须竭尽所能,改正已经出版但发现严重不准确的报道。[①] 在新闻业相对发达的国家,许多媒体将更正写入"编辑方针"。如,《纽约时报》就把对新闻事实错误的更正当做是一种正常的作业,每天都有一大块版面进行更正,且版面位置固定醒目;而且这种更正多半是主动的;新闻更正制度在《纽约时报》是作为铁律写入《时报的风格与用语》的小册子,要求编辑日常对照。[②] 我国新闻出版署早在1999年发布了《报刊刊载虚假、失实报道处理办法》,对新闻机构的更正报道提出一些要求,如要求有关出版单位在其出版的报纸、期刊上进行公开更正,消除影响;当事人有权要求更正或答辩;更正答辩自发现之日起,在最近一期报纸、期刊的同等版位上发表。[③] 从效果上讲,如果新闻媒体在发现差错后能在较短的时间内进行及时进行更正报道,就可以减弱错误新闻产生的损害程度,甚至有可能基本消除错误新闻的负面影响,因此更正报道既是对先前错误报

[①] 《记者行为准则宣言》,1954年国际新闻工作者协会世界大会通过,1986年世界大会修正,http://www.uta.fi/ethicnet/ifj.html.

[②] 蔡斐、谢仁勇:《媒体应当重视新闻更正制度的实施》,载《青年记者》2007年第6期。

[③] 参见新闻出版署:《报刊刊载虚假、失实报道处理办法》,载 http://www.chinaiprlaw.com/flfg/flfg20.htm,1999年7月8日发布。

道的补正措施,又是一种法律上的非物质救济方式。

二、挽回新闻机构在公众中的信誉

真实是新闻的生命,维护新闻的真实性,报实情,讲真话,不弄虚作假,不为追求轰动效应而捏造歪曲事实是新闻业界应遵守的职业道德准则。① 德国新闻评议会联同新闻协会制定的新闻职业道德准则第1条规定,尊重事实与准确报道公众关心的事件,是新闻界的最高原则。② 国际新闻工作者协会制定的《记者行为准则宣言》第1条规定,尊重事实以及尊重公众知悉真情的权利是新闻记者的第一职责。③ 这就要求新闻机构在发现自身的新闻报道存在不实或不公正的时,马上进行查证核实,及时刊登更正报道告知公众事件的真相、作出公正的评价。及时有效的更正能够挽回新闻机构在公众中的信誉,树立有错必改的形象,获取公众的信赖。

三、减少侵权诉讼

新闻侵权造成的损失往往是名誉损失,对于这种人格利益的损害,法院经常判令侵权人通过刊登更正声明的形式来消除不良影响,恢复受害人的名誉。在提起侵权诉讼之前,如果新闻机构能够主动进行更正报道,可以大大减轻新闻机构承受新闻诉讼的压力,避免卷进新闻官司或减少自己付出的赔偿代价。④ 例如在我国台湾,被不实报道损害名誉的当事人通常会先与报刊负责人接触,后者多会主动更正,而"受害人"也多以"息事宁人"的态度不再追究。⑤

---

① 参见:《中国新闻工作者职业道德准则》,载自 http://news.enorth.com.cn/system/2004/06/09/000799344.shtml,2004年6月9日访问。

② Germany. Publicistic Principles (Press Code). http://ethicnet.uta.fi/country/germany.html,2012年12月15日访问。

③ International Federation of Journalists. Declaration of Rrinciples on the Conduct of Journalists. http://ethicnet.uta.fi/international.html,2012年12月15日访问。

④ 新闻侵权案件法院判决的民事责任承担方式参见陈力丹:《更正与答辩——一个被忽视的国际公认的新闻职业规范》,载《国际新闻》2003年第5期。

⑤ 漆敬尧:《诽谤》,载翁秀琪、蔡明主编:《大众传播法手册》,台北政治大学新闻研究所1995年版,第95页,转载自魏永征:《中国大陆新闻侵权法与台港诽谤法之比较》,载《新闻大学》1999年冬。

第二节　更正报道的制度构建

一、更正报道的义务主体

更正报道的义务主体，首先就是首次刊登虚假失实报道或不公正评论的新闻机构。此外，转载的新闻机构也是更正报道的义务主体。虽然转载媒体没有原报道的直接素材，无法对更正要求进行实质审查，但转载媒体有义务告知原载媒体读者的更正要求，并在原载媒体刊登更正报道后转载。例如《丹麦新闻法》第9条就规定，当某期刊的编辑转载了其他刊物（对第三者）的攻击和关于实际情况的报道时，而后者期刊将刊登具有义务刊登的更正、介绍别的期刊上刊登的更正或者有关案件审理安排的通告，他有义务在上述更正、介绍或通告出现后尽快地，原文不动地免费在他所编辑的刊物上予以转载，如果他已就此得到提醒或了解到此情况。[①]

二、更正报道的内容

更正文章首先要明确指出原报道的错误之处，对于整篇报道错误的情形也要有简短的说明，使得没看过原文的读者也知道原报道在何处存在错误。德国新闻评议会联同新闻协会制定的《新闻职业道德准则》第3条规定，编辑的更正报道必须能够吸引读者的注意力，明确告知原报道所存在的全部或者部分错误；即使公众已经知悉原报道存在的错误也应当进行更正报道。[②] 通过对比报道，能够加深读者对更正报道的印象，抹去错误报道对读者造成的影响。其次，用准确的语言表述真实的事实和公正的评论，注意避免事实真实但整体意思存在误导的情况。最后，由于原报道错误侵犯了公众的知悉真情权，又无法逐一向读者赔礼道歉，因此，更正文章应在尾段对公众表示真诚的歉意。俄罗斯《新闻记者职业道德准则》第3条有类似规

[①] 中国社会科学院新闻研究所、北京新闻学会：《各国新闻出版法选辑》，人民日报出版社1981年版，第133页。

[②] Germany. Publicistic Principles（Press Code）. http：//ethicnet. uta. fi/country/germany. html，2012年12月15日访问。

定,当记者确信刊登了错误或侵权报道,其有责任更正这些错误,在需要的时候,有责任表示歉意。①

三、更正报道的刊登

(一)刊登的位置

《联合王国新闻记者行为守则》第4条规定,新闻记者必须及时更正任何有伤害的错误报道,确保更正与道歉的内容刊登在突出的位置。② 美国《纽约时报》在第一叠的第二页(A2)中下方设有专门的更正和编者的话两个栏目,更正栏用以更正事实错误,而编者的话则对整体上未能做到不偏不倚,有偏向性、歧视性,可能误导读者的报道进行更正,用以平衡观点和消除误导。③ 目前我国许多报纸的做法是哪版的稿件不足版面有剩余就刊登更正报道,这种将更正作为一个附属任意摆放的态度是不严肃的,有些更正篇幅短小,放在角落里不起眼,容易被读者忽略。不同的更正报道集中在同一版块刊登,更体现出新闻机构的诚意,容易获得公众的信赖,有必要要求新闻机构在固定的版面开辟更正栏机动性地刊登更正报道。在现实中,有的受害人通过与新闻机构协商,商定把更正报道刊登在报刊的某一位置。有时候法院也在判决中要求新闻机构把更正声明刊登在指定的位置,例如:与侵权报道相同的版面、某版头条位置。笔者认为,司法机关直接通过判决指定更正报道的刊登的版面和位置的做法,有矫枉过正之嫌,不应当提倡。

(二)更正栏的固定化和特定化

更正报道要达到更正错误报道的效果必须能够吸引读者的注意力,更正报道集中在更正一栏中刊登,能够灌输读者一种浏览更正栏的意识。对于更正栏的格式设置,首先要明确标示该栏目的"更正"作用;另外,更正栏的格式应固定化及特定化,固定化是指每期更正栏目采用相同的格式,特定化是指其他版面不得采用与更正栏相同的格式,通过刊登格式的固定化和特定化提升专业性和关注度。

---

① Russia. Code of Professional Ethics of Russian Journalist. http://ethicnet.uta.fi/country/russia.html,2012年12月15日访问。

② United Kingdom. Code of Conduct. http://ethicnet.uta.fi/country/uk1.html,2012年12月15日访问。

③ 陈阅:《〈纽约时报〉更正制度浅析》,载《国际新闻界》2006年第10期。

四、更正报道的救济效果

如果媒体在被侵权人诉讼前已经进行主动的更正报道,被侵权人可以根据对更正的满意程度选择是否采取进一步的法律行动提起诉讼,而在诉讼中,新闻机构可以将更正报道作为减轻责任的理由,法院也应当认为新闻机构已经提供了一定程度的救济。

(一)更正报道对精神损害赔偿的影响

对于精神损害赔偿而言,更正报道最直接的作用就在于消除影响、恢复名誉,更正报道与否与精神损害的严重程度存在一定的因果关系。错误报道延续的时间越长,对被侵权人的社会评价影响时间也就越长,造成不良影响的范围也就越大。也就是说,更正报道对名誉损害的阻却作用随着时间的持续而减弱。对侵权报道进行更正的越晚,精神损害赔偿的数额就应当越多。当经过相当一段时间,错误报道的影响范围固定化后,精神损害赔偿数额也就确定化,此后何时更正均不影响精神损害赔偿的数额。简言之,更正报道是否及时,对精神损害的严重程度有一定的影响,这将直接影响赔偿的数额。

(二)更正报道对间接财产损失赔偿的影响

间接的财产损失则是因新闻侵权行为导致不利于受害人的社会关系的变动和其他不良后果引起的受害人本可获得的财产利益的减少或损失。①如一个医生因为侵权报道使得其名誉受损,从而向其求诊的病人大幅减少,收入降低,这部分降低的收入就是间接经济损失。由于间接损害赔偿是基于人格利益受损所产生的一种间接的外在的经济上的损失,与被侵权人的内在精神损害没有直接关系。而更正报道是以消除影响、恢复名誉为直接目的的,无论更正报道是否及时,只要错误报道曾经存在,都有机会造成影响他人对被侵权人信誉的怀疑,造成间接的经济损失。可以说,间接经济损害的数额与精神损害的严重程度无直接关系,间接经济损害数额的认定主要关注错误报道与经济损失是否存在因果关系。1998年《最高人民法院关于审理名誉权案件若干问题的解释》第10条规定,因名誉权受到侵害使生产、经营、销售遭受损失予以赔偿的范围和数额,可以按照确因侵权而造成

---

① 刘海涛等:《中国新闻官司二十年》,中国广播电视出版社2007年版,第99—100页。

客户退货、解除合同等损失程度来适当决定。

（三）更正报道对惩罚性赔偿的影响

惩罚性赔偿对遏止侵权行为的发生具有一定积极作用。笔者认为，在制度构建上，为了激励新闻机构勇于承认错误，及时更正错误报道，挽回被侵权人受损名誉，如果新闻机构成功进行了更正报道，这可以成为新闻机构免于承担惩罚性赔偿的初步证据。当然，成功进行更正报道只是无须惩罚性赔偿的初步证据，如果被侵害人有证据证明新闻机构在原报道的采写发表过程中已经存在实际恶意，则新闻机构仍应承担进行惩罚性损害赔偿的责任。

第十五章　申辩报道

申辩报道是指新闻侵权中的被侵权人在合理的时间内,有权就原侵权报道中的不实或不公正内容向新闻机构进行申辩,强制新闻机构及时刊登申辩文章。对于刊登申辩报道这种救济方式,不少学者提到答辩权、答复权的概念,在国外也有与之相对应的答辩权、答复权制度。① 我国实践中往往在判决中要求新闻机构刊登更正声明或者被侵权人的答辩声明,在判决前被侵权人在侵权媒体上发表申辩文章的情况少。笔者认为基于保护公民人格利益和充分行使言论自由的需要,有必要赋予被侵权人申辩权,要求新闻机构刊登由被侵权人自己撰写的申辩文章。②

---

① 王利明先生在《中国民法典学者建议稿及立法理由(侵权行为编)》中新闻侵权部分第 1870 条的立法理由中指出,更正或答辩义务,即定期或不定期的新闻出版物,在发表、出版不当的新闻,应当在邻近的下期或近期的出版物上刊登更正或受害人答辩、辩驳的文字,以澄清事实、说明真相,向相关人及读者致歉的义务。引自王利明:《中国民法典学者建议稿及立法理由(侵权行为编)》,法律出版社 2005 年版,第 87 页。

② 笔者之所以采用"申辩权"这个概念,而不采用过去文献中所采用的"答辩权"、"答复权"、"更正权"等概念是基于以下几点考虑:第一,命名为"答辩权",容易把这种实体权利与诉讼中的程序性"答辩权"相混淆;第二,若命名为"答复权","答复"的意思是对问题或要求给以回答,是被动的义务而不是主动的权利;第三,命名为"更正权"也不恰当,该制度的构建是为了能够提供一个平台让被侵权人进行申辩,无须得到新闻机构认同,新闻机构在不置可否的情况下,仍要满足被侵权人的"申辩"要求。

第一节 申辩报道的合理性

一、申辩报道符合思想的自由市场理论

思想的自由市场理论把经济学中亚当·斯密提出的自由市场理论,应用到新闻学中,赋予言论自由"自我修正"的功能。根据思想的自由市场理论,对于一个事件的真相以及评价应当允许不同的声音进行讨论,让公众从公平竞争的各种声音中判断事实的真伪。"把真理和虚伪放在一起,通过自由的公开讨论,有谁见过真理失败了呢?真理的驳斥就是最好的和最可靠的压制……真理根本不需要策略、计谋或者许可制取得胜利。"①此后,密尔在1859年发表的《论自由》中进一步阐述了这一观点:不论从哪点出发压抑言论自由都将带来危害。如果被压抑的见解是真理,就剥夺了人们获得真理的机会;即使被压抑的是虚伪的见解,也剥夺了人们通过真实与虚伪对抗,达到更加真实的机会。②

思想的自由市场包括思想自由和市场检验两个方面,相对于思想自由而言,市场检验更具有实践意义。而媒体作为这个市场的重要组成部分,对思想的自由市场原则的贯彻落实起着举足轻重的作用,一个不负责任的媒体可能导致观念的市场受到阻碍。比如,媒体对报道对象的片面选择,可能对一个事实的报道造成偏颇;如果媒体仅以寻求最大利润为目标,而不考虑如何搭建一个"思想的自由市场",那么就可能会造成虚假信息的传播,并因此阻碍人们对信息真实性的寻找;如果媒体拥有绝对的特权去传播虚假的信息和过失的报道,那么公众就无法信任依照"思想的自由市场"去辨明事实的真相。③

为了完善市场检验,也为了制衡新闻媒体随时会过度膨胀的新闻特权,必须给予公众一个发表自身见解的有效平台。而申辩报道制度的构建正好

---

① 〔英〕密尔顿:《论出版自由》,吴之椿译,商务印书馆1958年版,第46—47页。
② 〔英〕约翰·密尔:《论自由》,程崇华译,商务印书馆1959年版,第56页。
③ Benjamin Barron, A Proposal to Rescue New York Times v. Sullivan by Promoting A Responsible Press, 57 *Am. U. L. Rev.* 73, 2007, Oct.

能够满足这个需要,在舆论声音一面倒片面化的情况下,通过当事人的申辩,直接进行反驳提供与之相对的声音。美国联邦最高法院大法官霍尔姆斯认为,意见的自由交流能够较好地达到人们预期的最终良好结果……对真理最好地检验就是一种思想在市场竞争中所表现出来的使自己得到承认的力量。① 公众可以通过对比原报道和申辩文章,对事实的真相作出合理的判断。

有学者认为强制刊登申辩文章对新闻机构进行惩罚,在某种意义上等同于禁止新闻机构进行特定报道、对报纸内容加以规范,违反了新闻自由的宪法规定。② 对于强制刊登申辩文章是否违反新闻自由问题,德国、法国和韩国认为不能一刀切,要在个案中平衡两者的利益,而日本则倾向于对个人名誉权的保护,美国法更倾向于对出版自由的保护。③ 笔者认为,申辩权为被侵权人提供申辩的平台是申辩权中最本质的功能。传媒不是道德法庭或公审大会,只是一个中立的平台,在报道具有新闻价值的公共事件中,应当允许被报道人享有反驳和辩护的机会,这也是新闻报道过程中的程序正义的体现。④ 申辩报道为被侵权人提供一个自由表达的机会,这样的制度设计一方面使得新闻机构只需对原报道进行形式审查,减轻其核实成本,容易获得新闻机构的配合;另一方面,也给被侵权人一个极大的便利,只需提出初步的证据,即可要求刊登申辩文章维护自身的人格利益,利用申辩的机会有效地纠正错误报道。

二、申辩报道是一种特殊的救济方式

如果发生了新闻侵权,而在提起诉讼之前,新闻机构能够通过刊登申辩文章满足被侵权人的需求,这能够成为新闻机构提供避免诉累、减轻责任的

---

① 甄树清:《论表达自由》,社会科学文献出版社2000年版,第157页。

② Miami Herald Publishing Co., Division of Knight Newpapers, Inc. v. Tornillo. Supreme Court of the United States. 418U. S. 241;94S. Ct. 2831;41L. Ed. 2d 730;1974 U. S. Lexis 86; 1 Media L. Rep. 1989.

③ Jae-Jin Lee, Freedom of Press and Right of Reply under the Contemporary Korean Libel Laws: a Comparative Analysis, 16 *Ucla Pac. Basin L. J.* 155, 1998, Spring.

④ 王利明:《中国民法典学者建议稿及立法理由(人格权编、婚姻家庭编)》,法律出版社2005年版,第48页。笔者认为,申辩报道的对象不仅包括具有新闻价值的公共事件,还应包括所有会造成当事人社会评价降低的侵权报道,从而督促新闻机构审慎报道。

重要手段。申辩权人有权要求新闻机构刊登自己撰写的申辩文章,由于申辩文章是被侵权人自己撰写的,被侵权人能够充分自主地表达自己的观点,增加申辩的效果。申辩报道能够在一定程度上消除不良影响恢复受损害的名誉,被侵权人容易获得精神上的满足,甚至可以放弃诉讼。即使发生了诉讼,由于申辩报道已经削弱了损害结果的严重性,法院也应当适当减少损害赔偿的金额。

第二节　申辩报道的制度构建

一、申辩报道的时限

申辩权作为一种特殊的实体权利,其行使受到一定时间的限制。首先,一般而言在读者记忆犹新的时候刊登申辩文章能够比较好地起到揭露真相平衡观点的效果。申辩权制度的目的是为了及时有效地对受损的名誉进行救济,因此受害人提出申辩必须有一定的期间限制。为了督促申辩权人尽早行使权利,有必要对申辩权的行使时间作出较短的规定。各国对此期间有不同的规定:法国、挪威是1年内;澳大利亚是2个月内;匈牙利、南斯拉夫、希腊是1个月内提出;希腊还规定在国外出版的可以延长到3个月。[①]我国有学者认为报纸一般为20—30天,期刊则为下一期。[②]

二、申辩报道的权利主体

申辩报道的权利主体是侵权报道指向的特定人物,也就是说被侵权人能够被公众辨认、指认:一是作者明确有所指向,二是相对人明白指的就是自己,三是公众理解指的就是某人。[③]法国的新闻立法有类似的规定"在报

[①] Richard C. Donnelly, The Right of Reply: An Alternative to an Action for Libel, *Virginia Law Review*, Vol. 34, No. 8, 1948, Nov.

[②] 杨磊、周大刚:《"起诉"媒体:新闻法律热点问题透视》,知识产权出版社2006年版,第257页。

[③] 王强华、魏永征主编:《舆论监督与新闻纠纷》,复旦大学出版社2000年版。转引自刘海涛:《中国新闻官司二十年》,中国广播电视出版社2007年版,第31页。

上被提到或点了名的任何人都有申辩的权利：在该报上获得一种全面和绝对的答辩说明权。报纸虽未点名只要公众都明白地知道文章中指的是谁，此人就可以运用这一答辩权，至于答辩的形式和内容，他可以自行安排"①。譬如说通过独特的生活经历特征习惯的描述使读者一看便知道所表述的对象是谁，如李谷一诉汤生午、声屏周报社侵害名誉权案，虽然该报道没有直接指名，但从"十年前以一曲《乡恋》而名噪大陆的某位乐团领导"的描述可以看出该报道的对象是李谷一。此外，如果有多篇报道，其中一篇报道身份认定上有错误，则可以结合其他报道一起来认定身份；如果原报道诽谤性部分没有明确指明身份，那么原告必须通过某种方式证明该诽谤性报道是针对他(她)本人。②

三、申辩的对象

申辩的对象是指申辩所针对的内容，对此有两种不同的模式：德国法认为申辩权只能针对事实陈述部分，日本、韩国也有类似的规定，而法国法则认为对于评论与价值判断应与事实一样，均允许当事人进行申辩，美国法也承认对主观价值评论的申辩。③ 笔者认为，无论原报道是事实还是评价都会对申辩权人的名誉造成负面影响，而且评价更尖锐、影响更深远。另外，许多诽谤性的言论都是介乎事实报道与评论之间，二者往往混在一起难以区分，因此申辩权应该既可以对事实加以申辩，也可以对评论加以申辩。

四、申辩报道的内容

(一) 申辩报道的内容限制

对申辩文章的内容，各国都有限制性的规定，如：德国法规定不能含有攻击性的可责罚的内容；芬兰法规定不能损害他人名誉或违法；拉脱维亚法

---

① 中国社会科学院新闻研究所、北京新闻学会：《各国新闻出版法选辑》，人民日报出版社1981年版，第250页。
② 〔美〕唐·R.彭伯：《大众传媒法》，张金玺、赵刚译，展江校，中国人民大学出版社2005年版，第143—144页。
③ See Jae-Jin Lee, Freedom of Press and Right of Reply under the Contemporary Korean Libel Laws: a Comparative Analysis, 16 *Ucla Pac. Basin L. J.* 155, 1998, Spring.

规定不能具有攻击性或违反法律规定,不得含有挑起争端的言论。① 也就是说,申辩文章内容不得损害第三人利益或者公共利益,否则,既违背申辩权制度恢复名誉的目的,也会导致新一轮的申辩潮。如果申辩文章的内容含有不利于第三人利益或公共利益的部分,新闻机构应当向申辩权人指出并要求其修改。

（二）申辩报道的篇幅限制

申辩权的设置在一定程度上会增加额外的印刷、排版、物质成本,以及侵占本应报道的其他新闻所应有的位置,②存在加重新闻机构负担和阻碍新闻自由的可能性。为此,对申辩文章的篇幅有一定的规定。对于申辩文章的长短,各国有不同类型的规定,基本上可以归为四种类型:(1)德国法认为申辩文章的篇幅与原报道文章一样长。③ (2)法国法则规定篇幅未超过原文章两倍的更正或答复免费刊登。如篇幅超出此限,则仅需付超出篇幅的费用。④ (3)匈牙利法规定,除非事实更正必须需要这么长的篇幅,否则超出限制字数的部分不一定要刊登。⑤ (4)芬兰法则规定了免费的最大篇幅,即申辩文章不超过五十行时,不得收费。⑥ 对于申辩文章的篇幅,一方面需要规定免费刊登的最大篇幅限制,避免申辩权人滥用权利;另一方面,免费的最大篇幅不能过短,以免达不到申辩的效果或无法产生惩戒效力。笔者认为,申辩文章的篇幅以原报道篇幅的两倍为宜,超出部分刊登与否视情况而定。

（四）申辩内容的增删

许多国家新闻法均规定新闻媒体不得增加或删除申辩文章,如德国、日

---

① Richard C. Donnelly, The Right of Reply: An Alternative to an Action for Libel, *Virginia Law Review*, Vol. 34, No. 8, 1948, Nov.

② Miami Herald Publishing Co., Division of Knight Newpapers, Inc. v. Tornillo. Supreme Court of the United States. 418 U. S. 241; 94 S. Ct. 2831; 41 L. Ed. 2d 730; 1974 U. S. Lexis 86; 1 Media L. Rep. 1989.

③ 参见:《西德北莱茵——维斯特伐利亚新闻法》第11条。

④ 顾理平:《新闻法学(修订版)》,中国广播电视出版社2005年版,第40页。

⑤ Richard C. Donnelly, The Right of Reply: An Alternative to an Action for Libel, *Virginia Law Review*, Vol. 34, No. 8, 1948, Nov.

⑥ 中国社会科学院新闻研究所、北京新闻学会:《各国新闻出版法选辑(续编)》,人民日报出版社1987年版,第56页。

本、澳大利亚、希腊等,拉脱维亚的法律还规定编辑不得在申辩文章内进行注释或评论,也不得对原报道进行解释。① 笔者认为,只有完整的申辩文章才能再现受害人的真实意图。由于申辩文章有内容篇幅限制,即使申辩内容不符或超过字数,新闻媒体也不得自行增删,但应当提供修改意见,由申辩权人自行修改决定。

五、申辩报道的刊登

(一) 刊登的时限

申辩文章应当在尽量短的时间内刊登,同时要给予新闻机构形式审查的时间。一般而言,各国都规定申辩文章必须在收到申辩要求后的下一期刊登申辩文章,如果时间过短无法核实可以适当延长,对于延长的时间段各国有不同规定。对于申辩文章的刊登日期,法国法是三日内②,葡萄牙法是两周内③,丹麦法是一个月内。④ 笔者认为,应在区分不同出版周期的报纸刊物规定不同的刊登申辩文章的期限,例如日报可以为1周内,月报则为下一期。

(二) 刊登的位置

为了达到有效恢复名誉的目的,对申辩文章刊登的位置有严格的要求。笔者认为,申辩文章应刊登在与原报道相同的版面和栏目上。当然,如果申辩文章刊登在刊物的突出位置,这样能够吸引到更多读者的关注,但这并不代表能够平衡当事人之间的利益。当原报道不是在首要位置刊登时,习惯关注首要位置报道的读者并不一定阅读到侵权报道,此时申辩文章刊登在首要位置,会引起读者的极大关注,在一定程度上扩大了知悉该事件的读者群,存在通过追溯原报道而损害申辩人权利的潜在危险。与之相反,刊登在与原报道相同的版面上则能降低这种风险,而且更有针对性,能有效传递申辩信息。

---

① Richard C. Donnelly, The Right of Reply: An Alternative to an Action for Libel, *Virginia Law Review*, Vol. 34, No. 8, 1948, Nov.
② 顾理平:《新闻法学(修订版)》,中国广播电视出版社2005年版,第40页。
③ 同上书,第46页。
④ 中国社会科学院新闻研究所、北京新闻学会:《各国新闻出版法选辑》,人民日报出版社1981年版,第132页。

六、申辩报道的拒绝

申辩权的构建并这不意味着放任申辩权的行使,新闻机构在以下情况是可以拒绝刊登申辩文章的。具体包括:申辩人不是适格的当事人;申辩权人没有合理的证据证明原报道损害其名誉或存在不实;申辩文章的刊登会损害第三人利益或公共利益;或者申辩的目的仅仅是在于进行商业广告宣传。① 需要注意的是,诉讼中的抗辩理由能否成为拒绝刊登申辩报道的理由。具体而言,诉讼中的抗辩理由——真实报道可以作为申辩权的拒绝理由。对新闻机构而言,如果报道的消息真实,并且没有侮辱他人人格的内容,无须刊登申辩文章。其次,对于诉讼中的抗辩理由——公正评论则要分情况考虑。笔者认为,既然申辩权起到提供平台的作用,因此申辩权人有权对任何非公正的评价包括带有偏见或夸张的观点进行申辩。如果原报道属于严格的公正报道,可以作为申辩权的拒绝理由。最后,诉讼中的抗辩理由——权威消息来源不可以作为申辩权的拒绝理由。因为即使消息由权威机构或者权威人士提供,而新闻机构客观无误地进行了报道,也不能避免权威机构或权威人士所提供的消息因各种原因而存在不实或不公正的情况,而只要出现消息不实或不公正的情况,申辩权人均有权行使申辩权。

七、申辩报道的救济

如果新闻机构没有正当理由,却拒绝刊登申辩文章,或者虽然刊登了申辩报道但不符合要求,那么就应当对申辩权人进行救济。对于申辩报道的救济具体有三种模式:

第一种模式,通过诉讼进行救济。由当事人就新闻机构拒绝刊登申辩文章或者刊登申辩文章不符合要求为诉由,要求法院作出强制刊登申辩文章等的判决。为了达到及时恢复名誉的目的,对于申辩权救济诉讼的审理期限有特别的规定。如法国法的规定是 10 天,澳大利亚则是尽可能在 24 小时内。澳大利亚还规定在一审判决后即可刊登申辩文章,无须等终审结果再决定,如果二审判决推翻原审判决,报纸有权刊登法院的二审撤销原申

---

① Jae-Jin Lee, Freedom of Press and Right of Reply under the Contemporary Korean Libel Laws: A Comparative Analysis, 16 *Ucla Pac. Basin L. J.* 155, 1998, Spring.

辩文章的判决。

第二种模式,也是通过诉讼解决,但提出人不同。由新闻机构向法院告知申辩权人要求刊登申辩文章的事实,并向法院提交拒绝刊登申辩文章的证据,希腊法采取的就是这一模式。若新闻机构的拒绝是不合理的,法院可以强制其刊登申辩文章,并可以加以处罚。

第三种模式,设立专门的法庭来处理与新闻机构相关的法律问题。如丹麦设立了专门法庭——"修正委员会",由法官、新闻协会代表和非被告的任一新闻机构作为第三方代表组成。由申辩权人申请,无论该法庭是否作出准予刊登的裁决,申辩权人都可以免费刊登一则关于其在诉讼前已提出申辩的信息,作为对侵权报道的回应。如果法庭裁定编辑没有理由拒绝刊登申辩文章,那么将对编辑进行惩罚;相反,若发现没有理由要求刊登申辩文章,那么将对申请者进行惩罚。①

我国《出版管理条例》第 28 条规定,新闻机构拒绝发表申辩文章的,当事人可以向人民法院提起诉讼。结合我国目前的情况,宜采用第一种模式,因为其最符合我国现有的审判模式。

---

① See Richard C. Donnelly, The Right of Reply: An Alternative to an Action for Libel, *Virginia Law Review*, Vol. 34, No. 8, 1948, Nov.

第十六章　行为保全：暂时停止侵害

"现代社会之法律思想,已经由传统之事后损害赔偿制裁之救济方法,进入以事前预防损害及实现权利之保护措施。"[①]在新闻侵权中更需要通过事前预防措施对被侵权人进行有效救济。如胡骥超、周孔昭、石述成诉刘守忠、遵义晚报社侵害名誉权案件中,原告曾经联合给《遵义晚报》总编和遵义市委宣传部负责同志寄去信件,请求立即停止发表刘守忠所写的《周西成演义》,但《遵义晚报》置之不理,而且继续连篇累牍连载《周西成演义》,结果使负面的影响进一步扩大。这里就涉及行为保全制度。所谓行为保全,是指在民事诉讼中,为避免当事人或者利害关系人的利益受到不应有的损害或进一步的损害,法院得依他们的申请对相关当事人的侵害或有侵害之虞的行为采取的强制措施。英国、美国一般将这种行为保全称为中间禁令(临时禁令)。《德国民事诉讼法》第940条规定,因避免重大损害或防止急迫的强暴行为,或因其他原因,对于有争执的法律关系,特别是继续性的法律关系,有必要规定其暂时状态时,可以实施假处分。假处分的具体内容由本案法院自由裁量,它包括但不限于命令对方当事人为一定行为或禁止对方当事人为一定行为,并且原则上不因对方当事人的反担保而撤销。在紧迫的情形下,可以不经言辞辩论作出裁决。《法国新民事诉讼法典》第484条至第492条是关于"临时裁定"(Ordonnance de référé)的一般规定,第808至811条是关于法国大审法院(Grand d'Instance)临时裁定的内容。它规定,应一方当事人的请求,另一方当事人到场或对其传唤后,法律赋予并非受理本诉讼的法官立即采取某种必要措施的权力。"为防止即将发生的损失,或者为制止明显非法的扰乱,大审法院院长得始终紧急规定采取保全措施,或者

[①] 陈荣宗、林庆苗:《民事诉讼法》,台湾三民书局1996年版,第883页;转引自李仕春:《民事保全程序研究》,中国法制出版社2005年版,第1页。

规定采取必需的恢复原状措施。"在新闻侵权领域构建行为保全——暂时停止侵害行为的制度是有必要的。如果侵权新闻的继续发行和传播会扩大受害人的损失,为了及时阻止有害信息的继续散布,受害人有权向法院提出申请,法院可以暂时禁止新闻机构继续发表或传播侵权报道的行为。例如:对尚未销售的刊有侵权报道的刊物进行回收;要求电台电视台在法院未判决前停止播放侵权内容;要求网络在法院未判决前撤下侵权报道。2012年8月31日全国人民代表大会常务委员会通过了关于修改《中华人民共和国民事诉讼法》的决定,新《民事诉讼法》第100条规定:"人民法院对于可能因当事人一方的行为或者其他原因,使判决难以执行或者造成当事人其他损害的案件,根据对方当事人的申请,可以裁定对其财产进行保全、责令其作出一定行为或者禁止其作出一定行为。"因此,在新闻侵权领域,行为保全已经具有了明确的法律依据。

第一节 行为保全的特征

一、特别民事诉讼程序

暂时停止侵害的行为保全不属于非讼程序,因为非诉讼程序一般没有对立当事人,或者只是对一定事实加以确认。暂时停止侵害的行为保全是一种特殊的民事诉讼程序,其针对的是有争议的民事权利,且有相应的当事人。暂时停止侵害保全所具有的特殊性主要表现在紧迫性和临时性上,要求在一定的限期内作出裁定,这就要求法院的审理在兼顾双方程序利益的基础上采用灵活的对审方式进行,且保全的裁定不影响案件的实体判决。

二、避免无法挽回的损失

新闻侵权与财产利益的侵害不同,名誉、隐私等人格利益被侵害后的治愈是极端困难甚至不可能的,人格利益一旦遭受侵害就"覆水难收"。正因为如此,针对盖然性较高的侵害事先采取措施防患于未然就显得极为必要。① 而暂时停止侵害的行为保全就是基于此目的而构建的事前预防措施。

三、紧迫性

暂时停止侵害保全具有紧迫性的原因在于,新闻侵权存在侵害不可挽回的即刻危险。如果不存在这种危险,就可以在法院判决后作出救济,不需要在事实尚未完全明确之前冒着干涉新闻自由的风险对新闻报道进行保全。为了及时制止侵权行为,暂时停止侵害保全的申请、裁定和执行相应地也具有紧迫性,具体表现为:为方便当事人申请,管辖法院不再局限在被告所在地、侵权行为地的法院,申请人的住所地的法院也可以作为管辖法院;在法院裁决时,允许在特定情况下(如申请人有确凿证据证明新闻机构存在实际恶意)不需采用对审制,而是直接采用一面审就可以作为裁决的依据;为保障程序正义规定了复议制度,但基于紧迫性的要求,复议期间不停止保全的执行。

四、临时性

暂时停止侵害保全是一种临时性的措施。暂时停止侵害保全具有紧迫性,要求法院在较短的期限内作出裁定,由于其作出的裁定是基于当事人提交的初步证据或初次口头辩论之上的,并非基于最终确定的证据,所以暂时停止侵害保全的裁定不可作为最终判决的依据,也不应成为最终判决的提前履行。这种临时性表现在:只要申请人能证明在一定程度上存在胜诉的可能,法院就可以裁定暂时停止侵害保全,并不要求申请人有百分百的胜诉把握;当法院作出最终判决后,暂时停止侵害保全的效力自动丧失。

第二节 行为保全的合理性

在人格权保护方面,欧洲各国民法大都对绝对权之侵害赋予停止侵害

---

① 姚辉:《民法上的"停止侵害请求权"——从两个日本判例看人格权的保护》,http://www.fashuo365.com/html/2005-10/2258.html,2005 年 10 月 9 日访问。

请求权,特别是对于人格权尤其强化保护。特别是在对名声的损害,以及违背信任义务和对隐私的侵犯等方面预防性保护措施也许甚至应被看做是唯一有效的法律救济措施,因为更正和金钱都不足以补偿受害人所遭受的损害:总"有些东西"无法消除。[1] 然而,新闻报道中所涉及的新闻自由则对人格权的保护构成一定的挑战。

新闻侵权中暂时停止侵害保全的对象是未刊印的侵权报道或正在发行刊有侵权报道的刊物,不包括已经贩售到消费者手中的刊有侵权报道的刊物,其目的是避免侵权报道流入公共领域,在未对公众公开之前禁止新闻报道发行,可以说是对新闻自由的事前限制。对于这种限制是否属于新闻自由所禁止的"事前限制"范围,需要具体分析。

一、禁止事前限制的原因

对言论与出版自由的事前限制是对美国《宪法第一修正案》最严重以及最不可容忍的违背。[2] 事前限制具有以下不足:可能使人们放弃发表有助于民主进程的言论;比刑事控诉更易实施,易导致滥用;没有控辩制等程序性保障;侵犯了公民的知情权;可能使政府权力不适当地扩展到个人领域等。[3] 一般情况下,事先限制是违宪的。只有在非常特殊的情况下允许事先限制,如政府能够合宪地禁止出版淫秽出版物,政府能够禁止出版诱人作出暴力行为的材料,而且,政府可能会在战时禁止出版某些特定种类的材料。[4] 在有言论自由的大政策的背景下,法院一般不会作出暂时停止侵害保全,谁是谁非要留待最后审判。

米克尔约翰在其著作《表达自由的法律限度》一书中把言论分为受第一修正案保护的公言论和受第五修正案保护的私言论,并应区别对待。所谓公言论就是与统治事务有关、代表人们参与自治过程的言论,这类言论是绝对不允许加以限制的,因为公共讨论的自由是自治政府的基石;私言论是与

---

[1] 王利明:《中国民法典学者建议稿及立法理由(人格权编、婚姻家庭编)》,法律出版社2005年版,第35页。
[2] Nebraska Press Association v. Stuart. 427 U.S.1976.
[3] 简海燕:《美国司法报道的法律限制》,知识产权出版社2008年版,第167页。
[4] 〔美〕唐·R.彭伯:《大众传媒法》,张金玺、赵刚译,展江校,中国人民大学出版社2005年版,第68页。

统治事务、自治过程无关的言论,政府可以在符合某些条件的情况下加以限制。① 笔者认为,禁止事前限制的对象主要是公言论,对于私言论,在满足一定条件后,可为事前限制,具体分析如下。

二、公言论的保全

在英美国家,禁令有中间禁令与永久禁令之分,确定临时状态的中间禁令相当于暂时停止侵害保全,永久禁令相当于法院的最终判决。笔者企图通过论述关于永久禁令的难以获得,比较分析得出在公言论领域不能获得暂时停止侵害保全的结论。

首先,实践中禁止事前限制的对象主要集中在关于政府以及政府官员的公言论上。在"尼尔诉明尼苏达州案"(Near v. Minnesota, 283 U. S. 697(1931))中,《星期六新闻报》在攻击市政府腐败行为时使用了远非温和的语言且诽谤了市政府的一些重要官员,但不能"永久禁止"《星期六新闻报》的出版,因为该禁令不是为了救济遭到该报攻击的人。②

其次,对公言论的事前限制有非常严格的要求,要求有"即刻且明确的危险",而即刻且明确的危险由发表言论当时所处的环境及其性质来确定。如战时事前限制,认为宪法《第一修正案》没有"授予公众接近受政府控制的政府信息来源的权利"。③ 此外,瑞典《出版自由法》规定了可以在判决前对出版发行作出限制的两种情形:一是有理由相信某印刷品由于侵犯出版自由罪而可没收时,可以进行查封;二是,在战时,如遇印刷品可能泄漏军事秘密或为敌方提供有价值的情报时,可以颁布出版禁令。④

最后,即使事前限制是允许的,但对政府的举证责任要求非常严格。在"五角大楼文件案"(New York Times v. U. S., 713 U. S. 403(1971))中,虽然《纽约时报》和《华盛顿邮报》连载了根据窃取来的政府秘密研究报告而撰写的系列报道,而且政府提出了该份材料违反了联邦反间谍法,未经总统授

---

① 〔美〕亚历山大·米克尔约翰:《表达自由的法律限度》,侯健译,贵州人民出版社 2003 年版,第 65 页。
② 〔美〕唐·R. 彭伯:《大众传媒法》,张金玺、赵刚译,展江校,中国人民大学出版社 2005 年版,第 67 页。
③ 同上书,第 81 页。
④ 顾理平:《新闻法学(修订版)》,中国广播电视出版社 2005 年版,第 43 页。

权泄密以及该文件的出版可能对国家及其处理外交事务能力造成不可挽回的损害等观点,但法院依然判决政府败诉。败诉的原因在于,即使在该案中各方承认在未来的案件中事先限制可能是允许的,但法官认为,在该案中政府未能负担起证明"这种限制是必需的"这一沉重的举证责任,未能证明其要求发布永久性限制令的合理性。①

笔者认为,暂时停止侵害保全与永久禁令相比,由于案件尚未进入审理程序或仍处于审理中,其对证据的要求没有永久禁令高,且双方当事人的言辞辩论也不够充分,既然经过充分举证激烈辩论后仍难以获得永久禁令,那么,对于尚处于审判中的,对于公言论要求责令停止侵害的保全更应严格控制,禁止在诉讼中对与政府统治、人民参与自治有关的言论进行停止侵害的保全。日本媒体法认为,当言论的表现行为与公务员或是公职候选人有关时,因为"该表现行为具有宪法上须特别予以保护,且优于私人名誉权的社会价值"存在,所以停止命令原则上仍是不被允许的。② 对于确实需要禁止出版的新闻报道,可通过刑事审判程序或者战时特别程序处理。

三、私言论的保全

新闻自由、舆论监督与人格权的保护都是现代社会的产物,也是社会文明的标志。法律若特别强调对公民的人格权的保护,则必须适当限制新闻工作者从事新闻活动方面的某些自由。反过来说,如果法律对舆论监督活动予以充分保护,则必须对新闻侵害人格权的行为特别是轻微的侵害人格权的行为予以容忍。③ 在有言论自由的大政策的背景下,法院一般不会作出暂时停止侵害保全,谁是谁非要留待最后审判。

但在思想的自由市场中,真理不一定能战胜虚伪,因此,当存在思想自由市场不能解决、发生重大灾害的时候,即存在"明确、即刻的危险"时,可以

---

① 〔美〕唐·R.彭伯:《大众传媒法》,张金玺、赵刚译,展江校,中国人民大学出版社2005年版,第69—71页。

② 本章第二节在对行为保全的合理性进行分析时,认为行为保全只适用于私言论,不适用于公言论,对于有关公务员与公职候选人的言论是否属于与管理国家事务直接或间接有关的言论,属于公言论还是私言论,由法院自由裁量。

③ 王利明:《中国民法典学者建议稿及立法理由(人格权编、婚姻家庭编)》,法律出版社2005年版,第46—47页。

限制表达自由。对于作为人格权的名誉权,出于排除现实进行的侵害行为或预防将来会发生的侵害的目的,应解释为还可以要求加害者停止侵害。①

第一,要区分正当的舆论监督与非正当的舆论监督的界限,不能将一些不正当地侵害他人权利的行为作为新闻自由对待。② 崇尚新闻自由的禁止事前限制的目的在于禁止政府非法干预新闻自由,对侵犯公民人格权的报道进行限制并不违背上述禁止事前限制的目的。日本最高裁判所在"北方杂志案"中承认事前停止侵害请求权的判决,其认为对杂志及其他出版物的印刷、制本、贩卖、发布等采取的事先停止行为,与行政机关以事先规制为目的而对出版物所进行的全面、一般的审查不同,是针对个别的私人间纷争,由司法裁判机关进行的、基于当事人的申请并就停止请求权等私法上被保全权利的存否、保全之必要等作出审理判断后采取的措施,并不是所谓"检查"。③

第二,从个人人格利益保护而言,名誉权具有人身属性,一旦毁损就很难恢复原状,在人格利益与新闻自由发生冲突时,必须尽可能地调整两种利益的价值,使两者能够在一个合理的界限内共存。在德国,在当事人就诽谤、恶语中伤或侵犯隐私权等罪名提出请求的情况下,检察官可以启动有关程序着手调查,签发诉讼期间的禁令,禁令的内容是有关的新闻出版社机构必须停止发表已经引起诉讼的消息或其他形式的新闻评论。④

第三,对同一刊物中未侵权的报道而言,纵然其本身的发表自由受到了侵犯,但无损整个社会的新闻自由。若为新闻,各报刊均会争先恐后地报道,某一刊物某期的停止发行对公众获取信息的影响不大;对于时效性没那么强的报道则可以在下一期中刊发。虽然停止发行刊物对其他报道的刊发自由造成了影响,但可以通过对暂时停止侵害保全的实质要件作相应的规定,使得禁止侵权报道外流的价值比其他报道刊发自由的价值更高。

---

① 杨立新、袁雪石:《论人格权请求权》,载《法学研究》2003 年第 6 期。
② 王利明:《中国民法典学者建议稿及立法理由(人格权编、婚姻家庭编)》,法律出版社 2005 年版,第 48 页。
③ 姚辉:《民法上的"停止侵害请求权"——从两个日本判例看人格权的保护》,http://www.fashuo365.com/html/2005-10/2258.html,2005 年 10 月 9 日访问。
④ 张西明:《张力与限制——新闻法治与自律的比较研究》,重庆出版社 2002 年版,第 132 页。

第四,从社会公共利益的角度分析,由于禁止的是侵权报道,因此不会侵犯公民的知情权,是司法的合法规制领域;而且淫荡及猥亵性言论、粗俗的言论、诽谤性言论以及侮蔑性或挑逗性等言论并无任何社会价值,即使这些类型言论能给社会带来一些利益,但这些可能的利益也明显小于限制这些言论所欲维持之社会秩序及道德规范之社会利益。①

实践中,对私言论的暂时停止侵害保全已渐渐被接受。"北方杂志案"是日本最高法院就存在名誉侵害之嫌的表达行为可否事先停止侵害而表明立场的第一个判例。该案的具体内容是:原旭川市长 Z1 被预定为 1986 年 4 月举行的北海道知事选举的候选人。与此同时,杂志发行人 S 预定在于同年 2 月 23 日发行的《北方杂志》4 月号上发表针对 Z1 的题为《某权力主义者之诱惑》的报道,指责 Z1 从小就是"爱撒谎、装腔作势、狡猾"的人,"天生爱说谎话";并且使用诸如"言语的魔术师、兜售(政治上的)伪劣货色的江湖骗子"等词汇。Z1 得知上述情况后,于同年 2 月 16 日向北海道札幌地方裁判所申请假处分,要求出于防止名誉权受侵害的目的而禁止该期杂志的印刷、制作及发布。此项申请于同日得到准许并被执行。② 此外,2004 年 3 月 16 日日本东京地方法院勒令将于 3 月 25 日出版的报道众议员田中真纪子长女私生活的《周刊文春》停止出版,《周刊文春》方面提出取消假处分的抗告后,东京高等法院在 3 月 31 日也作出了与地方法院一样的决定。该期《周刊文春》被禁止出版,已经流入市面上的则由商家自己停止贩卖。③

侵权法面对的大量现象不是不法行为的侵权,而是权利与权利的冲突;对人格权的保护和维护新闻自由也要在制度构建上做好权利配置的问题,法律保护的是符合公共利益的言论自由而不是损害他人的言论自由;只要暂时停止侵害保全遵循一定严格的要件,并且作出裁决的机构是中立的法院,而不是有维护自身利益之嫌的拥有行政强权的政府,那么对私言论作出

---

① Chaplnsky v. New Hampshire, 315 U.S., at 571,572. 转引自林子仪:《言论自由与新闻自由》,台湾元照出版公司 2002 年版,第 158 页。转引自简海燕:《美国司法报道的法律限制》,知识产权出版社 2008 年版,第 191 页。

② 姚辉:《民法上的"停止侵害请求权"——从两个日本判例看人格权的保护》,http://www.fashuo365.com/html/2005-10/2258.html,2005 年 10 月 9 日访问。

③ 尹怀哲:《周刊文春查禁事件——司法对言论自由的侵犯》,参见台湾日本综合研究所网站:http://www.japanresearch.org.tw/point-17.asp,2004 年 4 月 16 日访问。

暂时停止侵害保全是符合各方利益的。下一节将围绕私言论来构建新闻侵权中暂时停止侵害保全制度。

第三节　实质要件：最小限制原则

与认定表达自由侵权的要件相比，对表达自由进行任何事前限制都必须满足更高的要求。① 日本媒体法认为，这种暂时停止侵权的保全措施（停止命令）既然是对言论之事前限制，当然必须在严格而且合乎明确性要求的要件下始得被承认。惟"行为人表现行为的内容并非真实，且其目的亦明显非为维护或促进公众利益，并考量被害人所受的损害重大而显然有回复困难之虞时"才可以例外地承认停止命令。② 这不仅要求该报道构成新闻侵权，而且要求该侵权报道对正在导致或即将导致的人格利益造成严重的损害或者新闻机构在发表该侵权报道时存在实际恶意等实质要件。为了调节好人格权保护与新闻自由的关系，暂时停止侵害保全的实质要件将围绕最小限制手段原则来构建。最小限制手段原则（less restrictive alternative）是指，在适用限制言论自由的法律时，应选择达到禁止目的所要求的最小限制。即使政府的目的合法且合情合理，如果本来可以采用更为有效的方法达到目的，却以侵犯他人基本自由的手段达到目的，那么这种手段也是不适宜的。法院应该考查，为了达成同一目的，是否存在更为有效、更无压制的手段。③ 下面将围绕该原则对暂时停止侵害保全的实质要件进行构建。

一、紧迫的争端

紧迫的争端作为暂时停止侵害保全的实质要件之一，它包括以下几个方面的内容：首先，申请人的人格利益正在或者即将受到错误新闻报道的侵害；其次，申请人须证明正在或即将受到的是无法挽回的损害或重大损害。

---

① Applying, It Seems, A Standard American Cyanamid Approach to Interim Injunctions. 2 NZLR 129, 1999:132.
② 〔日〕松井茂记：《媒体法》（第三版），萧淑芳译，台湾元照出版社 2004 年版，第 115 页。
③ 参见刘迪：《现代西方新闻法制概述》，中国法制出版社 1998 年版，第 37—38 页。

"如果让债权人继续忍受到本案作出判决为止,其所遭受的不利益或痛苦显然太残酷的情形"①;再次,侵害具有紧迫性,无法在判决后再进行救济,或者判决后的救济不充分,必须马上停止侵害。

二、胜诉的可能性较高

对于暂时停止侵害保全措施,应对案件胜诉的可能性作一定的要求,应借鉴英国过去适用中间禁令时对严肃的争端的要求。② 法官应当考虑原告在一定程度上存在胜诉的可能性。如果原告没有或者只有极微弱的胜诉机会,就谈不上有一个"严肃"的争端。就新闻侵权而言,暂时停止侵害保全不仅涉及新闻机构的利益,也涉及新闻自由以及社会公共利益,对申请人的胜诉的可能性要求较高。

三、人格利益的重大损害

并不是所有构成新闻侵权的案件都可以申请暂时停止侵害保全,基于最小限制手段原则,必须对不同阶段、不同类型的案件作出不同的规定。

第一,对于已经刊印完毕正在或即将发行的侵犯名誉权的报道,如果申请暂时停止侵害的保全措施,那么要求侵权报道的内容将对申请人的名誉造成严重影响,即严重歪曲事实或严重损毁申请人的名誉,将使其社会地位严重降低。对于已刊印的报纸、刊物等采取保全措施,必须采用更为有效的、更无压制的、最小限制的手段进行救济。如果新闻报道不会造成社会评价的严重降低,只是一般名誉侵权,例如事实或评论部分存在一定的误导,但这种误导并没有使申请人的社会评价严重降低,那么可以通过刊登更正报道、进行申辩或者通过法院判决在事后对其名誉进行救济,无须采取严厉的暂时停止侵害的保全措施。

第二,对于未刊印的侵犯名誉权的侵权报道,以及已刊印的侵犯隐私权报道,只要侵权报道的内容会导致申请人的社会评价降低,即可满足暂时停止侵害保全的客观要件,不需要达到社会名誉严重降低的程度。这是因为,

---

① 重大损害是德国、日本和我国台湾地区适用确定临时状态的假处分的实质要件之一。
② 此处的"严肃的争端"与上文"一"中"紧迫的争端"不同,前者强调胜诉率,后者强调争端的存在及紧迫性。

对于未刊印的侵犯名誉权的报道,禁止其发行不会影响其他合法新闻的报道自由,而且保全的成本低;另外,事后的损害赔偿对隐私权侵权的救济明显不足①,侵犯隐私权是对不欲为外人所知的真实的"阴私"的披露,在事后无法通过澄清事实或公正评价来恢复,因此,需要加强事前预防。一旦新闻报道中出现侵犯隐私权的情形,应当通过临时停止侵权的保全措施强制约束其刊发。②

第三,对于未刊印的侵犯隐私权的报道,只要侵权报道的内容构成对隐私权的侵犯,即可满足暂时停止侵害保全的客观要件。不论该隐私的揭露是降低、不影响或者提高申请人的社会评价,只要申请人申请,即可裁定暂时停止侵害保全。

四、无需强制担保

对于暂时停止侵害保全,法院一般会要求提供担保,这主要考虑能弥补被申请人因裁定错误所造成的损失,同时通过要求提供担保,也可以防止恶意滥用暂时停止侵害保全。但是,对于新闻侵权而言,担保并不是申请暂时停止侵害保全的必要要件。法官在一般情况下不应强制申请人提供充分的担保。对于自然人而言,其财产往往有限,当法院要求申请人提供与新闻机构损害数额相当的担保时,申请人往往无法承受,一方面起不到弥补被申请人损害的作用,另一方面也使得暂时停止侵害保全成为"水中花、镜中月"。美国学理认为在原告贫穷的情况下,法院放弃责令申请人提供担保的要求是合理的。③

五、利益衡量

暂时停止侵害保全措施具有紧迫性和临时性的特点,法院对胜诉率、社会评价以及新闻机构过错的认定可能会存在一定的困难。当出现难以判断前述三个要素的时,可以适用利益衡量的规则。第二次世界大战以来,美国最高院采用"利益衡量"来处理言论自由案件,将言论自由的个人价值、社会

---

① Jesse Wilson, Prior Restraint of the Press, *NZ Law Review*, 2006.
② See Burrows, The News Media and the Law, 9 *Canta LR*, 2000.
③ 参见沈达明:《比较民事诉讼法初论》,中国法制出版社2002年版,第230页。

价值与限制言论自由法令所追求的社会利益进行比较,借此选择何者应为社会所容纳。① 利益衡量规则就主要围绕双方当事人的损失、损害的负担能力和胜诉率这三个因素进行规范,并在特定情况下考虑公共利益。就胜诉率而言,虽然暂时停止侵害保全具有附属性,不影响判决的最终结果,但是,暂时停止侵害保全是对新闻自由的事前限制,且暂时停止侵害保全的目的是为了维护正当权利人的利益,因此,胜诉率作为利益衡量的一个重要因素,需要慎重对待。实际上,对双方当事人的损害赔偿、损害负担能力以及胜诉率作出准确判断较为困难,法院在裁定暂时停止侵害保全过程中也难以将这些要素进行量化。这些要素的提出,旨在指导法院在利益衡量时需要平衡它们三者之间的关系。

六、行为保全的撤销与赔偿

暂时停止侵害保全只是临时性的救济措施,不具有终局性的法律效力,其正确与否有待进一步的诉讼来最终确定。如果申请人在裁定暂时停止侵害保全后迟迟不予起诉,这对被申请人很不公平,因此一旦超出了法律许可的合理期限,法院必须裁定撤销暂时停止侵害保全。此外,对于申请原因和条件不存在或者情况发生了变化,如果使得暂时停止侵害保全措施不再具有必要性,那么也应当裁定撤销暂时停止侵害保全,主要表现为:有确凿的相反证据证明该报道并不侵权;申请人与被申请人达成和解协议;申请人要求法院撤销暂时停止侵害保全等。

问题是,如果被申请人向法院提供了充分的财产担保,法院是否应当撤销行为保全? 对此,一般不应当予以支持。理由至少有以下四点:第一,行为保全措施与财产保全措施在内容和适用要件上不同。如果不采取停止侵权的措施,被申请人所造成的损失不是简单用金钱赔偿就能够解决。② 第二,行为保全的目的在于预防被申请人的行为可能造成申请人在隐私、名誉等方面难以弥补的损失,并不仅仅以财产为限。如果一旦被申请人提供担保,法院就撤销保全措施,这将导致保全申请人的期望落空,在客观上也无

---

① 简海燕:《美国司法报道的法律限制》,知识产权出版社 2008 年版,第 180—181 页。
② 最高人民法院研究室:《最高人民法院司法解释理解与适用(2001)》,中国法制出版社 2002 年版,第 216 页。

法消除保全所防范的风险。也就是说,被申请人通过提供财产担保来申请撤销暂时停止侵害的保全,这种担保缺乏标的物的对等性和共通性,尚不足以防范风险的发生和满足申请人对暂时停止侵害保全申请的期望。① 第三,新闻机构与申请人在财力上优劣通常比较明显,被申请人能够轻而易举地提供担保,这样一来,若只要被申请人提供担保就撤销暂时停止侵害保全,那么,暂时停止侵害保全在新闻侵权救济中将形同虚设。第四,我国司法实践中已经存在不因被申请人提供担保而撤销行为保全的法律规定。我国《关于对诉前停止侵犯专利权行为适用法律问题的若干规定》(2001)第8条规定,停止侵犯专利权行为裁定所采取的措施,不因被申请人提出反担保而解除。德国、日本及我国台湾地区也都规定了假处分不得因为提供担保而撤销。②

　　暂时停止侵害保全一旦出现错误,对新闻机构的损害也是巨大的。由于侵权报道是刊登在具有一定版面篇幅的报纸或刊物上的,如果采取行为保全措施,禁止载有侵权报道的报纸或刊物发行,那么已付印装订完毕的整个报纸刊物将不能原装发行,如果不能拆卸重组,还需要重新进行印刷,工程非常艰巨,而且"新闻是一种易腐坏的商品,推迟它的公开发布即使时间很短,或许就会剥夺新闻的所有价值和影响"。③ 对于刊登在同一报纸刊物上的其他文章,也因保全措施而在客观上限制了发表,损害了其新闻价值。由于暂时停止侵害保全裁定是在争执问题尚未完全确定的情况下作出的,难免会存在错误。申请人有过错的,申请人应当赔偿被申请人因行为保全所遭受的损失。

　　一般对裁定保全错误的赔偿并不另案处理,而由被申请人在原案件审理期间向法院提出要求申请人赔偿损失的请求,并由受理原案件的法院在裁定解除保全措施时一并处理。对于诉前提出暂时停止侵害保全事后没有到法院起诉的,被申请人可以向作出保全裁定的法院提出撤销保全并要求申请人承担赔偿责任。

---

① 张淑隽、刘园园:《论行为保全——兼谈我国民诉法设立行为保全制度的必要性》,载《法律适用》2006年第10期。
② 李仕春:《民事保全程序研究》,中国法制出版社2005年版,第137页。
③ 〔英〕萨莉·斯皮尔伯利:《媒体法》,周文译,武汉大学出版社2004年版,第46页。

第十七章 道 歉 广 告

赔礼道歉作为一种民事责任承担方式由来已久，在我国，法院通过判令被告在报刊上刊登声明，对原告消除影响、恢复名誉、赔礼道歉，且声明的内容须事先经过人民法院的审查。① 在日本，最常用的恢复名誉的救济手段是强制性的道歉广告，当判定被告名誉侵权时，法院命令被告刊登广告，其措辞大体为"因该报道内容虚假，伤害了对方名誉，我们表示道歉"等。② 在新闻侵权中，更正或承担被告律师费等责任承担方式相对于强制赔礼道歉而言，是含糊且没有那么强有力的。③ 法院强制赔礼道歉在民法中有着更大的改革功能，重新定义社会的标准，确认重大事件的公正性。④ 赔礼道歉是一种常用的责任承担方式，得到广泛的应用，实践中既可以自愿履行也可以通过法院的判决强制履行。

毫无疑问，真心实意的道歉可以获得对方的谅解，是对被侵权方一种精神上的抚慰，具有积极的意义。近期赔礼道歉作为民事责任承担方式的必要性引起学者的关注，笔者认为赔礼道歉有必要作为一种民事责任承担方式，强制法律上的赔礼道歉达到道德上赔礼道歉的效果是对法律上赔礼道歉功能的误解，应该严格区分道德上的赔礼道歉和法律上的赔礼道歉，应认识到法律上的赔礼道歉应公开化，并根据法律上赔礼道歉所要达到的效果规范法律上的赔礼道歉的具体操作。

---

① 相关案例判决内容参见周旭文：《案例评析与法律适用——名誉侵权纠纷》，中国方正出版社 2005 年版，第 21、28、52、88、160 页。

② 刘迪：《现代西方新闻法制概述》，中国法制出版社 1998 年版，第 112 页。

③ Brent T. White, Say You're Sorry: Court-ordered Apologies as a Civil Rights Remedy, 91 Cornell L. Rev., September, 2006.

④ Ibid.

第十七章　道歉广告

第一节　赔礼道歉的现状困惑

在实践中,赔礼道歉的履行会遭遇一些阻碍。以庄羽诉郭敬明抄袭案为例,2006年5月22日,北京市高级人民法院对"庄羽诉郭敬明抄袭案"作出终审判决,认定被告郭敬明《梦里花落知多少》作品抄袭原告《圈里圈外》一书事实成立,由被告郭敬明和出版社共同赔偿原告经济损失20万元及精神损害赔偿金1万元,停止《梦里花落知多少》一书的出版发行并通过《中国青年报》公开向原告赔礼道歉。被告如期交付了21万的赔偿金,但却没有履行赔礼道歉的判决。对此,原告"很在乎他是否赔礼道歉",因为"在诉讼主张里,停止侵权是第一位的,其次是道歉,然后才是赔偿"。可被告郭敬明于2006年6月5日在个人博客中表明:会执行法院的赔偿判决和停止销售,但"不会道歉"、"哪怕只是简简单单的一句话"。2006年12月13日,法院把判决书的部分内容在《中国青年报》上进行了公告,视为强制执行了赔礼道歉的判决。①

在这个案件中可以折射出赔礼道歉在实践中存在两个疑惑:赔礼道歉是否必须发自侵权人的真心实意?赔礼道歉能否强制执行?而这两个问题又直接引发一个问题:赔礼道歉能否作为一种民事责任方式?目前,关于赔礼道歉作为一种民事责任承担方式存在着以下几点困惑:

首先,道歉广告对被侵权人的抚慰效果是否明显?若新闻机构通过道歉广告的形式向包括被侵权人在内的公众致歉,则由于对象众多,传达给受害人的歉意有限。其实,侵权报道的被侵权人数量是有限的②,且新闻机构往往有被侵权人的联系方式,没有必要也不应当采用道歉广告的形式。即使通过道歉广告指名道姓向被侵权人赔礼道歉,由于无法确定对方能否接收到而大打折扣,即使能接收到,也无法感觉道歉广告内含的诚意。相反,通过登门等方式直接向受害人致歉,通过互动交流的形式从方方面面理解

---

① 付翠英:《论赔礼道歉民事责任方式的适用》,载《河北法学》2008年第4期。
② 不包括群体诽谤的情形,群体诽谤可以通过在报刊上刊登道歉广告向被侵权群体致歉。

对方的苦楚困境,真诚地表示歉意,更易获得被侵权人的原谅与谅解。

其次,强制向被侵权人赔礼道歉是否有违良心自由?强制刊登道歉广告是指当新闻机构不自觉履行在报刊上刊登更正道歉声明的法院判决时,法院强制新闻机构刊登道歉广告对被侵权人致歉。对于上述做法是否违反良心自由,有两种不同观点:日本一些法官和学者持肯定的观点,认为刊登强制性道歉广告的人并无道歉意思,只是法院强制命令,有违"良心自由";而日本最高法院大多数人持相反意见,认为道歉广告"仅停留在告白事件真相,表明陈谢之意的程度,并未课以屈辱性或劳役性痛苦,所以没有侵犯被告的伦理感情和良心自由"。①

第三,替代履行是否违背了向被侵权人致歉应有之意?当新闻机构不履行刊登更正道歉声明的义务时,法院常采取让被侵权人在报刊上刊登更正道歉声明而由新闻机构承担刊登费用的方法。如果道歉的对象是公众,这是合理的;但如果道歉的对象是被侵权人,则完全违背了赔礼道歉应有之本义。所谓赔礼道歉是要求侵权人向被侵权人致歉,而且是侵权人认识到错误发自内心地表示歉意;而替代履行使得赔礼道歉的实际履行是被侵权人向自己致歉!这种做法十分荒唐。究其原因是赔礼道歉对象不清的结果。

笔者认为,上述困惑的出现主要原因在于没有区分道德上的赔礼道歉和法律上的赔礼道歉,将法律上的赔礼道歉道德化的结果。

第二节 区分道德上的赔礼道歉和法律上的赔礼道歉

有学者认为,应将赔礼道歉区分为道义上的赔礼道歉和法律上的赔礼道歉,道义上的赔礼道歉通常是侵权行为人自觉的行为,表明其内心悔意,并希望得到受害者的谅解,可以是公开或私下的,且只能建立在当事人自愿的基础上;而法律上的赔礼道歉则相反,不代表侵权行为人的内心感受,必须公开,是法律上的强制义务,与其说是对受害人的安慰,不如说是对侵

---

① 刘迪:《现代西方新闻法制概述》,中国法制出版社1998年版,第112页。

害人的惩罚。① 笔者基本赞成这一观点,作为责任方式的强制性和作为道德责任的内疚感、负罪感有着先天的矛盾②,通过区分道义上和法律上的赔礼道歉,可以对上述困惑进行解释,明确作为责任承担方式的法律上的赔礼道歉的强制力。

一、道德上赔礼道歉

道歉的道德来源于人的内疚感,最终源自人的良心。道德的心理基础是良心,具体讲是自向性的负罪感和他向性的悔恨情感。③ 一个完整的赔礼道歉应该包括五个要素:承认事件已经发生;承认事件的不妥当;承认自己对行为负有责任;表示后悔的态度和悔恨的情绪;表示类似行为将来不再发生。④

正确的赔礼道歉能够治愈伤痛,因为其能够满足受害人心理上的一种或者多种需求,包括:恢复自尊;使受害人确定侵害行为不是因自身的过错而引起的,避免自我责难;使受害人信赖该侵权行为不再发生;使原告知道被告知道侵权行为的始末,在赔礼道歉中要提及事件的始末;满足受害人想看到侵害人遭受强制的情况的心理。⑤ 这些需要的满足均要求道歉者的道歉出于真心实意。

因此,道德上的赔礼道歉是不能强制执行、替代执行的。因为道德上的赔礼道歉必须是"一个真诚的和发自内心的道歉要含有悔过自新的意思表示,否则就不是真诚和由衷的"⑥。按照美国学者 Lee Taft 的观点,如果被告不是深感懊悔,并且也不觉得他实施了不法行为,一个表演式的道歉只能是一个不道德的行为。真诚的道歉话语会在这样一种环境中产生,即参与者都将道歉的话语作为一种道德行动,并且一致反对为了某种策略以及机械

---

① 曹瑞林:《新闻媒介侵权损害赔偿》,人民法院出版社 2000 年版,第 131 页。
② 付翠英:《论赔礼道歉民事责任方式的适用》,载《河北法学》2008 年第 4 期。
③ 王立峰:《民事赔礼道歉的哲学分析》,http://www.66view.com/lunwen/9/54/21912.html,2007 年 5 月 10 日访问。
④ Kathleen Gill, The Moral Functions of an Apology, *The Philosophical Forum*, Volume XXXI, No.1, 2000, Srping.
⑤ See Aaron Lazare, On Apology 4—5, 7—15, 39, 2004.
⑥ 王立峰:《民事赔礼道歉的哲学分析》,http://www.66view.com/lunwen/9/54/21912.html,2007 年 5 月 10 日访问。

的目的而扰乱这种话语。① 在道德意义上,赔礼道歉是不能强制执行的,因为强制执行违反了良心自由,无法产生自向性的负罪感和他向性的悔恨情绪。

二、法律上赔礼道歉

传统的救济方式无法对民事权利受害人提供足够的救济,因为传统的救济方式忽略了心理上、感情上以及象征性的损害。法庭强制的道歉是治愈心理创伤、修补标准、恢复社会平衡、促进社会变革的有效方式。② 法律上的赔礼道歉是指将赔礼道歉上升为民事责任的承担方式,通过公开的形式向受害人致歉,由于其一般采用"广而告之"的形式,亦可成为道歉广告。不仅关注对受害人精神的抚慰,更关注对受害人名誉的实质恢复、对侵权人的法制教育以及相社会公众传递正确的法律观念。

对于受害人而言,道歉广告对受害人仍然是有价值的,而且更加注重对受害人名誉的恢复。首先,即使明知被告所作的赔礼道歉是非自愿的,原告亦能获得满足。③ 心理学研究结论可以推翻"非真心诚意的道歉对受害人而言没有价值"的假定。在一个心理研究中,在假定情境下,测试对象如果受到严重侵犯,但受害人却给出一个并不令人信服和不真诚的道歉,那测试对象会如何反应呢?研究结果表明,所有的测试对象都表示愿意接受这个道歉。④ 自愿道歉能使受害人确信被告不再犯,但强制的道歉也能使受害人感到安全,因为受害人知道侵害人将来至少不可能用同样的理由为同样的侵权行为做借口。⑤ 其次,法律上的赔礼道歉与私下的赔礼道歉不同,更注重对受害人名誉的恢复。究我国赔礼道歉的实质,其目的主要在于恢复名

---

① See Lee Taft. Apology Subverted: The Commodification of Apology. 109 *Yale L. J.*, March, 2000.

② Brent T. White, Say You're Sorry: Court-ordered Apologies as a Civil Rights Remedy, 91 *Cornell L. Rev.*, September, 2006.

③ Ibid.

④ Mark Bennett & Christopher Dewberry, I've Said I'm Sorry, Haven't I, A Study of the Identity Implications and Constraints That Apologies Create for Their Recipients, 13 *Current Psychol.* 10,1994:17/18. 转引自王立峰:《民事赔礼道歉的哲学分析》,http://www.66view.com/lunwen/9/54/21912.html。

⑤ See Aaron Lazare, *On Apology*, Oxford University Press Inc, 2004, pp.4—5.

誉、消除影响,而不是在于道歉本身。实践中具体有两种表现形式:一是在判决书中将赔礼道歉的目的表述成恢复名誉消除影响,如在荷花女案件中,法院判决被告在《今晚报》上连续三天刊登道歉声明,为吉文贞及原告陈秀琴恢复名誉,消除影响。二是在判决赔礼道歉而不判决恢复名誉、消除影响的案件中,如在胡骥超、周孔昭、石述成诉刘守忠、遵义晚报社侵害名誉权案中,法院一审判决书中只是责令被告刘守忠在《遵义晚报》上公开向原告赔礼道歉,登报内容须经法院审核,费用由遵义晚报社承担;在被告刘守忠未删改侵犯原告名誉这一段情节、人物之前,禁止《周西成演义》一书的出版发行;以及判决被告赔偿原告一定的经济损失。[①] 并没有直接对恢复名誉、消除影响做要求,可见法院认为赔礼道歉的目的在于恢复名誉、消除影响。由此可见,强调赔礼道歉是因为通过赔礼道歉的形式进行更正对恢复名誉、消除影响的效果更明显。

对侵权人而言,通过道歉广告使其认识到自身行为的错误并加以纠正。根据心理学上认知失调理论,侵权人侵害他人是源于在先的错误信念,以为该行为会被社会接受。通过法院强制道歉使其认识到错误。[②] 真心诚意的道歉是理想状态,但是我们不应低估形式正式道歉的教育意义,无论我们是否相信其是真心诚意的。家长在小孩子做错事时让其道歉也只是希望小孩吸取教训。[③] 道歉广告是侵权人在形式上认识到自身的错误。有学者认为违背意愿的道歉会给侵权人带来心理上的痛苦,强制道歉是残忍的。其实不然。对于侵权人而言真诚和被迫或强制赔礼道歉都是都会造成心理上的痛苦。真诚的赔礼道歉是侵权人意识到自身错误而感到懊悔自责的结果,而强制的赔礼道歉虽然违背侵权人的良心自由,但并不一定会造成侵权人的痛苦,即使造成痛苦也是就其损害行为承担责任的表现。

对于社会公众而言,当众赔礼道歉对公众有教育意义,教育公众何为正

[①] 胡骥超、周孔昭、石述成诉刘守忠、遵义晚报社侵害名誉权案参见刘海涛等:《中国新闻官司二十年》,中国广播电视出版社 2007 年版,第 240—247 页。

[②] Brent T. White, Say You're Sorry: Court-ordered Apologies as a Civil Rights Remedy, 91 *Cornell L. Rev.*, September, 2006.

[③] Ibid.

确何为错误。① 就新闻侵权而言,由于报道的受众广泛,使公众对受害人的人格产生误解,通过强制赔礼道歉向公众传播正确的社会信息,消除对受害人的误解,恢复原有的社会秩序;同时使公众意识到侵权人的这种行为是不法的,并从中吸取教训,不进行类似的侵权行为。因此,对公众而言,道歉广告的替代履行仍具有积极意义。

正是由于法律上的赔礼道歉的功能比道德上的赔礼道歉广,因此,为了达到所追求的效果,法律上的赔礼道歉可以强制执行、替代执行。这种强制执行或替代执行对侵权人的良心自由是一种限制,但这种限制是权责对等的表现,是在合理的范围之内的。与道德上的赔礼道歉关注的是如何抚平侵害人的良心不安不同,法律上的道歉则考虑如何补偿受害人名誉的损失,如何惩罚侵害人。在强调正义的法律语境里,法律关注的是补偿受害者的损失从而实现校正正义,法律并不关心侵害者的道歉是否发自内心、是否愿意。② 强制履行和替代履行的目的不仅是为了向受害人道歉,而是将新闻机构需要向被侵权人道歉的行为公开化,使公众通过新闻机构的立场来否定之前的侵权报道,以求达到消除影响、恢复名誉的目的。

第三节　道歉广告的适用

每个人都有保护自身尊严、冒充赔礼道歉的倾向,往往逃避责任,如使用以下语句:如果我错了,如果我做了,我只是认为这样做是最好的方式等,通过消极的语气模糊道歉者的角色,质疑受害人是否真的受到伤害,道歉者是否真的做错了,抱怨受害人太敏感,自以为有道理。因此,必须对法律上赔礼道歉即道歉广告的适用进行一定的规制。从一些国家的立法例以及司法判决可以看出,在新闻侵权的实践中,道歉广告并不是单独履行的,其往往是与刊登更正声明联系在一起,在更正声明中附带赔礼道歉。

---

① Brent T, White. Say You're Sorry: Court-ordered Apologies as a Civil Rights Remedy, 91 *Cornell L. Rev.*, September, 2006.

② 王立峰:《民事赔礼道歉的哲学分析》,http://www.66view.com/lunwen/9/54/21912.html, 2007年5月10日访问。

一、道歉广告的内容

总的来说,一个公开的道歉不能含糊不清,道歉广告的内容与更正报道的内容类似,应指出原报道的错误之处并对错误之处进行纠正,说明出错的原因,并表示歉意。对于诉讼判决承担赔礼道歉义务的,还须在刊登前将内容交与法院进行事前审查,确保道歉广告的效果。具体而言,赔礼道歉的内容应当符合以下几个要求[1]:第一,用具体明确的语言承认错误的行为,使用积极的语言使侵权人的角色明确,使受害人的角色明确;第二,承认自己造成的伤害且不能埋怨受害人,不能把所造成的伤害的程度降低,不能对非法伤害受害人的行为提出质疑;第三,承担全部的责任不能寻求任何借口;第四,要表示懊悔;第五,保证不再犯。此外,在进行赔礼道歉前,必须完全理解被告侵权行为的本质和原告所遭受的损害,任何含糊或模棱两可的话语都会降低赔礼道歉的效力。

二、道歉广告的履行

第一,由于赔礼道歉对受害人、侵权人和公众都有积极的意义,一般而言应当公开进行赔礼道歉,但考虑到原告的选择自由,如果原告要求私下书面或口头表示歉意,法院则可判决私下道歉。如果原告要求公开,法院则要判断在什么范围内公开。在新闻侵权中,则根据侵权报道的传播影响范围在刊登侵权报道的刊物上或具有相同影响力的刊物上进行赔礼道歉,即刊登道歉广告。

第二,道歉广告应当在知悉错误后的下一期或法院判决的期限内刊登,应刊登在刊物的显眼位置以醒目的字体公开刊登,并且标明"道歉"等字样,可以与更正声明合并刊登,并遵循刊登更正声明的格式的要求。如在黄仕冠、黄德信诉广西法制报社、范宝忠侵害名誉权案中,因涉案文章刊登在报纸的第三版头条位置刊文向原告赔礼道歉,二审对此项的判决变更为第三版刊文向原告赔礼道歉,没有强调要在头条位置刊文。[2]

---

[1] See Aaron Lazare, *On Apology*, Oxford University Press Inc, 2004, p.39.
[2] 刘海涛等:《中国新闻官司二十年》,中国广播电视出版社2007年版,第98页。

三、不履行道歉广告的救济

对于新闻机构不进行法院判决的赔礼道歉的情形,受害人可以选择申请法院强制执行或者选择其他方式进行救济。在民法中,违反责任义务不一定是通过强制执行的方式履行,也可以通过对违反责任义务的行为进行惩罚或替代履行,从而体现责任的法律强制力。就新闻侵权而言,受害人可以选择通过强制新闻机构刊登道歉广告或交纳怠于履行的罚款督促其履行,也可以强制其就不愿意履行赔礼道歉的这一行为承担精神损害赔偿责任。

四、道歉广告有助于减轻民事责任

对于赔礼道歉的法律效果,美国和日本有不同的看法。美国强调个人的独立自主以及自由理性选择社会承诺的方式,不注重赔礼道歉的法律作用,即使是法律的强制道歉也被认为是没有诚意的,是自我人格的贬损,一般是通过经济赔偿承担责任,而在日本强调群体内部要维护良好和谐的秩序,赔礼道歉则是任何争端解决方法中不可或缺的组成部分,不愿意赔礼道歉只想通过其他方式承担责任的人是不被信赖的;被告坚持不道歉,很有可能会被法院判决承担责任范围内最严厉的责任。①

美国之所以谨慎使用赔礼道歉是因为,如果道歉是地道的,违者必须明显地承认他的不道德的行为;如果道歉被认为一次道德行动,他必须真实地后悔。② 如果道歉成为战略选择,那么道德被腐化。③ 笔者认为,我们不能因为赔礼道歉可能存在的功利性而因噎废食,否定赔礼道歉作为民事责任的意义。既然赔礼道歉是民事责任的一种,赔礼道歉后相当于履行了部分的民事责任,当然能够起到减轻民事责任的效果。

但赔礼道歉所能减轻的民事责任程度则要视赔礼道歉的效果而定。笔者认为,法院在判断侵权人承担责任大小的因素包括过错程度、损害结果等

---

① See Hiroshi Wagatsuma, Arthur Rosett, The Implications of Apology: Law and Culture in Japan and the United States, *Law & Society Review*, Vol. 20, No. 4, (1986).

② Lee Taft, Apology Subverted: The Commodification of Apology, 109 *Yale L. J.*, March, 2000.

③ Ibid.

因素,因此,在判决前若要产生减轻民事责任的效果则一方面必须从过错的因素着手,也就是要求侵权人认识到自身的过错真诚地赔礼道歉以表示悔过,同时通过真诚地道歉使受害人得到精神上的满足减少损害后果,这都要求在判决前的赔礼道歉是出自侵权人的真心实意。另一方面从损害结果的因素着手,即使是非真心实意的道歉广告也能在一定程度上起到恢复名誉消除影响的效果。因此,无论道歉广告是出于真心实意还是被迫或为了逃避责任,都在不同程度上起到减轻民事责任的效果。

结　　语

　　本书通过构建连续报道、更正报道、申辩报道暂时停止侵害保全制度以及重构赔礼道歉制度,对错误报道的被侵权人进行非物质救济,以期及时有效地恢复当事人的人格利益。在新闻侵权中,连续报道、更正报道、申辩报道、暂时停止侵害保全是针对新闻侵权所设计的特有的制度,这些制度的构建对于及时有效恢复错误报道中被侵权人的人格利益有着非常重要深远意义。目前,我国民法典的制定工作如火如荼,在起草民法典的侵权行为篇中面临着是否将新闻侵权类型化的争论。笔者认为,新闻侵权救济方式的独特性,能够从侧面说明新闻侵权类型化的必要性。将新闻侵权类型化规定在民法典的侵权行为篇中,并对新闻侵权的独特救济方式加以相应的规定,必能更为便捷地对被侵权人进行救济,更为有效地保护被侵权人的人格利益。

第十八章　新闻记者的特权——拒绝作证

第一节　司法利益与新闻自由的冲突

一、新闻记者有没有拒绝向法官披露信息来源的权利？

在新闻报道中,有些新闻是由新闻记者未经任何中间环节而直接获取的,诸如战地记者从战场上根据自己的目击事实发来的现场报道等。但实践中更多的新闻材料则来自于记者对目击者和内幕人士等信息提供者的采访。如果信息提供者因故意或过失致使提供的新闻材料失实,那么应当认为新闻侵权的结果与信息提供者的主观过错具有相当因果关系,受害人在提起新闻侵权诉讼之际,他往往希望将信息提供者与新闻媒体一并列为被告,然而,根据《民事诉讼法》的规定,提起民事诉讼的条件之一便是要有明确的被告,如果新闻报道中没有对信息提供者的身份予以明确披露,那么受害人对信息的提供者难以知悉,也就无法将信息提供者在起诉时直接列为共同被告。但是,即使受害人没有起诉信息提供者,在诉讼过程中法官为了查明事实,也有可能会在法庭调查中要求记者向法院陈述信息的来源并如实披露信息提供者的身份。一旦新闻记者予以披露,原告(受害人)就有可能要求追加信息提供者为共同被告,信息的提供者就势必要卷入新闻诉讼。因此,信息提供者究竟是谁、会不会卷入诉讼、要不要承担法律责任,很大程度上取决于新闻记者是否披露信息来源。问题的关键是,作为新闻记者,有没有拒绝向法官披露信息来源的权利?① 如果新闻记者向法官隐匿信息来源,是否要追究其藐视法庭的法律责任?这就涉及新闻记者的拒证特权问题。②

二、司法利益与新闻自由的冲突

对于记者的拒证特权问题目前在新闻界尚未引起足够的重视,在司法实践中也几乎是一片空白。③ 我国《刑事诉讼法》和《民事诉讼法》均规定:"凡是知道案件情况的人,都有作证的义务。"我国目前的立法中,除被告人的配偶、父母、子女外,证人只有作证的义务,而没有拒绝作证的权利。④ 而一旦新闻记者和普通证人一样履行其作证义务,动辄披露信息提供者的身份,则必然导致新闻记者和信息提供者之间的信任危机,这无异于使新闻媒体自绝生路。如果相互冲突的利益不能同时得到满足,最为棘手的问题就是如何对它们的重要性作出安排。在对不同利益的先后顺序进行安排的时候,人们必须作出一些价值判断,这就提出了一个"利益估价"问题,其最终目的,正如庞德所说的,便是尽可能满足多一些利益,同时将牺牲和摩擦降低到最小限度。⑤ 新闻自由与司法利益均有其合法性基础。当它们的利益不能同时得到满足时,如何进行制度设计以达到利益的最大化并将摩擦降低到最低的限度便成为我们利益衡量的首要目标。

---

① 由于证人是利用自己的言辞提供其通过视觉、听觉、触觉等感知的信息进行作证的,所以证人必须是自然人,法人不能成为证人,所以在新闻侵权诉讼中只有直接接触信息提供者的记者才可以成为证人并享有拒证特权,新闻单位既不能成为证人,也不能享有拒证特权。

② 基于对特定职业的考虑,一般认为,律师、医师、记者和牧师等可以对其在职务中了解到的事实享有拒证特免权。在我国,对于辩护律师在履行职务的过程中获悉被告人未被司法机关指控的犯罪可否以拒绝作证的问题,律师界和诉讼法学界曾展开过热烈讨论,已经引起广泛关注。虽然立法尚不明确,但持肯定说已成为主流观点。

③ 被称为"中国最大的名誉权案"的李谷一诉记者汤生午和声屏周报社侵害名誉权案,因为韦唯是涉讼新闻的信息提供者,法院既已认定新闻构成侵权,那么韦唯便无疑是侵权人。在本案的诉讼中,学者和舆论界对于韦唯(信息的积极提供者)在新闻诉讼中的法律地位以及韦唯是否应列为本案的被告非常关注,却很少提及新闻媒体为信息提供者保密的义务和隐匿信息来源的拒证特权问题。

④ 柴发邦:《民事诉讼法学》,北京大学出版社1992年版,第183页。

⑤ 〔美〕博登海默:《法理学——法哲学及其方法》,邓正来译,华夏出版社1987年版,第384页。

第二节　记者在没有拒证特权情况下的
　　　　利益状态分析

毫无疑问，在诉讼活动中，包括记者在内的所有了解案情的个人和组织都应当向司法机关如实提供案件的事实，这是一个社会成员应尽的作证义务。在新闻诉讼中，如果站在证人席上的记者如实接受法官的询问，甚至将其所了解的有关信息提供者的全部事实在公开审理时向法庭、当事人、旁听者和社会公众充分披露，就个别案件而言，记者作为证人确实忠实地履行了向司法机关的作证义务，确实有利于法院查明案件事实，满足了受害人的赔偿请求，对此无须赘述。惟应注意的是，任何义务并不是毫无限制的，一旦义务的履行将会损害另一种社会利益，而且所维护的司法利益之收益根本不足以补偿另一种社会利益所遭受的损失的时候，就应当权衡利弊得失。如果强制新闻媒体披露信息来源的提供者，就个别案件而言，确实有利于案件事实的查明，但从整体而言，为此我们将要付出沉重的代价。

一、摧毁了信息提供者的自我保护防线

信息提供者向新闻记者提供事实资料或意见，不仅仅是协助记者报道新闻，而且也是通过新闻媒体行使宪法所赋予的言论自由、批评权和监督权。言论自由是公民的基本权利，已为国际公约和各国宪法所普遍承认。[①]从近代到现代，言论自由问题的提出从来都是针对政府钳制言论和压迫言论的行为的。尽管言论自由、批评权和建议权为宪法所赋予，但普通市民在借助新闻媒体行使其宪法权利时，仍然担心报道对象特别是批评对象或监督对象会对自己打击报复，更不愿意使自己卷入新闻诉讼，此乃人之常情。尤其是在对国家权力的行使进行监督时，更不能无视市民社会与政治国家的强弱悬殊。如果强制处于弱势地位的市民必须预先公开自己的身份才可

---

①　联合国1966年通过的《公民权利和政治权利国际公约》第19条规定："人人有权持有主张，不受干涉。人人有自由发表意见的权利，此项权利包括寻求、接受和传递信息和思想的自由，而不论国界，也不论口头的、书写的、印刷的、采取艺术形式的、或通过他所选择的任何其他媒介。"

以发表言论、展开新闻批评和舆论监督,这无异于要求处于弱势地位的市民放弃部分言论自由和对政治国家的监督权利。① 对于处于弱势地位的市民来说,在向新闻媒体提供信息时拒绝透露自己的姓名或要求媒体承诺不要公开自己的姓名,完全是合理的自我保护措施。而对新闻记者来说,隐匿信息来源既体现了对信息提供者的尊重,也体现了对于弱者的保护。

二、破坏了记者与信息提供者之间的信赖关系

新闻自由本身就与隐私权、名誉权存在着天然内在的紧张关系,新闻媒体在享受新闻自由的同时始终都不可能摆脱新闻侵权诉讼的制约。在新闻诉讼中,记者势必要面对进退两难的尴尬局面:一方面他应当隐匿信息来源以维护记者和信息提供者的信赖关系,另一方面他又必须回答法官的询问以履行作证义务。如果记者动辄披露信息来源,必将使记者的职业信誉和地位大受损害,记者和信息提供者之间的信赖关系就将彻底崩溃。从信息提供者一方来说,对新闻记者的信任是其愿意提供信息的前提,如果记者无法取得信息提供者的信任,那么信息提供者就有可能顾虑记者可能泄露其身份而不敢向记者充分陈述,他就会接受采访时本着"挑刺不如栽花"的原则隐瞒他认为可能会涉诉的所有情节,从而使记者难以获得真实的信息。在美国,如果新闻记者向信息提供者承诺为信息提供者保密,而事后记者违背了自己的诺言,信息提供者可以向法院提起合同诉讼。美国最高法院则更明确地指出,无论信息提供者的姓名对于某一重要报道有多大的新闻价值或相关性,如果记者违反给予消息提供者的保密诺言,法律将不保护新闻媒体免遭该信息提供者提出的普通法上的合同诉讼。② 隐匿信息来源实际上就是为了鼓励当事人向记者提供信息,巩固记者的职业地位,因此新闻记者能否切实隐匿信息来源便成为维护新闻记者与信息提供者之间信赖关

---

① 记者的拒证特权主要是尊重信息提供者的意愿和保护与信息提供者的信赖关系,如果是国家公权力机关以正式书面文件或依正式程序口头向公众公布的信息,只要新闻媒体作了客观报道,新闻媒体既不需要为国家机关隐匿信息提供者的身份,也不需要承担任何责任,这就是诽谤诉讼中新闻媒体的特许权(privilege)。

② 美国最高法院科恩诉考利斯媒介公司案(1991),转引自〔美〕T. 巴顿·卡特、朱丽叶·L. 迪等:《大众传播法概要》(Mass Communication Law),黄列译,中国社会科学出版社1997年版,第183页。

系的关键。

三、威胁新闻自由的存在基础

隐匿信息来源是信息提供者行之有效的自我保护措施,新闻记者披露其姓名,无疑使信息提供者的自我保护措施灰飞烟灭;潜在的信息提供者必须在提供信息时对自己身份被披露后的不利后果有充分的思想准备,这无疑增加了信息提供者的思想顾虑。在信息提供者的眼里,任何泄露或者看似要泄露信息来源的行为,都将标志着有关的新闻记者是不值得信赖的。切断了新闻媒体与信息提供者之间的信赖关系,必将对记者未来采集新闻的能力产生抑制作用。新闻记者一方面利用信息提供者提供的信息从事新闻报道,另一方面又动辄披露信息来源将信息提供者送上被告席,这必然使信息提供者在与新闻媒体配合时顾虑重重。一旦信息提供者把与新闻媒体的配合视为一种危险的行为而裹足不前,信息提供者的信息来源必将受到限制,新闻采访的基础将丧失,这种结果对于依赖信息提供者才能得以生存的新闻媒体而言无异于切断了自己的"生命线",新闻自由便成了无源之水。

四、破坏市民社会与政治国家之间的良性互动关系

国家作为公共利益的代表有权力限制市民社会过于膨胀的私人利益,同时市民社会也理所当然地有权监督国家权力的运作,防止国家权力发生异化的可能性。要建构一个真正法治的国家,仅仅依靠政治国家内部的权力制约是远远不够的,权力的利用还必须接受来自市民社会的监督。政治国家自其形成以后便具有自己相对独立的利益,国家权力一旦脱离了市民社会的监督,权力的异化便不可避免,而市民社会对政府事务和社会事务的知情是其能够监督政治国家的前提条件。作为维护市民利益和防止国家权力异化的重要手段,市民社会的知情权(right to know)逐步得到认可,从而为新闻自由的实现创造了必要的前提条件,新闻自由也被上升为天赋人权。① 事实表明,尽管政治国家建立了权力的分立和制衡机制,但政府权力之间的监督并不能自主完成,新闻自由对确保市民社会的知情权,保障公众

---

① 甄树青:《论表达自由》,社会科学文献出版社 2000 年版,第 191 页。

了监督和批评国家事务和社会事务,确实发挥了举足轻重的作用。新闻媒体作为一支来自社会的力量对于保持市民社会和政治国家的良性互动关系和结构性平衡不可或缺,也正是因为这样,新闻媒体被称为是立法权、司法权和行政权之外的第四权力(the fourth branch)。当今世界各国无不在宪法或其他重要法律中对新闻自由加以确认和保护。如果没有来自市民社会的舆论压力,政府权力的相互制衡根本无法充分发挥其作用。新闻自由受到威胁,势必就会削弱来自市民社会的监督力量,这将导致市民社会与政治国家之间的结构性失衡。

第三节　记者在享有拒证特权情况下的利益状态分析

一、记者拒证特权的确立是利益衡量的结果

我国《民事诉讼法》和《刑事诉讼法》均规定:"凡是知道案件情况的人都有作证的义务。"我国目前的立法中证人只有作证的义务,而没有拒绝作证的权利。① 目的就在于要求证人协助司法机关发现实质真实,尽可能最大限度地保证诉讼证明的严密性,以便对案件真实性的发现。然而,正如华尔兹教授在阐述特免权存在的理由时所说:"社会期望通过保守秘密来促进某种关系……由于社会极度重视某种关系,宁愿为捍卫保守秘密的性质,甚至不惜失去与案件结局关系重大的情报。"② 在新闻侵权诉讼中,记者拒证特权的确立正是这种利益衡量的结果。基于对诉讼外的基本政策的考虑,尽管信息来源对于查明案件的事实极具价值,但为了保护一种比司法利益更为重要的言论自由、新闻自由和知情权的需要,仍人为地阻碍了对事实真相的发现。只有赋予新闻记者以拒证特权,上文中提到的诸多负面效应才能够得到解决。

---

① 柴发邦:《民事诉讼法学》,北京大学出版社1992年版,第183页。
② 转引自〔美〕乔·R.华尔兹:《刑事证据大全》,何家弘等译,中国人民公安大学出版社1993年版,第283页。

二、受害人的赔偿问题

当然,新闻记者拒证特权的确立并不是完美无缺,拒证特权的行使固然使信息提供者的言论自由、新闻自由、知情权均得到了充分维护,但其弊端也显而易见,尤其是受害人无法请求信息提供者赔偿损失,而对信息提供者的袒护也不利于发挥法律的惩治与警戒功能。因此,在确立新闻记者的拒证特权的同时,如何将其弊端限制在最小的范围便成了另一个关键的问题。

如果记者享有拒证特权,其带来的首要问题就是受害人的侵权赔偿问题,因为记者拒证特权的行使导致信息提供者"虚位",那么由于信息提供者的过错造成的损失该如何赔偿呢?笔者认为,应当由新闻记者隶属的新闻单位向受害人承担责任。理由是:(1)由于记者和新闻单位之间存在雇佣关系,记者所从事的新闻采访等活动实际上是一种职务行为,对于记者在履行职务行为中的过错给第三人造成的损害,新闻单位本来就应当承担雇主责任。(2)新闻记者行使拒证特权,维护了新闻记者和信息提供者之间的信赖关系,同时也是维护了新闻单位和信息提供者之间的信赖关系,由此观之,新闻单位无疑是记者拒证特权的受益人。既然新闻媒体以营利为目的利用信息提供者的资讯从事经营活动,那么对于其运营过程中因利用他人提供的信息给受害人所造成的损失承担赔偿责任,这并不违背民法的公平观念。(3)"谁主张谁举证"为民事诉讼法的举证原则,记者拒证特权的行使导致信息提供者"虚位",但只要能够证明新闻单位的报道已经构成新闻侵权,这就可以合理地认为新闻单位应当为侵权新闻所造成的损失承担全部责任,此为当然之理。基于以上理由,一旦可以确定由新闻单位向受害人承担赔偿责任,那么记者的拒证特权就没有给受害人造成实质上不可弥补的损失,制度设计仍可以基本满足了受害人的赔偿需求,这就大大降低了拒证特权的消极后果。

三、对信息的提供者的惩治

新闻记者拒证特权的确立会不会导致对信息提供者侵权行为的放纵?会不会使新闻记者成为信息提供者的合法避难所?其实这是多余的担心。记者拒证特权的确立主要是为了维护新闻记者和信息提供者之间的信赖关系,而拒证特权的行使与否也主要由记者决定。这就在实际上赋予了新闻记者斟酌具体情况决定拒证特权的行使与否的自由。如果记者为了尽可能维护自己和信息提供者之间的信赖关系,那么他就会主张行使拒证特权;相反,如果信息提供者恶意欺骗新闻记者,企图故意利用新闻媒体扩散诽谤新闻或虚假消息,这样新闻记者与信息提供者的信赖基础丧失,新闻记者就可以主动放弃拒证特权,主动向法院提供证据披露信息提供者的身份,这样信息提供者自然就应成为被告并直接向受害人承担侵权责任,所以拒证特权的确立并不会导致对信息提供者的放纵,相反,拒证特权的行使与否本身就在客观上对信息提供者具有一定的制约功能。

第四节 我国新闻立法应确定新闻记者的拒证特权

一、新闻记者的拒证特权应当得到确认

基于以上对新闻记者在是否享有拒证特权下的两种利益状态所进行的分析,在利益衡量的基础上,我们可以得出如下粗浅的结论,即,如果在新闻侵权诉讼中,强迫新闻记者披露信息提供者的身份,就个别案件而言,确实有利于案件事实的查明,但从整体而言,这势必会破坏媒体和被采访者之间的信赖关系,限制今后媒体采访的信息来源,导致新闻采访的基础丧失,最终威胁到新闻自由和市民社会的知情权。与此相反,如果赋予新闻记者以拒证特权,一方面维护了新闻记者和信息提供者之间的信赖关系,另一方面也没有对受害人造成实质性不可弥补的损害,同时对恶意的信息提供者也并非没有制约功能。因此,面对司法利益和新闻自由之间的冲突,两害相权取其轻,应当赋予新闻记者隐匿信息提供者身份的拒证特权。

二、建议在立法中弥补新闻记者拒证特权的缺憾

我国的新闻立法一直比较滞后,目前已经出台的诉讼法中有关的证据制度的规定又过于原则和抽象,缺乏可操作性,用来处理普通案件的证据规则用来处理新闻侵权这类特殊案件却并不适当,因此在我国未来的立法中应当确认新闻记者的拒证特权,弥补我国立法中的这一盲点。

第十九章 新闻侵权的责任分配

基于职业的特点,侵权诉讼注定成为新闻界无法回避的现实问题。由于新闻活动是一个由多主体参与的连续性过程,在媒体上发表的新闻大致要经历信息采访、撰稿、发表、转载或转播等若干个环节。在司法实践中,一旦发生新闻侵权,受害人往往会将侵权新闻的信息提供者、作者、原载新闻机构以及重复传播者列为共同被告而一并起诉。而在案件的审理过程中,重复传播者往往强调自己只是转载或转播他人已经公开发表的新闻,主观上没有任何过错,主张将侵权责任推卸给原载新闻机构;而原载新闻机构则强调"文责自负",主张将侵权责任推卸给创作新闻的作者;而作者则主张该侵权新闻的成立主要归因于信息提供者的资料失实……由于我国没有专门的新闻法,《民法通则》对此又未设有明文,由此在司法实践中法院往往在信息提供者、作者、原载新闻机构、重复传播者之间难以确定侵权的责任主体;即使确定了责任主体,不同责任主体之间的责任分配问题也同样是困扰司法界和新闻界的一大难题。由中国人民大学王利明教授负责起草的《中国民法典学者建议稿》对新闻侵权设有专节,对新闻侵权的内涵、形式、抗辩、责任主体以及救济等制度进行了比较周全的规定。[①] 关于新闻侵权的责任分配这个焦点问题,《中国民法典学者建议稿》第1869条规定:"新闻作品构成新闻侵权,作者与新闻机构有隶属关系的,由其所在的新闻机构承担民事责任。作者与其新闻机构没有隶属关系的,或者新闻作品为作者履行职务之外所创作的,新闻机构和作者应当承担连带责任。转载侵权新闻作品的,受害人可以要求转载者承担相应的民事责任,但法律另有规定的除外。"本文针对学者建议稿关于新闻侵权的责任分配问题,分别就新闻机构、重复传

---

① 参见由王利明教授主持起草的《中国民法典学者建议稿》新闻侵权部分,法律出版社2005年版。

播者和信息提供者的责任分配制度予以分析检讨,借以抛砖引玉,求教于高明。

第一节 新闻机构

一、新闻媒体的苦衷

面对日益增多的新闻侵权诉讼,首先受到冲击的当然就是发表侵权新闻的新闻机构。争议较多的是,新闻侵权案件是否应该和其他民事侵权案件一样承担法律责任。有学者认为,新闻机构传播新闻的活动并非一般的民事活动,新闻侵权是一种特殊类型的民事侵权,因此,在处理新闻侵权事件时,除了要考虑受害人的利益以外,还必须考虑新闻传播活动的特殊性,这就决定了新闻侵权法与普通民事侵权法相比,必须有一些独特的规则。至于侵权责任,如果新闻机构根据法律的规定无法免除其责任,那么新闻机构至少有权主张限制其民事责任。如果一旦发生新闻侵权案件,就判令新闻机构承担全部责任,以目前我国新闻机构的财力物力而言,这是难以承受的。新闻机构的责任限制主要表现在两个方面:第一,在责任形式上,以消除影响、恢复名誉、赔礼道歉等精神上的责任为主,只有当侵权行为直接损害了受害人的经济利益时,受害人才可以要求新闻机构承担损害赔偿责任。第二,在责任内容上,如果确有必要追究新闻机构的损害赔偿责任,应以补偿受害人的直接经济损失为内容。对于精神损害赔偿,一般情况应不予准许,对于惩罚性的损害赔偿,应不予准许。[①] 对于因新闻机构采用的外来文稿而发生新闻侵权,新闻机构要不要也承担责任,这也是一个颇有争议的问题,对此新闻机构多主张文责自负,"任何一家报社都不可能真正做到对每一篇来稿均做事先调查、核实,确保准确无误之后才能刊登。若此,报社得养多少记者?得负担多少经费?而且新闻是有时效性的。相对可行的办法,对报刊社以外的作者应是'文责自负',报社只把政治关、政策关,事实的真伪应由作者负责。法律只有在作者采写这一道工序上黑下脸来,才有可

[①] 孙立:《新闻机构在新闻侵权中的责任豁免》,载《民商法学》1998年第5期,第35页。

能更大程度地减少失实"。① 这些观点无疑道出了新闻媒体的苦衷,也表明新闻界对于新闻侵权责任问题需要在立法上予以明确的强烈愿望。

二、新闻机构的谨慎义务

客观地讲,隐私权和知情权、名誉权和新闻批评自由之间本身就代表着相互冲突的利益,彼此具有天然内在的紧张关系。就市民个体而言,他不希望有关自己个人的私人事务为他人所知悉和传播,不希望他人扩散任何可能导致社会对自己贬损评价的信息,而同时,他又要求尽可能地扩大自己的信息视野,增加国家、社会和他人的透明度并加以评论甚至批评。在彼此的紧张关系中,隐私权和名誉权很容易遭到知情权和新闻自由的侵害。另一方面,新闻机构作为市场经济中的经营主体,并非处于超然地位,其所出版发行的报纸或制作的电视节目等作为商品投放于市场,为了维护其自身的存在和发展,媒体无疑也具有按照商品经济的规律追逐利润的主观动机。为了刺激更多的消费者"购买"其提供的信息服务,谋求更多的商业利润,新闻媒体具有扩大其销售量或收视率的利益驱动。这样媒体在选材上往往偏好于报道敏感的政治问题或社会问题,追踪社会热点、曝光政治内幕、报道奇闻轶事、披露个人隐私等,而在报道和评论中,在语言文字的润色上往往偏好使用较具有煽情、鼓动和耸人听闻的字眼,借以引起公众的兴趣,以提高其销售量或收视率。新闻媒体所采用的促销手段本身就具有潜在的侵权危险。此外,新闻报道又具有快速及时的特点,这就进一步增加了侵权发生的几率。对于新闻侵权的责任问题,新闻媒体必须意识到,新闻侵权的确是一种特殊的侵权,它是借助于报纸、广播、电视等先进技术为基础的分发设备和分发系统来大规模实施的,其影响的区域广阔、知悉的人数众多、传播的速度迅速,而且民众对大众媒体所提供的新闻都具有一定的信赖感,容易相信新闻事实的真实性和评论的公正性,因此一旦构成新闻侵权,其所造成的危害后果是相当严重的。受害人由此可能遭受极大的精神痛苦和沉重的社会压力。因此,对于任何稿件的发表,新闻机构必须考虑稿件的真实性和公正性,这是由新闻媒体的特殊性决定的,这不仅是新闻媒体对报道对象的

---

① 王利明、杨立新主编:《人格权与新闻侵权》,中国人民大学出版社 1995 年版,第 516 页。

人文关怀,更是其不可推卸的法律责任。既然整个新闻媒体都在利用市民社会的知情权以营利为目的进行运作,那么这种谨慎成本就应当由新闻媒体来承担。法律断不可一方面允许新闻机构利用市民社会的知情权追求经济效益,另一方面又允许其对自己的侵权行为享有责任限制的特权。尤其应当注意的是,新闻侵权案件中,对受害人造成的损害往往是精神损害,如果以责任限制为由,拒绝对精神损害进行赔偿,而对物质损害的赔偿又限于直接经济损失,这无异于是对新闻侵权的过度迁就和放纵,这样也就无法使法律发挥其对侵权行为应有的遏制功能。《中国民法典学者建议稿》没有采纳所谓的责任限制制度,也没有针对外来文稿采纳所谓"文责自负"制度,可谓公平合理。

尽管《中国民法典学者建议稿》中确定新闻机构的责任方式可谓合理,但学者建议稿中的语言表述则颇有商榷之余地,其第1869条第1款的用语是:"新闻作品构成新闻侵权,作者与新闻机构有隶属关系的,由其所在的新闻机构承担民事责任。作者与其新闻机构没有隶属关系的,或者新闻作品为作者履行职务之外所创作的,新闻机构和作者应当承担连带责任。"可见学者建议稿是根据作者与新闻机构有无隶属关系来确定不同的责任主体,如果作者与新闻机构之间有隶属关系,仅仅由新闻机构承担责任;如果作者与新闻机构没有隶属关系,则由作者和新闻机构共同承担连带责任。学者建议稿的这种法律用语显然与我国《著作权法》有关职务作品的规定不够协调。我国《著作权法》第11条规定:"由法人或者其他组织主持,代表法人或者其他组织意志创作,并由法人或者其他组织承担责任的作品,法人或者其他组织视为作者"。由此可见,职业记者和新闻单位如存在隶属关系,记者撰写的新闻又是履行职务行为,那么我们就应当认为记者的行为是职务行为,在这种情况下新闻作品的作者就是新闻机构,如此看来,学者建议稿中将"作者和新闻机构"一语并列使用就不够准确。当然,如果新闻单位发表的新闻为外来文稿,撰稿人与新闻机构并无隶属关系,则撰稿人和新闻机构分别为独立的民事主体,这样"作者和新闻机构"才可以并列使用,由二者向受害人共同承担连带责任。简言之,侵权行为法中使用的"作者"一词的内涵应当与著作权法保持一致,这样才能使整个法律体系保持和谐统一,将来在法律适用中采不至于引起不必要的歧义。

第二节 重复传播者

在当今信息爆炸的时代,任何一个新闻机构都不可能完全依靠第一线采访报道国内外的所有政治事件和社会事件,因此媒体之间通过"搭便车"的方式互相重复传播有价值的国内或国际新闻便成为一个重要的信息来源。如果某新闻机构首次发表的新闻中有侵权内容,那么重复传播者就自然而然地使侵权新闻在更大的范围内的得以传播。《中国民法典学者建议稿》第1869条第2款规定:"转载侵权新闻作品的,受害人可以要求转载者承担相应的民事责任,但法律另有规定的除外。"可见学者建议稿就重复传播者的基本立场是"以承担责任为原则,以免除责任为例外"。笔者认为学者建议稿的这种制度设计颇值检讨。

一、"以免除责任为原则,以承担责任为例外"

之所以让重复传播者承担民事责任,学者建议稿的立法目的在于将新闻机构审查核实的义务从新闻的初次发表阶段延伸到重复传播阶段。笔者认为,只有从初次发表新闻阶段对新闻的质量进行监控,新闻侵权的发生率才会真正降低,重复传播者在转载或转播时才可能降低其顾虑心理。为了节省社会成本并促进新闻的传播,有效建立起减少新闻侵权的激励机制,就重复传播者而言,应当建立"以免除责任为原则,以承担责任为例外"的制度安排,具体分析如下:

(1)从新闻本身的特点看。新闻媒体在报道或传播新闻时确实应当尽到合理的注意义务,对其发表新闻的真实性和公正性予以审查核实,但是,如果法律对其注意义务的要求超出了合理的限度,致使其履行义务在现实生活中成为不可能,那么这种义务的要求就会与现实脱节甚巨。如果让每一个新闻机构在转载或转播以前都要逐一进行核实,这几乎是不可能的,退一步讲,如果所有的新闻在重复传播前都要进行核实,虽然这样保证了新闻的可靠性和真实性,但是经过核实属实的新闻往往会因为不具有及时性而早已失去了其应有的新闻价值。

(2)从节约社会成本的角度看。新闻机构所提供的新闻绝大部分都是真实可靠的,但是当重复传播者从原载新闻机构筛选了若干对自己有价值的新闻后,在确定如何予以核实时,重复传播者却陷入了尴尬的境地。因为重复传播者无法从众多的信息中甄别出哪些是绝大多数真实的信息,哪些是极少数有待进一步核实的信息。如果一概逐一进行核实,那么势必要支付巨额的经济成本。试想,如果一家新闻机构报道了一则具有轰动效应的新闻,另10家甚至20家新闻机构决定予以转载,那么每一家新闻机构均要逐一核实,这种重复核实显然造成了社会成本的巨大浪费。

(3)从激励机制的构建上看。侵权行为发生的可能性必然随着谨慎成本投入的增加而降低。如果侵权人保持高度谨慎,其谨慎成本的投入必然相对高昂,与之相适应,其赔偿受害人的损失也会相应地降低。相反,如果侵权人仅保持一般谨慎,其谨慎成本的投入必然相对降低,同样,其赔偿受害人的损失则会相应地提高。作为一个理性的经济人,是否要投入较高的谨慎成本,主要取决于谨慎成本与侵权赔偿之间的损益关系。一旦其保持高度谨慎所增加的成本高于或等于其保持一般谨慎所增加的侵权赔偿时,其在保持高度谨慎方面就会缺少激励机制。① 根据学者建议稿所作的制度安排,原载新闻机构提供了侵权新闻,一旦该侵权新闻被其他媒体重复传播,为此所造成的损害就要由原载新闻机构和重复传播者共同承担,这就相应地就降低了原载新闻机构加大谨慎成本投入的激励机制。

(4)从法律实施的效果上来看。具有侵权内容的新闻能够被广为传播,就原载新闻机构和重复传播者之间而言,原载新闻机构才是侵权行为得以发生和扩散的真正起源,才是诽谤性新闻的制造者和危险源,从因果关系方面而言,扩大的损害与原载新闻机构公开发表的侵权新闻具有相当的因果关系。试图从重复传播阶段遏止新闻侵权,无异于隔靴搔痒,难以产生积极的效果。

(5)从发挥新闻舆论的监督功能来看。新闻媒体欲发挥其舆论监督功能,其被公众所知晓的广度和速度十分重要,而重复传播者则可以使新闻在短期内大面积迅速地传播。媒体欲充分发挥其舆论监督功能,离不开其他媒体的重复传播。如果新闻媒体在重复传播之际,担心其重复传播的新闻

---

① 〔美〕道格拉斯·拜尔等:《法律的博弈分析》,严旭阳译,法律出版社1999年版,第25页。

有可能构成侵权而遭到"株连",其可能会按照"挑刺不如栽花"的原则去进行运作。一旦新闻媒体放弃对尖锐、敏感的社会问题进行披露和重复传播,那么在当今社会新闻媒体所发挥的舆论监督功能将损失殆尽。结果,新闻侵权的现象固然会大幅度减少,但同时我们也不得不付出沉重的代价,那就是新闻自由因受到过重的限制而使新闻媒体无法发挥其应有的作用。

基于以上分析,学者建议稿对原载新闻机构的侵权行为在一定程度上是一种放纵,而对重复传播者的注意义务的要求则过于严苛。它不仅无法对诽谤性新闻的制造者起到应有的惩戒和教育功能,而且也无法建立起减少新闻侵权的激励机制。笔者认为,重复传播其他新闻媒体上已经发表的侵权新闻,如果重复传播者没有侵权的主观恶意,且其已经尽到合理的注意义务(限于对被重复传播的新闻进行"表面"审查),就可以主张自己没有过错而要求免责,而对于该重复传播行为所致的扩大的侵害应由原载新闻机构承担侵权责任。对于原载新闻机构而言,他人的重复传播行为是完全可以合理预测的,这本身就说明原载新闻机构对新闻的进一步扩散在主观上至少采取的是放任的态度,而在有偿使用的情况下,作为获得报酬的原载新闻媒体,更应当对其提供的"产品"承担瑕疵担保责任。与其让一个新闻机构在不够谨慎的情况下散布侵权新闻,而让诸多重复传播者保持高度谨慎并花费大量的成本去逐一核实,不如让造谣者为此承担全部的侵权赔偿责任。加重"危险源"的侵权成本,才能使法律起到更好的惩戒功能,促使原载新闻机构对发表的新闻的可靠性和公正性持高度谨慎的态度。一旦从初次发表阶段保证了新闻的质量,新闻侵权的发生率才会真正降低,而重复传播者在转载或转播时才可能降低其顾虑心理,从而节省大量的审核成本,更好地利用媒体手段发挥新闻舆论的监督职能。简言之,从新闻初次发表阶段而不是重复传播阶段控制新闻的质量,才是付出较少的社会成本并能有效建立起减少新闻侵权的激励机制的制度安排。

二、重复传播者的义务

必须注意的是,尽管笔者力主从原载新闻机构上而不是从新闻的重复传播阶段控制新闻质量,但这并不意味着笔者主张重复传播者可以为所欲为地予以转载或转播而无须承担任何义务和侵权责任。重复传播者同样也要承担注意义务,否则也会构成侵权行为。笔者认为,重复传播者应主要承担如下义务：

（1）注意义务。重复传播者的注意义务应限于对新闻的用语、内容、来源等进行表面审查，而不是深入到第一线审查核实。其是否已尽到合理的注意义务，应从两个方面进行考察，一是该新闻是否来自于具有权威性的正规新闻媒体。如果转载或转播的新闻来自于街头小报或专门报道奇闻轶事的非正规报刊，则难谓重复传播已尽合理的注意义务。二是重复传播者在转载或转播时是否在主观上有故意或过失。如果重复传播者明知被重复传播的新闻失实而仍为重复转播，或被转载的新闻内容荒诞不经，或文中大量使用了污言秽语，其侵权行为显而易见，或其重复传播的新闻正在侵权诉讼之中，在这种情况下，重复传播者仍然继续进行转载或转播行为，则重复传播者仍需对其故意或过失扩散新闻的行为向受害人承担侵权责任。

（2）尊重原载新闻报道的义务。重复传播者必须尊重原载新闻机构发表的事实，维持基本原貌，不得肆意编纂。

（3）连续报道的义务。重复传播者在转载或转播原载新闻机构的侵权新闻以后，重复传播者有义务作连续报道或采取补救措施，以消除对被重复传播的侵权新闻所造成的影响，这是新闻媒体的一项法定义务，如果拒不履行这一义务，就会构成不作为的侵权行为。①

学者建议稿就重复传播者的基本立场是"以承担责任为原则，以免除责任为例外"，通过以上分析，笔者认为，如果重复传播者转载或转播了其他新闻机构的侵权新闻，除非重复传播者违反了法定义务，重复传播者一般不应承担侵权责任，即对于重复传播者的制度设计应当"以免除责任为原则，以承担责任为例外"。

---

① 例如，甲对乙县长的工作提出批评，乙以诽谤为由将甲诉至法院，此案的审理在当地备受关注。一审中甲以败诉告终，当地的新闻媒体对甲的一审败诉进行了详细报道，但后来甲又依法提起上诉，二审法院依法进行了改判，认定甲的行为是正当的批评监督。在改判后，对一审进行了详细报道的新闻媒体如果不继续做跟踪报道，这样新闻媒体就违反了连续报道的义务，甲就有权对新闻机构提起不作为的侵权诉讼。

第三节 信息提供者

一、积极提供者和消极提供者的区分

在新闻实践中,有些新闻是由作者根据自己的亲身经历,未经任何中间环节而直接获取的,但实践中更多的新闻材料则来自于其他的单位或个人。如果新闻侵权的成立主要归因于信息提供者提供的新闻材料失实等原因,那么信息的提供者是否也要为此承担法律上的责任,《中国民法典学者建议稿》对此无任何规定,留下了一片立法空白。如果我国民法典在立法时留下漏洞,在未来的司法实践中只好求助于法官在审判实践中进行漏洞补充,而这无疑会在一定程度上影响法院判决的稳定性。对于信息的提供者,理论界通常将其分为积极提供者和消极提供者。所谓信息的积极提供者,就是指明知或应当预见到由其提供的材料可能会被新闻媒体报道而仍然主动向新闻机构提供事实材料的单位或个人,例如某单位在新闻发布会上发布关于事实真相的声明。所谓信息的消极提供者,就是指不知或无法预见到其扩散的材料可能被新闻媒体报道而不自觉地为新闻机构提供了新闻材料的单位或个人,例如在随意的闲聊时无意中向记者提供了信息的人。

二、积极提供者的过错责任

由于信息的积极提供者在具有积极追求利用新闻媒体将材料在更大的范围内予以扩散的目的,理应对新闻材料的真实性负有注意义务,因此,如果其提供的新闻材料因失实而构成新闻侵权,则信息的积极提供者应承担过错责任。他无疑应当成为新闻侵权的责任主体,学者建议稿中欠缺信息提供者这一责任主体,可谓是立法上的漏洞,应当在立法过程中及时弥补。

三、消极提供者的责任范围

对于信息来源的消极提供者而言,尽管新闻侵权的危害结果和其扩散的信息具有一定的因果关系,但由于新闻机构将这些材料在更大的范围内传播并非出于其本意,也是其无法预见的,因此作为信息来源的消极提供者,仅应对自己在直接传播的范围内所造成的损害后果负责。①

通过对新闻机构、重复传播者和信息提供者责任主体地位的分析,笔者认为,将学者建议稿第1869条关于新闻侵权责任分配制度的规定尚有检讨之余地。如将其责任主体确定为"新闻机构"、"作者"、"重复传播者"和"信息提供者"四个责任主体并对第1869条作如下修改补充可能会更为合理:(1)新闻作品构成新闻侵权,且新闻作品是新闻机构的职务作品的,由新闻机构向受害人承担民事责任;新闻作品不是新闻机构的职务作品,由新闻作品的作者和新闻机构向受害人承担连带责任。(2)转载或转播其他正规新闻机构公开发表的侵权新闻作品,重复传播者不承担侵权责任,但有下列情形的除外:明知该新闻为侵权新闻作品而仍予以转载或转播的;通过对新闻的内容进行表面审查,明显可以获悉其失实或构成侵权行为而仍予以转载或转播的;新闻作品侵害他人人格权,重复传播者拒不进行连续报道或采取补救措施的;法律规定重复传播者应当承担民事责任的其他情形。(3)故意或过失主动向新闻媒体提供虚假或诽谤性新闻材料的,信息提供者应向受害人承担侵权的民事责任。

---

① 1998年7月14日最高人民法院审判委员会第1002次会议通过的法释[1998]26号《关于审理名誉权案件若干问题的解释》中,已对信息来源的提供者进行了积极信息提供者与消极信息提供者的区分。

第二十章　新闻媒体侵权的立法思考

第一节　"新闻媒体侵权"肯定说

新闻媒体侵权问题在《侵权责任法》通过之前在学术界存在较大的争议。王利明老师主持的《中国民法典学者建议稿及立法理由·侵权行为编》在"特殊的自己责任"(第二章)中以专节规定了"新闻侵权";杨立新老师在其主持的《中华人民共和国侵权责任法草案建议稿及说明》中使用"媒体侵权"为标题在"过错的侵权行为"一章中对相关侵权责任作出了规定。张新宝老师对"新闻侵权"持否定观点,其主要观点见之于《中国法学》2008年第6期之《"新闻(媒体)侵权"否认说》。现在《侵权责任法》已经颁布实施,新闻侵权并没有被纳入特殊侵权行为的类型化之中。尽管立法机关的选择已经十分明确,但笔者认为这并不意味着学术讨论的终结。作者对新闻侵权更倾向于持肯定说。现就新闻侵权的立法问题提出自己粗浅的看法。

如果把新闻侵权类型化,首先必须明确什么是"新闻侵权"。新闻到底是静态的"新闻报道"作品本身,还是新闻媒体的从业人员动态的"新闻报道"的行为?笔者认为,侵权必须是人的行为,新闻作品本身并不是民事主体,当然不能实施加害行为或准侵权行为,但是新闻作品并不是凭空产生和自动传播的,它是通过人的行为而产生的智力结果。新闻作品是静态的,但新闻作品的形成和传播则是通过采访、写作、编辑、播报、评论、转播、转载等一系列行为构成的动态过程。如果在新闻作品的采集、编辑、发表、评论和重复传播中存在故意或过失,从而导致具有侵权内容的新闻作品得以公开,这就会构成侵权。侵权行为就发生在新闻作品的采集、编辑、播报、评论、转载、转播等行为之中。我们所说的新闻侵权就是新闻机构或者个人在新闻作品的采集、编辑、播报、评论、转载、转播等行为中存在故意或过失,导致侵害他人名誉权或隐私权的信息得以形成和扩散,从而损害他人人格权的行为。新闻侵权的内涵是基本明确的,并不会引起太大的歧义。新闻采访车在行驶途中撞伤了人,这是否构成新闻侵权?由于新闻作品是一种智慧成果,新闻采访车的驾驶是运输行为,不是新闻作品这种智慧成果的创作行为,也不是新闻作品的传播行为,这种行为显然属于交通事故而不是新闻侵权。

新闻侵权之所以有必要作为特殊侵权进行类型化,主要是因为新闻侵权在归责原则、构成要件、免责事由等方面的具有特别事由。在"一般规定 + 特别规定"的立法模式下,法律有特别规定的,适用特别规定;没有特别规定的,适用一般规定。如果新闻侵权的所有内容完全被一般规定所涵盖,那么对新闻侵权的确没有进行特别规定的必要。只有在一般规定无法满足需要的情况下,才有进行特别列举的必要性。对新闻侵权进行类型化,恰恰是为了满足新闻侵权领域的特殊需要,它具有一般规定所无法包含的若干内容:过错推定原则、真实性抗辩、公正评论抗辩、特许权抗辩、公众人物、连续报道、申辩报道、更正报道、新闻暗访、政府机关的名誉权、网络空间的隐私权、信息提供者的注意义务、重复传播者的责任分配等。对于这些问题,确有进行具体和系统化规定的必要。对新闻侵权进行针对性的制度设计,不仅是新闻机构的行为规范,而且也是司法机关的裁判规范,具有很强的可操作性。对于这些复杂的问题,仅仅依靠侵权责任法的一般规定,恐怕难以进行有效的调整。

第二节 《侵权责任法》中没有"新闻媒体侵权"是一种遗憾

国家作为公共利益的代表有权力限制市民社会过于膨胀的私人利益,同时市民社会也理所当然地有权监督国家权力的运作,防止国家权力发生异化。要建构一个真正法治的国家,仅仅依靠政治国家内部的权力制约是远远不够的,权力的利用还必须接受来自市民社会的监督。政治国家自其形成以后便具有自己相对独立的利益,国家权力一旦脱离了市民社会的监督,权力的异化便不可避免,而市民社会对政府事务和社会事务的知情是其能否监督政治国家的前提条件。作为维护市民利益和防止国家权力异化的重要手段,市民社会的知情权逐步得到认可,从而为新闻自由的实现创造了必要的前提条件,新闻自由也被上升为天赋人权。事实表明,尽管政治国家建立了权力的分立与制衡机制,但政府权力之间的监督并不能自主完成,新闻自由对确保市民社会的知情权,保障公众对国家事务与社会事务的监督和批评,确实发挥了举足轻重的作用。新闻媒体作为一支来自社会的力量,其对于保持市民社会和政治国家的良性互动关系具有不可或缺的作用,因此,新闻媒体被称为是立法权、司法权和行政权之外的第四权力。当今世界各国无不在宪法或其他重要法律中对新闻自由加以确认和保护。另一方面,隐私权和知情权、名誉权和新闻批评之间本身就代表着相互冲突的利益,彼此具有天然内在的紧张关系。就市民个体而言,他不希望自己个人的私人事务为他人所知悉和传播,不希望他人扩散任何可能导致社会对自己贬损评价的信息;同时,他又要求尽可能地扩大自己的信息视野,增加国家、社会和他人的透明度并加以评论甚至批评。在彼此的紧张关系中,隐私权和名誉权很容易遭到知情权和新闻自由的侵害。新闻机构作为市场经济中的经营主体,并非处于超然地位,其出版发行的报纸或制作的电视节目等作为商品投放于市场,为了维护其自身的存在和发展,媒体无疑也具有按照商品经济规律追逐利润的主观动机。为了刺激更多的消费者"购买"其提供的信息服务,谋求更多的商业利润,新闻媒体具有扩大其销售量或收视率的利益驱动。因此,媒体在选材上往往偏好于报道敏感的政治问题或社会问题,追踪社会热点、曝光政治内幕、报道奇闻轶事、披露个人隐私等;在语言文字的润色上往往偏好使用较具有煽情、鼓动和耸人听闻的字眼,借以引起公众的兴趣,以提高其销售量或收视率。新闻媒体所采用的促销手段本身就具有潜在的侵权危险。此外,新闻报道又具有快速及时的特点,这就进一步增加了侵权发生的几率。

中国新闻媒体卷入侵害人格权诉讼的现象与其他国家的情况相类似,但我国新闻媒体存在的政治环境和社会环境独具特色。中国和美国都存在新闻媒体卷入侵害人格权诉讼的现象,但美国新闻媒体的角色和我国新闻媒体的角色却大相径庭。在权力有效制衡的体制下,新闻媒体的自由可以得到很好的保护,对于新闻自由中产生的权利冲突也可以进行相对较好的平衡。在我国,新闻媒体在我们的政治生活和社会生活中扮演的角色比较特别。它往往要扮演互相冲突的角色,承担彼此冲突的功能,这必然导致若干尴尬的现象,例如:新闻媒体应当对政府的行为进行舆论监督,但实际上新闻机构往往被视为政府的喉舌,政府往往把新闻机构置于自己的控制之下;新闻报道的原则是坚持实事求是(完全中立),但政府往往要求媒体必须坚持"正确的舆论导向"(具有倾向性)。当前新闻界突出的问题有两个,一方面,新闻机构在报道过程中往往存在侵害隐私权和名誉权等侵权行为;另一方面,新闻媒体的正当报道往往受到不合理的打压,新闻媒体"光着屁股坐花轿",往往不能真正地享有自由。

一个国家的立法离不开本国的具体环境。以物权法为例,从物权法理论上讲,按照所有权的主体划分所有权的类别近乎是荒唐的,我们不会划分男人的所有权和女人的所有权,因为男人的所有权并不比女人的所有权在占有、使用、收益和处分等权能方面具有自己的特殊性,但我们也不得不承认,国家所有权、集体所有权和私人所有权的这种划分方式正是按照所有权的主体进行的划分,而这种划分方式在我国仍然具有重要的现实意义,这就是中国特色。我们必须正视理想和现实之间的巨大差距。我国七届人大早在20世纪80年代就已经起草新闻法,但出台的希望至今遥遥无期。在新闻法迟迟无法出台的情况下,如果能够通过侵权责任法对新闻报道行为进行规范,对新闻侵权的认定、抗辩和救济进行明确化和具体化,其实是现实可行的。中国的新闻立法举步维艰,对侵权责任法中如果对新闻侵权进行一个具有中国特色的制度设计,可能更能够满足中国的现实需要。

我国《宪法》中关于表达自由的宣言性规定如同美丽的肥皂泡,好看不中用;《新闻法》、《出版法》等对表达自由的重要行不言而喻,但至今不见踪影;《侵权责任法》完全可以对新闻自由与限制进行针对性的规制,但其只把新闻侵权作为一般侵权来处理,不予以特别规范。在这种情况下,"防火、防盗、防记者"、"新闻封锁"、"告记者热"、"记者挨打年"等千奇百怪的现象纷纷登场就丝毫不足为奇了。

社会的进步往往就是一点一点缓慢推动的,一蹴而就的完美方案往往是不切实际的幻想。如果我们把希望寄托于《新闻法》、《出版法》之类的宏大变革,并因此而放弃了《侵权责任法》所能够进行的微观推动,即使这种方案在理论上正确,其实际效果恐怕只能是望梅止渴。

没有新闻媒体侵权的《侵权责任法》实在是一种遗憾!

参 考 文 献

英文著作：

1. Andrew Grubb, Richard A Buckley, *The Law of Negligence*, Suffolk: William Clowes Limited, Beccles, Suffolk, 1998.

2. Bruce W. Sanford, *Libel and Privacy*, New York: Aspen Publishers, Inc., 2005.

3. Don R. Pember, *Mass Media Law (2007—2008)*, Columbus: McGraw-Hill Higher Education, 2007.

4. Dwight L. Teeter, JR. Bill Loving, *Law of Mass Communications*, New York: Foundation Press, 2004.

5. John D. Zelezny, *Cases in Communications Law Liberties, Restraints, and The Modern Media*, 北京大学出版社, 2004.

6. John D. Zelezny, *Communications Law: Liberties, Restraints, & the Modern Media*, 清华大学出版社, 2004.

7. Mark Armstrong, Michael Blakeney and Ray Watterson, *Media Law in Australia*, Oxford University Press, 1983.

8. T. Barton Carter & Marc A. Franklin & Jay B. Wright, *The First Amendment And The Fourth Estate: The Law Of Mass Media*, 9th ed., New York: Foundation Press, 2005.

9. Tom Crone, *Law and the Media*, 4th ed., Focal Press, 2002.

英文案例：

1. Bognor Regis Urban District Council v. Campion [1972] 2 Q. B. 169.

2. Bose Corp. v. Consumers Union. United States District Court for the District of Massachusetts. 508 F. Supp. 1249.

3. Brown & Williamson Tobacco Corporation v. Walter Jacobson and CBS, Inc. United States District Court for the Northern District of Illinois, Eastern Division, 644 F. Supp. 1240.

4. Church of Scientology International v. Time Warner, Inc., Time Warner Inc. Magazine Company. United States Court of Appeals for the Second Circuit. 238 F. 3d 168.

5. City of Albany v. WM. F. Meyer 99 Cal. App. 651.

6. Derbyshire County Council Appellant v. Times Newspapers Ltd,［1993］2 W. L. R. 449.

7. Donald A. Dean, JR. v. M. Lee Dearing,263 Va. 485;561 S. E. 2d 686.

8. Gertz v. Robert Welch, Inc. ,418 U. S. 29,(1971).

9. Gertz v. Robert Welch, Inc. Supreme Court of the United States, 1974. 418 U. S. 323.

10. Grady Auvil and Lillie Auvil v. Columbia Broadcasting System; Retlaw Enterprises; Bonneville International Corporation; King Broadcasting Company. United States Court of Appeals for the Ninth Circuit. 67 F. 3d 816.

11. Harwood Pharmacal Co. ,Inc. v. National Broadcasting Co. ,Inc. ,et al. Court of Appeals of New York, 214 N. Y. S. 2d 725.

12. J. Gordon Edwards v. National Audubon Society,Inc. and the New York Times Company. United States Court of Appeals for the Second Circuit. 556 F. 2d 113.

13. Jeffrey M. Masson, Petitioner v. New Yorker Magazine,Inc. , Alfred A. Knopf, Inc. and Janet Malcolm. Supreme Court of the United States. 501 U. S. 496.

14. New York Times Co. v. Sullivan. Supreme Court of the United States, 1964. 376 U. S. 254.

15. Rosenblatt v. Baer,383 U. S. 75,15 L. Ed. 2d 597,86 S. Ct 669.

16. Snead v. Redland Aggregates,Ltd. United States District Court for The Western District of Texas, Austin Division. Cause No. A-90-CA-38.

17. St. Amant v. Thompson. Supreme Court of The United States. 390 U. S. 727, 20 L. Ed. 2d 262.

18. Steaks Unlimited, Inc. v. Donna Deaner and WTAE-TV 4 and Hearst Corporation. United States District for The Western District of Pennsylvania. 468 F. Supp. 779.

19. Time,Inc v. Pape. Supreme Court of the United States. 401 U. S. 279, 28 L. Ed. 2d 45.

20. William F. Buckley, Jr. ,Appellee, v. Franklin H. Littell, Appellant. United States Court of Appeals for The Second Circuit, 539 F. 2d 882.

中文著作：

1. 曹瑞林:《新闻媒介侵权损害赔偿》,人民法院出版社 2000 年版。

2. 陈聪富:《侵权归责原则与损害赔偿》,北京大学出版社 2005 年版。

3. 陈欣新:《表达自由的法律保障》,中国社会科学出版社 2003 年版。

4. 程合红:《商事人格权论——人格权的经济利益内涵及其实现与保护》,中国人民大学出版社 2002 年版。

5. 邓正来:《市民社会理论的研究》,中国政法大学出版社 2002 年版。
6. 高秀峰、谷辽海、王霁虹主编:《中国新闻侵权判例》,法律出版社 2000 年版。
7. 顾理平:《新闻法学(修订版)》,中国广播电视出版社 2005 年版。
8. 顾理平:《新闻侵权与法律责任》,中国广播电视出版社 2001 年版。
9. 郝振省主编:《新闻侵权及其预防》,民主与建设出版社 2008 年版。
10. 洪伟:《大众传媒与人格权保护》,生活·读书·新知三联书店 2005 年版。
11. 侯健:《舆论监督与名誉权问题研究》,北京大学出版社 2002 年版。
12. 胡长清:《中国民法总论》,中国政法大学出版社 1997 年版。
13. 简海燕:《美国司法报道的法律限制》,知识产权出版社 2008 年版。
14. 蒋学跃:《法人制度法理研究》,法律出版社 2007 年版。
15. 蓝鸿文:《新闻采访学》(第 2 版),中国人民大学出版社 2000 年版。
16. 李仕春:《民事保全程序研究》,中国法制出版社 2005 年版。
17. 李锡鹤:《民法哲学论稿》,复旦大学出版社 1999 年版。
18. 梁慧星:《民法总论》,法律出版社 2005 年版。
19. 刘迪:《现代西方新闻法制概述》,中国法制出版社 1998 年版。
20. 刘海涛等:《中国新闻官司二十年》,中国广播电视出版社 2007 年版。
21. 马克思、恩格斯:《马克思恩格斯全集(第 18 卷)》,人民出版社 1964 年版。
22. 邱小平:《表达自由——美国宪法第一修正案研究》,北京大学出版社 2005 年版。
23. 曲直:《留给隐私多大的空间》,中华工商联合出版社 2004 年版。
24. 沈达明:《比较民事诉讼法初论》,中国法制出版社 2002 年版。
25. 宋冰:《程序正义与现代化——外国法学家演讲录》,中国政法大学出版社 1998 版。
26. 唐德华:《民事诉讼法立法与适用》,中国法制出版社 2002 年版。
27. 田大宪:《新闻舆论监督研究》,中国社会科学出版社 2002 年版。
28. 王利明、杨立新:《人格权与新闻侵权》(第 2 版),中国方正出版社 2000 年版。
29. 王利明、葛维宝:《中美法学前沿对话——人格权法及侵权法专题研究》,中国法制出版社 2006 年版。
30. 王利明:《中国民法典学者建议稿及立法理由·人格权编》,法律出版社 2005 年版。
31. 王利明:《中国民法典学者建议稿及立法理由·侵权行为编》,法律出版社 2005 年版。
32. 王利明:《民法总则研究》,中国人民大学出版社,2003 年版。
33. 王利明:《侵权行为法归责原则研究》(第 2 版),中国政法大学出版社 2002 年版。

34. 王利明等编著:《人格权法》,法律出版社 2000 年版。
35. 王利明主编:《人格权法新论》,吉林人民出版社 1994 年版。
36. 王利明主编:《新闻侵权法律辞典》,吉林人民出版社 1994 年版。
37. 王强华、魏永征:《舆论监督与新闻纠纷》,复旦大学出版社 2000 年版。
38. 王泽鉴:《民法学说与判例研究第一册(修订版)》,中国政法大学出版社 2005 年版。
39. 王泽鉴:《民法总则》,中国政法大学出版社 2001 年版。
40. 王泽鉴:《侵权行为法》(1),中国政法大学出版社 2001 年版。
41. 魏永征:《新闻传播法教程》,中国人民大学出版社 2002 年版。
42. 魏永征:《新闻传播法教程》,中国人民大学出版社 2006 年版。
43. 魏永征:《被告席上的记者——新闻侵权论》,上海人民出版社 1995 年版。
44. 魏永征:《西方传媒的法制、管理和自律》,中国人民大学出版社 2003 年版。
45. 魏永征:《中国新闻传播法纲要》,上海社会科学院出版社出版 1999 年版。
46. 吴飞:《平衡与妥协——西方传媒法研究》,中国传媒大学出版社 2006 年版。
47. 徐显明:《人权研究》(第 2 卷),山东出版社 2001 年版。
48. 徐迅:《中国新闻侵权纠纷的第四次浪潮》,中国海关出版社 2002 年版。
49. 许加彪:《法治与自律——新闻采访权的边界与结构分析》,山东人民出版社 2005 年版。
50. 杨磊、周大刚:《"起诉"媒体:新闻法律热点问题透视》,知识产权出版社 2006 年版。
51. 杨立新:《侵权法论》,人民法院出版社 2004 年版。
52. 杨立新:《人身权法论》,人民法院出版社 2002 年版。
53. 杨立新:《侵权行为法》,复旦大学出版社 2005 年版。
54. 张登科:《强制执行法》(第 3 版),台湾三民书局 2001 年版。
55. 张俊浩:《民法学原理》,中国政法大学出版社 1991 版。
56. 张民安:《过错侵权责任制度研究》,中国政法大学出版社 2002 年版。
57. 张西明:《张力与限制——新闻法治与自律的比较研究》,重庆出版社 2002 版。
58. 张新宝:《名誉权的法律保护》,中国政法大学出版社 1997 版。
59. 张新宝:《隐私权的法律保护》,群众出版社 2004 年版。
60. 甄树清:《论表达自由》,社会科学文献出版社 2000 年版。
61. 中国社会科学院新闻研究所、北京新闻学会:《各国新闻出版法选辑》,人民日报出版社 1981 年版。
62. 中国社会科学院新闻研究所、北京新闻学会:《各国新闻出版法选辑(续编)》,人民日报出版社 1987 年版。

63. 钟大年:《香港内地传媒比较》,北京广播学院出版社 2002 年版。
64. 周旭文:《案例评析与法律适用——名誉侵权纠纷》,中国方正出版社 2005 年版。
65. 最高人民法院研究室:《最高人民法院司法解释理解与适用(2001)》,中国法制出版社 2002 年版。
66. 张民安:《公开权侵权责任研究》,中山大学出版社 2010 年版。
67. 张民安:《名誉权的法律救济》,中山大学出版社 2011 年版。
68. 张民安:《侵扰他人安宁的隐私侵权》,中山大学出版社 2012 年版。

外文译著:

1. 〔德〕克雷斯蒂安·冯·巴尔:《欧洲比较侵权行为法(下卷)》,焦美华译,法律出版社 2004 年版。
2. 〔德〕克雷斯蒂安·冯·巴尔:《欧洲侵权法比较研究》,张新宝译,法律出版社 2004 年版。
3. 〔德〕拉伦茨:《法学方法论》,陈爱娥译,商务印书馆 2003 年版。
4. 〔法〕卢梭:《社会契约论》,何兆武译,商务印书馆 1997 版。
5. 〔美〕Anita L. Allen & Richard C. Turkington:《美国隐私法——学说、判例与立法》,冯建妹、石宏、郝倩、刘相文、许开辰编译,中国民主法制出版社 2004 年版。
6. 〔美〕Don R. Pember:《大众传播法》(第 13 版),张金玺等译,中国人民大学出版社 2005 年版。
7. 〔美〕E. 博登海默:《法理学——法律哲学与法律方法》,邓正来译,中国政法大学出版社 2004 年版。
8. 〔美〕肯尼斯·S. 亚伯拉罕选编:《侵权行为法重述——纲要》,许传玺等译,法律出版社 2006 年版。
9. 〔美〕T. 巴顿·卡特等:《大众传播法概要》,黄列译,中国社会科学出版社 1997 年版。
10. 〔美〕海曼、韦斯廷:《最佳方案——公平报道的美国经验》,郭虹、李阳译,汕头大学出版社 2003 年版。
11. 〔美〕杰弗里·C. 哈泽德、米歇尔·塔鲁伊:《美国民事诉讼法导论》,张茂译,中国政法大学出版社 1999 年版。
12. 〔美〕唐·R. 彭伯:《大众传媒法》,张金玺、赵刚译,展江校,中国人民大学出版社 2005 年版。
13. 〔美〕唐纳德·M. 吉尔摩等:《美国大众传媒法:判例评析》(上册)(下册),梁宁等译,清华大学出版社 2002 年版。
14. 〔美〕文森特·R. 约翰逊:《美国侵权法》,赵秀文等译,中国人民大学出版社

2004年版。

15. 〔美〕亚历山大·米克尔约翰:《表达自由的法律限度》,侯健译,贵州人民出版社2003年版。

16. 〔日〕松井茂记:《媒体法》(第3版),萧淑芳译,台湾元照出版社2004年版。

17. 〔英〕霍布斯:《利维坦》,黎思复、黎廷弼译,商务印书馆1985年版。

18. 〔英〕洛克:《政府论(下篇)》,叶启芳、瞿菊农译,商务印书馆1997年版。

19. 〔英〕萨莉·斯皮尔伯利:《媒体法》,周文译,武汉大学出版社2004年版。

20. 〔英〕约翰·弥尔顿:《论出版自由》,吴之椿译,商务印书馆1958年版。

21. 〔英〕约翰·密尔:《论自由》,程崇华译,商务印书馆1959年版。

中文论文:

1. 蔡斐、谢仁勇:《媒体应当重视新闻更正制度的实施》,载《青年记者》2007年第6期。

2. 陈力丹:《更正与答辩——一个被忽视的国际公认的新闻职业规范》,载《国际新闻界》2003年第5期。

3. 陈阅:《〈纽约时报〉更正制度浅析》,载《国际新闻界》2006年第10期。

4. 程啸、张发靖:《现代侵权行为法中过错责任原则的发展》,载《当代法学》2006年第1期。

5. 丁建军:《浅谈民事责任中的赔礼道歉》,载《法律适用》1997年第2期。

6. 冯象:《县委书记的名誉权》,载《读书》2003年第4期。

7. 付翠英:《论赔礼道歉民事责任方式的适用》,载《河北法学》2008年第4期。

8. 关今华:《权利冲突的制约均衡和言论自由优先配置质疑》,载《法学研究》2000年第3期。

9. 洪波、李铁:《公众人物的判断标准,类型及名誉权限制——以媒体侵害公众人物名誉权为中心》,载《当代法学》2006年第7期。

10. 侯健:《舆论监督与政府机构的名誉权》,载《法律科学》2001年第6期。

11. 梁上上:《论商誉与商誉权》,载《法学研究》1993年第5期。

12. 林爱君:《舆论监督保护的现状与法律思考》,载《新闻战线》2005年第3期。

13. 刘静怡:《新闻采访与新闻自由:发现真实抑或侵犯权利?》,载《国家发展研究》2004年第3卷第2期。

14. 马骏驹、刘卉:《论法律人格内涵的变迁和人格权的发展——从民法中的人出发》,载《法学评论》2002年第1期。

15. 任东来:《新闻自由与个人名誉的艰难平衡——关于美国媒体的诽谤诉讼》,载《南京大学学报》2004年第3期。

16. 田宪刚:《论新闻自由与新闻侵权》,山东大学2005年硕士学位论文。

17. 王福华:《民事保全制度研究》,中国政法大学 2005 年博士学位论文。

18. 王冠玺:《两岸名誉权制度之研究——大陆名誉权判决之评析》,台湾大学法律学研究所硕士论文,1999,载自台湾博硕士论文数据库。

19. 王军:《我国新闻侵权纠纷现状、对策及研究回顾》,载《法学杂志》2006 年第 3 期。

20. 王利明:《公众人物人格权的限制和保护》,载《中州学刊》2005 年第 2 期。

21. 魏永征:《舆论监督与公众人物》,载《国际新闻界》2000 年第 3 期。

22. 魏永征:《中国大陆新闻侵权法与台港诽谤法之比较》,载《新闻大学》(台湾)1999 年冬。

23. 吴汉东:《论商誉权》,载《中国法学》2001 年第 3 期。

24. 谢玉盛:《舆论监督如何避免侵权》,载《视听界》2006 年第 2 期。

25. 杨士林:《公众人物的名誉权与言论自由的冲突及解决机制》,载《法学论坛》2003 年第 6 期。

26. 姚经华:《新闻更正与答复刍议》,载《华中理工大学学报》(社会科学版)1996 年第 1 期。

27. 尹田:《论法人人格权》,载《法学研究》2004 年第 4 期。

28. 尹田:《论人格权的本质——兼评我国民法草案关于人格权的规定》,载《法学研究》2003 年第 4 期。

29. 袁传旭:《传媒自由与美国宪政制度》,载《书屋》2003 年第 12 期。

30. 张淑隽、刘园园:《论行为保全——兼谈我国民诉法设立行为保全制度的必要性》,载《法律适用》2006 年第 10 期。

后　记

一

　　江平老师有很多非常耀眼的头衔：第七届全国人大代表、第七届全国人大常委会委员、第七届全国人大法律委员会副主任委员、中国政法大学校长、中国著名法学家、中国著名法学教育家、终生教授、博士生导师，但我更喜欢称呼他为江老师。江老师1948年就读于燕京大学新闻系，积极追求民主和自由，1951年被派到苏联莫斯科大学法律系学习，1956年学成回国，正在意气风发之际，恰好撞上反右"阳谋"，不幸因言获罪，1957年被打为右派，此后经历了颇多坎坷。我最敬佩的是江老师的风骨，尽管江老师历经磨难，但他能够一直坚守自己的精神家园，永不放弃对自由、民主的追求，无论在顺境还是逆境都始终在为中国的法治建设高声呐喊。江老师在序言"法治和中国传媒的出路"中高瞻远瞩地指明了中国传媒的未来出路，我深信历史的发展将证明江老师的远见卓识。弟子希望把导师的呐喊之声传播得更响、更远！

二

　　王四新博士是我在中国社会科学院攻读博士学位期间的同学和同室好友，他的导师是国家保密局局长、中共中央保密委员会办公室主任、著名法学家夏勇教授。名师出高徒，王四新博士现在已经是中国传媒大学的法学教授和博士生导师，他对表达自由问题有独到的学术见解，对本课题的研究贡献了丰硕的智慧成果。

　　张民安博士是一位勤奋的法学教授，理论与实践相结合，促使他创作了丰硕的学术成果。他既是我的师兄、同事，又是我在网球场上的球友。张民安博士对侵权法具有精深的研究,他对群体组织名誉权问题的成果为本课题增色不少。

方斯远博士是中山大学法学院的民商法博士,现正跟随梁慧星老师进行博士后研究工作,他主要负责新闻侵权中抗辩权问题的研究,值得一读。

现在呈现给读者的这部著作《新闻媒体侵权问题研究——新闻媒体侵权的判定、抗辩与救济》是我主持的国家司法部项目的结项成果,它是课题组全体成员共同完成的合作作品。具体写作分工如下:于海涌教授撰写导论、第十八章、第十九章、第二十章和后记;王四新教授撰写第一章、第二章、第八章;张民安教授撰写第七章;邓惠撰写第三章;刘金燕撰写第四章;吴焕斌撰写第五章;贝融融撰写第六章、第十一章;方斯远撰写第九章、第十章、第十二章;董姗姗撰写第十三章、第十四章、第十五章、第十六章、第十七章。另外需要说明的是,吴焕斌独立完成的《论政府机关名誉权的存与废》作为课题的阶段性成果曾经发表于《中国民法年刊2008》。王碧玉和刘金燕两位同学对新闻暗访的合法性问题共同进行了专题研究,由于王碧玉独立完成的《新闻机构隐性采访的合法性问题研究》已经提前另行发表于我编辑的《民商法的法律适用:物权法与公司法探析》,因此本书只收录了刘金燕的研究成果。

邓惠、王碧玉、刘金燕、吴焕斌、贝融融、董姗姗都是我的研究生,也是课题组的研究成员。我负责项目的总体设计,编制章、节提纲,推荐重要参考文献,阐明对焦点问题的思考,提出初步的研究结论。我每周召集大家集中讨论和指导一次,资料共享,在讨论中贯彻我的研究思路,阐明我的学术见解。他们都把自己的研究成果当做了学位论文,作为课题组的负责人和他们的指导老师,我对每篇学位论文的题目、结构安排、论证逻辑、语言文字、研究结论都进行了认真修改,多数论文都经过一稿、二稿、三稿甚至四稿才能够得到我的首肯,这些论文都顺利通过了中山大学的学位论文答辩,并得到答辩委员会的高度评价。在学位论文的基础上,我又进行了统稿,在统稿中我对结构安排进行了调整,对重复的内容进行了删减,对论证薄弱的环节进行了充实,对文字进行了润色,有的还进行了重新撰写。教学相彰,这部著作也就成为我们师生之谊的最好见证。至于学术的规范性,我在课题研究中一再强调学术研究务必遵守学术规范,相信我的研究生都已经严格遵守。在本著作中,凡我自己撰写的内容以及在他们学位论文的基础上修改、

后　记

补充、重新撰写的内容,一律由我对其学术规范性承担责任;凡是直接来源于学位论文的内容,则一律由学位论文的执笔人对其学术规范性承担责任。

北京大学出版社周菲师妹为本书的出版付出了辛勤的汗水,也给予了热情的帮助,对书稿的拖延也给予了极大的宽容。2011年5月,我乘在中央党校学习的余暇初步完成统稿,但直到2012年年底才最终定稿,按照出版合同的约定,我已经构成违约了,在此对周菲师妹的支持、帮助和宽容一并表示致谢!

三

2000年我有幸成为梁慧星教授的博士研究生,终于圆了我的博士梦,我至今仍然清晰地记得我刚刚得到录取通知的喜悦心情,也清晰地记得我入学后梁老师在中国社科院法学所民法室为我制定研究计划的场景。梁老师语重心长地告诉我:"要掌握两门外语,撰写一篇二十万字的博士论文"。梁老师的语气很平和,但给我带来的无形压力却是巨大的。在跟随梁老师学习的三年里,我把大部分精力都花在法语和法律上,始终都不敢有丝毫懈怠。梁老师的教诲是我的压力,也是我的动力。跟随梁老师读书的日子是我最辛苦的岁月,也是我最有收获的季节。

光阴似箭,转眼我从中国社会科学院博士毕业已经十年了,梁老师也即将七十华诞。《新闻媒体侵权问题研究——新闻媒体侵权的判定、抗辩与救济》是我主持的司法部法治建设与法学理论研究部级科研项目的研究成果,即将在北京大学出版社出版,学生就将这本拙著当做一份菲薄的礼品敬献给恩师梁慧星教授的七十华诞,祝愿梁老师永远健康,永远年轻!

于海涌
中山大学教授,博士生导师
2013年6月于中山大学竹园侧畔